金冲及文丛

二十世纪中国史纲
增订版（第一卷）

金冲及 著

生活·讀書·新知 三联书店

Copyright © 2021 by SDX Joint Publishing Company.
All Rights Reserved.
本作品版权由生活·读书·新知三联书店所有。
未经许可，不得翻印。

图书在版编目（CIP）数据

二十世纪中国史纲：四卷／金冲及著．—增订版．—北京：生活·读书·新知三联书店，2021.4　（2025.6 重印）
（金冲及文丛）
ISBN 978－7－108－07118－7

Ⅰ．①二⋯　Ⅱ．①金⋯　Ⅲ．①中国历史－二十世纪　Ⅳ．① K26

中国版本图书馆 CIP 数据核字（2021）第 044277 号

总目录

引　言　1

第一章　步入二十世纪的前夜　1
　　甲午战败后的空前变局　3
　　维新运动带来的思想解放　13
　　义和团式反抗的悲剧命运　25

第二章　推倒君主专制制度的辛亥革命　41
　　革命大风暴的由来　42
　　新的社会力量的成长　55
　　孙中山革命活动的开始　64
　　革命旗手：中国同盟会　74
　　立宪派在海内外的活动　87
　　武昌起义和建立民国　95
　　革命的成功和失败　106

第三章　北洋军阀统治的建立　114
　　辛亥革命胜利后的一般社会心理　117

　　　　袁世凯的独揽大权　127
　　　　反对袁世凯称帝的护国运动　141
　　　　军阀割据和混战局面的形成　154

第四章　五四运动唤起的新觉醒　171
　　　　初期的新文化运动　173
　　　　五四风暴的袭来　189
　　　　马克思主义成为新思潮的主流　201

第五章　中国共产党的诞生　211
　　　　发起建立中国共产党　214
　　　　中共第一次全国代表大会　224
　　　　制定民主革命纲领　228

第六章　"打倒列强，除军阀"的国民革命　243
　　　　大革命兴起的社会原因　244
　　　　国共两党走向合作　250
　　　　国民党一大带来的新局面　260
　　　　大革命高潮的到来　268
　　　　蒋介石反共活动的抬头　276
　　　　北伐战争和工农运动的迅速高涨　285
　　　　蒋介石发动政变的准备　296
　　　　四一二反共政变和宁汉分裂　305
　　　　大革命的失败　313

第七章　南京政府的最初几年　327
　　　　最初的相对稳定局面　329
　　　　国民党的蜕变　333
　　　　各派军事势力间的大规模混战　337

经济和社会状况　347
　　　日本侵华政策的重大转折　354
第八章　工农红军的苦斗　360
　　　拿起武器，进行武装反抗　361
　　　中共六大对革命形势的判断　371
　　　从井冈山斗争到古田会议　375
　　　"立三路线"和中共六届四中全会　387
　　　红军三次反"围剿"的胜利　393
第九章　"中华民族到了最危险的时候"　403
　　　震惊中外的九一八事变　403
　　　日本侵略者的步步进逼　411
　　　"攘外必先安内"和后两次"围剿"　417
　　　红军长征和遵义会议　423
　　　三十年代初的左翼文化　429
　　　华北事变和抗日救亡高潮的兴起　440
　　　第二次国共合作的形成　455
第十章　全民族抗战的爆发　478
　　　日本军国主义者的"对华一击论"　478
　　　卢沟桥事变　482
　　　南北战场上的作战　489
　　　挺进敌后和《论持久战》　504
　　　民族工业和高等学校的大迁移　512
　　　抗战初期的武汉　518
　　　从徐州会战到武汉保卫战　528
第十一章　抗战进入相持阶段　540

　　　　　进入相持阶段后的变化　　540

　　　　　正面战场和敌后战场　　548

　　　　　国共合作中的危机和《新民主主义论》的发表　　567

　　　　　日本侵略者控制下的沦陷区　　582

　　　　　国际局势的重大变动　　587

　　　　　国民党统治区危机的深化　　595

　　　　　抗日民主根据地的新气象　　611

第十二章　胜利快要到来的时候　　624

　　　　　豫湘桂大溃退和后方人心的巨变　　626

　　　　　联合政府主张的提出　　631

　　　　　民族资本家政治态度的变化　　636

　　　　　美国扶蒋反共政策的形成　　639

　　　　　中共七大和国民党六大　　643

　　　　　日本无条件投降　　648

第十三章　和平建国希望的破灭　　653

　　　　　重庆谈判和《双十协定》　　655

　　　　　民众不满的增长　　662

　　　　　马歇尔使华和政治协商会议　　670

　　　　　全面内战的爆发　　678

第十四章　人心向背的较量　　684

　　　　　国民党军队的全面进攻　　684

　　　　　国民党军转入重点进攻的挫败　　694

　　　　　第二条战线的形成　　703

　　　　　千里跃进大别山　　720

　　　　　农村土地制度的大变动　　727

人民民主统一战线的巩固和扩大　737

历史的转折点　744

第十五章　夺取民主革命的全国性胜利　749

国民党统治区财政经济的总崩溃　752

大决战的准备　760

三大战略决战　765

将革命进行到底　789

美国政府的尴尬处境　795

筹建新中国　802

第十六章　中国人从此站立起来了　815

中华人民共和国的成立　820

新中国的第一年　824

最初阶段外交格局的形成　845

第十七章　抗美援朝战争　850

艰难而果断的决策　853

五次战役　858

国内的抗美援朝爱国运动　865

朝鲜战争期间的台湾问题　869

边谈边打到停战协定的签订　873

第十八章　大规模社会改革和国民经济的恢复　880

土地改革和其他民主改革　881

镇压反革命　895

"三反""五反"运动　898

国民经济全面恢复　906

第十九章　社会主义基本制度的建立　915

  过渡时期总路线的提出　920

  人民代表大会制度的建立　929

  热气腾腾的社会主义工业化建设　934

  农业和手工业的合作化　942

  资本主义工商业的社会主义改造　965

  努力创造和平的国际环境　977

  社会主义基本制度建立的深远历史意义　989

第二十章　社会主义建设在曲折中前进（上）　998

  初期的成功探索　999

  从整风到反右派　1013

  "大跃进"的发动　1023

  农村人民公社化运动　1044

  炮打金门和西藏平叛　1049

  纠"左"的初步努力　1059

  庐山会议的逆转　1068

  "反右倾斗争"的严重恶果　1075

第二十一章　社会主义建设在曲折中前进（下）　1088

  "大兴调查研究之风"　1092

  "七千人大会"　1102

  经济和政治的全面调整　1109

  "重提阶级斗争"　1119

  中苏关系的破裂　1128

  社会主义教育运动　1133

  五年调整的成功　1145

  十年探索中两个发展趋向　1168

第二十二章 "文化大革命"的十年动乱（上） 1173
　　"文化大革命"为什么会发生 1175
　　"文化大革命"的开始 1183
　　在"全面夺权"的日子里 1204

第二十三章 "文化大革命"的十年动乱（下） 1241
　　从九大到十大 1242
　　打开对外关系的新局面 1265
　　围绕四届人大的激烈斗争 1275
　　邓小平主持的全面整顿 1287
　　一举粉碎"四人帮" 1311

第二十四章 伟大的历史性转折 1323
　　在徘徊中前进的两年 1324
　　中共十一届三中全会 1349
　　拨乱反正和全面改革开放的起步 1364

第二十五章 高举起"中国特色社会主义"的旗帜 1398
　　十二大和十二届三中全会的重大决策 1399
　　改革开放的全面展开 1409
　　积极推进祖国统一大业 1439

第二十六章 在风浪中奋勇前进 1451
　　社会主义初级阶段基本路线的确立 1451
　　前进中的新情况和新问题 1454
　　一九八九年的政治风波 1474
　　中共十三届四中全会 1483
　　打破西方七国的对华"制裁" 1486
　　深入开展治理整顿 1491

第二十七章　建立社会主义市场经济体制　1506

　　　　　　　邓小平南方谈话和中共十四大　1507

　　　　　　　加强宏观调控的十六条措施　1517

　　　　　　　改革的整体推进和"软着陆"的成功　1528

　　　　　　　香港、澳门回归祖国和台湾问题　1551

第二十八章　迎接新世纪　1562

　　　　　　　中共十五大　1563

　　　　　　　应对两大挑战　1572

　　　　　　　两项重大决策　1580

　　　　　　　"三个代表"要求的提出　1595

　　　　　　　二十世纪的最后一年　1598

第二十九章　历史的启示　1609

再版后记　1631

后　记　1633

附　录

总结历史经验　争取新的胜利——评金冲及著《二十世纪中国史纲》

　　　　　　　　　　　　　　　　齐世荣　　1637

　　一、纲举目张　1637

　　二、总结了重要历史经验　1638

　　三、材料扎实，立论平允　1641

反映百年中国社会变革的一部信史——评金冲及《二十世纪中国史纲》

　　　　　　　　　　　　　　　　李文海　　1646

　　一、历史场景的鲜活复原　1647

　　二、历史现象的理性评析　1650

　　三、历史规律的深刻揭示　1653

能见其大的世纪通论　　罗志田　　1658

评金冲及《二十世纪中国史纲》　　杨奎松　　1667

  金著的使命感　1667

  从阶级史观到民族革命史观　1669

  要跳出传统史观并不容易　1672

  如何看待蒋介石国民党？　1674

  "前三十年"叙述的纠结　1678

  现实之禁与史家之忌　1681

世纪的视野　历史的尺度　　王奇生　　1685

大手笔下的大世纪——金冲及著《二十世纪中国史纲》读后

　　　　　　　　　　　　　　　　　黄道炫　　1690

  革命的解说　1691

  社会：荡涤和发展　1695

  民族强盛的追求　1699

一部重现新中国发展历程的信史——读金冲及《二十世纪中国史纲》
第三、第四卷　　程中原　　1704

世纪回眸　启人心智——读《二十世纪中国史纲》　　周溯源　　1712

目　录

引　言　1

第一章　步入二十世纪的前夜　1
　　甲午战败后的空前变局　3
　　维新运动带来的思想解放　13
　　义和团式反抗的悲剧命运　25

第二章　推倒君主专制制度的辛亥革命　41
　　革命大风暴的由来　42
　　新的社会力量的成长　55
　　孙中山革命活动的开始　64
　　革命旗手：中国同盟会　74
　　立宪派在海内外的活动　87
　　武昌起义和建立民国　95
　　革命的成功和失败　106

第三章　北洋军阀统治的建立　114
　　辛亥革命胜利后的一般社会心理　117

　　　　袁世凯的独揽大权　　127
　　　　反对袁世凯称帝的护国运动　　141
　　　　军阀割据和混战局面的形成　　154

第四章　五四运动唤起的新觉醒　　171
　　　　初期的新文化运动　　173
　　　　五四风暴的袭来　　189
　　　　马克思主义成为新思潮的主流　　201

第五章　中国共产党的诞生　　211
　　　　发起建立中国共产党　　214
　　　　中共第一次全国代表大会　　224
　　　　制定民主革命纲领　　228

第六章　"打倒列强，除军阀"的国民革命　　243
　　　　大革命兴起的社会原因　　244
　　　　国共两党走向合作　　250
　　　　国民党一大带来的新局面　　260
　　　　大革命高潮的到来　　268
　　　　蒋介石反共活动的抬头　　276
　　　　北伐战争和工农运动的迅速高涨　　285
　　　　蒋介石发动政变的准备　　296
　　　　四一二反共政变和宁汉分裂　　305
　　　　大革命的失败　　313

第七章　南京政府的最初几年　　327
　　　　最初的相对稳定局面　　329
　　　　国民党的蜕变　　333
　　　　各派军事势力间的大规模混战　　337

经济和社会状况　347
　　　日本侵华政策的重大转折　354
第八章　工农红军的苦斗　360
　　　拿起武器，进行武装反抗　361
　　　中共六大对革命形势的判断　371
　　　从井冈山斗争到古田会议　375
　　　"立三路线"和中共六届四中全会　387
　　　红军三次反"围剿"的胜利　393

引 言

  我们如此熟悉、仿佛依然生活在其中的二十世纪，转眼间已被称为"上一个世纪"，完全成为历史研究的对象。尽管尘埃还没有完全落地，这个世纪终究已经结束，可以把它作为一个完整的发展过程来考察和研究了。

  二十世纪，是一个充满动荡和剧变的不平凡的世纪。

  在人类历史上，没有任何一个世纪在变化的规模和深度上能同二十世纪相比。在这一百年里，经历过两次世界大战，给人类带来深重的苦难。也是在这一百年里，社会的进步令人目不暇接：社会主义作为一种新的社会制度，从学说变为现实；被压迫民族的解放运动席卷全球；社会经济生活和科学技术日新月异地突飞猛进，给人类带来过去难以想象的进步。

  对中国来说，这是决定我们民族生死存亡的一百年。

  当这个世纪来临的时候，西方列强的八国联军正占领着中国的首都北京。以后，日本军国主义者又大举侵略中国，直到发动全面的侵华战争。亡国的阴影一直像噩梦般笼罩在中国人的心头。在很长时间内，帝国主义和封建势力牢牢地控制着中国，中国的经济文化那样落后，中华民族被傲慢的西方殖民者讥笑为"劣等民族"，占中国人口绝大多数的劳苦大众被压在社会的最底层，连起码的生存保障也没有。这是一幅多么悲惨的情景！经过半个世纪可歌可泣的奋斗，经历重重困难和曲折，中国人终于站立起来，以独立的姿态开始建设一个新国家和新社会。这以后，又经过半个世纪的奋斗，经过种种困难和曲折，到二十一世纪到来时，中国的面貌已发生使世界惊讶的变化，正在向社会主义现代化的宏伟目标大踏步前进。

一部二十世纪中国历史中，始终贯穿的鲜明主题是：为实现中华民族的伟大复兴而奋斗。中华民族面对两大历史任务：一个是求得民族独立和人民解放，一个是实现国家的繁荣富强和人民的共同富裕。它必须分两步走：后者是人们憧憬和奋斗的目标，前者是后者的必要前提。所谓必要前提，就是指它是无法逾越的。如果连民族独立和人民解放都无法做到，哪里还谈得上什么国家繁荣富强和人民共同富裕？要是把二十世纪中国历史分成两半的话，前半个世纪，也就是一九〇一年到一九四九年，中国人主要解决了民族独立和人民解放的问题；后半个世纪，也就是一九四九年至二〇〇〇年，中国人所要解决的是国家走向繁荣富强、人民走向共同富裕的问题。今天，它已毫无疑义地以崭新的面貌屹立在世界的东方。

像中国这样一个有着几亿人口的东方大国，在一百年内实现这样翻天覆地的变化，在人类历史上是罕见的。这样的变化是怎么发生的？它不是也不可能一步达到，中间经历过三次历史性巨大变化：一次是辛亥革命，结束了几千年的君主专制制度；一次是中华人民共和国成立，建立起社会主义的基本制度；一次是改革开放，为实现社会主义现代化而奋斗。这是一个复杂艰苦的探索过程。无论革命、建设还是改革，都没有前人留下的现成方案，一切只能靠中国人自己在实践中摸索前进。这个进程一直延续到今天，就像是一场毫不间断的接力跑，后继者总是以前人已达到的位置为出发点,随后又远远地跑到它的前面。前人有过的曲折也是后继者的财富。它又像要攀登一座高楼总是要从一个稍低的台阶再跨上另一个更高的台阶,不容许超越实际可能而一步登天。历史就是这样前进的。

现在,我们就来看一看中国人在这一百年内到底是怎样一步一步走过来的。

第一章　步入二十世纪的前夜

对生活在今天的年轻人来说，中国是怎样进入二十世纪的仿佛已十分遥远。他们也许很难想象，当时的中国处在何等深重的苦难中；也很难体会到，那一代中国人在几乎看不到一点光明前景的艰难岁月里，是怎样为祖国的悲惨命运承受着巨大痛苦的煎熬。戊戌维新运动的志士谭嗣同在一首诗中写道："世间无物抵春愁，合向苍冥一哭休。四万万人齐下泪，天涯何处是神州。"[1]辛亥革命的健将宋教仁一九〇四年所写的一首长歌中有这样几句："嗟神州之久沦兮，尽天荆与地棘。展支那图以大索兮，无一寸完全干净汉族自由之土地。披发长啸而四顾兮，怅怅乎如何逝。"[2]这些诗句很能反映出那时众多中国人的满腔悲愤。

这种苦难历程的开端，需要追溯到一八四〇年英国殖民主义者为可耻的贩毒行为而发动的鸦片战争。它使中国社会的发展脱离开原有的轨道，开始丧失一个独立国家拥有的完整主权和尊严，走上听凭洋人欺凌和摆布的半殖民地道路。

但是，中国人并没有很快就意识到这场大变化的深刻含义。

中国是一个几千年的文明古国，周围的地形使它处于同外界相对封闭的状态。这种历史和地理条件，加上缓慢发展的农业经济，

---

[1]《谭嗣同全集》(增订本)下册，中华书局1981年1月版，第540页。
[2]《宋教仁集》下册，中华书局1981年3月版，第500页。

使中国的社会结构和民族心理在很长时间内保持着近乎迟滞不前的巨大惰性。"天不变,道亦不变"被人们奉为信条。长时期以"天朝大国"自命,更使许多人盲目自大,安于现状,对事实上正在发生的变化依然不屑一顾,很少有进行根本性的改革来改变现状的要求。如果没有一次极大的震动,人们是不容易从这种状态中摆脱出来的。

我们可以简单地看看历史事实:鸦片战争的炮声,丧权辱国的《南京条约》的签订,使人们感到震惊,突然发现在中国以外还存在一个如此陌生的外部世界,但他们一时并不能了解那到底是怎么一回事。魏源在当时可算是睁眼重新看世界的先进思想家,但他在《海国图志叙》中仍认为只要能够实行"以夷制夷""以夷款夷""师夷长技以制夷"这几条,中国并不难回到"一喜四海春""一怒四海秋"那样的盛世。十多年后,发生第二次鸦片战争,英法联军攻占了中国首都北京,火烧圆明园,咸丰皇帝逃往承德并死在那里,中国被迫同列强先后签订了《天津条约》《瑷珲条约》《北京条约》,这个刺激该说很大了。但战争结束后不久,在英、法等国帮助下,清朝政府把它视为"心腹之患"的太平天国镇压下去,统治秩序又暂时稳定了三十年。标榜"自强""求富"的洋务运动一步一步推行,使许多士大夫兴高采烈。所谓"同治中兴"的赞颂,在这种情况下被高唱入云。直到中日甲午战争前夜,郑观应在他的名著《盛世危言》中看到"时势又变,屏藩尽撤,强邻日逼"的严重局面,觉得需要危言耸听地提出一系列改革主张。但他在书名的"危言"前一定要加上"盛世"两字,不敢说已是衰世。他在正文篇目中把"道器"列为第一篇,说中国自有"列圣相传之大道",而"西人不知大道,囿于一偏"。[1]不这样做,他将受到的压力便太大。梁启超这样总结:"自甲午以前,吾国民不自知国之危也。不知国危,则方且岸然自大,偃然高卧。故于时无所谓保全之说。"[2]可见,当时许多人对严重的民族危机还处在何等麻木的状态!

一八九四年至一八九五年的中日甲午战争,把这种局面一下子完全打破。战争的惨败和条约的苛刻,是许多人原来根本没有想到的,深深地刺痛了人们的心。它给中国人的震动太大了:中国在世界上已经大大落后,国家灭亡已成为迫在眉睫的现实威胁。往日那种盲目自大和麻木不仁的心态再也无法继续保持下去。中国的前途和命运将会怎么样,它的出路在哪里,这些问题冷酷地摆在中国人面前,要求人们重新加以考虑。

这是中国近代历史上一个重大转折点。要讲二十世纪中国的历史,不能不提前几年从中日甲午战争讲起,因为此后许多问题正是从这几年直接发展下来的;否则,事情的来龙去脉便无法交代清楚。

甲午战败后的空前变局

甲午战争,是日本军国主义势力经过长期精心准备,蓄意挑动起来的。自明治时代以后,日本政府在对内实行维新改革的同时,对外积极推行侵略扩张政策。明治即位之初,就由天皇发表"宸翰"(即亲笔信),宣称将"开拓万里波涛,布国威于四方"。[3]一八九

---

[1] 郑观应:《盛世危言》,中州古籍出版社1998年9月版,第52、56、57页。
[2] 哀时客:《尊皇论》《清议报》第9册,1899年3月22日。
[3] [日]信夫清三郎:《日本政治史》第2卷,上海译文出版社1988年4月版,第157页。

〇年三月,山县有朋首相发表《外交政略论》,提出国家的"主权线"以外还有所谓"利益线",需要纳入"保卫"的范围,把它定为国策。他写道:

> 所谓主权线,乃国家之疆土;所谓利益线,则势与邻国接触而同我主权线之安危紧密攸关之地域。……保护利益线之道如何?苟各国之所为于我不利者,我有责任以强力表达我意志而排除之。[1]

这分明是地地道道的军国主义强盗逻辑。山县有朋接着写道:"我国利益线之焦点实在朝鲜。"其实,这只是它的第一步。当时,朝鲜和中国有着历史上形成的特殊关系。日本军国主义者在紧锣密鼓地策划把大规模武装侵略的矛头直指朝鲜的同时,同中国之间的战争就已不可避免。

昏庸的清政府却依然沉醉在一片歌舞升平的迷梦中,正在筹备庆祝慈禧太后的六十寿辰,毫不意识到周围局势是多么险恶,更没有做应对突发事变到来的准备。掌握很大实权的北洋大臣、直隶总督李鸿章暮气已深,一心只想保存自己手里那点实力,无意用来抵抗强敌。

东亚上空已密布着战争乌云。黄海两岸,一边是野心勃勃正在兴起的日本军国主义势力,一边是腐朽怯懦、苟延残喘的大清帝国,两者之间的胜败几乎在战争开始前就决定了。

一八九四年春,朝鲜南部爆发大规模的东学党起义。起义军提

---

[1]《山县有朋意见书》,第196、197页,转引自沈予《日本大陆政策史(1868—1945)》,社会科学文献出版社2005年8月版,第52页。

出"逐灭夷倭""尽灭权贵"的口号。六月三日,朝鲜政府派内务府参议成岐运携带政府照会,正式请求中国出兵支援。清朝政府在朝方的要求和日本的怂恿下,派遣一部分军队进入朝鲜。这支兵力人数不多。而日本随即以"保护侨民和使馆"为名,向朝鲜大举出兵,强行占领朝鲜京城汉城。这是他们早有预谋的行动。"在六月底时,济物浦以南的牙山有中国军队三千人,在汉城和济物浦仅有几百名卫队。日本在朝鲜境内则约有一万八千人。"[1]双方处于力量悬殊的对峙状态。

战争由日本军队"不宣而战"的突然攻击开始。这是日本军国主义者发动历次大规模战争时一贯的背信弃义做法,以后的日俄战争、九一八事变、卢沟桥事变、珍珠港事件等莫不如此。而李鸿章直到战争爆发前五天还致电告诫驻朝的清军将领叶志超:"日虽竭力预备战守,我不先与开仗,彼谅不动手。此万国公例,谁先开战,谁即理诎。切记勿忘!汝勿性急。"[2]

事实对李鸿章的告诫是一个极大讽刺。日本侵略者发动战争,并不需要任何借口,更不考虑是否理屈。七月二十五日,日本联合舰队在牙山湾外丰岛附近海面上,向执行护航任务的中国军舰广乙号和济远号突然发炮袭击,接着击沉中国租来运兵的英国商轮高升号。四天后,日本陆军又在成欢驿袭击从牙山撤退的清军。战争就这样爆发了。八月一日,中日双方正式宣战。李鸿章的消极避战,面对不讲信义的强敌,并没有使战争得到避免,只是使自己在战争发生时处在缺乏应对准备的被动状态下。

一幕幕悲剧很快展现在中国人面前。

---

[1] [美] 马士、宓亨利:《远东国际关系史》上册,商务印书馆1975年10月版,第380页。
[2] 《李文忠公全集·电稿》第16卷,第25页。

在陆路：朝鲜境内，除左宝贵、聂士成等部进行过英勇抵抗外，其余大多不战溃退。从日本方面来说，把清军逐出朝鲜"只是征清的第一步"，最终目的是使日军"深入中国境内，攻占其首府，以迫使中国签订城下之盟"。[1]这是它的既定方针。十月二十四日和二十五日，日本陆军四万多人分两路大举侵入中国的东北地区：一路突破清军在鸭绿江的防线，随后攻占虎山、安东、九连城、岫岩、海城等地；另一路在辽东半岛登陆，先后攻占大连和旅顺要塞，并在旅顺连续四天纵兵疯狂屠杀手无寸铁的平民和妇女儿童约两万人，全市幸免于难的只有四五百人。第二年一月，日军攻占盖平，两路会合，辽河以东要地几乎全陷日军之手。接着，他们又先后占领牛庄、营口和田庄台，清军受到重大损失，东北局势根本动摇。清朝政府急于乞和。

在海路：那是更加引人注目的战场。自从鸦片战争以来，外国列强发动的历次对华侵略战争几乎都依靠他们的坚船利炮从海上发动进攻。海防成为人们特别关心的话题。一八八八年，李鸿章主持下的北洋海军正式成军，大家曾对它寄以极大希望。确实，当北洋海军成军之初，它的实力超过日本海军。当时，两千吨以上的战舰在日本只有五艘，吨位合计不足一万五千吨；而北洋海军却有七艘，吨位合计两万七千多吨。其中，由德国制造的定远、镇远两艘铁甲舰各重七千三百多吨，并拥有日本海军所没有的重炮。但以后六年间，日本不断添置新舰，最重的吨位虽只有四千二百多吨，装备和速度却超过北洋海军；腐败的清政府却不再添置一艘军舰，不

---

[1]《日清战争实记》第9编，第1页，转引自戚其章《甲午战争史》，人民出版社1990年9月版，第180页。

再更新一门大炮。双方的力量对比发生逆转。[1]

甲午战争中最重要的,是一八九四年九月十七日的黄海大战。双方主力在鸭绿江口大东沟附近的黄海海面相遇,展开了激烈的炮战。北洋海军将士表现得十分英勇。致远号管带邓世昌在舰受重伤后,开足马力,直冲日本旗舰吉野号,不幸被鱼雷击中沉没,全舰将士除七人外全部殉难。战斗持续四小时四十分,日本舰队也因多受重创,自行撤退。对这次战役,美国学者马士(当时正在中国海关总税务司工作)、宓亨利评论说:

> 战斗一直继续到下午五时双方弹药缺乏时为止。日方伤亡二百三十九人,中国方面包括溺毙者在内,伤亡约六百人。丁提督也在受伤者之列。日本旗舰受重伤;中国船舰被击沉或被迫靠岸的计四艘,另一艘则临阵脱逃。就某种意义来说,战术上的胜利是属于中国的两艘铁甲兵船的,因为在傍晚撤退的是日本舰队,而且中国运输舰还卸下了所载的军队和给养。但从那一天起,海上的优势就一直被日本占去了。[2]

为什么"从那一天起,海上的优势就一直被日本占去了"?日本首相伊藤博文也这样写道:"敌人的舰队自从黄海一败之后,似乎已经畏缩而失去出战的勇气,但仍然未完全丧失战斗力。"[3] 其实,它的真正原因是李鸿章在黄海大战后看到北洋舰队受损,便张皇失措。他把北洋海军看作自己的重要政治资本,宁可避战而保

---

[1] 戚其章:《晚清海军兴衰史》,人民出版社1998年4月版,第332、333、380页。
[2] [美]马士、宓亨利:《远东国际关系史》上册,第383页。
[3] [日]久米正雄:《伊藤博文时代》,团结出版社2007年1月版,第263页。

船,致电留在北洋海军基地威海卫的海军提督丁汝昌:"有警时,丁提督应率船出傍台炮线内合击,不得出大洋浪战,致有损失。"[1]这一来,北洋海军便只能死死留在威海卫港内,不但在日军攻占旅顺港时没有前往支援,甚至连在黄海海面上也不再出而游弋,自然谈不上什么"海上的优势"了。

尽管如此,日本方面绝不会放过这支北洋海军。威海卫是个天然良港,面临渤海,背倚群山,港湾宽阔,刘公岛成为港口中央的屏障,并修筑了许多指向大海的新式海岸炮台。但它最大的弱点,是难以抵御来自背后陆上的攻击。日军抓住这个弱点,用舰队严密封锁威海卫港狭窄的出海口,使北洋海军(包括定远、镇远这两艘铁甲舰)只能被困港内,坐以待毙。日本陆军又在一八九五年一月二十日从山东半岛东端的荣成登陆,绕后路直插并占领威海卫港湾南岸的炮台。北洋舰队处在日军前后夹击、被动挨打、完全没有回旋余地的困境下。将士们虽进行了顽强的抵抗,到二月十七日终于全军覆没。苦心经营多年的北洋海军就这样被断送了。这是一场何等令人愤慨的悲剧!

日军向威海卫发动进攻时,清政府遣使赴日乞和。他们最初派出的全权大臣被日方以级别不高而拒绝,最后只得改派李鸿章赴日本马关,同日本首相伊藤博文谈判。只要读一读谈判记录,就可以看到,中国在这次谈判中屈辱到何等地步。伊藤博文拿出条款节略后,极其傲慢地对李鸿章说:"中堂见我此次节略,但有'允'、'不允'两句话而已。"李云:"难道不准分辩?"伊云:"只管辩论,但不能减少。"李云:"我两国比邻,不必如此决裂,总须和好。"伊云:

---

[1]《李文忠公全集·电稿》第19卷,第1页。

"赔款让地，犹债也；债还清，两国自然和好。"最后一次会谈时，伊藤提出：换约后一个月，必须完成台湾的交割。李云："头绪纷繁，两月方宽，办事较妥，贵国何必急急？台湾已是口中之物。"伊云："尚未下咽，饥甚！"[1]尽管国内反对签约的抗议十分强烈，群情激愤，但清朝政府已下定决心屈服。四月十七日，双方签订《中日讲和条约》，通常称为《马关条约》。《马关条约》的主要内容有：中国割让辽东半岛、台湾全岛和附属各岛屿给日本；向日本赔款库平银二万万两；日本人得在中国通商口岸任便从事各项工艺制造，又得将各项机器任便装运进口，只交所定进口税；开放沙市、重庆、苏州、杭州为商埠，日船可沿内河驶入以上各口，搭客载货，等等。不久，因俄、德、法三国干涉，日本不得不取消割取辽东半岛一款，但又增加中国赔款库平银三千万两。

中日甲午战争的失败给中国人带来的刺激太大了。洋务运动时期人们曾寄予很大期望的新式海陆军，在战争中竟那样快地覆没了。原来在很长时间内造成的虚幻的安全感顿时消失。《马关条约》中的条款又那样苛刻。亲身经历这场事变的吴玉章在回忆录中沉痛地写道：

> 这真是空前未有的亡国条约！它使全中国都为之震动。从前我国还只是被西方大国打败过，现在竟被东方的小国打败了，而且失败得那样惨，条约又订得那样苛，这是多么大的耻辱啊！李鸿章的"洋务"运动彻底破产了，李鸿章的卖国贼面目彻底暴露了。广大人民都反对投降派，反对李鸿章，欲食其

---

[1] 王芸生：《六十年来中国与日本》第2卷，生活·读书·新知三联书店2005年7月版，第284、289、307页。

肉而后快。当时正在北京会试的各省学子也纷纷集会、请愿，康有为即曾联络其中的一千余人，举行了著名的"公车上书"，要求拒和迁都，变法图强。我还记得甲午战败的消息传到我家乡的时候，我和我的二哥（吴永锟）曾经痛哭不止……我们当时悲痛之深，实非言语所能表述。[1]

台湾在古代就是中国的领土，居民大多是从大陆的闽南等地移居过去的，清朝又在台湾设省。《马关条约》突然将台湾割让给日本，在台湾民众中激起极大的悲愤。台湾士绅、工部主事、统领全台义勇的丘逢甲率全台绅民向清政府上书，并血书"拒倭守土"，以示决心。上书中称：

> 和议割台，全台震骇。自闻警以来，台民慨输饷械，不顾身家，无负朝廷。列圣深仁厚泽，二百余年所以养人心，正士气，为我皇上今日之用，何忍弃之！全台非澎湖之比，何至不能一战？臣等桑梓之地，义与存亡，愿与抚臣誓死守御。设战而不胜，请俟臣等死后，再言割地，皇上亦可上对祖宗，下对百姓。如日酋来收台湾，台民惟有开仗。谨率全台绅民痛哭上陈。[2]

台湾民众对日本侵略者的抵抗是可歌可泣的。在台湾军民五个多月的浴血抗击中，日本侵略军死伤三万二千多人。曾在台北任近代史研究所第一任所长的郭廷以在他的名著《近代中国史纲》中

---

[1]《吴玉章文集》下卷，重庆出版社 1987 年 10 月版，第 955 页。
[2]《丘逢甲集》，岳麓书社 2001 年 12 月版，第 749、750 页。

充满感情地写道:"割台消息传至,台人'奔走相告,聚哭于市,夜以继日,哭声达于四野',声称'誓不从倭'。"五月底,日军自基隆东北登陆,台湾义勇屡歼日军。十月二十一日,日军入台南。"不及万人的义勇及黑旗军对抗数万人,明知势不相侔,仍能喋血奋战四月有余。日军初以唾手可得台湾,及遭到勇猛抵抗,伤亡惨重,乃肆行屠杀,抢掠奸淫,所至人亡家破。台湾虽然沦陷,台人仍然不屈,在日本统治的半世纪中,台人的反日运动,始终未曾停止。"[1]

甲午战争失败后,中国面对的民族危机和社会危机是空前的,而且是全面的。

从政治上说,甲午战争把清政府统治的根本缺陷再清楚不过地暴露在世人面前,很难再为它作什么辩解。严复给吴汝纶的信中写道:"大抵东方变局不出数年之中。""尝中夜起而大哭。嗟乎!谁其知之。"[2]"敌无日不可以来,国无日不可以亡",已成为越来越多人的共识。《马关条约》签订的当年,严复在天津《直报》上接连发表四篇文章。第一篇是《论世变之亟》,劈头就说:"呜呼!观今日之世变,盖自秦以来未有若斯之亟也。"[3]最后一篇《救亡决论》,第一次响亮地喊出"救亡"的口号。一年前,郑观应还只能把他的书名称作《盛世危言》;一年后,严复就不再提什么"盛世"之类的门面话,而直截了当地呼唤"救亡",要求通过改革来改变现状,寻求新的出路。如果周围局势不突然发生如此令人心悸的剧变,人们的思想要在短期内产生这样深刻的变动是无法想象的。自这时起

---

[1]　郭廷以:《近代中国史纲》上册,(香港)中文大学出版社1986年版,第274、275页。
[2]　《严复集》第3册,中华书局1986年1月版,第521页。
[3]　《严复集》第1册,第1页。

的近半个世纪内,"救亡"成为所有爱国者心目中最紧迫、最关注的中心问题,一切都要围绕这个中心问题来重新考虑,这是中国近代民族觉醒历程中有着里程碑意义的巨大变化。

从经济上说,甲午战前,清政府的财政虽已日益困窘,但经过多方搜罗后还能勉强保持收支平衡,大体每年都在白银八千万两上下。《马关条约》规定中国向日本赔款二万万两,以后为了赎回辽东半岛又增加三千万两,还加上因分期缴付所需的利息,相当于整整三年全国的财政收入。这样一来,清朝原已捉襟见肘的财政再也无法收拾。它带来两个结果:一个是大大加深清政府对帝国主义列强的依赖,只能大量举借外债来支付赔款。这便成为列强借以在华争夺和划分势力范围的发端。另一个是使清政府加紧对国内人民的搜刮,实行竭泽而渔的掠夺。各级官吏还要层层中饱。人们越来越活不下去,到处充满着失望、不满和愤怒。国内的社会矛盾也急遽激化了。

从军事上说,甲午战前三十年间用来支撑清朝统治并可捍卫国家的主要武力,是李鸿章一手训练的淮军和北洋海军。甲午战争中,少数爱国将领和官兵进行了英勇的抗敌,但整个战争一败涂地,北洋海军全军覆没,淮军除聂士成等部外也丧失殆尽。战后,派袁世凯在小站练兵,但难以立见成效。这就使清朝的军事统治出现一个短期内无法填补的实力真空。义和团运动所以能在华北迅速兴起,清政府束手无策,进退两难,同这种特定的历史背景直接有关。袁世凯为首的称雄一时的北洋军阀的形成,也是从此开始的。

如果用短近的眼光来看,甲午战争对中国似乎只是一场备受屈辱的悲剧;但以更长远的眼光来看,却又是一个新的起点。屈辱迫使人们重新思考,屈辱又催促人们猛醒,发愤图强,从而揭开中国近代历史上新的一页。

当然,并不是在任何时候和任何地方,屈辱都能带来这样的积极效果。甲午战后百年间的事实,表明中华民族是一个蕴藏着巨大生命力的民族。当时国外有些人把它比作一头"睡狮"。在激烈的竞争时代依然昏睡,自然是可悲的。但一旦猛醒,它仍不愧为一头雄狮,可以展示出许多人意料不到的巨大潜力。中华民族是一个热爱和平的民族,但它绝不能容忍别人对它的肆意侮辱和欺凌,一旦认识到存在的严重危机,便会万众一心地奋起前进。这便是我们这个民族的精神。

维新运动带来的思想解放

中日甲午战争的结束,改变了整个东亚的政治格局。

对日本来说,学者远山茂树这样概述:"以甲午战争走向帝国主义早熟的步伐加速了。凭战争得到的巨额赔款(收到的是英镑),成为一八九七年三月确立金本位制的准备金。此外,第一抵补了甲午战费的百分之三十(七千九百万日元),第二用作准备下次更大规模战争(帝国主义战争)的扩充军备费用(约二亿日元),第三用来设立钢铁厂和扩充铁路、电报、电话事业(三百八十万日元),第四用来充作经营台湾殖民地的费用(一千二百万日元),第五用来充作皇室费(两千万日元)和水雷、教育、灾害准备的三种基金(五千万日元)。就是说,以赔款的杠杆和天皇制军国主义紧密结合的日本资本主义确立起来了。资产阶级也积极地热衷于对外侵略政策,叫嚷所谓'国旗飘扬的地方,贸易随之'。甲午战争并不是由于帝国主义矛盾而爆发的战争,但在完成帝国主义世界体制和作为日本帝国主义形成的开端上，却是划时代的。"[1]从此，日本军国主义便一步一步发展成为二十世纪前半期对中华民族的主要威胁。

在中国方面，清政府的腐败无能和急速衰落已经暴露无遗，成为谁都看得清楚的事实。西方列强把它看作一艘快要沉没的破船，争先恐后地扑上前来，想尽快从这里多捞取一把，掀起了在中国争夺势力范围的狂潮。出现在中国人面前的是一幅令人惊心动魄的图景：甲午战争结束后两年，德国在一八九七年十一月，借口德教士两人在山东巨野被害，出兵占领胶州湾。十二月，沙俄军舰伪称助华抗德，驶入旅顺港。一八九八年三月，清政府同德国公使签订胶州湾租借条约，租期九十九年；准许德国修造从胶州湾至济南的铁路，铁路附近三十里内的煤矿由德国开挖；山东境内如开办各项事务，德国有优先权。取得铁路建筑权，往往同时就是取得铁路沿线的矿山开采权（这就是五四运动时"山东问题"的最初由来）。同月，清政府又同沙俄签订旅顺、大连租借条约，租期二十五年；南满铁路由俄方控制的东省铁路公司建造。法国本已取得云南、广西、广东的开矿优先权和越南至中国境内建筑铁路、架设电线权，接着又取得广州湾（今广东湛江）的九十九年租借权。英国得到中国长江流域永不割让给他国、永任英人为海关总税务司的承诺，又强行租借九龙新界和威海卫。日本获得清政府不将福建让租他国的认可。后来，英、德、俄之间索性撇开清朝政府自行协商，分别达成协定，划分各自在中国的势力范围。起步稍晚的美国政府只能提出"门户开放"的主张，承认其他国家势力范围的划分，但要求与其他国家

---

[1]［日］远山茂树：《日本近现代史》第1卷，商务印书馆1983年10月版，第126、127页。

在华享有均等的贸易机会和待遇。

中国面对的问题已不再是过去所说的强或弱，而是更加冷酷的存或亡了。亡国灭种的现实威胁，像一个令人战栗的阴影，笼罩在每个爱国者的心头。人们一旦发觉自己已处在生死存亡的边缘，便不能不对过去的传统信条进行深刻的反思，尽力以新的眼光去审视外部世界，力图从中汲取足以挽救民族危亡的力量，寻求国家的新的出路。在近代中国的具体历史条件下，救亡成为近代启蒙运动的真正动力和起点。

知识分子，在被压迫民族中通常是政治上最敏感、最早觉醒起来的部分。当时中国社会中的知识分子大体上还是旧式的士大夫。他们受了几千年封建传统思想的浸润，"君臣之义已定，天泽之分难越""食毛践土，莫非臣子"之类的观念在头脑里根深蒂固。甲午战后流行过一部时论选集叫《普天忠愤集》。"忠愤"两字并提，是当时一般爱国知识分子的普遍心理。他们目睹祖国面临沦亡的严重危险，满腔悲愤地起来奔走呼号，但一时却还突不破"忠君"精神枷锁的束缚，把忠君爱国看作一回事。康有为的那些声泪俱下、处处不忘"列祖列宗及我皇上深仁厚泽涵濡煦育数百年之恩"的话，最容易打动他们的心。光绪皇帝支持变法的态度，更使他们欢欣鼓舞，产生巨大的幻想。康有为等发动的维新变法运动，能够在国内掀起一股巨大浪潮，成为当时爱国救亡运动的主流，是很自然的。

这次维新变法运动的进程，是一步紧扣一步地同当时民族危机的逐步激化相应的。梁启超在《戊戌政变记》一书中劈头就写道："吾国四千余年大梦之唤醒，实自甲午战败、割台湾、偿二百兆以后始也。我皇上赫然发愤，排群议，冒疑难，以实行变法自强之策,实自失胶州、旅顺、大连湾、威海卫以后始也。"[1]这里说得很清楚:维新变法运动,作为一次具有相当规模的思想运动和政治运动的兴起,是甲午战败强烈刺激下的产物;而戊戌变法高潮的出现,又是列强公然在华争夺并划分势力范围、民族危机迅速激化的产物。

《马关条约》签订的消息传到北京,正值各省举人云集北京应试的时候。康有为倡议举人们聚议,共同上书。聚议的结果,推康有为起草,有举人一千二百多人联署。书中慷慨陈词,要求拒和变法。这次上书,由于都察院拒绝代递,并没有送达光绪皇帝。但这一千二百多名举人联署的"公车上书",在有清二百多年的历史上还是破天荒第一次。书稿很快被坊间翻刻流传。各省举人返回各地,更使这个事件在全国产生巨大影响。

公车上书失败后,康有为、梁启超留在北京,联络社会各方,特别注重开展文化宣传活动。他们创办《万国公报》(后改名《中外纪闻》),并推动开设强学会于北京、上海。第二年,又出版《强学报》。不久,强学会遭封闭。梁启超又和汪康年等在上海创办《时务报》,销行至万余份,成为中国有报以来所未有。一八九七年,康有为等创办《广时务报》(后改名《知新报》)于澳门,江标、唐才常等创办《湘学报》于长沙(第二年又出版唐才常主编的《湘报》),严复、夏曾佑等创办《国闻报》于天津。同年十月,湖南在巡抚陈宝箴支持下开设时务学堂,聘梁启超为中文总教习。有了这些据点,维新变法运动就在全国逐步高涨起来。

德国强占胶州湾时,康有为本来在北京筹划移民美洲的事,闻

---

[1] 梁启超:《戊戌政变记》,《中国近代史资料丛刊·戊戌变法》第1册,上海人民出版社1957年5月版,第249页。

讯后再次上书光绪皇帝,痛陈局势的严重性和紧迫性:

> 日本议院日日会议,万国报馆议论沸腾,咸以分中国为言。若箭在弦,省括即发,海内惊惶,乱民蠢动。……瓜分豆剖,渐露机牙,恐惧回惶,不知死所。……譬犹地雷四伏,药线交通,一处火燃,四面皆应,胶警乃其借端,德国固其嚆矢耳。

他在这次上书中提出"采法俄日以定国是"("俄"指彼得变法,"日"指明治维新)、"大集群才而谋变政"、"听任疆臣各自变法"三策,并且强烈地警告说:"宗社存亡之机,在于今日;皇上发愤与否,在于此时。若徘徊迟疑,因循守旧,一切不行,则幅员日割,手足俱缚,腹心已刲,欲为偏安,无能为计;圈牢羊豕,宰割随时,一旦脔割,亦固其所。""职恐自尔之后,皇上与诸臣,虽欲苟安旦夕,歌舞湖山而不可得矣,且恐皇上与诸臣,求为长安布衣而不可得矣!"[1]这些话是很大胆也很有震撼力的。

随着德国强占胶州湾,列强纷纷在华攫取势力范围,情况越来越危急。四月,康有为在北京发起成立保国会。他在第一次集会上发表了沉痛激昂的演说,"座中人有为之下泪者"。他说:

> 二月以来,失地失权之事,已二十见,来日方长,何以卒岁?缅甸、安南、印度、波兰,吾将为其续矣。……吾中国四万万人,无贵无贱,当今日在覆屋之下,漏舟之中,薪火

---

[1]《康有为政论集》上册,中华书局1981年2月版,第201、202、208、209页。

之上，如笼中之鸟、釜底之鱼、牢中之囚，为奴隶，为牛马，为犬羊，听人驱使，听人割宰，此四千年中二十朝未有之奇变。……吾四万万之人，吾万千之士大夫，将何依何归何去何从乎？故今日当如大败之余，人自为战。救亡之法无他，只有发愤而已。[1]

在这前后，各地学会、报馆等纷纷成立。据不完全统计，三年内，全国共设立学会八十七所、学堂一百三十一所、报馆九十一所。这是中国社会中以前没有过的新现象。他们议论局势，鼓吹新学，抨击时弊。以往清朝律例一向禁止私人结社，至此国内风气为之大变。

在亡国的威胁和维新变法运动的推动下，清朝最高统治集团内部也发生分化。由于慈禧太后把持着朝内一切大权，光绪帝名为皇帝实际上处于无权地位，他对慈禧太后推行的对外屈服的政策不满。这时，借着慈禧表面上允许他"亲政"的机会，就在一八九八年六月十一日下诏明定国是，宣布变法。接着，陆续颁发许多诏书，准备自上而下地实行一些改革。从光绪下诏变法，到九月二十一日慈禧太后发动政变、光绪帝随后遭到软禁、变法停止，前后共一百零三天，号称"百日维新"。

尽管"百日维新"的那些谕旨，由于皇帝没有多少实权，并没有真正得到执行，但由于它用皇帝"圣旨"的名义下达，在国内引起的震动是巨大的。当时远在四川的吴玉章回忆道：

---

[1]《康有为政论集》上册，第239、237、240页。

> 甲午之前，在我的头脑中占主导地位的还是传统的忠孝节义的思想。……那时四川还很闭塞，新书还未流行，因此我还没有接触到什么"新学"。不过，我对当时国家危亡的大势是了解的，我正在为祖国的前途而忧心如焚。甲午战争的失败，更激发了我的救国热忱，我需要找寻一条救亡图存的道路。我知道当时政治的腐败和官场的黑暗，因此，对"洋务"运动的失败并不感到惊奇。但是，中国的出路究竟何在呢？我有些茫然。正当我在政治上十分苦闷的时候，传来了康梁变法维新的思想，我于是热烈地接受了它。
>
> "戊戌变法"的那些措施，虽然是微不足道的，但在当时却曾经震撼人心。我是亲身经历过的人，所以感受得特别深刻。那时我正在四川自（自流井）贡（贡井）地方的旭川书院读书，由于热心于变法维新的宣传，人们给了我一个外号，把我叫做"时务大家"。当变法的诏书一道道地传来的时候，我们这些赞成变法的人，真是欢欣若狂。尤其是光绪帝三令五申地斥责守旧派阻挠上书言事，更使我们感到鼓舞，增长了我们的气势，迫使那些反对变法维新的守旧分子哑口无言。现在看来，我们那时对光绪帝的迷信，是何等的幼稚可笑，但在当时，尤其是在我的家乡，我们的思想要算是最进步的了。[1]

戊戌维新运动的重大历史贡献，主要在思想文化领域内。它所以能在一向闭塞的中国社会中激起如此巨大的思想波澜，根本的一条，是因为它适应着当时众多的苦苦寻求救国出路的人们的需

---

[1]《吴玉章文集》下卷，第 956、957、958、961 页。

要，给了他们一个新的答案。它在中国思想界引起的变化，最重要的有：

第一，它帮助广大知识分子认识万国大势，看清中国面临的严重民族危机，提高了民族觉醒的程度。本来，许多人虽然痛切地感受到"敌无日不可以来，国无日不可以亡"，但由于长期处于闭塞状态，对世界整个局势究竟是怎么一回事，事变到底会怎么发展，还是茫无所知的。世界知识的缺乏，是一个普遍的现象。维新派这时通过报纸和学会，宣传他们当时所知道的一点万国大势。《时务报》"译欧美报纸，载瓜分之说，以激厉人心，海内为之震动"。[1]"天津报馆刊布瓜分中国图说，远近震恐。"[2]湖南的南学会每七天举行演讲会一次，"演说中外大势，政治原理"，产生很大的影响。

第二，它以广泛的规模宣传西方近代文化，即所谓新学，其中包括社会政治学说和自然科学。鸦片战争以后，这种新学虽然早已渐次传入中国，但在很长时间内，一般士大夫认真关心这种新学的很少很少。直到中法战争以前，仍然是"朝士皆耻言西学，有谈者诋为汉奸，不齿士类"。经过中法战争，"马江败后，识者渐知西法之不能尽拒，谈洋务者亦不以为深耻。然大臣未解，恶者尚多，议开铁路，犹多方摈斥。盖制造局译出之书，三十余年而销售仅一万三千本，京师书肆尚无地球图，其讲求之寡可想矣，盖渐知西学而莫肯讲求"。[3]西方资产阶级文化在一般士大夫看来，仍不能在所谓"大道"中占有半点地位。封建文化依然牢牢地禁锢着人们

---

[1] 罗振玉：《贞松老人遗稿》，《中国近代史资料丛刊·戊戌变法》第4册，第249页。
[2] 胡思敬：《戊戌履霜录》，《中国近代史资料丛刊·戊戌变法》第1册，第359页。
[3] 梁启超：《戊戌政变记》，《中国近代史资料丛刊·戊戌变法》第2册，第18页。

的思想。这种状况，在戊戌维新运动期间发生了重大变化。这个运动，把提倡新学和人们救亡的迫切要求紧紧地联结在一起。对当时许多人日夜焦虑、寝食为之不安的问题，它给以一个看起来比较实际的回答：只要实现新学，中国就可以从严重的民族危机中摆脱出来，走上独立富强的道路。西方文化为什么在短时期内忽然被那么多人所关心和向往，根本原因就在于社会有这种客观需要。

在救亡的强烈要求下，国内出现了一个学习西学的空前热潮。各地新成立的学会，纷纷译印图书，刊布或推销报纸，举办讲演会，展览新式仪器，宣传新学。他们把学习西方看作救国的唯一途径，只要是西方的东西都想学过来。这构成当时维新运动的一个重要内容。"百日维新"时，科举考试中废八股、试时务的措施也起了很大作用。当时在广西的雷沛鸿回忆知识界风气大变的情景时写道：

> 从此我就从八股文中解放出来，再不用墨守朱子章句而改做另一文体的策论了。策论是不受什么格式限制的，而内容要求丰富，议论则要求纵横捭阖，这就非多读书不可，非打开思路不可，于是学风文风为之丕变，一改过去废书不读为大读其书，上至周秦诸子，下至三教九流，稗官野史、杂书禁书，无所不读。当时我们只要看见书就抢来读，书店来了新书就抢来买，买不到就借来看，甚至借来抄。这样，我们的胸襟眼界就大大开拓了。[1]

---

[1] 雷沛鸿：《辛亥革命的回忆》，《辛亥革命在广西》上册，广西人民出版社1962年4月版，第65页。

第三，它初步宣传了民权思想，给知识分子灌输了一点初步的民主意识。这种"民权"思想的宣传，同样是和救亡要求紧密联系在一起的。汪康年写道："若夫处今日之国势，则民权之行，尤有宜亟者，盖以君权与外人相敌，力单则易为所挟；以民权与外人相持，力厚则易于措辞。""且夫民无权，则不知国为民所共有，而与上相睽；民有权，则民知以国为事，而与上相亲。"[1]从这点出发，康有为在上光绪皇帝书中一再提出"君民合治"的主张，梁启超在时务学堂的课艺批语中一再强调"兴民权"的重要性，严复在《辟韩》中对这个问题作了痛快淋漓的阐发。谭嗣同在《仁学》中发出"冲决网罗"（包括冲决"利禄之网罗""君主之网罗""伦常之网罗"等）的呐喊，在当时更是惊世骇俗之谈。各地学会团体纷纷成立，对知识分子中民主意识的初步养成也起了一定作用。

第四，有力地宣传了"变"的观念，对许多知识分子世界观的变化起了巨大作用。

前面说过，在中国几千年封建社会里，"天不变，道亦不变"的形而上学思想占着支配的地位。戊戌维新运动期间，"变"的观念在宣传中占着突出的位置，成为变法主张的理论基础。康有为等力图从中国传统古籍中寻找这种宣传的依据。他们一再引述《周易》中所说的"穷则变，变则通，通则久"的道理，并附会《公羊传》中"张三世"的说法来解释他们的变法主张。梁启超在他《变法通议》中有一段名言：

> 变者，天下之公理也。大地既通，万国蒸蒸日趋于上，大

---

[1] 汪康年：《论中国参用民权之利益》，《时务报》第9册，第4页。

势相迫，非可阏制。变亦变，不变亦变。变而变者，变之权操诸己，可以保国，可以保种，可以保教。不变而变者，变之权让诸人，束缚之，驰骤之，呜呼！则非吾之所敢言矣！[1]

更加值得注意的是严复译述的《天演论》的发表。这是第一次将西方近代重要学术著作比较完整地直接介绍到中国来。它震动了整个思想界，影响了一代知识分子。它替当时求进步的中国人提供了一种同传统儒家思想截然不同的新观念：进化论。《天演论》一开始就引导人们去深思：我们眼前的世界在几千年前是什么样子？它是怎么一步一步发展成今天的？支配这种变化的力量是什么？书中用天文学、地质学、生物学的丰富材料，在读者面前展现出一幅与"天不变，道亦不变"这种传统观念完全不同的、充满着矛盾冲突和变化的物质世界的图景：世界万物都充满着蓬勃的生气，彼此间进行着异常剧烈的斗争。"数亩之内，战事炽然。"世界就是在这种剧烈斗争中，不断开辟着自己前进的道路。整个宇宙间充满"不可穷诘之变动"。"天道变化，不主故常"，"不变一言，决非天运"。这些今天看来平淡无奇的话，对当时许多人来说，却是石破天惊之论，大大打开了他们的眼界。

《天演论》把"物竞天择"看成支配世界发展的法则。它认为生物在进化过程中，凡是同它周围的环境相适应的，就能生存，能发展；反过来，凡是不相适应的，就会被淘汰，会灭亡。值得注意的是，他所说的这种适应不是消极的、宿命论式的，而是积极的、激励人们去奋斗的。究竟是人胜天，还是天胜人？严译《天演论》

---

[1] 梁启超：《论不变法之害》，《时务报》第2册，第5页。

作出"人胜天"的回答。它强调发挥"群治"的作用,"与天争胜"。当时,中国的先进分子不甘心祖国长期处在听任外国列强宰割的地位,迫切要求救亡图存,奋发图强。严译《天演论》在卷终按语中语重心长地点出:生当今日,要使国家富强,就必须"早夜孜孜,合同志之力,谋所以转祸为福、因害为利而已"[1]。这就点明了严复所以要在这时翻译发表《天演论》的原因所在。

严译《天演论》所宣扬的进化论,在当时思想界产生了极为巨大的影响,令人耳目一新,没有任何其他书籍能同它相比。鲁迅回忆自己早年在南京水师学堂学习的情景时说:"一有闲空,就照例地吃侉饼、花生米、辣椒,看《天演论》。"[2]这在那时候是相当普遍的现象,而且在很长时间内支配了中国的进步思想界。

戊戌维新运动推动的变法活动却是注定要失败的。原因在于:在当时中国社会内部,还没有足以支持变法取得成功的社会力量。在朝廷内部也好,地方上也好,旧社会势力仍然占着绝对优势。维新派希望依靠一个并无多少实权的皇帝自上而下地推行某些重要改革,在不触犯地主阶级根本权利的基础上求得发展资本主义的条件,这对那些无拳无勇的书生来说是可以理解的,但缺乏可以依靠的社会基础就终究只能成为不切实际的幻想。运动还有不少严重的弱点:他们鼓吹的"民权"被限制在君主立宪(也就是康有为所说的"君民合治")的范围之内,只是要求将原来的绝对君权稍稍开放一点,"参用民权"而已,还声明"欲兴民权,宜先兴绅权";他们宣传的"变"只讲渐变,不讲突变。在清朝政府和它代表的旧社会制度已经腐朽到如此地步的时候,已不可能指望它把中国从迫在

---

[1]《严复集》第5册,第1317—1397页。
[2]《鲁迅全集》第2卷,人民文学出版社1956年10月版,第269页。

眉睫的深重危局中解脱出来，更谈不上靠它来实现什么现代化了。美国著名历史学家费正清正确地指出："没有别的事件能比这更有效地证明：通过自上而下逐步改良的办法来使中国现代化，是绝无希望的。一八九五年的战败和雄心勃勃的计划在一八九八年的彻底破产，第一次大大地促进了革命变革。"[1]

尽管如此，绝不能因而抹杀戊戌维新运动在中国近代历史发展，特别是思想启蒙方面起过的巨大进步作用。著名历史学家范文澜说得很对："戊戌变法运动的进步意义，主要表现在知识分子得到一次思想上的解放。中国的封建制度相沿几千年，流毒无限。清朝统治者选择一整套封建毒品来麻痹知识分子，务使失去头脑的作用，驯服在腐朽统治之下。""当时一整套毒品，受到巨大的冲荡。知识分子从此在封建思想里添加一些资本主义思想，比起完全封建思想来，应该说，前进了一步。"[2]只要比较一下戊戌维新运动以前和以后中国思想界状况之间的巨大差别，就不难清楚地看到这一点。摆脱陈旧的思想牢笼的束缚极不容易。人们的思想认识在戊戌维新运动的启蒙下跨出了一步，又从这个运动的失败中再向前跨出一步。在黑暗的旧中国摸索的爱国者们，正是这样一步一步走过来的。

义和团式反抗的悲剧命运

上层士大夫为爱国救亡而发动的戊戌变法刚失败，下层群众自发地反抗外国侵略者的斗争紧接着上升到高潮，那就是震撼世界的

---

[1][美]费正清：《美国与中国》，商务印书馆1987年5月版，第147页。
[2]《范文澜全集》第10卷，河北教育出版社2002年11月版，第438—439页。

义和团运动。

义和团运动风暴的中心,是华北的山东、直隶(今河北)一带。为什么这里会形成风暴的中心?它有着深刻的社会背景:第一,同长江流域及其以南地区比较起来,华北原来要相对封闭,外国政治和经济势力的渗入要晚一些。十九世纪最后几年,这种渗入的步伐大大加快。举例来说,据天津、烟台、胶州三个港口的统计,一八九四年输入的洋纱为十八万多担,到一八九八年就激增到近五十万担,短短四年内增加到百分之二百六十四,沉重打击了华北农村中农民经营的家庭手工业。[1] 义和团兴起的鲁西地区正是重要的产棉区和棉纺手工业区,受到的影响十分明显。社会秩序在如此短的时间内发生急遽变化,自然容易引起格外强烈的反弹。第二,明清以来几百年间,从富饶的长江流域到首都北京间的南北运输通道,主要是流经直隶、山东、苏北的大运河。漕运也好,商运也好,都是如此。运河两岸商业比较繁荣,赖此为生的人员众多,镖局兴盛也是由于这个原因。十九世纪后期,特别是七十年代起,海运渐开,南北之间货物流通大多数改由海轮载运,运河逐渐淤塞,两岸城镇衰落,运河上的船工和纤夫大批失业,造成大量游民,社会生活动荡。第三,这些年内,灾荒不断。黄河下游连年水灾,一八九八年黄河多处决口,洪水奔泻,一望无际,上百万人受灾。第二年又转为大面积亢旱,并发各种灾害,流民遍地。义和团运动最早走向高潮的鲁西北和鲁西南,在山东正是农业产量最低、灾情最为严重、社会流动性最大、民心最为不安的地区。

还有一点值得注意:一八九八年德国强占胶州湾是以两个德国

---

[1] 彭泽益:《中国近代手工业史资料》第2卷,生活·读书·新知三联书店1957年9月版,第198页。

教士在山东巨野被杀为借口的。这以后,各级地方官员更加不敢得罪外国教会。山东教民在一八七〇年时为两万人,一八九六年已达到四万三千七百三十六人。[1]一部分"在教"的不良教民,倚仗教会的势力,享有特权,欺压良民,强行霸道,甚至殴人致死,善良的百姓敢怒不敢言。据山东大学在"神拳"兴起的茌平县调查,老人们说:"神父连茌平县官也惹不了他们。教民就仗着神父给撑劲。教民打官司,写个状纸给神父就可以了,不用到县衙过堂,准能打赢。"[2]积怨既久,一旦有人领头,很容易就爆发。有如山东巡抚李秉衡奏折中所说:"久之,民气遏抑太甚,积不能忍,以为官府不足恃,惟私斗尚可泄其忿。于是有聚众寻衅,焚拆教堂之事。"[3]

山东、直隶这一带,民间历来就有公开聚众练拳习武的传统,也就是"农隙讲武,练习拳棒"。这种练拳,最初主要是为了健身和自卫,没有多少政治目标,也没有严密的组织。继李秉衡担任山东巡抚的张汝梅在一八九八年六月的一份奏折中说:

> 直隶、山东交界各州县,人民多习拳勇,创立乡团,名曰义和,继改称梅花拳,近年复沿用义和名目。远近传讹,以义和为义民,遂指为新立之会,实则立于咸、同年间未有教堂以前,原为保卫身家、防御盗贼起见,并非故与洋教为难。[4]

义和团最初叫义和拳,名称是"拳"而不是"团",更不是"教"。

---

[1] [美]周锡瑞:《义和团运动的起源》,江苏人民出版社1995年3月版,第84页。
[2] 《山东义和团调查资料选编》,齐鲁书社1980年6月版,第106页。
[3] 《义和团档案史料》上册,中华书局1959年5月版,第6页。
[4] 《义和团档案史料》上册,第15页。

它在初期是好几支并不统一的力量的混合称呼，如威县赵三多等的梅花拳，茌平朱红灯等的神拳，曹州刘士端等的一部分大刀会。除大刀会大体上是乡绅控制的地方团练外，其他几支原来都是民间的练拳，参加练拳的大多是农民，也有一些游民和中小地主。

最早打起义和拳旗帜的是威县的赵三多。他本来是梅花拳的拳师。梅花拳在山东、直隶一带从清初以来已传了十多代。当地老人说："梅花拳比义和拳早，义和拳是从梅花拳里分化出来的。梅花拳行善事，他们只习拳练武，不闹事。"一八九七年春，因为附近直隶南宫县的梨园屯村民反对教民强行拆除村里玉皇庙，改建教堂，打了多年官司打不赢，请赵三多声援。赵三多在梅花拳拳师中资历比较深，徒子徒孙约有两千人，为人好打不平。他去那里亮拳摆会，前来参加的有三千多人，同教会和官府发生冲突，名声就大了。"当时威县民风尚武，在沙柳寨以西、以南各村落中，都设有练梅花拳的场子，聘有教师。各处教师对赵说：'你用梅花拳名义起事，将来皂白不分，牵连到我们身上，同归于尽，所以我们全不同意。'赵对他们说：'既然这样，我不用梅花拳名义，改名义和拳，自然与你们无干了。'""义和"这两个字，在当地是常见词，就是讲义气、重和合的意思。他们还提出了"扶清灭洋"的口号。梅花拳本来只是练拳，没有多少迷信色彩。当地老人说："由于赵三多成立的义和拳，是从梅花拳演变来的，所以对于画符、念咒、烧香下神等一概没有。"还有老人说："附近没有白莲教。白莲教在曲周那一带，和义和拳不是一回事，那是邪门，讲撒豆成兵，铺席升天。"[1]

---

[1]《山东大学义和团调查资料汇编》上册，山东大学出版社2000年9月版，第49—51页。

神拳出现得比较晚。它的拳术看来是从鲁西南的大刀会传过来的。它和梅花拳不同，有着降神附体那一套（请的神大多来自戏文小说，如孙悟空、猪八戒、关公、赵子龙等），但它同大刀会又有所不同。老人说："大刀会不安场子，不练功夫，说吃了符就会刀枪不入了。我们神拳安场子，练功夫。""神拳后改为义和团，是大家同心的意思。义和团的名字是从北边传来的（引者注：冠县在它的北边），是在闹神拳后两三年就改为义和拳、义和团。""白莲教与神拳不是一家子。白莲教能呼风唤雨，拿着板凳当马骑。"[1]

原来尽受教会欺压的老百姓，聚在一起练拳，觉得自己并不孤单，就起来反抗教会，逐步表现为武装斗争。斗争的规模越来越大。一八九九年十月，茌平神拳重要首领朱红灯在平原、恩县间的森罗殿，集合附近拳民一千多人，打着"天下义和拳，兴清灭洋"的旗帜，同省城派来袭击的官兵发生大规模武装冲突。这个事件影响很大，义和团的名声迅速传遍各地。形形色色反对洋教的拳民纷纷自动打起义和团的旗号，不少小地主、无业游民、白莲教徒也参加进来。拳民所以改称"团"，大概是为了把自己说成民团，以争取合法。这里值得注意一点，不能简单地把义和团运动说成是由原来的秘密宗教结社在斗争中转为公开；它的特点正在于它原是民间公开练拳习武的活动，没有严密的组织约束，能够团聚远比那些秘密宗教结社更广泛的民众，有着很大的群众性。这是它所以能显示出如此巨大威力的原因。

清朝官府（除曾任山东巡抚的毓贤等后期的表现外）最初对义和团运动采取镇压的态度。义和团早期一些领头人朱红灯、本明和

[1]《山东义和团调查资料选编》，第122、126、129页。

尚（杨顺天）、刘士端等都是被官府杀害的。赵三多被捕后死在监狱中仍被戮尸。山东的义和团运动逐渐走向低潮。风暴的中心向清朝的统治中心——直隶转移。

这种转移，并不是像太平天国北伐时那种大进军的形式，而是直隶当地民众闻风而起，听说山东闹义和团了，声势很大，就也打起义和团的旗号。直隶本来也有练拳习武的习惯。像天津义和团的主要首领张德成、曹福田、林黑儿等都是当地人，而不是从山东北上的。他们宣称义和团能请神，能靠神附体，能刀枪不入，可以用来对付洋人，对付那些洋枪洋炮。他们同样存在着和山东相似的要求反抗外来压迫者的强烈情绪。严重的干旱更使人焦躁不安。以沧州（那是一个民间习武之风甚盛的地方）为例。老人说："他们起来闹义和团是由于平时经常一起练武（到现在仍有这个传统），练武的人一般都行侠仗义，好打抱不平。这一带的义和团就是看不惯洋鬼子欺负中国人起来的。""义和团民并不是天天练武，每天练一会儿就回去该干什么干什么。他们平时吃用都是自己出，人们对他们并没有什么反感。但他们也杀人，就是砍那些在教的，人数并不算很多。"[1]他们一般是一伙住一个村，一伙里有一个大师兄，人多的还有二师兄，没有统一的领导。随着各色各样的人纷纷打起义和团的旗号，它的成分越来越复杂，带来比在山东时更多的宗教迷信色彩，包括白莲教的色彩，例如"乾字团""坎字团"这些名目，都是在发展到直隶后才出现的。

当义和团运动开始在直隶境内发展的时候，直隶总督裕禄同样采取严厉镇压的态度。他在一九〇〇年三月颁布告示严禁，说：

---

[1]《直隶义和团调查资料选编》，河北教育出版社2001年10月版，第138页。

"所有设立拳厂煽惑滋事首要匪犯,务必严拿惩办,断不能倖逃法网。"并先后调动聂士成、梅东益等部军队,一遇"拳教互殴,焚烧教堂",就对拳民实行镇压。[1]结果,反而激怒义和团众,进而拆毁铁路,焚烧车站,砍断电杆,并直接同清军作战,击毙直隶练军分统杨福同。这时,义和团众已是漫山遍野,裕禄再也招架不住,只得以十分谦卑的态度迎接天津一带义和团首领进入天津。天津城内遍贴匿名揭帖,写道:"神助拳,义和团,只因鬼子闹中原。""鬼子不是人所生,如不信,仔细看,鬼子眼睛都发蓝。不下雨,地发干,全是教堂止住天。""挑铁道,把线砍,旋即毁坏大轮船。大法国,心胆寒,英吉、俄罗势萧然。一概鬼子全杀尽,大清一统庆升平。"[2]这反映了京津地区大多数义和团众的心态。

这年六月初,义和团众开始大批涌入北京,城内顿时设坛八百多所。清朝政府的军事主力在甲午战争时遭到惨重损失,力量异常空虚。驻防北京的神机营和董福祥所部甘肃回军的士兵大多也参加义和团(八国联军开始进攻后,日本使馆书记官杉山彬和德国驻华公使克林德便是先后为甘军和虎神营所杀)。下层市民也有不少参加义和团的。他们集结的场所由拳场改为坛口,迷信色彩更加浓重。团众三五成群,执持刀械,游行街市,张贴揭帖,焚烧教堂,焚烧时常延及邻居。焚烧前门外一家西药房时,大栅栏一带大片商号和民居也被延烧焚毁。这些义和团众进入北京时的状况,据当时居住在北京的一个小官员仲芳氏的日记记载:

---

[1] 林学瑊:《直东剿匪电存》,《义和团运动史料丛编》第2辑,中华书局1964年5月版,第23页。
[2] [日]佐原笃介等:《拳乱纪闻》,中国近代史资料丛刊《义和团》第1册,上海人民出版社1953年6月版,第112页。

看其连日由各处所来团民不下数万,多似乡愚务农之人,既无为首之人调遣,又无锋利器械;且是自备资斧,所食不过小米饭玉米面而已。既不图名,又不为利,奋不顾身,置性命于战场,不约而同,万众一心;况只仇杀洋人与奉教之人,并不伤害良民;以此而论,似是仗义。[1]

处在这种状况下,清朝高层内部出现分化。由于外国势力的不断入侵,同清朝统治者的利益也有不少冲突,其中一些人产生利用团众排斥外人的思想。慈禧太后在戊戌变法后原想废除光绪皇帝,没有得到外国的支持,也心怀不满。但更重要的是,清政府对局势实际上已失去控制,手头又没有足够的力量,即便要镇压团民也不敢轻易下手,生怕把烈火转烧到自己头上,因而踌躇徘徊,举棋不定。这就是他们所说的"剿抚两难"。这一点,西方记者也看出来了。德国《前进报》写道:"太后的态度在这次战争中看来也只起次要的作用了,因为即使太后的态度是消极的——看来大概是消极的——危机也已如此迅速地尖锐化了。"[2]

义和团在直隶和京津地区如此迅猛地发展,严重威胁西方列强的在华利益。各国便把直接出兵进行武装干涉提到日程上来。五月二十八日,他们以"保护使馆"的名义调兵到北京。各国军舰集结在大沽口的近四十艘,登陆驻在天津租界的各国军队有三千多人,六月十日,由英国海军上将西摩尔统率各国军队两千人向北京进犯,受到清军聂士成等部和义和团众的抵抗。十七日,大沽炮台在

---

[1] 仲芳氏:《庚子纪事》,科学出版社1959年1月版,第15页。

[2] 《前进报》社论,1900年5月19日,《近代史资料》1957年第5期,科学出版社1957年10月版,第2页。

各国舰队炮轰下沦陷。参加对中国出兵的有英、俄、法、美、意、德、奥等国，称为"八国联军"。世界上所有帝国主义国家联合起来，共同向一个落后国家发动战争，在历史上还是第一次。

面对八国联军的进攻，应该怎么办？直隶总督裕禄在六月十五日的奏折中说："现在中国兵力、饷力，即一国尚不可与敌，况以中国而敌八国之兵，其势万难与争衡，断无失和之理。""为今之计，如能庙谟早定，明降严旨，特派大员将滋事拳匪，严行剿办，庶各国洋人无词可借。"[1]这个主张，同清政府历来的基本态度是一致的。十六日起，慈禧太后连续四天举行御前会议。这次会议，出乎人们意外地决定对各国宣战。为什么慈禧太后这时会作出这样一个似乎很不可解的决定？除了她对局势已失去控制、"剿抚两难"以外，各国不支持她废除光绪皇帝引起她很大不满是一个重要原因，而直接起决定作用的是一件传来的其实不确的消息，就是传闻外国照会要求慈禧将政权交还给光绪，这在她看来可是个生死攸关的问题。当时参加御前会议的恽毓鼎在《崇陵传信录》中写道：

> 太后随宣谕："顷得洋人照会四条：一、指明一地，令中国皇帝居住；一、代收各省钱粮；一、代掌天下兵权。今日衅开自彼，国亡在目前，若竟拱手让之，我死无面目见列圣。等亡也，一战而亡，不犹愈乎！"君臣咸顿首曰："臣等愿效死力。"有泣下者。唯既云照会有四条，而所述只得其三。退班后，询之荣相（引者注：即首席军机大臣荣禄），其一为勒令皇太后归政，太后讳言之也。其时载漪及侍郎溥良力主战，语

---

[1]《义和团档案史料》上册，第143页。

尤激昂。太后复高声谕曰："今日之事，诸大臣均闻之矣。我为江山社稷，不得已而宣战，顾事未可知，有如战之后，江山社稷仍不保，诸公今日皆在此，当知我苦心，勿归咎予一人，谓皇太后送祖宗三百年天下。"

群臣既退，集瀛秀门外，以各国照会事质之译署（引者注：即总理各国事务衙门）诸公，皆相顾不知所自来。或疑北洋督臣裕禄实传之，亦无之。嗣乃知，二十夜三鼓，江苏粮道罗某遣其子扣荣相门，云有机密事告急。既见，以四条进。荣相绕屋行，旁皇终夜，黎明遽进御，太后悲且愤，遂开战端。其实某官轻信何人之言，各国无是说也。[1]

清政府和外国列强在统治权力问题上本来也存在一些矛盾，但这种矛盾毕竟处于从属地位。在当时义和团运动的强大压力下，清政府手足无措，内部意见又不一致，陷入十分混乱的状态。八国联军向中国的进攻扩大了这种矛盾。再加上误传列强要"勒令皇太后归政"，触到了慈禧的最痛处，造成她匆匆忙忙地宣布对外开战。在历史上，某些偶然事件在一定条件下也会起重要作用，这便是一个例子。但它终究只能起有限的作用。慈禧太后在事后对她亲信的吴永说得很明白："依我想起来，还算是有主意的，我本来是执定不同洋人破脸的，中间一段时期，因洋人欺负得太狠了，也不免有些动气。但虽是没拦阻他们，始终总没有叫他们十分尽意的胡闹。火气一过，我也就回转头来，处处都留着余地。我若是真正由他们尽意的闹，难道一个使馆有打不下来的道理。"[2]

---

[1]《恽毓鼎澄斋日记》2，附录，浙江古籍出版社2004年4月版，第786页。
[2] 吴永：《庚子西狩丛谈》，《中国近代史资料丛刊·义和团》第3册，第438页。

宣战诏书也令人感到离奇：里面没有说明向哪一个或几个国家宣战，没有提任何国家的名字，也没有以任何形式送给任何外国政府。对外宣战后四天，慈禧太后就下谕停止围攻外国使馆。八天后，又谕军机大臣等电寄出使各国大臣，要他们向各国外交部说明："朝廷非不欲将此种乱民下令痛剿。而肘腋之间操之太促。深恐各国使馆保护不及。激成大祸。亦恐直东两省同时举事。两省教士教民便无遗类。所以不能不踌躇审顾者以此。""且中国即不自量，亦何至与各国同时开衅，并何至恃乱民以与各国开衅，此意当为各国所深谅。"[1]

尽管如此，早已入侵的八国联军继续向天津、北京进攻，人数增加到两万多人，其中一半是日本军队。七月十四日天津沦陷。八月十五日，外国军队攻陷了中国首都北京。慈禧太后携光绪皇帝等出逃，几个月后到了西安。与此同时，沙皇俄国还在七月九日发出侵略中国东北的动员令，随后单独占领东北绝大部分土地。

八国联军占领北京后，特许军队公开抢劫三天。事实上，他们不只是抢劫，而且到处屠杀、焚烧、强奸妇女和破坏。俄国记者扬契维茨基在他的战地日记中描述当时北京的悲惨情景：

> 帝王的伟大京都一半已被破坏和焚毁，已被蹂躏糟蹋得不像样子了，简直像一切都死绝了一样。使馆街两旁残存着一垛垛废墟，一堆堆石头，灰烬、垃圾和脏物遍地皆是。中国人的尸体，一个挨一个地杂陈在马路上。到处乱丢着各种各样的东西。

---

[1]《光绪朝东华录》第4册，中华书局1958年12月版，第4524页。

> 法国兵焚烧了北堂周围的房屋和商店。烧焦的尸体暴露在废墟、瓦砾和灰烬堆里。被枪杀和刺死的中国人,一堆一堆地陈尸在大街上。被击毙的不只是中国兵,还有被中国教民告发的全部肇事者。[1]

他们占领中国的首都整整一年之久,实行分区管制。如内城划为四段:北边归日本人管辖,西边归英、美管辖,东边归沙俄管辖。当时留在北京的仲芳氏在这段日子的日记中记录下当年北京居民屈辱和悲惨的处境:

> 各国洋兵在本国所管界内,或衙署公廨,或庙宇会馆,或住宅铺户,分队驻扎。最苦莫甚于住户之房,洋兵蜂拥而入,将居人无论男女驱逐,空手而出,衣饰财物,丝毫不准携带,合门财产并为洋人所占。更有奸留妇女、戕杀男人者。人在仓促之间,不及防备,多被所扰。由是有闭门自焚者,有全家身殉者,有被逐无处投依自尽者,有被污羞忿捐生者。各街巷哭嚎之声,遍处皆同。以京师合城而论,前三门外受灾稍轻,城内及北城受难尤重。死尸遍地,腐烂熏蒸,惨难寓目。
> 各国既定分界,凡在界内之铺户住户,不拘贫富,各于门前插白布旗一面。居住某国地界,旗上即用洋文书写"大某国顺民"。又有用汉文写"不晓语言,平心恭敬"贴于门前者。又有按某国旗号样式,仿做小旗,插于门前者。予家为美国所

---

[1] [俄]德米特里·扬契维茨基:《八国联军目击记》,福建人民出版社1983年8月版,第335—338页。

管,门前即插"大美国顺民"的白旗。[1]

这就是历史将要跨入二十世纪时呈现在中国首都街头的情景。八国联军统帅瓦德西写道:"所有中国此次所受毁损及抢劫之损失,其详数将永远不能查出,但为数必极重大无疑。"[2]这是多么大的耻辱,不能不深深刺痛中国人的心。九十年后,邓小平在会见泰国朋友时还说道:

> 我是一个中国人,懂得外国侵略中国的历史。当我听到西方七国首脑会议决定要制裁中国,马上就联想到一九〇〇年八国联军侵略中国的历史。七国中除加拿大外,其他六国再加上沙俄和奥地利就是当年组织联军的八个国家。要懂得些中国历史,这是中国发展的一个精神动力。[3]

可见这件事对中国人刺激之深。

义和团本来是一个没有统一领导和严密组织的民众自发性行动。在八国联军和随后清朝军队的联合镇压下,被打散而失败了。

对义和团运动应该如何评价?这个运动确实有着两重性。

义和团运动是西方列强对华侵略行为逼出来的,是有着广泛群众性的爱国行动。亲身经历过这场事变的孙中山,在《民权主义》的演讲中说:"像庚子年发生义和团,他们的始意是要排除欧美势力的。因为他们要排除欧美势力,所以和八国联军打仗。"他们"用

---

[1]《庚子纪事》,第34页。
[2][德]瓦德西:《拳乱笔记》,《中国近代史资料丛刊·义和团》第3册,第34页。
[3]《邓小平文选》第3卷,人民出版社1993年6月版,第357、358页。

大刀、肉体和联军相搏，虽然被联军打死了几万人，伤亡枕藉，还是前仆后继，其勇锐之气殊不可当，真是令人惊奇佩服。所以，经过那次血战之后，外国人才知道中国还有民族思想，这种民族是不可消灭的。"[1]这是事情的主要方面。

孙中山最后几句话，可以从八国联军统帅瓦德西给德皇的奏议中得到佐证。他本来认为："关于近年以来时常讨论之瓜分中国一事"，现在"实为一个千载难得之实行瓜分时机"，但这次战争中中国人不可侮的反抗精神给他留下了很深印象，说："吾人对于中国群众，不能视为已成衰弱或已失德性之人；彼等在实际上，尚含有无限蓬勃生气……""至于中国所有好战精神，尚未完全丧失，可于此次'拳民运动'中见之。在山东、直隶两省之内，至少当有十万人数，加入此项运动；彼等之败，只是由于武装不良之故，其中大部分，甚至于并火器而无之。"他引用一中国老人的话说："我们自四百年以来，皆在睡梦之中；但其间我们深觉安适无已。你们白人，必欲促使我们醒觉，则将终有一日，你们对于此举，深为扼腕之时。"瓦德西从事实中得出结论：要把"华人置诸德国官吏治理之下"实在是"一种困难"，对中国实行瓜分实为下策："并吞土地一事，与其谓为促进商业，则毋宁谓为阻碍商业。"[2]中国在甲午战败后那样险恶的局势下终于能避免遭受瓜分的噩运，不能不说同义和团运动中表现出来的这种宁死不屈的民族精神有着直接的关系。

当然也要看到事情的另外一面。义和团运动确实有严重的消极落后方面，如笼统排外、愚昧迷信、组织松散、成分复杂，以致被

---

[1]《孙中山选集》，人民出版社1981年10月版，第758、759页。
[2]〔德〕瓦德西：《拳乱笔记》，《中国近代史资料丛刊·义和团》第3册，第86、87页。

清政府所利用，等等。这些都是事实。我们不能因为它是爱国行动就不指出那些消极落后甚至愚昧荒唐的东西，正如不能因为它存在那些消极落后的方面便不敢肯定它是一场反帝爱国运动一样。

它的这些消极落后以致愚昧荒唐的东西是怎么来的？归根到底，是因为当时中国经济文化还十分落后，缺乏先进社会力量的引导。群众性的，特别是起自下层的反抗斗争处在自发的状态，很难不同时带来许多愚昧落后和盲目排外的因素。这是这类斗争在当时只能达到的水平。不成熟的社会结构必然会产生不成熟的社会运动，而在中国北方表现得尤为突出。我们总不能因为当时中国的经济文化落后便认为：在这样的历史条件下，即便受到忍无可忍的外来压迫，也只能驯顺地默默忍受，不应该起来反抗，以免弄出那些荒唐可笑的东西来。

用了不算短的篇幅先回顾一下中国进入二十世纪前夜那几年的历史状况，可以看出：甲午战后相当多的中国人痛感"今日之世变，盖自秦以来未有若斯之亟也"。中华民族已被逼到生死存亡的关头，"救亡"开始成为时代的主题。长期形成的旧格局再也无法继续保持下去。为了把祖国从危难中拯救出来，上层士大夫中曾发动希望依靠光绪皇帝的支持来推行变法的戊戌维新运动，下层民众中掀起了自发的义和团式的反抗行动，最后都失败了。紧跟而来的却是八国联军的入侵，占领中国首都北京，这对中国人来说是何等的奇耻大辱。首都民众的悲惨遭遇，使更多人不寒而栗。中国难道真的难逃灭亡的命运吗？中国人难道真的要沦为任人宰割的亡国奴了吗？面对如此严峻的局势，有志气的中国人并没有丧失自尊和自信，没有因此消沉下来，而是继续苦心焦虑地寻求如何救国救民的答案，并以献身的精神，努力从仿佛一片黑暗的处境中为中国打开一条新的出路。这是当时中国先进分子最关心的中心问题。比起它来，其他问题只能处于次要地位。

二十世纪中国的历史就是从这里起步的。如果离开那个世纪之交的大背景，二十世纪的中国历史为什么会这样一步一步地发展，就不容易看得清楚，对它的来龙去脉就难以得到清晰的认识。这就是为什么把二十世纪前夜这几年的历史作为本书第一章的原因。

第二章　推倒君主专制制度的辛亥革命

中国步入二十世纪后发生的第一件历史性巨变，便是一举推翻清朝政府、结束几千年君主专制制度的辛亥革命。

革命，通常是以暴力的形式，在比较短的时间内，对原有社会秩序实行重大变革。它决不是任何人想这么做就可以把它制造出来的，需要付出巨大的代价，需要具有必要的社会条件。在中国这样的古老大国，传统的纲常伦理观念长期牢牢地禁锢着人们的头脑，旧的统治秩序已经形成相当严密的网络，要冲破这种束缚是很难很难的。戊戌维新运动不是一直把很大希望寄托在由一个好皇帝来推行改革上吗？义和团运动打出的旗号不还是"扶清灭洋"吗？一般说来，人们最初总是希望能在现有社会秩序下进行温和的改革。这样做，不仅牺牲少，而且也容易被更多人所接受。只要这条路还有一点希望能够走得通，怎么可能会有那么多人不惜抛头颅、洒热血去投身革命呢？只有当国家民族的命运已处于万分危急的情况下，别的办法都尝试过，都走不通，人们的忍耐程度已超出它的极限，这才会拿起武器来拼命，一场全国规模的革命高潮才会出现。

单单这些还不够。一场全国规模的革命想取得哪怕是部分的成功，都需要在人们面前提出一个与以往不同并被众多人接受的新的理想和目标，使人们燃起新的希望，深信目前的处境尽管艰难，这种状况是可以改变的。如果一个民族面对着深重的危机，却看不到前途和希望，只是沉浸在一片悲愤和沮丧绝望的情绪中，或者只是不顾一切地起来蛮干，那也谈不上民族的新觉醒。

这就需要有新的社会力量站在民族解放运动的前头。这种新的社会力量的出现和壮大，只能是社会结构和民众心理发生深刻变动的产物。

辛亥革命与前此的戊戌维新运动、义和团运动不同的地方，就在这里。

革命大风暴的由来

二十世纪到来的时候，中国的首都北京仍处在八国联军的占领下，慈禧太后和光绪皇帝的小朝廷只能在西安继续过他们的流亡生活。经过一年的谈判（背后实际上是侵略中国的八国之间对如何分赃的反复协商），清政府终于在一九〇一年九月七日签订了丧权辱国的《辛丑条约》。在这一年的漫长过程中，列强考虑的首要问题是要不要乘此瓜分中国。由于义和团强烈反抗的事实使列强认识到难以对中国进行直接的统治，不如通过已完全屈服的清政府来实行对中国的统治，也由于帝国主义各国之间的利益难以协调，它们最后放弃了瓜分中国的打算。《辛丑条约》的主要内容，一是规定中国对各国赔款四亿五千万两白银，意味着每个中国人都要承担一两白银。这笔赔款在四十年内分年还清，加上利息和地方赔款，相当于当时清政府至少十二年的财政总收入，使清政府的财政更加陷入绝境。二是规定列强有权在北京至渤海地区驻军。这一条关系重大。以后日本发动卢沟桥事变时使用的军队就是根据这个条约早已盘踞在平津铁路沿线的"中国驻屯军"。三是所谓"惩办祸首"，实际上就是严厉警告清政府以后只能乖乖地顺从他们的意旨办事，不得稍有违抗。这样，中国在半殖民地的道路上又大大跨进了一步。

看起来，中国在《辛丑条约》后的不短时间内没有再遭到像甲午战争和八国联军之役那样的外国大规模军事进攻，瓜分中国的声浪也不像前一阵那样叫得凶了。那是不是意味着中国的民族危机暂时得到了缓和？不是。恰恰相反，民族危机向着更加深刻的方向发展了。

列强对中国的政治控制已大大加强，这一点下面将着重谈到。

更突出的事实是：为着加强对中国的掠夺和控制，帝国主义势力进一步深入中国内地，建筑铁路，开掘矿藏，兴办工厂，设立租界，经营航运业，牢牢地控制中国的经济命脉。要是说，一九〇一年以前，帝国主义列强虽然在中国划分了势力范围，攫取了各种投资的特权，但一时还来不及消化这些果实、直接从事大规模的投资活动；那么，一九〇一年以后，他们就以空前的规模来实现这种投资特权，来消化、巩固和扩大前一时期获得的侵略成果。这是帝国主义深化对华经济侵略的重大进展。

需要说明的是，这种对华投资和正常的国外投资不同：它是在中国丧失国家独立主权的情况下进行的，由外国资本享有垄断权利，是不妨害而且有利于帝国主义利益的半殖民地化发展工业的道路。投资的重点，是利润最优厚并便于资源掠夺的兴筑铁路和开掘矿藏。

从一九〇三年至一九一一年间，完工的铁路，有东清铁路、东清铁路南满支路、京汉铁路、株萍铁路、胶济铁路、粤汉支路、道清铁路、正太铁路、滇越铁路、沪宁铁路、潮汕铁路、漳厦铁路、广九铁路、津浦铁路；正在兴筑的有京奉铁路、粤汉铁路、京绥铁路、陇海铁路、新宁铁路、沪杭甬铁路、南浔铁路、吉长铁路。旧中国的铁路干线，除浙赣铁路、同蒲铁路和粤汉铁路的株洲韶关段等以外，几乎都是这个时期内完成或开工兴建的。[1]喷吐着浓烟的火车像一个怪物，风驰电掣地奔向中国内地的广大原野。这对促使中国传统自然经济的解体，起了重要作用。俄、法、德、英、日等国，经过剧烈争夺，采取借款或强行承租等方式，控制了中国的铁路。它们的主要着眼点是在把它们的商品大量运送到中国内地和把从中国掠夺的原料运送出去，并获得一定年限内对某些铁路事业的管理权，获得优厚的借款手续费、利息和红利，并且使铁路通过的区域成为它们的势力范围。因此，它不可能像美国西部大铁路建筑那样，有力地促进中国民族工业的发展。

外国对中国矿业特别是煤矿的攫夺，是这时非常突出的现象。"因为，无论是外国在华设立的工业企业，或从西方来华的远洋轮船和在中国沿海以及埠际之间航运的大小轮船，都十分需要就近获取燃料动力，以支持它的生产和运转。在当时的生产技术条件下，煤炭是第一能源，它是现代工业和航运业赖以生存和发展的物质基础。因此，外国资本对中国矿冶业，特别是煤矿业的开发和投资，便成了资本帝国主义国家资本输出的重点。而以煤矿为中心的矿业攫夺，就成为列强在中国争夺势力范围的重要内容。"[2]重要的有：日本资本对抚顺煤矿和辽阳县的烟台煤矿的掠夺，英国势力对开平、滦州煤矿的兼并，德国资本对淄川、坊子煤矿的侵夺，英资福公司对焦作煤矿的侵夺，日本对辽宁鞍山铁矿开始勘查等。其中，特别值得注意的有两件事：一件是英国借八国联军进攻中国的机

---

[1] 严中平等：《中国近代经济史统计资料选辑》，科学出版社1955年8月版，第172—174页。

[2] 汪敬虞主编：《中国近代经济史（1895—1927）》上册，人民出版社2000年5月版，第567页。

会，以欺诈手段霸占中国经营多年的开平煤矿，随后又兼并滦州煤矿，在一九一一年成立英国控制下的开滦矿务总局；另一件是日本在一九〇六年成立南满洲铁道株式会社（简称"满铁"），锐意"经营满洲"，而以经营南满铁路及开发沿线煤矿资源为中心，"满铁"日后成为日本侵占中国东北地区的急先锋。

除路矿两项外，西方列强在其他方面的投资也急剧增加。甲午战争前，虽经过五十多年积累，一八九四年外国在华企业资产总额还只有约一亿零九百万美元，而到一九〇二年已增至四亿七千八百万美元。与此相应，外国银行也积极扩大经营范围，加强控制中国的工矿交通事业，垄断中国的财政金融。

这些纷至沓来的经济掠夺活动，特别是它深入中国内地，对一切爱国的中国人起了强烈的惊醒作用。当时，许多人突出地认为：外国人一旦掌握了我国的铁路和矿山，就是握住了我们的命脉。在二十世纪初年出版的留日学生刊物《江苏》《浙江潮》等上面，到处可以读到这类沉痛、激烈的词句：

> 呜呼，铁路之于人国，犹经脉之于人身也。是故一县失其权则一县死，一省失其权则一省死，况全国南北（粤汉铁道）、东西（蜀汉铁道）交通之大关键乎？[1]
>
> 经济上之竞争，其祸乃更毒于政治上。何以故？譬之是犹人也，朝割其一手，夕割其一足，其人必痛，而其警醒也易，而其反抗之力大，而其人犹可以复生也。若举全身之精血而吸之，其犹茫然皇然莫知其由，未几乃病瘵以死矣，此言其

---

[1]《南方之三大铁道》，《江苏》第7期，记事，第147页。

术也。若夫于政治上，则未有经济上之权既占、而政治上之权乃犹能以人者也。盖其资本所在之地，即为其政治能力所到之地，征之于近代，历历有明征也。[1]

这些认识，比起十九世纪末年，显然要深刻痛切得多了。

资本输入的激增，并不排除列强对华的商品倾销。相反，又为商品的进一步输入打开通道。通商口岸是西方列强对华经济侵略的据点。甲午战前开设的通商口岸共三十四处，战后到清末新设的口岸有四十八处，其中包括苏州、杭州、梧州、南京、岳阳、秦皇岛、长沙、济南、南宁、长春（宽城子）、哈尔滨、齐齐哈尔、奉天（今沈阳）、昆明等，大多处于中国内地。[2] 由于列强取得海关管理权、扩大内河航行权和铁路修建权，并享有免除子口税等远优于中国民族工商业的特权，从一九〇一年到一九〇五年的短短五年间，中国进口商品总额陡增一倍以上，而出口却大幅度萎缩。许多以往还很少或没有见到外国人的地方，这时闯进了高悬外国旗帜的轮船，出现了许多高视阔步、耀武扬威的"洋人"。他们俨然以主子的姿态，君临到中国的国土，把中国人看作下等人。上海外滩公园高悬的"狗与华人不得入内"的告示，便是一个突出例子。他们的势力每伸到一个地方，立刻激起这些地方民众的极大愤怒，进一步提高了民族自觉。

与此同时，列强为了争夺特殊权益，在中国展开了严重的斗争。其中最剧烈的是日俄在东北的争夺和英俄在西藏的争夺。沙皇俄国在八国联军侵略中国的战争中出兵占领东北。《辛丑条约》签

---

[1] 飞生：《俄罗斯之东亚新政策》，《浙江潮》第1期，大势，第2页。
[2] 严中平等：《中国近代经济史统计资料选辑》，第41—46页。

订后，他们仍不撤兵，一九〇二年四月才同清朝订约分期全部撤兵。到一九〇三年四月，原来规定的第二期撤兵期限届满，沙俄不仅不肯履行条约，反而提出新的要挟。沙俄陆军大臣库罗巴特金给沙皇的备忘录中，还提出"把北满归并俄国"的要求。日本军国主义者早就抱着对中国东北的极大野心，力图排除沙俄的势力，为它们自己控制东北打开大门。一九〇四年一月，日本不宣而战地对驻在旅顺口的俄国舰队发动突然袭击，日俄战争爆发了。这两个帝国主义国家之间的一场大规模厮杀竟在中国东北大地上进行，中国居民惨遭屠戮，房舍化为灰烬，带来巨大灾难。而腐朽的清朝政府居然声称"中立"，置战区人民的生命财产于不顾。这怎么能不使众多的中国人感到寒心？日俄战争进行了一年零八个月。结果，确定东北的北部保留为沙俄的势力范围，而东北的南部成为日本的势力范围。

在中国西南边陲的西藏，英俄之间也展开着剧烈的争夺。一九〇三年冬天，英国悍然发动对西藏的军事进攻。第二年八月，攻陷拉萨。但在西藏民众的坚决反抗下，只停留了一个多月就被迫撤出拉萨。

这时，国际局势正在发生十九世纪初维也纳会议后最剧烈的变化，旧的世界格局已被打破，新的角逐正在激烈地进行。一九〇五年春季和秋季在摩洛哥发生冲突事件后，英、法同德国之间的矛盾迅速尖锐化。它们的注意力越来越集中在欧洲和地中海区域，第一次世界大战已日益临近。为着集中力量对付德国，英、法在外交上采取一系列主动行动，调整同各方面的关系。一九〇七年，先后签订了英俄协定、法日协定和俄日协定。第二年，日美之间也签订了《罗脱－高平协定》。在这些协定中，包括秘密商定双方在中国的势

力范围。这一切连个招呼也不同中国打。当时留日学生刊物《河南》痛心地写道:

> 今则吾国内不问何省,省不问何地,一草一木,一沙一礁,非皆已于他国之最近协商时而默于意中互相认许耶?……以吾四万万之同胞,脑量不减于人,强力不弱于人,文化不后于人,乃由人而降为奴,是稍有人血人性者所不甘,而谓我志士而忍受之耶?以此原因,睹外患之迫于燃眉,遂不能不赴汤蹈火,摩顶断胫,以谋于将死未死之时。[1]

不久,又一个事件给了中国人重大的刺激,那就是日本在一九一〇年八月二十二日强迫朝鲜签订所谓《日韩合邦条约》,正式吞并朝鲜。中朝两国历来唇齿相依,唇亡则齿寒。日本军国主义势力已能陈兵鸭绿江边,虎视眈眈地把目光集中投向中国的东北。梁启超在《国风报》上写道:"夫其于朝鲜,则既已奏凯而归矣,而彼之挟此优胜之技,以心营目注者,岂直一朝鲜而已。是故吾睹朝鲜之亡,乃不寒而栗也。"[2]朝鲜亡国后民众的悲惨遭遇,更使中国人目击心伤,受到强烈刺激。

"救亡",成了摆在一切有爱国心的中国人面前压倒一切的中心问题。如果连国家都灭亡了,中国人成了任人宰割的亡国奴,个人其他问题说得再好听,也只是空谈,都将化为泡影。许多爱国者不惜作出最大的自我牺牲,来拯救祖国于危急之中。这不是哪个人任意作出的主观选择,而是整个客观局势发展的结果。

---

[1] 朱宣:《发刊之旨趣》,《河南》第1号,第2页。
[2] 沧江:《日本并吞朝鲜记》,《国风报》第1年第23期,第43页。

在极端深重的民族危机面前，谁能够带领民众抵抗外来侵略，把祖国从危难中拯救出来，谁就能够得到民众的信任和支持；否则，就会被民众所抛弃。这时，统治着中国的清政府处在一种怎样的状态呢？人们期望的是一个能够痛定思痛、锐意革新、捍卫国家和民族利益的政府。清政府恰恰相反，宁肯大量出卖国家的权益，以换取外国列强的支持，压制民众的爱国行动，维护它在国内早已摇摇欲坠的统治。这个极端腐朽的政府，事实上已失去锐意革新的可能。

清王朝原来虽早已日趋衰败，但外表上仍仿佛是个威严显赫的庞然大物，使人望而生畏。甲午战败，对外屈辱到如此地步，内部的腐败也暴露无遗，使一向把自己装扮成"神圣不可侵犯"的清王朝在人们心目中顿时丧尽了尊严。军事和财政力量的极端空虚也使它的统治无法保持稳定。它的覆亡已只是时间问题。可以说，甲午战后的清政府不过是在苟延残喘中勉强再维持了十多年。

八国联军之役后，清政府同外国侵略者的关系又有新的变化：成为外国列强统治中国的更加驯服的工具。这以前，清政府虽早已屈从于帝国主义的压力，同它们相互勾结，但毕竟在统治权力和利益上还存在一些矛盾和冲突。因而在各种条件凑合下，即使表现得十分被动和动摇，并且很快以屈服告终，但多少还参加过一些反抗外国侵略者的战争。这以后，连这样的抵抗也不再看到了。

一九〇一年二月，当列强提出和议大纲时，流亡在西安的清政府立刻发出一道煌煌上谕，宣布政府今后的对外方针是"量中华之物力，结与国之欢心"，并且厚颜无耻地说："今兹议约不侵我主权。不割我土地。念列邦之见谅。疾愚暴之无知。事后追思。惭愤交集。"[1]

《辛丑条约》签订后,一九〇二年一月,清政府从西安回到北京。他们从郑州到正定这一段路,坐的是火车。进宫那天,"当西太后乘舆经过使馆人员站立的阳台时,她在轿中欠起身来,以非常和蔼的姿态向他们回礼"。当一月二十八日各国使节受接待时,"召见从头到尾是在格外多礼、格外庄严和给予外国代表以前所未有的更大敬意的情形下进行的;这件事之所以特别值得注意,乃是因为这是西太后第一次在召见中公开露面",而不是在帘幕后面。二月一日,她接待外国使节夫人,"在问候这些夫人的时候,表示出极大的同情,并且一边和她们说话,一边流泪"。[2]这些,看起来都是戏剧性的枝节小事,却很具有象征性,显示出清政府同帝国主义列强间的政治关系上的微妙变化。

这以后,清政府在各方面变本加厉地执行对外屈服的政策。它一再传谕保护外人权益,竭力压制民众爱国行动,聘请外国人担任财政、军事等顾问,连地方大吏的任命也要看外国人的脸色行事。各级地方官更加战战兢兢地一意媚外,竭力维护外人在华的特殊权益。"内而宫廷,外而疆吏,下至微员末秩,皆莫不以敬礼外人为宗旨。"[3]

既然清政府把自己同外国侵略者紧紧地拴在一起,毫不奇怪,民众也就自然地把反抗外国侵略者同反对清朝统治者紧紧地联结在一起了。这是完全符合逻辑的结论。陈天华在《猛回头》中直截了

---

[1]《光绪朝东华录》第4册,第4614页。
[2][美]马士:《中华帝国对外关系史》第3卷,生活·读书·新知三联书店1957年11月版,第388页。
[3]《论中外有不能相安之势》,《新民丛报》第20号,第110页。

当地写道:"列位:你道现在的朝廷,仍是满洲的吗?多久是洋人的了。列位!若还不信,请看近来朝廷所做的事,哪一件不是奉洋人的号令?""朝廷固然是不可违拒,难道说这洋人的朝廷,也不该违拒么?"[1]"洋人的朝廷"这个带根本性的问题被陈天华一语点破后,立刻不胫而走,在爱国民众中产生了巨大的反响。

不仅如此,二十世纪初年,清政府对民众经济上的榨取也进一步加重。造成这种状况的直接原因是两个:首先是对外支付巨额的赔款。清朝的财政在甲午战败后本已陷入不可收拾的地步,《辛丑条约》后受到更加重大的打击,除了采取对外大举借债这种饮鸩止渴的办法外(在政治上也因而更加俯仰随人),只有加紧对百姓的榨取;其次是清政府为了维护自己在国内的统治而加紧扩军,袁世凯练成北洋六镇(镇相当于师),每个省也计划各编练新军一个镇,这自然又需要加紧对民众进行更残酷的搜刮。

在长期的封建社会里,由于社会生产力发展的迟滞,政府的财政收支一向难以有过快的增长。直到甲午战前,清政府的年财政收支大体上都稳定在八千万两左右。但到一九〇三年,岁入已达一万万零四百九十二万两;到一九〇八年,岁入达二万万三千四百八十余万两。[2]而一九一〇年,清政府试编的下一年度财政预算中,国家岁入为二亿九千六百九十六万两,岁出达三亿三千八百六十五万两。十几年间,国家的财政收支竟剧增到四倍左右。这在人们生活中是从来不曾经历过的。所谓岁入的逐年猛增,自然不是生产发展的结果,而来自竭泽而渔的掠夺和搜刮。在清朝的最后几年里,田赋、厘金、盐税等旧税一次又一次地追加,

---

[1]《陈天华集》,湖南人民出版社1982年11月版,第36页。
[2] 明水:《日人论中国整理财政策》,《国风报》第1年第33期,第38—43页。

种种巧立名目的新税更是层出不穷。各级官吏还要从中中饱，任意诛求，造成民不聊生，民怨沸腾，使人民到了再也无法忍受的地步。

汉族人民中传统思想，这时也起了很大的作用。满族统治者和占人口绝大多数的汉族民众之间的矛盾重新突出出来。"非我族类，其心必异"之类的话，到处被引用着。许多人把清政府种种倒行逆施，包括它所以毫不顾惜地出卖国家和民众的权益，统统归结为"异族"统治的结果。连同前面所说的种种，汇合成一个共同的观念：必须推翻这个清朝政府的统治。

在民怨沸腾、革命高潮日益逼近的时候，为着应付这个已越来越驾驭不住的局势，一九〇六年九月一日，清政府颁发上谕，宣示"预备立宪"。这道上谕说了一大堆空话，实质内容是"大权统于朝廷，庶政公诸舆论"一句话。也就是说：庶政尽可以让各方面发表一点"舆论"，这也算是一个让步，但"大权"只能"统于朝廷"，一点也放松不得。一九〇八年十一月，光绪皇帝和慈禧太后在两天内先后死去。三岁的溥仪继位，年号"宣统"。醇亲王载沣作为摄政王监国。清朝最高统治集团陷入一片混乱。

一九一一年春，已是全国大起义爆发的前夜，清政府颁布新内阁官制，设立新内阁。这是一个怎么样的内阁？内阁总理大臣由首席军机大臣、庆亲王奕劻担任。"十三个大臣之中，汉人仅得四个，满人得了八个，而八个满人中，皇族又占了五个，蒙古旗人一个，因此当时都称它为'皇族内阁'。""假使那些皇族人才确是人才，犹有可说，实际上都是一些骄纵无度、不知世务的糊涂虫。"[1]

---

[1] 李剑农：《中国近百年政治史》，(台北) 台湾商务印书馆1992年9月版，第285页。

靠这样一群昏庸骄横的"糊涂虫",能指望他们把国家引导到哪里去呢?

为什么清政府到了日暮途穷的时候还要那样倒行逆施?根本原因在于:一切反动统治者历来都把权力看得最为重要,总要尽力把一切权力牢牢地集中在自己手里。越当他们统治地位不稳,越当他们处于日益孤立的境况中,他们就更加惴惴不安,对周围一切人都不放心,唯恐权力有什么分散,更要把它紧紧地攥在手里。这是一种常人难以理解的病态心理,但在这个没落阶级的统治集团看来,却仿佛是生命攸关的头等大事。

对"清末新政",不能离开这个大背景来考察。

他们推行的"新政"中,"奖励设厂"和"废科举、兴学堂"这些措施,在客观上起过一些积极作用。特别是"废科举、兴学堂"这件事,虽已是大势所趋不得不如此,但它对推进中国近代社会变革所起的作用毕竟不能小看。在各省设立的咨议局也使当地士绅多一点发发议论的权利,受到一点初步的民主训练。但由于清政府拒绝任何根本的社会变革,而且把政权紧紧掌握在那群极端腐败无能的权贵手里,又怎么能给中国找到真正的出路呢?"奖励设厂"是一个明显的例子:他们的真正目的是给自己开辟财源。前面说过,那时清政府的财政状况已经到了竭泽而渔、罗掘皆尽的地步。石头中已榨不出多少油来,要另辟财源就使他们的眼光也转到工商业上来。它的算盘是这样打的:口头上鼓励你们从事工商业,使你们努力谋求生财之道,然后从你们身上狠狠地勒索出大笔钱来,解决我的财政困难。这在闽浙总督李兴锐的奏折中说得很明白:"取于民者既不能不加于前,则为闾阎筹生利之源,以救目前财用之困,非讲求商务，无从措手。"[1]因此，所谓"奖励设厂"的政策最初很使一些人高兴了一阵，对他们投资新式工业起过激励作用。但他们很快就发现那只是口惠而实不至。上海《时报》上有篇文章一针见血地道破了事实的真相："自商部设立，而当事诸公，纷纷聚议，不曰开统捐，即曰加关税，不曰劝募绅富慨赠巨金，即曰招徕南洋富商责令报效。""自有商部，而我商人乃转增无数剥肤吸髓之痛。天下名实不相符之事，乃至如此。"[2]其实，病商更甚的还有一道又一道处处留难、任意增抽的厘卡。难怪陈天华在《警世钟》中要说：清政府"及到庚子年闹出了弥天的大祸，才晓得一味守旧万万不可，稍稍行了些皮毛新政。其实何曾行过，不过借此掩饰掩饰国民的耳目，讨讨洋人的喜欢罢了。不但没有放了一线的光明，那黑暗反倒加了几倍"。[3]

孙中山在一九〇四年写道："满清政府可以比作一座即将倒塌的房屋，整个结构已从根本上彻底地腐朽了，难道有人只要用几根小柱子斜撑住外墙就能够使那座房屋免于倾倒吗？""显而易见，要想解决这个紧急的问题，清除妨害世界和平的根源，必须以一个新的、开明的、进步的政府来代替旧政府。"[4]

海外有些学者对"清末新政"作了过高的评价，甚至认为如果没有革命，让清政府继续把"新政"推行下去，中国的现代化仿佛将能更顺利更快地实现。客气一点说，这些学者对中国的情况实在太隔膜，所作的论断很难说符合当时中国的实际情况。

---

[1]《东方杂志》甲辰第 3 期，第 178 页。
[2]《论商部与商业之关系》，《时报》甲辰十二月初四日。
[3]《陈天华集》，第 61 页。
[4]《孙中山全集》第 1 卷，中华书局 1981 年 8 月版，第 254 页。

正是在这种状况下，民众对清政府的失望、不满和愤怒越来越强烈。越来越多的人从冰冷的事实中最后得出一个结论：不推翻这个腐败的卖国政府，中国是一点希望也没有了。这是现实生活迫使他们得出的结论。

到辛亥革命前夕，人们的这种不满和愤怒已发展到不加掩饰的地步，并且在社会上相当普遍。一九一一年五月十二日和十六日，长沙海关税务司伟克非给总税务司安格联的两封信中忧心忡忡地写出他所看到的民众普遍心态：

> 毫无疑问，大多数老百姓是希望换个政府的。不能说他们是革命党，但是他们对于推翻清朝的尝试是衷心赞成的。
>
> 中国（引者注：指清政府）的前途似乎非常黯淡。我看在不久的将来，一场革命是免不了的。现在已经公开鼓吹革命，并且获得普遍的同情，而政府并没有采取任何预防措施，却尽在瞎胡闹。[1]

他说得不错：一场革命大风暴的到来是不可避免的，而且绝不是少数人的意旨所能左右的。

新的社会力量的成长

中国要奋起，单靠一股宁死不屈的反抗精神和勇气远远不够。从第一章中我们已经看到：单靠中国社会内部旧有的那些社会力量

---

[1]《帝国主义与中国海关》第13编，中华书局1964年8月版，第87、88页。

已经不能给中国指出新的出路。时代已经变了,需要有新的社会力量来担当这个角色,尽管新的社会力量当时还很微弱,还不足以担当起把祖国从危难中拯救出来的任务,但终究把中国历史很大地向前推进了一步。

这种新的社会力量的产生和成长,是伴随着中国近代社会结构和民众心理的嬗变而来的。其中最值得注意的:一个是民族工商业的兴起,民族资产阶级和工人阶级队伍迅速扩大;一个是近代知识分子群的形成。由此,新的政治观念和意识形态相应地产生出来。

中国近代工业的兴起,走的不是一条资本主义发展的正常道路。它的主体,不是从工场手工业的基础上发展起来的,某种程度上是外国资本主义入侵的产物。鸦片战争后,由于外国资本主义入侵的刺激和自然经济结构的开始崩坏,由于人们逐渐看到新式工业有利可图,从十九世纪七十年代起,在中国东南沿海的通商口岸,一些原来的买办、商人、官僚、地主开始向新式工业投资。这时,外国资本在中国兴办的工矿企业还很少,本来对中国民族资本的发展是一个很好的机会,但那时社会条件还不很成熟,兴办新式工业又处在封建政府和封建官僚的控制和垄断下,它的发展依然很慢。直到甲午战争失败后,中国民族工业的发展才接连掀起三次高潮,使局面发生很大变化。

为什么这时会出现这样的变化?原因有两个:第一是受到民族危机激化的刺激。《马关条约》允许外国在华设厂制造,引起很大震动。许多人感到发展民族工业已刻不容缓,如果等到外国的企业在中国到处发展后再做,那就晚了。第二,更重要的直接原因是看到这样做可以获得优厚的利润。经过几十年的发展,随着外国资本主义廉价商品的倾销,随着中国自然经济的逐步解体和农民的破产，为近代工业的发展提供了市场和劳动力方面的重要条件。如杨宗濂等一八九六年在江苏无锡开办业勤纱厂，虽然日夜开工，仍无法完全满足常州、苏州两府市场的需要，年股息在百分之二十五以上，这自然产生了巨大的吸引力。荣宗敬、荣德生兄弟在庚子战后也因为看到吃、穿两种货物在市场上销售状况最好，才投资兴办规模巨大的茂新面粉厂。如果无利可图，任何力量也无法使他们把资金转移到近代工业中来。

中国民族工业发展的第一次高潮，在甲午战争结束后不久。从一八九五年到一九〇〇年这五年间设立的商办厂矿的数字和资本总额，比以往二十多年的总和要大得多。规模大的，如山东烟台张裕酿酒公司创办资金为一百万元，江苏南通由状元张謇等开设的大生纱厂创办资金也达到七十万元。更值得注意的是，甲午战前中国近代工业的资本总额中，官办和官督商办企业一直居于主要地位，而战后五年间商办厂矿的资本额已超过前者而取得主要地位。这是一个重要变化。

第二次高潮是在二十世纪初，特别是一九〇三年以后。它的发展速度和规模超过了第一次高潮。商办工厂投资的范围，从原有的缫丝、棉纺织、面粉等几个主要行业，进一步扩大到烟草、肥皂、电灯、玻璃、锅炉、铅笔、化妆品等行业，几乎涉及民众日常消费品的方方面面。还出现了一批投资几个行业或拥有较雄厚资金的企业集团，如张謇的大生集团，荣宗敬、荣德生兄弟经营面粉业、纺织业的茂新集团（以后演变成申新集团）等。

第三次高潮在一九〇五年至一九一一年。七年内的投资总额同以往三十多年的总和相等，其中的高峰是一九〇五至一九〇八年。投资的对象，面向国内市场的棉纱、造纸、面粉等行业遥遥领先。

发展最迅速、力量最集中的地区是上海、武汉和广州,城市面貌发生很大变化,并且逐步成为国内革命活动和请愿立宪活动的中心。由于当时帝国主义列强在华争夺的重点是铁路修筑权,又由于铁路投资能获得优厚的利润,于是,在国内掀起一股筹设商办铁路公司、集股自修铁路的热潮。到一九一一年,四川川汉铁路公司、广东粤路公司、浙江铁路公司三家的实收股额已达四千零八十三万元,超过纺织工业四十年投资总额。这可以帮助我们理解:为什么辛亥革命前夜保路运动会发展到如此巨大的规模,为什么四川保路运动能成为辛亥革命的导火线。

那些新兴的民族资产阶级力量虽小,却是新生产力的代表,体现着中国社会发展的一种新方向,并且由于受到帝国主义列强和清政府的压迫,有着一定的爱国和民主思想。反映他们利益的《中外日报》在一九〇七年曾写道:"前数年,论时务谋政策者,不曰转弱为强,即曰易危为安,今则无暇为此门面语,直当曰:救死而已矣,救亡而已矣。"[1]这段话是很有代表性的。可是,他们也有严重的弱点:中国民族工业在全国社会经济结构中的比重毕竟很小。它的上层大多从地主转化而来,往往同时还保有不少田产,同官府也有相当关系,因而有着浓重的封建性,基本上采取维护清政府统治的态度,害怕革命的发展。一般中小工商业者由于力量微弱,常有身家性命和财产保障等重重顾虑,长时间内不敢采用激烈的手段来争取在中国自由发展资本主义。这和法国大革命时的资产阶级显然不同。于是,领导中国近代民族民主革命这一本来应由他们承担的历史责任,却更多地由刚刚形成的受过近代教育、能代表他们利益

---

[1]《论列强瓜分中国之势已成》,《中外日报》1907年7月28日。

的知识分子群挑起来了。

随着外国和本国企业的发生和发展,中国的工人阶级也形成了。他们遭受压迫的严重和残酷是少见的:每天劳动时间一般在十二小时以上,劳动强度大,人身安全根本没有保障,工资收入极为低微,而且常受失业的威胁。他们进行过不少反抗,但总的说来,还没有作为一个觉悟了的独立的阶级力量登上政治舞台,生活很不安定,只是被人贱视的"苦力",在参加革命和其他活动时只是作为知识分子和民族资产阶级的追随者。这是当时的历史条件所决定的。

中国近代知识分子群的形成很晚。甲午战争前,中国的知识分子一般仍是那种旧式的封建士大夫。他们日夜孜孜攻读的还是古老的"圣贤之书",以为这才是"大道"所在,也是他们在社会上赖以晋升的唯一途径。对绝大多数士大夫来说,除这些东西以外,确实也不知道还有别的什么可以称作学问。梁启超回忆他早年的情景说:"日治帖括,虽心不慊之,然不知天地间于帖括外更有所谓学也,辄埋头钻研。"[1]谭嗣同承认,他三十以前所学的都是"旧学",三十以后所学的是"新学"他那个"三十"之年,就是甲午战争那年。再如章太炎,甲午战前还是埋头在杭州诂经精舍的故纸堆里,并没有过问多少时事。此后思想激进如谭嗣同、章太炎那样的人尚且如此,其他人更可想而知。

尽管那时也有很少数人已在提倡研究商务、工矿、铁路、海军等问题。但一般士大夫即便表示赞同,仍不把它看作自己的事情,不屑认真去学这些东西,说这"有同文馆、水师学堂诸生徒在"。[2]

---

[1] 梁启超:《三十自述》,《饮冰室文集类编》(上),壬寅(1902)年本,第2页。
[2] 梁启超:《论学会》,《饮冰室文集类编》(上),第34页。

而那些"生徒"是被一般读书人看不起的。福州船政学堂出身、后又留学英国的严复,因为不是从科举的"正途"出身,就长期遭受歧视,以致他有"当年误习旁行书(引者注:指英文),举世相视如髦蛮"之叹。[1]

在十九世纪末叶,可以说,中国还没有形成一个具有相当规模和力量的近代知识分子的社会阶层。二十世纪初,这种状况有了改变。发生这种变化的直接原因,一是大批年轻的读书人出国留学;二是在国内废科举,兴办新式学堂;三是西方近代文化通过各种书刊的出版在社会上得到较广泛的传播。这个变化过程的特点是:先有大批年轻人出国留学,而后又有力地带动了后面这两个变化。

出国留学者在一九〇〇年以前为数很少,归国后一般也不得其用。二十世纪初年却陡然增加。以当时中国留学生人数最多的日本来说,一八九六年才开始有,一九〇〇年以前还不到一百人,一九〇三年初已有九百人,到一九〇五、一九〇六年更激增到八千多人(有的记载说有两万人,可能是高估了)。留欧美的学生还比较少,但比过去也有增加。

留学生人数激增的主要原因有两个。第一,严重的民族危机使许多人产生一种认识:要救国,只有维新,要维新,只有学外国。"游学外洋",特别是近邻日本,便成为学外国的终南捷径。一九〇三年留日的吴玉章有一首诗:"东亚风云大陆沉,浮槎东渡起雄心。为求富国强兵策,强忍抛妻别子情。"[2]很可以看出很多人出国时的心情。第二,清政府废科举,奖励游学,以功名为诱,也推动不少人出洋游学。他们认为:"向之极可慕恋之科举的虚荣者,今已为

---

[1]《严复集》第2册,第361页。
[2]《吴玉章文集》(下),第953页。

蕉梦矣。而出洋学成,量与出身,已见明谕。宦达之路、利禄之路、学问之路、名誉之路,胥于是乎在。"[1]派遣或奖励留学是清末"新政"的一项内容,可是在出洋留学后,不少人的思想却发生了很大变化,转向反对清政府,这是清政府始料不及的。

国内废科举后兴办学堂,也是一件大事。一九○九年,全国中学堂已有四百六十所,中学生四万四百六十八人;小学堂五万一千六百七十八所,小学生一百五十二万二千七百四十六人。[2]这些学堂的教育内容,其实并不全是新式的,读经等课程仍占着很大比重,教师大多还是旧式的士大夫,许多人把入学看得同过去的科举应试差不多;但它和过去终究有了许多不同,学堂里开设了中外历史、地理、格致(物理)、算术、外国语等课程,高等文法学堂更开设了介绍西方社会学说的课程。留日学生中,数量最多的是师范速成生,回国后就在这些学堂中任教,带来不少新的思想和习尚。学堂中的风气同过去的书院很不相同,从这里也培养出一大批新式知识分子。

此外,介绍欧洲近代社会政治学说和文化思想的著作、教科书、小说等这时陆续翻译出版。在一九○○年以前,西方哲学、社会政治学说及外国历史著作译成中文的只有六十多种,小说只有三种。读的人很少。到一九○四年,前者增加到二百五十多种,后者也增加到二十多种。它们大多是由留日学生从日译本转译的,但也有直接从欧洲翻译过来的,其中最重要的是,严复在一九○一年至一九○五年间陆续翻译出版的亚当·斯密的《原富》、斯宾塞的《群学肄言》、约翰·穆勒的《群己权界论》、甄克斯的《社会通诠》、孟

---

[1]《劝同乡父老遣子弟航洋游学书》,《游学译编》第6册,通信,第12页。
[2] 陈翊林:《最近三十年中国教育史》,第97、112页。

德斯鸠的《法意》前三册、约翰·穆勒的《名学》上半部。这些外国著作与教科书的翻译、出版和流传，产生的影响在某种意义上不逊于学校教育，也在国内逐渐培育出一批有新思想的知识分子。

这些知识分子，在当时是一批"新派"的人。一九〇二年到日本留学的鲁迅回忆道："凡留学生一到日本，急于寻求的大抵是新知识。除学习日文，准备进专门的学校之外，就赴会馆，跑书店，往集会，听讲演。"[1]他们和旧式士大夫相比，有许多不同的特点。

第一，他们有了比较多的世界知识，知道如今中国在世界上的地位，对严重的民族危机有更深切的体会，爱国思想更加强烈。李达回忆自己一九〇五年进入新式学堂读书时的情景说：

> 十五岁的时候，我考入一所享受公费待遇的中学，并开始接触一些新的知识，逐渐知道一些国家大事。如从看地图中，知道过去常常谈论的"洋鬼子"国家就是英、美、德、法、意、日、俄、奥等国，他们都是侵略中国的；中国的贫穷落后是由于政治的黑暗，清廷的媚外……开始有了一点爱国观念，知道爱国了。[2]

第二，他们或多或少地接受了一些西方近代政治学说和文化思想，开始形成一种新的理想、新的衡量是非的尺度。当时，中国人民面对的主要问题是民族独立和民主。在他们看来，美国的独立和法国的革命仿佛最出色地解决了这两个问题。于是，法国和美国便代替戊戌变法时的俄国和日本，成为不少人心目中追求的榜样。

---

[1]《鲁迅全集》第6卷，人民文学出版社1958年4月版，第451页。
[2] 李达：《沿着革命的道路前进》《中国青年》1961年第13、14期。

十八岁的邹容在脍炙人口的《革命军》中写道：

> 吾幸夫吾同胞之得与今世界列强遇也；吾幸夫吾同胞之得闻文明之政体、文明之革命也；吾幸夫吾同胞之得卢梭《民约论》、孟德斯鸠《万法精理》、弥勒约翰《自由之理》、《法国革命史》、《美国独立檄文》等书译而读之也。是非吾同胞之大幸也夫！是非吾同胞之大幸也夫！
>
> 我祖国今日病矣，死矣，岂不欲食灵药、投宝方而生乎？若其欲之，则吾请执卢梭诸大哲之宝幡，以招展于我神州上。不宁惟是，而况又有大儿华盛顿于前、小儿拿破仑于后，为吾同胞革命独立之标本。嗟乎！嗟乎！革命！革命！得之则生，不得则死。毋退步，毋中立，毋徘徊，此其时也，此其时也。[1]

他们的爱国热情是真诚的，那种一往无前的勇气令人感动，但他们把事情想得太简单了，似乎只要把他们如醉如痴地从外国书本上读到的那些新观念、新方案照搬过来，中国土地上的百病都会霍然而愈，令人困扰的种种问题也将迎刃而解。这是缺乏实际社会经验的知识分子的幻想。但在当时，这种信念以及华盛顿、拿破仑等的榜样，确实有力地激励着他们中许多人，愿意为实现这些新的理想而奋斗。

第三，他们作为新兴的社会力量，对前途满怀着信心，总觉得自己比一般民众懂得更多，有一种强烈的责任感。他们中大多数人的社会地位比较低，许多人的家庭正在破产没落，自己也遭受着失

---

[1]《邹容文集》，重庆地方史资料组1982年8月版，第40页。

业和找不到出路的威胁。这些人大多有些个人抱负。现实生活中的一切，容易激起他们的愤慨和不满，容易引起他们反抗的情绪。许多人在形势发展和革命宣传的推动下，容易积极投身到革命行动中去。

如果没有二十世纪初十来年社会结构和民众心理的这种大变动，辛亥革命是不会发生的。

孙中山革命活动的开始

中国完全意义上的近代民族民主革命，是从孙中山开始的。

孙中山革命活动的开始标志着一种新的社会力量登上了中国政治舞台。他出生于一个贫苦农民家庭。从少年时代就随着已成为华侨农场主的哥哥长期生活在国外。十二岁以后，在夏威夷群岛和香港，系统地受过十多年近代教育。像这样的知识分子，在过去中国社会中还不曾有过。这使他有可能成为一种新的社会力量的政治代表。

从夏威夷归国时，他已不是出国前那个农民的孩子了，也不是中国旧式的士大夫，而是一个新式的近代知识分子。在他重新接触到清朝封建政府统治下的旧中国时，格外敏锐地感到这个政府的腐败贪婪和中国人民所受的残酷压迫是无法忍受的。他到香港读书时，又正值清政府在中法战争中失败，给了他极大刺激，深深感到这个政府的统治再不能继续下去了。后来，他进入雅丽氏医院附设的西医书院（香港大学医学院的前身）学习，课余常同陈少白、尤列、杨鹤龄一起高谈革命，自称"清廷之四大寇"。

但是，一个人的思想常常不是直线发展的，而是包含着种种矛盾和冲突，需要经过某些迂回和曲折。一种新的社会思想的产生，尤其是这样。尽管孙中山的革命思想已开始产生，但他们毕竟只是在谈论革命，并没有实际从事革命。他思想上还有一些摇摆，总还想尝试一下：推动清政府实行自上而下的改革，这条路是不是还有可能行得通。

一八九三年，孙中山以第一名的优异成绩毕业于香港西医书院，取得外科医生行医执照，在澳门镜湖医院当医生，又开设药局。第二年，回广州行医，并开设东西药局。当时西医在中国内地极少，因此他在社会上很有名声，上层社会中有不少人请他治病。就在这时，发生了他上书李鸿章的事情。

孙中山上书李鸿章在一八九四年六月，正好是中日甲午战争爆发的前夜。他为这次上书做了充分的准备，放下医生和药局的工作，回到家乡闭门十多天把信稿写成，到上海找人介绍，再赶到天津去见李鸿章。他在这次上书里提出：应当在中国解除对民间工商业发展的束缚，实现国家工业化和农业机械化，改革教育制度和选择人才的制度。用他的话来讲，就是要做到："人能尽其材，地能尽其利，物能尽其用，货能畅其流。"他说："此四事者，富国之大经，治国之大本也。"并且批评李鸿章和洋务运动："不急于此四者，徒惟坚船利炮之是务，是舍本而图末也。"[1]这些，在当时是有进步意义的主张，也是很温和的主张。

但是，李鸿章对孙中山抱着满腔热情的上书，却极为冷淡，没有见他。这给孙中山很大的打击，使他经过尝试，破除了原来对清政府还抱有的一点幻想，明白像这样昏庸腐败的政府要进行根本改

---

[1]《孙中山全集》第1卷，第8页。

革是不可能的。深重的民族危机又使他无法再等待下去。温和的道路走不通，就使他下定决心开始革命活动。他的好友陈少白描述了这段过程："孙先生所以要上李鸿章书，就因为李鸿章在当时算为识时务之大员，如果能够听他的话，办起来，也未尝不可挽救当时的中国。"在遭到李鸿章拒绝后，孙中山"知道没有办法，闷闷不乐的回到上海"。"所有希望完全成泡影。所以到了这时候，孙先生的志向益发坚决，在檀香山就积极筹备兴中会，找人入会，一定要反抗满洲政府。"[1]

暴力革命是在万不得已的情况下作出的选择。当反动统治势力表面上还很强大的时候，一个知识分子要下决心抛弃自己已取得的社会地位，甘冒杀头破家的危险，领头起来革命，哪里是一件容易的事情。它需要有一个严肃思考和内心冲突的过程。孙中山的青年时代，正是经历了这样一个过程。

孙中山建立的第一个革命组织，是兴中会。它最早在夏威夷的檀香山成立，然后在香港建立总会。

檀香山兴中会成立于一八九四年十一月二十四日，先后入会的有一百二十六人，大多是有爱国心的华侨资产阶级。它的宗旨是"振兴中华，维持国体"。"振兴中华"这个振奋人心而且影响深远的口号，就是这时第一次提出来的。孙中山起草的会章大声疾呼地指出当前严重的民族危机：

> 方今强邻环列，虎视鹰瞵，久垂涎于中华五金之富，物产之饶。蚕食鲸吞，已效尤于接踵；瓜分豆剖，实堪虑于目前。

---

[1] 陈少白：《兴中会革命史要》，《中国近代史资料丛刊·辛亥革命》第1册，上海人民出版社1957年7月版，第28、29页。

有心人不禁大声疾呼,亟拯斯民于水火,切扶大厦之将倾。[1]

兴中会名称中的"兴中"两个字也表明了这个意思。虽然孙中山这时并没有提出明确的反对帝国主义的口号,但他领导的革命活动,具有强烈的反对帝国主义侵略的性质是没有疑问的。

由于檀香山兴中会的成员大多由较富裕的华侨构成,身家顾虑较多,他们有爱国心,同情革命,但成立后并没有什么激烈的实际行动。第二年年初,孙中山来到香港,同杨衢云等的辅仁文社联合,成立兴中会总会。它的成员和檀香山时不同,大多是有着近代思想的新式知识分子和有反满思想的会党分子,政治态度比较激进,开始形成第一个能够采取革命实际行动的战斗核心。

孙中山的思想也有新的发展。据日本驻香港领事中川恒次郎这年春给日本政府的报告中写到孙中山曾向他表示:要"使两广独立为共和国"。[2]可见孙中山至少在这时已决心为在中国建立共和制度而奋斗。

香港兴中会总会成立后,立刻筹划这年十月二十六日(农历重阳节)在广州发动武装起义。孙中山从他的革命事业一开始,并没有像世界近代许多革命党那样经过比较长时间的宣传酝酿和组织准备,而是很快就把武装起义直接提到最重要的日程上来。这是他领导的革命事业的一个重要特点,也是一个重要优点。

为什么会这样?第一,当时中国面对的民族危机特别严重,国家的生死存亡已悬于一线,这使当时的革命者产生一种异常急迫的心情。有如陈天华在《警世钟》中所说:"要革命的,这时可以革

---

[1]《孙中山全集》第1卷,第19页。
[2] [日] 狭间直树:《中川恒次郎报告孙中山革命活动的信》,《历史档案》1986年第3期。

了,过了这时没有命了。"[1]第二,在清朝统治下,国内民众没有一点民主权利,任何温和的办法都不可能得到结果,孙中山自己上书的失败就是明证。这就迫使他们没有别的选择,只剩下拿起武器一条路可走。第三,中国是一个富有人民革命传统的国家。有这样的传统和没有这样的传统是大不一样的。特别是时间相隔只有三十多年而在两广地区发生的太平天国革命,对孙中山有着不小的影响。第四,甲午战争失败后,人心愤激,也使革命者觉得有机可乘。

广州起义因为内部步调不一致,贻误了时机,又有人告密,没有发动起来就失败了。孙中山等被迫流亡国外。但它是一个重要起点。到二十世纪初,当人们对祖国命运的焦虑和对清政府的愤怒越来越强烈时,孙中山在十来年前已开始革命行动的先驱者形象便博得越来越多人的敬重,日益在人们心目中成为"革命党"的象征。

起义失败后,孙中山经日本、美国来到英国。抵英国后不久,他被清朝公使馆诱骗囚禁十三天,准备秘密押送回国,经他老师康德黎多方营救才获释。这件事轰动一时,使他成为国际知名的中国革命家。

辛亥革命时期的先进中国人是向西方学习的。但西方国家内部的种种社会矛盾已越来越清楚地暴露出来。资本主义社会中贫富之间的急剧分化,社会主义思潮的迅速传播,引起孙中山的极大关注。那时的英国正处在维多利亚女王时代,在整个资本主义世界中居于首屈一指的领先地位。孙中山在这里认真考察英国社会情况,广泛阅读西方社会政治学说,思想上发生很大变化。他说:"两年

---

[1]《陈天华集》,第79页。

之中,所见所闻,殊多心得。始知徒致国家富强、民权发达如欧洲列强者,犹未能登斯民于极乐之乡也;是以欧洲志士,犹有社会革命之运动也。予欲为一劳永逸之计,乃采取民生主义,以与民族、民权问题同时解决。此三民主义之主张所由完成也。"[1]

他受到美国学者亨利·乔治的著作《进步与贫困》的影响很大。从这本书的书名就可以看出。它点破了资本主义世界一个奇特的现象:一方面是巨大的物质进步,一方面却积累起令人颤栗的贫困;进步与贫困并存,而且伴随着一起发展。在孙中山直接接触到西方发达国家社会现实以前,这些问题在他脑子里并不存在。尽管亨利·乔治没能提出解决这些问题的科学途径。但是,当中国的先进分子正醉心于学习西方、对西方的种种都顶礼膜拜的时候,孙中山已敏锐地察觉到资本主义社会的阴暗面,以极大的热情关心社会问题,这在一百多年前是难能可贵的。

义和团运动兴起后,孙中山已来到日本,在一九〇〇年十月六日发动了广东惠州起义。这次起义的依靠力量仍是会党分子,坚持了一个月,最后仍失败了。但他的处境和先前相比,已有很大不同。孙中山写道:

> 经此失败而后,回顾中国之人心,已觉与前有别矣。当初次之失败也,举国舆论莫不目予辈为乱臣贼子、大逆不道,咒诅谩骂之声,不绝于耳;吾人足迹所到,凡认识者,几视为毒蛇猛兽,而莫敢与吾人交游也。惟庚子失败之后,则鲜闻一般人之恶声相加,而有识之士且多为吾人扼腕叹息,恨其事之不

---

[1]《孙中山全集》第6卷,中华书局1985年3月版,第232页。

成矣。前后相较,差若天渊。[1]

为什么会发生这样大的变化?除了八国联军之役后人们痛感国家命运的危急、对清政府越来越不抱希望以外,还有很重要的一点:前面说到孙中山革命活动的开始标志着一种新的社会力量登上了中国政治舞台,但那种新的社会力量在国内毕竟太少,几乎微不足道;进入二十世纪后,这种新的社会力量在比较短的时间内有了长足的进步。拿新式知识分子来说,最集中的地方,一个是留日学生中,一个是上海。革命思潮也就在这两个地方首先高涨起来。

留日学生中很早就有一些激进分子,在一九〇一年创办过有革命色彩的刊物《国民报》,但他们的人数还很少。一九〇二年起,留日学生人数大幅度增加,各种宣传新思想的留学生刊物如雨后春笋般纷纷出版,如《江苏》《浙江潮》《湖北学生界》《湖南游学译编》等。这些刊物的主要内容是痛陈严重的民族危机,介绍西方近代的各种学说,并从各方面探讨西方国家之所以富强、中国之所以落后和遭受侵略的原因,力求找出救亡图存的途径和方法。但他们提出的政治主张仍比较温和,没有多少革命色彩,主要是:发扬民族主义,建立民族的国家;发展教育,学习并传播新思想和新知识,进行"学战";主张以省为单位,实行地方自治;并从各个方面提出改革社会、救亡图存的办法。这反映出当时大多数留日学生的政治态度和认识水平。

留日学生中的思想转折点是一九〇三年春夏之交的拒俄事件。那时,沙俄侵占东北大部分地区已两年多,一直不肯撤兵,还提出

---

[1]《孙中山全集》第6卷,第235页。

七项无理要求。由于日俄之间的矛盾,四月二十八日,东京各报详细报道了它的内容,《时事新闻》并出版号外,刊登俄国代理公使对记者的谈话,内有"今宁断然取之,归入俄国之版图"等语。[1]这个消息在留日学生中引起强烈震动。他们纷纷集会,痛哭流涕地要求拒俄。但这个活动最初并不带有革命色彩,只是要求组织义勇队,在清政府指挥下开赴前线抗敌。他们还推定两个特派员回国联络。但清政府对学生爱国行动的对策却是坚决镇压。六月五日,上海《苏报》揭露驻日公使蔡钧致两江总督端方电:"东京留学生结义勇队,计有二百余人,名为拒俄,实则革命。现已奔赴内地,务饬各州县严密查拿。"又载清政府密谕:"地方督抚于各学生回国者,遇有行踪诡秘,访闻有革命本心者,即可随时获到,就地正法。"[2]

这件事,对留日学生的刺激太大了。一大批原来并没有"革命本心"的留日学生,在清政府如此倒行逆施的驱迫下,走上革命的道路。七月份出版的《江苏》第四期上发表的《革命其可免乎》的文章,很可以代表当时许多人的看法:

> 闻其密札有曰:名为拒俄,其实革命,夫革命意革命耳,何借拒俄之词为?今既拒俄,则非革命固无疑矣。而端方,而蔡钧,必欲合并而混同之,务极倾陷以为快。呜呼,我留学生何万幸而遽邀革命之名乎?夫有拒俄之诚而即蒙革命之名,吾知自今以往,世人之欲忠于满洲者惧矣。然使昌言革命而徐图拒俄之计,吾转不知彼满洲者于我将奈之何?是故余乃抚然慨息,悄焉累欷,以敬告于我留学生,并以谂同胞四万万黄帝之

---

[1]《学生军缘起》,《湖北学生界》第4期,留学记录,第120、121页。
[2]《密谕严拿留学生》,《苏报》癸卯五月初十日。

胤曰：呜呼！革命其可免乎？[1]

这篇文章很有代表性。这年下半年起，留日学生刊物的政治态度倏然一变，大批人走上革命道路。拒俄运动中的积极分子黄兴、龚宝铨等分别回到湖南和上海，成为第二年成立的华兴会和光复会的发起人，成为国内两湖地区和江浙地区革命活动迅速兴起的重要火种。

正当留日学生的拒俄运动开始步入高潮的同时，革命思潮在国内也迅速高涨起来。它的起点，是刚从日本归国的留学生邹容（这年十八岁）所写的《革命军》一书五月间在上海出版。这本书以通俗晓畅、痛快淋漓的笔墨鼓吹革命，宣传共和国思想，产生了极大的影响。一打开这本书，劈头就可以读到这样热情洋溢的话：

> 有起死回生，还魂返魄，出十八层地狱，升三十三天堂，郁郁勃勃，莽莽苍苍，至尊极高，独一无二，伟大绝伦之一目的，曰"革命"。巍巍哉，革命也。皇皇哉，革命也。
>
> 吾于是沿万里长城，登昆仑，游扬子江上下，溯黄河，竖独立之旗，撞自由之钟，呼天吁地，破嗓裂喉，以鸣于我同胞前曰：呜呼！我中国今日不可不革命。[2]

由于这本书充满着炽热的革命感情，笔调又通俗明快、犀利有力，使人读了就像触到电流一样，无法平静下来。它出版后，翻印流传极广，风行海内外，销售总数当在一百万册以上。当时正在日

---

[1] 季子：《革命其可免乎》，《江苏》第4期，社说，第9、10页。
[2] 《邹容文集》，第38页。

本留学的鲁迅回忆道:"倘说影响,则别的千言万语,大概都抵不过浅近直截的'革命军马前卒邹容'所做的《革命军》。"[1]

如果说邹容的《革命军》着重从正面鼓吹革命的必要性和正义性,那么,章太炎的《驳康有为论革命书》就从批驳康有为反对革命言论的论战中,阐述了革命的巨大意义。康有为以人民智力道德低下、不配革命为借口来反对革命。章太炎则用具体历史事实来论证:"人心之智慧,自竞争而后发生,今日之民智,不必恃他事以开之,而但恃革命以开之。"康有为以革命会引起社会紊乱为借口,来反对革命。章太炎指出,革命不只是破坏,同时也是建设。"公理之未明,即以革命明之;旧俗之俱在,即以革命去之。革命非天雄大黄之猛剂,而实补泻兼备之良药矣。"康有为把光绪皇帝说成尧舜以来所未有的"圣明之主",鼓吹把希望寄托在他身上。章太炎则竭力摧毁这种虚构的神话。在君主专制制度下,皇上的名字是臣民万万讲不得的。章太炎偏偏选准这个目标,直斥光绪的名字。一声"载湉小丑",震动远近,顽固派为之暴跳如雷,中间派为之目瞪口呆,而革命派却为之扬眉吐气。[2]这种震撼人心的巨大影响,我们今天已不容易完全体会到了。

八七月间,上海租界当局应清政府的要求,逮捕了邹容、章太炎等,制造了"《苏报》案",并进行公开审讯。这件事轰动一时,万众瞩目。结果,更扩大了它的影响,促进了革命思潮在国内的广泛传布。《江苏》的时评说得很清楚:

今日《苏报》之被禁,章、邹之被锢,其势固已激荡于天

---

[1]《鲁迅全集》第1卷,人民文学出版社1956年10月版,第318页。
[2]《章太炎政论选集》上册,中华书局1977年1月版,第203、204、199页。

下。然"《苏报》何以被禁,章、邹何以被锢"之一问题,出诸于一般国民者必多,则必应之曰:为逐满故。何为而逐满?则又必应之曰:为汉族受满族之荼毒已不胜其苦,满族实汉族之世仇故。以此而互相问答,互相传说,一传十,十传百,百传千万。于是,排满之一主义,遂深入于四万万国民脑髓中。[1]

拒俄事件和《苏报》案后,留日学生和上海等地区的政治空气和以前相比判然不同。留日学生中,革命已到处昌言无忌,如何进行反清革命已成为留日言论界的中心话题。在上海,《国民日日报》猛烈抨击君主专制制度和种种奴隶道德,各种新学书籍和革命书籍继续流行。众多的爱国知识分子以空前的规模,冲破旧的精神枷锁,急速地倾向革命。他们中一些最积极的分子,下一步自然要求组织起来,投身到革命的实际活动中去。

一九〇四年的历史特点是,内地的各种革命团体如雨后春笋般建立起来。它们中最重要的有:黄兴、宋教仁、刘揆一、陈天华等在湖南建立的华兴会,吕大森、胡瑛、曹亚伯等在湖北建立的科学补习所,蔡元培、陶成章、龚宝铨等在上海成立的光复会,柏文蔚、陈独秀等在芜湖成立的岳王会,杨庶堪等在四川成立的公强会等。这些革命团体的成立,为中国同盟会的创立做了组织上的准备。

革命旗手:中国同盟会

客观形势的迅猛发展,广大民众日益倾向激进。随着许多分散

---

[1] 《咄!满汉两种族大争讼》,《江苏》第4期,记事,本省时评,第119、120页。

的革命小团体的出现，自然突出地提出一个问题：需要建立一个全国性的革命团体，把大家的目标和行动进一步统一起来。联合，已成为革命形势发展到这个阶段的必然趋势，成为当时最迫切需要解决的中心问题。

在留日学生中，那时倾向革命的人越来越多，但还处在相当散漫的状态。一九〇五年七月十九日，首倡中国近代民族民主革命而享有极高威望的孙中山来到日本，自然成为众望所归的共同领袖，成为足以团结各方面革命力量的中心人物。他同筹划长沙起义失败而逃亡日本的华兴会领导人黄兴、宋教仁、陈天华等商议，力陈联合的重要性，取得了他们的同意。宋教仁在日记中记录了孙中山谈话的要点：

> 纵谈现今大势及革命方法，大概不外联络人才一义，言中国现在不必忧各国之瓜分，但忧自己之内讧，此一省欲起事，彼一省亦欲起事，不相联络，各自号召，终必成秦末二十余国之争，元末朱、陈、张、明之乱，此时各国乘而干涉之，则中国必亡无疑矣，故现今之主义，总以互相联络为要。[1]

八月十三日，留日学生在东京召开欢迎孙中山大会，到会的有一千三百多人（宋教仁日记中称将近三千人）。孙中山的讲演没有辜负人们对他的殷切期待。那时，半殖民地的悲惨处境使不少人存在着浓重的民族自卑感，以为中国处处不如人。孙中山丝毫没有这种心理。他充满民族自豪感地说："中国之文明已著于五千年前，

---

[1]《宋教仁集》下册，中华书局1981年3月版，第545、546页。

此为西人所不及。但中间倾于保守，故让西人独步。然近今十年思想之变迁，有异常之速度。以此速度推之，十年、二十年之后不难举西人之文明而尽有之，即或胜之焉，亦非不可能之事也。"他热烈地要求中国人下定决心，迎头赶上，"以谋独立而建共和"。他在结束讲演时说："语曰：'取法于上，仅得其中。'择其中而取法之，是岂智者所为耶？鄙人愿诸君于是等谬想淘汰洁尽，从最上之改革着手，则同胞幸甚！"[1]

革命力量进一步集结的最重要标志，是一九〇五年八月二十日中国同盟会的成立。这年年底以前加入同盟会的早期会员，从保存下来的名册看，共四百五十二人，当时所称本部十八省中除甘肃外都有人参加，其中以湖南、广东、湖北三省为最多。[2]它以新的面貌和新的姿态走上中国历史舞台。

第一，同盟会提出了一个比较完备的民族民主革命纲领。同盟会誓词中的"驱除鞑虏，恢复中华，创立民国，平均地权"十六字纲领，是每个会员入会时必须宣誓要为它的实现而奋斗的，并且秘密流传全国，产生了广泛影响。它的核心内容是要推翻清朝政府，建立民主共和国。这个理想从此深入人心，成为革命队伍中无可争议的共同目标。这在中国思想界是一个大变化。正因为这样，辛亥革命的结果才可能不仅推翻清政府的统治，并且一举结束了统治中国几千年的君主专制制度。

第二，它建立起一个全国性的统一的革命组织。本来，兴中会的会员百分之九十五是广东人，华兴会常自称"湖南团体"，光复

---

[1]《孙中山全集》第1卷，第282、283页。
[2]《中国同盟会成立初期（乙巳、丙午两年）之会员名册》，（台北）《革命文献》第2辑，第18—77页。

会的成员大多是浙江人。同盟会打破了这种浓厚的地域色彩，是一个重大进步。尽管这个组织后来也有分化，在国内还有其他革命组织出现，但它们都处在同盟会影响下，并且一般仍和同盟会协同作战。武昌起义后，各省独立，尽管情况相当复杂，但并没有出现"秦末二十余国之争"和"元末朱、陈、张、明之乱"那类相互火并的状况，而能在南方很快建立起一个统一的临时的政府。从这里，也可以看到同盟会这个全国性革命组织的建立所产生的深远影响。

第三，同盟会的组织成分，比兴中会有很大变化。兴中会的成员主要是华侨资产阶级和会党分子。同盟会就不同：主要生活在国内人士的比重大大增加，青年学生的人数也大大增加。前一点，使它同国内社会的联系显著加强了；后一点，又增加了它的革命民主派的色彩。他们也比较年轻。从上引名册来看，一九〇五年和一九〇六年入会的会员中，三分之二以上是二十多岁的青年，最大的四十四岁，最小的十四岁。他们血气方刚，对未来充满信心，背上的包袱又比较少，从而给这个组织带来了生气勃勃、奋发进取的新气象。

第四，它使人数日益众多的革命派有了一个公认的领袖，那就是孙中山。在当时中国的历史条件下，有没有这样一位众望所归的领袖，对能不能把原来处于分散状态甚至互不相下的革命力量团聚起来，能不能建立起一个全国性的革命政党，有着十分重要的意义。

同盟会成立后，除发展组织外，主要做了两件工作：一件是宣传革命的理论和主张，并同反对革命的言论展开论战；另一件是组织武装起义。

中国同盟会的主要宣传阵地是《民报》。打开《民报》第一期，劈头就是四篇图画：《世界第一之民族主义大伟人黄帝（中华民族开国之始祖）》《世界第一之民权主义大家卢梭》《世界第一之共和国建设者华盛顿》《世界第一平等博爱大家墨翟》。

孙中山为《民报》写了《发刊词》。这篇《发刊词》中最重要的是：第一次把他的全部革命主张概括为"民族""民权""民生"，并且特别强调"是三大主义皆基本于民"。孙中山满怀信心地写道：只要实行这三大主义，就可以"举政治革命、社会革命毕其功于一役"，使祖国臻于独立富强之境。他说：《民报》为什么要出版？目的就在宣传这种理想，使它深入人心，为革命的实行扫清道路。

在近代，中国人面对的问题成千上万，许多人常不知道该从何着手。孙中山在千头万绪的现象中，提纲挈领地提出民族、民权、民生三大问题，实际上就是提出民族独立、民主政治、民生幸福三大目标，并且主张用革命的手段来实现它。这在当时是最进步的思想，反映了时代的要求和人民的愿望。尽管孙中山的思想中有着空想的成分，没有找到实现这些目标的具体道路，但这些目标的提出毕竟激励了不止一代的中国人为之奋斗。辛亥革命没有完成这个任务，但它的历史功绩是不可磨灭的。

《民报》创刊半年多后，便同梁启超主办的《新民丛报》展开了中国要不要进行一场革命、要不要推翻清政府、要不要以民主共和政体替代君主专制政体的大论战。

这场辩论的发生是不可避免的。那时，中国已处在生死存亡的关头，人们对极端腐败的清政府已经历了一次又一次痛苦的失望。这就把一个异常尖锐的问题提到人们面前：对这个政府，是下决心打倒它？还是继续维护它，指望由它来进行改革？这是一个无法回避的问题，必须作出回答。

论战展开的直接导火线，是一九〇六年初梁启超在《新民丛报》上先后发表《开明专制论》和《申论种族革命与政治革命之得失》两篇长文，并把两文合刊为《中国存亡之大问题》的小册子出版。他的中心论点是：中国国民程度太低，没有自治的能力，还不具备共和国民的资格，因此，必须强调程序。如果发生革命，就会破坏程序，导致内乱，最后会招致列强的瓜分，中国就将灭亡。他特别痛恨《民报》鼓吹的"社会革命"，认为这将造成"下等社会"蜂起，天下大乱，使中国"亿劫不可复"。怎么办呢？梁启超提出：在国民程度这样低的情况下，目前只能先实行开明专制，国民可以请愿立宪，然后"由开明专制以移于立宪"。这才是"拾级而上，又不致助长此冲突"。[1]

四月二十八日，《民报》作出了反响，以"第三号号外"单独印行《〈民报〉与〈新民丛报〉辩驳之纲领》。纲领共十二条，要点是：第一，这场辩论是从"中国存亡"这个根本问题出发的。第二，表明《民报》站在"国民"方面，而《新民丛报》站在"政府"方面。前者寄希望于"国民"，所以主张共和，主张"民权立宪"；后者寄希望于"政府"，所以主张"开明专制"。前者认为"政府恶劣"，所以"望国民之革命"；后者认为"国民恶劣"，所以"望政府以专制"。第三，揭明《民报》"主张政治革命，同时主张种族革命"，又"提倡社会革命"。第四，认为革命事业一定要靠"实力"，不取"要求"，反对《新民丛报》提倡的"请愿立宪"。接着，《民报》发表了一系列旗帜鲜明的论战文章。它的主要执笔者有胡汉民、汪精

---

[1] 饮冰：《申论种族革命与政治革命之得失》，《新民丛报》第76号，第17页。

卫、朱执信等。

这场大论战，十分引人注目。它把许多爱国者心里隐藏着的根本问题——要不要革命？要不要推翻清朝政府？要不要以民主共和制度代替君主专制制度？一下子喊破了。辩论在许多留日学生的宿舍中都激烈地进行着。它要求人们表明自己的态度，不再含糊和躲闪。在讨论中，《民报》不是没有弱点，《新民丛报》的主张也有某些合理的地方。但清政府的卖国和腐败早已深深地激怒了多数的爱国者。客观的局势，人心的趋向，早已预决了这场论战中谁胜谁败。富于政治敏感的梁启超觉察到这一点。他在一篇文章中叹道：

> 革命党何以生？生于政治腐败。政治腐败者实制造革命党原料之主品也。政治不从人民之所欲恶，不能为人民捍患而开利，则人民于权利上得起而革之，且于义务上不可不起而革之。
>
> 人民之不信任政府且怨毒政府也，其程度已日积而日深，其范围则日煽而日广，既已习闻先圣昔贤"诛民贼、仇独夫"之大义，又熟视欧美近世史奋斗决胜之成效，故革命思想不期而隐涌于多数人之脑际，有导之者则横决而出焉。而其最大之起因，固无一不自政治腐败来也。[1]

经过这场大论战，革命主张在留日学生中取得显然优势，进而传入内地，蔚然成为风气。胡汉民写道："《民报》既刊行一年，革命思想充满学界，且输灌于内地。"[2]

---

[1] 饮冰：《现政府与革命党》，《新民丛报》第89号，第24、25页。
[2] 《胡汉民先生文集》第2册，(台北)中国国民党中央党史委员会1978年11月版，第22页。

在进行革命宣传的同时，中国同盟会主要领导人孙中山、黄兴等以更多的精力投入武装起义的发动。由于能依靠的武装力量很弱，也由于当地民众并没有真正发动起来，这些起义很快就失败了。但它的作用不能小看，起着单靠言论鼓吹难以取得的影响，使许多人看到革命确已来临，从而一步步卷入革命行动中来。

中国同盟会直接领导和发动的武装起义主要有：一九〇六年的萍浏醴起义，一九〇七年的潮州黄冈起义、惠州七女湖起义、钦廉防城起义、镇南关起义，一九〇八年的钦廉上思起义、河口起义，一九一〇年的广州新军起义，一九一一年的广州"三二九"起义。光复会领导的有一九〇七年的安庆起义。岳王会领导的有一九〇八年的安庆马炮营新军起义。

这些起义的主要依靠力量，前期是会党，后期逐渐转向新军。这个转折点，大体上是在一九〇八年的夏秋之交。

从兴中会到同盟会初期，武装起义的主要依靠力量一直是会党。那时，他们确实也没有找到多少其他现成的有组织的力量。会党主要由游民组成。他们较多集中在城镇和水陆码头。由于离乡背井，身处异地，各方面都缺乏保障，无论政治或经济上都需要结成一种互助性的团体，以便在遭遇困难时能有所依靠。用他们流行的话来说："在家靠父母，出门靠朋友。"这是会党产生的主要社会根源。

这种团体有许多优点：第一，会众一般处于社会底层，遭到社会轻视，往往又缺乏固定的职业，生活很不安定，容易有反抗社会现状的情绪。第二，它是一支有组织的力量，有些会党内部规矩很严，成员间又讲究"江湖义气"，只要取得首领的支持，很容易一呼而起。第三，由于他们大多原来是破产农民，同农村有着联系。

而比起那些不脱离土地的农民来，他们闯过江湖，见过比较多的世面。平时他们不大被老实的农民看得起，但当农民被压迫得无法生存下去、不能不起来拼命时，常常会推他们出来领头。因此，在反清的武装起义中，会党常常可以起巨大的冲击作用，是一支不可缺少的力量。在十九世纪末、二十世纪初那个历史时期，他们这种作用表现得十分突出。

但是，会党的弱点也很严重。第一，一般缺乏真正的政治觉悟，难以从事持久的斗争。初起时，固然容易一呼而集，甚至造成轰轰烈烈的浩大声势。在清政府张皇失措的情况下，也可以取得局部的一时的优势。但时间稍长，内部各种矛盾就大量暴露出来。一受挫折，更容易一哄而散。第二，缺乏严格的纪律。名义上即便接受革命党人的领导，行动上仍然各行其是，不肯服从统一的调度，"难以军法约束"。各部之间往往发生不睦，以致自相火并。在准备武装起义时，通常也很难保守机密。第三，成分复杂，三教九流都有。会党首领中不少是当地的地主、把头。成员中也有平时开设赌台、为非作歹，甚至打家劫舍、杀人越货的，常和各地群众发生对立。这些弱点，在这几次起义中暴露得很明显，而对会党来说，也很难完全克服这些弱点。

革命党人联络会党主要是两条办法：一是联络一些会党上层分子，同他们合作，从而号召其他会众参加行动；二是供给他们饷械，甚至接济金钱，作为运动他们的资本。革命党人并没有深入到会党下层去，更谈不上对这些会众进行改造。单凭那两条，自然很靠不住。发动是可以发动起来的，但是饷械不继时，整个局面会很快逆转，队伍随时会发生不听号令的现象。当清军以优势兵力扑来，起义队伍很容易就溃散了。

会党的这些弱点，当河口起义失败后，同盟会在总结失败教训时被提了出来。他们开始把武装起义准备工作的重点转到新军方面来。

新军是一支出现不久的武装力量。二十世纪初，清政府为了增强统治力量，加紧编练装备现代武器并受新式训练的新军来代替原有的巡防营等旧军。新军和旧式军队不同，需要招募一批读书识字的青年。"这时科举已停，一般知识分子不能不另谋出路。家庭环境好的出国留学（日本最多），其次就地投考学校，没有钱的就投入新军当兵。"[1]投军的知识分子，不少人有爱国心，有一定文化水平，大多社会地位比较低，容易接受革命思想。而在发动武装起义时，新军的战斗力和组织程度自然更是会党无法比拟的。

河口起义失败后半年，岳王会骨干、安徽新军炮营队官（相当于连长）熊成基率领部分新军发动安庆起义。这次起义虽然很快失败了，但它打开了革命党人的眼界，看到清政府用来镇压革命的军事力量，经过革命的宣传和组织工作，可以转化为用来反对清政府的力量。这是革命党人认识上的一个重大进展。一九一〇年四月新加坡《星洲晨报》上一篇文章写道：

安徽之役，事虽未成，然霹雳一声，革命党运动军界起事之声浪，已足以寒一般清吏之胆。彼满清之专制君主，且因是而日讲消弭之策于不遑。乃安徽一役之颈血未干，彼革党者，本其铁血之生涯，前仆后继，未几而运动广东军界之事又层见叠出。

---

[1] 江炳灵：《座谈辛亥首义》，《辛亥首义回忆录》第1辑，湖北人民出版社1957年3月版，第2—3页。

夫军人者,彼专制君主之平日所恃为心腹,而借以压抑平民、保全皇位者也。乃大势所趋,虽恃为心腹者,毕竟亦不可恃如是。至是而一般之以专制治其民者,遂不得不声喧(颤)气喘,手足无措矣。[1]

此后,新军中的革命活动大有突飞猛进之势,新军起义层见叠出。到一九一一年十月,终于以武昌新军起义为起点,形成全国的大起义,推翻了清朝政府。

除了主要依靠会党和新军的起义,也还有其他的形式。

光复会徐锡麟发动的安庆起义是一个特殊的例子。他早有一套个人的行动计划:"捐官去日本学陆军,以便回国后可以做官掌握兵权,实行革命。"[2]他捐得道员,又靠表伯、前山西巡抚俞廉三的关系分发安徽,后任安徽巡警学堂会办兼安徽巡警处会办。一九〇七年七月六日,他在巡警学堂甲班学生毕业典礼上,突然枪杀安徽巡抚恩铭,率学生攻占军械所。但他事先并没有在学生中做好革命的宣传和组织工作,学生们大多惊愕不知所措,起义在清军重兵包围下失败了。

光复会原来的活动中心是浙江绍兴大通学堂。它是徐锡麟开办的,后来请女革命家秋瑾主持。秋瑾也是留日学生,先后参加了同盟会和光复会,曾写下"危局如斯敢惜身?愿将生命作牺牲""拼将十万头颅血,须把乾坤力挽回"这样的诗句。回国后,她在上海

---

[1] 太仓:《粤吏所谓预防军界革命者技止此耶》,《革命之倡导与发展·中国同盟会三》,(台北)正中书局1969年10月版,第536、537页。

[2] 陈魏:《光复会前期的活动片断》,《辛亥革命回忆录》第4集,中华书局1963年1月版,第129页。

创办了《中国女报》。在一首《勉女权歌》中,她写道:"吾辈爱自由,勉励自由一杯酒。男女平权天赋就,岂甘居牛后?愿奋然自拔,一洗从前羞耻垢。若安作同俦,恢复江山劳素手。"[1]徐锡麟起义失败后,秋瑾受到株连,被清政府逮捕杀害,在国内引起很大震动。她是辛亥革命时期壮烈牺牲的第一位女革命家,也是中国近代妇女解放运动的先驱。

一九一一年的广州"三二九"起义,是中国同盟会发动的准备最久也最充分的一次起义。它联络新军、会党,兼及巡防营、警察,在海外广泛筹款,并已将大批武器运入广州城内。和以前不同的是:考虑到以往历次起义中,临时联络的军队、会党等常常不能听从指挥,所以这次又精选了一批可靠的骨干力量几百人作为发难的先锋,称为"选锋"。其中,不少是留日学生。计划一举夺取广州,做到"兵众械足",再向全国发展。

但到起义前夜,消息泄露,清军已有严密戒备,调来重兵,并将新军枪机全部缴去,许多储藏弹药的秘密机关也遭破坏。已到广州准备指挥起义的黄兴,被迫决定停止发动,并要已在香港集结待命的大批党人不再来广州,已到广州的"选锋"也开始分批撤回香港。但黄兴的内心十分痛苦:准备这次起义花了这样大的力量,所谓改期无异取消,一切努力全部付诸东流,也无面目去面对资助这次起义的海外华侨。因此,他决心拼个人一死,来酬答一切。他对人说:"余人可迈步出五羊城,惟我克强一人必死于此矣。"但抱有这种思想的不只是他一人。林文说:"大举不成,尽可做一场大暗杀。克强既决志,吾人拢在一起同拼命耳。"喻培伦说:"非干不可,

---

[1]《秋瑾集》,中华书局1960年7月版,第113页。

彼一人亦干。"这两人都是赶来参加起义的留日学生。参加选锋的不少人远历重洋,潜返内地,本来就抱着必死的决心,不作生还的打算,也极力赞成。这时,"诸同志热度可沸,认定此处为大暗杀,非复为军事布置,人数多寡不必计算,临时能拾回多少便算一回事耳"。[1]

四月二十七日(农历三月二十九日),黄兴率选锋一百多人攻入两广总督衙门,等待他们的却是一座早有准备、撤退一空的房屋。退出时,就被早已设伏的清军重兵包围。双方力量悬殊,黄兴右手两个手指被击断,队伍被打散,起义终于失败。被捕的党人三十多人,审讯时表现得十分英勇,不屈而死。其中如留日学生林觉民在行动前给妻子陈意映写了一封绝笔信:

> 吾今以此书与汝永别矣。吾作此书时尚是世间一人。汝看此书时,吾已成为阴间一鬼。吾作此书,泪珠和笔墨齐下,不能竟书而欲搁笔,又恐汝不察吾衷,谓吾忍舍汝而死,谓吾不知汝之不欲吾死也,故遂忍悲为汝言之。吾自遇汝以来,常愿天下有情人都成眷属,然遍地腥云,满街狼犬,称心快意,几家能够?
>
> 吾诚愿与汝相守以死,第以今日事势观之,天灾可以死,盗贼可以死,瓜分之日可以死,奸官污吏虐民可以死。吾辈处今日之中国,国中无地无时不可以死。
>
> 今日吾与汝幸双健,天下不当死而死与不愿离而离者不可数计,钟情如吾辈者能忍之乎?此吾所以敢率性就死不顾

---

[1] 陈春生:《广州三月二十九发难决定之经过》,《革命之倡导与发展·中国同盟会四》,第146、147页。

汝也。[1]

这些血和泪写成的文字，处处出自真情。它绝不是出自一时的冲动，而是经过充分理性思考后作出的决断，足以传诵千古。

牺牲者以后被合葬于广州黄花岗，称为黄花岗七十二烈士。

这次起义虽然失败了，但风声所播，全国震动。他们的事迹和思想，迅速传遍全国。他们中不少是留日学生，为了拯救祖国，不惜牺牲自己的一切，从容赴难，更激励了人们，有力地推进了本已日趋成熟的全国性的革命危机，对不到半年后爆发的武昌起义起了直接的鼓舞作用。

立宪派在海内外的活动

立宪派在当时可以说是一支中间派的力量，海外代表人物是康有为、梁启超等，居住国内的代表人物有张謇、汤寿潜、汤化龙、孙洪伊等。这些中间派在政治大变动中所持的态度是很值得注意的。他们有着明显的两重性，各人的情况和各个时期的表现又有所不同。因此，不能用简单的完全肯定或完全否定来作出评断。

戊戌变法失败后，康有为、梁启超等流亡海外，先后在日本创办了《清议报》《新民丛报》《政论》《国风报》等刊物，其中影响更大的是前两种。康、梁两人的思想又有差别。后来，梁启超的影响大大超过康有为。

《清议报》创刊于一八九八年十二月，办了一年。他们的政治

---

[1] 邹鲁：《广州三月二十九革命史》，商务印书馆1947年版，第128、129、130页。

主张集中到一点,就是"尊皇"。梁启超在《尊皇论》中直截了当地写道:"今日议保全中国,惟有一策,曰尊皇而已。"他把光绪皇帝描写成千古以来未有的圣主,中国的安危存亡都寄托在他一人身上:"今日之变,为数千年所未有。皇上之圣,亦为数千年之所未有。天生圣人,以拯诸夏,凡我同胞,获此慈父。"[1]这自然是完全不符合事实的幻想,会对人们起着误导作用。从这点出发,他们把慈禧太后准备废立这件事看作时局的关键,发表了连篇累牍的文字来论述这个问题,同时猛烈地反对革命,抵制革命。

但他们的言论也有着积极的内容:第一,更深刻地指出民族危机的严重局势。他们这时避居海外,接触到大量西书西报,对世界全局的形势有了比在国内时更清楚的了解,所以,他们对"我国在世界上之位置"和"东西列强待我国之政策"这两方面的认识和宣传,显然比过去前进了一大步。第二,进一步宣传了"民权"思想,特别值得重视的是提出了"国民"这个概念。梁启超写道:"中国人不知有国民也,数千年来通行之语只有以国家二字并称者,未闻有以国民二字并称者。""国民者,以国为人民公产之称也。国者,积民而成,舍民之外,则无有国。以一国之民治一国之事,定一国之法,谋一国之利,捍一国之患,其民不可得而侮,其国不可得而亡,是之谓国民。"[2]因此,爱国首先要从兴民权开始。他们还把"国民"同"奴隶"鲜明地对立起来,作了强烈的对比。这种宣传对思想界产生了巨大影响,直到五四时期的《新青年》中还可以看到:他们处处以"国民"自许,反对形形色色的"奴隶"道德。第三,鼓吹破除传统思想的束缚,鼓舞人们前进的信念。梁启超脍炙人口

---

[1] 哀时客:《尊皇论》,《清议报》第9册,论说,第2页。
[2] 哀时客:《论近世国民竞争之大势及中国之前途》,《清议报》第30册,论说,第1页。

的《少年中国说》《呵旁观者文》等文章，在这方面起了不小的作用。

《新民丛报》的影响大大超过《清议报》。其中，占着显著地位、影响最大的是梁启超的《新民说》。这篇文章，从《新民丛报》第一号起，长篇连载，是一篇具有纲领性的文字。文章在《叙论》中就提出一个问题：地球万国，有的兴，有的亡，有的强，有的弱，是什么原因？他回答：一切由国民自己文明程度的高低所决定。他说："国也者积民而成。""欲其国之安富尊荣，则新民之道不可不讲。"在接下去的"论新民为今日中国第一急务"中写道："苟有新民，何患无新制度，无新政府，无新国家。非尔者，则虽今日变一法，明日易一人，东涂西抹，学步效颦，吾未见其能济也。夫吾国言新法数十年而效不睹者何也。则于新民之道未有留意焉者也。"什么是"新民"？文章说："凡一国之能立于世界，必有其国民独具之特质，上自道德法律，下至风俗习惯文学美术，皆有一种独立之精神，祖父传之，子孙继之，然后群乃结，国乃成。"[1]他接着列举中国国民所当自新的纲目，包括公德、国家思想、进取冒险、权利思想、自由、自治、进步、自尊、合群、生利分利、毅力、义务思想、尚武，等等。

怎样评价《新民说》这篇在中国近代思想界产生广泛影响的文章呢？它也是有两重性的。这篇文章着重论证：中国所以衰败，主要不是由于清政府的腐败和对外屈服，而是由于国民自身的"衰弱、堕落"。因此，中国人要使国家富强，就不应该去责备清政府，倒是应该责备自己，不应当起来革清政府的命，倒是应该革自己的命。"责望于贤君相者深，则自责望者必浅，而此责人不责己望人

---

[1] 《饮冰室文集类编》（上），第101、102、106页。

不望己之恶习,即中国所以不能维新之大原。"[1]在当时国家命运处于千钧一发、革命思潮高涨的严峻时刻,这种主张不只是缓不济急,而且本末倒置。但另一方面,它比较系统地宣传爱国思想、社会公德、个人权利思想、个人责任心、积极进取等西方近代道德观念,批判传统的封建道德观念,又是有积极意义的。特别是,当时国内还有不少比较闭塞落后的地区,《新民丛报》比革命书刊容易进入这些地区,使一些原来受封建思想禁锢较严的知识分子得以接触一些新的知识,打开了眼界。《新民说》在这方面所起的启蒙作用,应该给以足够的肯定。

《新民丛报》还比较系统地介绍了西方近代的哲学和社会政治学说,这也是它的一个重要贡献。其中包括梁启超所写的亚里士多德、培根、笛卡儿、孟德斯鸠、卢梭、达尔文、康德、意大利建国三杰等人的学说和传记,《泰西学术思想变化之大势》《生计学学说沿革小史》《欧洲地理大势论》等论文。他还努力用这些西方近代学说来分析解释中国的历史,写了《论中国学术思想变化之大势》《中国史界革命案》《中国地理大势论》等文章。值得注意的是,"中华民族"这个名称最早可能就是出现在《论中国学术思想变迁之大势》这篇文章中。他还提倡新小说、新史学。他所写的长篇小说《新中国未来记》,大体上是用当时的白话文写的。这些,也都起了积极的启蒙作用。

但总起来看,当革命运动高涨后,《新民丛报》发表了许多文章反对革命,受到《民报》等的猛烈批驳,这在前面已经说过。这种批驳是完全必要的,因为不排除这些激烈反对革命的言论,就不

---

[1]《饮冰室文集类编》(上),第103、104页。

可能有短短几年后爆发的辛亥革命，也不可能结束在中国统治了几千年的君主专制制度，那正是当时中国社会进步最迫切需要的前提。在这个关系近代中国命运的根本问题上，梁启超的主张是错误的。

再来看国内的立宪派。他们最重要的活动是发动了三次请愿速开国会运动。

当清政府在一九〇六年九月宣布预备立宪、九年后召开国会后，国内的立宪派十分兴奋，在当年十二月成立预备立宪公会，推郑孝胥为会长，张謇、汤寿潜为副会长。第二年，开始推动请愿早开国会活动，但在清政府弹压下又暂时低沉下去。

一九〇八年的八月二十七日，也就是离慈禧太后和光绪帝死前两个多月，清政府公布了一个《钦定宪法大纲》，作为制定"宪法"的准备。接着，宣布将在第九年再颁布钦定宪法，实行宪政（有些人把二〇〇八年称为中国宪政百周年，实在是没有认真查历史而闹的笑话）这究竟是怎么一回事？读一读那个《钦定宪法大纲》就清楚了。它的第一条是："大清皇帝统治大清帝国，万世一系，永永尊戴。"第二条是："君上神圣尊严，不可侵犯。"它规定：一切颁行法律、召集开闭解散议院、设官制禄、统率陆海军、宣战媾和、订立条约、宣布戒严、司法等等大权，全握在君主一人手中。特别是，用人、军事、外交等大权，"议院不得干预"。[1]《民报》上说得很痛快："其所以悬预备立宪之招牌者，不过欲假此名义，增爱新觉罗氏万世一系、皇帝神圣不可侵犯、君权至尊无限之三大条于钦定宪法上，以巩固其万年无道之基而已。"[2]名实之不相符，有如

---

[1]《清末筹备立宪档案史料》上册，中华书局1979年7月版，第58、59页。
[2] 羲皇正胤：《南洋华侨史略》，《民报》第26号，史传，第33页。

是者。它在中国历史上只留下一个笑柄,没有什么积极意义可言。

一九〇九年,各省咨议局成立,在十月十四日开幕。议员中得有功名、曾任清朝官职的士绅最多,从事教育与商业者次之,新式学堂毕业生又次之。立宪派人士虽不占多数,但由于他们具有法政方面的新知识,活动能量大,最为活跃,在咨议局中起着左右局面的作用。不少立宪派重要人士如张謇等担任了议长或副议长,便于他们以咨议局为合法基地,开展立宪派的政治活动。

清政府设立咨议局时,只是想用它来装点门面,它所通过的决议必须经过本省督抚的"裁夺",解决不了任何实际问题。但议员们有了这样一个舆论阵地,便可以用来抨击地方弊政,提出一些发展工农业生产、兴办教育等主张,同地方官吏之间发生不少争执,对打破专制局面、活跃民主空气多少起了作用。

正是在各省咨议局成立后不久,立宪派在国内先后掀起三次请愿速开国会运动。

第一次是由江苏省咨议局议长张謇带头发动的。他发起成立咨议局联合会,并邀请各省咨议局派代表齐集上海,共同商讨促清政府速开国会的事情。一九〇九年十一月,十六省代表五十多人到达上海,推定进京的请愿代表团。临行时,张謇设宴送行,并致辞说:

> 我中国神明之胄,而士大夫习于礼教之风,但深明乎匹夫有责之言,而鉴于亡国无形之祸,秩然秉礼,输诚而请,得请则国家之福,设不得请而至于三,至于四,至于无尽,诚不已,则请亦不已,未见朝廷之必忍负我人民也。[1]

---

[1] 张謇:《送十六省议员诣阙上书序》,《国风报》第1年第2期,第122页。

请愿代表由直隶咨议局议长孙洪伊领衔到都察院呈递请愿书，要求在一年内召开国会。但清政府以"预备既未完全，国民知识程度又未画一"为借口，加以拒绝。

第二次是一九一〇年六月间举行的，入京请愿代表一百五十多人，除咨议局代表外还有商会、教育会、华侨等代表，号称代表三十万人，上书言辞也比上次更为激烈。但清政府比上次更不客气，申斥代表"谓议院一开，即是致全功而臻郅治，古今中外亦无此理"。宣布："定以仍俟九年筹备完全，再行降旨定期召集议院。"并且警告说："宣谕甚明，毋得再行渎请。"这无异给请愿立宪的人兜头一盆冷水。梁启超在日本发表文章评论说："国民即好虚名，亦何争此区区数年之岁月？而国民所以哀号迫切再三吁诉者，徒以现今之政治组织循而不改，不及三年，国必大乱，以至于亡。而宣统八年召集国会，为将来历史上所必无之事也。"[1]最后那句很重的话，结果真被他说中了。

第三次请愿在十月上旬。这时，在立宪派人士看来局势已更危急：在外，日本强行并吞朝鲜，列强纷纷"协以谋我"；在内，民变蜂起，革命风声日紧。他们在上书时写道："时局骤变，惊心动魄者不一而足"，"瓜分之祸，昔犹空言，今将实现"，"伏莽满山，举国僬然，不可终日"。"今则火既然矣，且将燎原矣。举国臣民，顾影汲汲，朝不保夕，非赖皇上威德，亦复何所怙恃。此所以不敢避斧钺之诛，沥心泣血而思上诉者也。"[2]这些话把他们那种对国家命运坐卧不宁、焦虑异常的心情，那种仍依恋着"皇上威德"的孤臣孽子之心，都淋漓尽致地写出来了。

---

[1] 沧江:《论政府阻挠国会之非》，《国风报》第 1 年第 17 期，第 16、17 页。

[2]《国会请愿代表孙洪伊等上资政院书》，《国风报》第 1 年第 26 期，第 87、88 页。

正是在这种情况下，第三次请愿无论在规模上还是激烈程度上都大大超过前两次。在各地，广泛开展要求速开国会的群众性签名活动。许多省的咨议局议长都前往北京，并成立各省咨议局联合会，推举湖北咨议局议长汤化龙为会长，四川咨议局议长蒲殿俊为副会长，孙洪伊为执行长。请愿活动得到资政院和各省督抚中大多数人的支持。十月七日，代表们向摄政王府呈递请愿书时，前来送行的东北学生中有两人割肉写下血书。尽管请愿的情绪如此激昂，遇到的却依然是冷冰冰的对待。

已处于风雨飘摇中的清政府对这次请愿活动毕竟不能太小视。十一月三日，清廷召开御前会议。他们觉得如果再不提前召开国会，将使自己更加孤立，但又深恐答应得太爽快，会造成大权旁落的印象，仿佛朝廷已不能做主了。因此，一定要表示出"此次缩短年限，虽由于臣民之公请，仍出自朝廷之独断"。[1]第二天，清廷颁发上谕："着缩改于宣统五年（引者注：即一九一三年）实行开设议院。"接着，就强硬地声称："应即作为确定年限，一经宣布，万不能再议更张。""此后倘有无知愚氓，借词煽惑，或希图破坏或逾越范围，均足扰害治安，必即按法惩办，断不使于宪政前途稍有窒碍。"[2]

第三次请愿仍没有达到即开国会的目的，但软弱的立宪派人士大多感到已无能为力，没有再发动第四次请愿活动。而有些地区（如东北和直隶）的立宪派人仍不罢休。这下清政府就不客气了，在十二月下旬将来京请愿的东北代表强行押送回籍，将倡议联合全国学界罢学要求的直隶代表温世霖发配新疆，交地方官严加管束。

---

[1]《阁会之风丝雨片》，《民立报》1910年11月15日。
[2]《谕旨》，《东方杂志》第7年第11期，宣统二年十一月二十五日，第143、144页。

至此，立宪派抱着满腔期望来发动的请愿早开国会运动不得不黯然收场。

请愿早开国会运动是在维护清朝统治的前提下进行的。它把君主立宪宣扬成为当时救国的唯一良策。仿佛只要国会一开，奇迹就会出现在眼前。他们一再告诫，不许有任何越轨的举动，并且明确地把抵制革命作为自己的重要目标之一。但清政府连这样温和的运动也不能容忍，最后采取了高压政策。事实证明：期待这个政府的恩赐，指望靠什么"清末新政"就能实行根本性的改革，其实无异梦呓。清政府实在做得太绝了，使很多原来维护它的人士也感到寒心。武昌起义后，不少立宪派人士也卷到革命行列中来，不能不说同这种事实的教训有关。许多反动势力在穷途末路的时候往往出现众叛亲离的大崩盘现象，这也是一个例子。它对辛亥革命无疑是有利的。

武昌起义和建立民国

腐朽媚外的清政府实在太不得人心了。亡国灭种的威胁和冷酷的生活现实，激怒了一向看起来那样温顺的人群。人们在经历了十九世纪末和二十世纪初那一系列惨痛事实的教训后，终于对这个政府失去了最后一点信任，再也不对它抱任何希望。到处都是愤怒和诅咒。变革的要求弥漫举国上下。清政府的最高统治集团对谁都不敢信任了，一概加以排斥，连立宪派以及一些汉族高级官吏也对它离心离德，使它日益成为孤立无援的孤家寡人。历史车轮的进程已达到这样的地步：只要有一种有组织的力量（即使是远不成熟的力量）首举义旗，登高一呼，就能将各种不满和要求反抗的潜在力量凝聚在一起,而腐朽的旧政权就会像纸糊的房子那样很快倾覆下来。

一九一一年夏秋之交,国内已是一片"山雨欲来风满楼"的景象。自慈禧太后和光绪皇帝三年前在两天内死去、掌握大权的袁世凯又被清廷放逐后,清朝统治集团高层已是一片混乱。特别是四十多年来一手独揽清政府大权的慈禧太后,毕竟是富有统治经验和权术、比较能驾驭内部各派势力的人物。她一死,在清朝内部就没有一个人能填补这个空缺,代替她原有的作用。这就使本已日趋绝境的清政府更失去了控制局势的能力。从滥发铜圆和纸币开始的财政金融危机,使一般民众更加无法生存下去,抢米风潮和抗捐斗争风起云涌,遍及各省。同盟会发动的广州三二九起义在全国范围内产生的影响更加扩大,发展到四川保路同志军的武装起义,震动了全国,更成为武昌起义的直接导火线。

辛亥革命的胜利,是以一九一一年十月十日的武昌新军起义为起点的。

武昌是湖北的省会,和汉口、汉阳一起,素有"九省通衢"之称,是资本主义工商业和资本主义新式教育比较发达的地区。清政府编练新军时,除继李鸿章担任北洋大臣、直隶总督的袁世凯所训练的北洋六镇以外,湖北新军在各省中是最精锐的一支。由于新军是以西法操练的,"招募新军士兵标准,要以能识字为原则,文理粗通者更好"[1]。在湖北新军第八镇和第二十一混成协中都有不少读书人入伍。旧中国有句老话:"好铁不打钉,好男不当兵。"入伍当兵在一般读书人历来是不屑一顾的,这时却有那么多读书人因找不

---

[1] 温楚珩:《辛亥革命实践记》,《辛亥首义回忆录》第1辑,第49页。

到出路而投身兵营，可见社会的剧烈变动已使一切都异乎寻常地脱离原有的常轨了。

新军士兵的文化程度比较高，家庭比较贫穷，军队中的生活又很艰难，士兵受官长的压迫和虐待十分厉害，自然很容易接受革命思想的影响。二十世纪初年，革命团体科学补习所、群学社、日知会、军队同盟会等先后在湖北新军中开展活动。后来，逐渐形成文学社和共进会两大革命团体。它们的主要负责人蒋翊武、刘复基、孙武等都曾加入中国同盟会，深受同盟会的影响。但这两个团体并不是同盟会的分支组织，而是独立开展活动的。

湖北革命党人在新军中的工作，有两个突出的优点：第一，进行长期艰苦的革命宣传和组织工作，掌握军队，积蓄力量，准备革命；第二，在革命条件成熟时，不失时机地断然发动武装起义，夺取政权。这是武昌起义能成为一九一一年全国大起义的起点并取得成功的重要原因。

先说第一点。他们在新军中开展的工作，是在实践中经过长期摸索而形成的。在革命宣传方面，革命党人投身军队后，不仅采取讲演、散布革命书刊等办法传播革命思想，并且同士兵个别接近，利用各种机会由浅入深地逐步进行革命宣传。文学社社员万鸿喈回忆：当他投入军队后，文学社负责人就告诉他："如果有同营的人问你：'生为什么来当兵？'你就回答说：'执干戈以卫社稷，是我们青年应尽的责任。'并可举朝鲜、印度亡国的惨痛来和中国的现状作对比，这就是我们第一步的宣传工作。"到第二年，又告诉他："你以后对同营的人，要换一个方式宣传。就是说：'清朝政府腐朽到了顶点，专于媚外，压迫人民，我们要使国富民强，非要先打倒清朝不可。'不过像这种话只能乘机向个别兵士鼓动。如有志同道合的，就把他拉拢来，经过一、二同志审查后，再叫他填志愿书。"[1]尽管他们的革命理论准备还很不够，但像这样有计划地进行比较深入长期的宣传工作，在中国过去历史上是很少见的。他们又自己办报来作宣传的工具。文学社办有《大江报》，揭发军队中的"不公平事件"，把公开的革命鼓动同秘密的革命宣传结合起来，取得了较好效果。再看看革命的组织工作，他们也积累起一套有效的做法：一开始往往用桃园结义、换兰谱、拉拢帮会等旧方式同接近的士兵建立亲密关系。然后，逐渐灌输革命思想，个别吸收入会。士兵成分不少是贫苦农民、手工业者、城市失业贫民，这种由低到高的方式对他们是很适合的。入会时，手续比较严格：需要填志愿书，有两个同志介绍，个别进行，严格保密，并嘱咐对家庭、父母、妻子不得泄露一言。入会后，组织也比较严密，建立了标、营、队（即团、营、连）代表制，分级接受上级代表的命令，工作进行非常秘密。到武昌起义前夜，文学社和共进会的会员达到五千多人，占当时湖北新军总数的三分之一以上，加上革命的同情者，在新军中已取得优势地位。军队中对革命持敌对态度的，不过一千多人。清政府用来镇压民众的武装力量，终于转化为民众发动革命的武装力量。

再看第二点。做好革命的准备工作是重要的，但它毕竟只是准备，只是有了革命成功的可能性。要把这种可能性转化为现实性，还需要把握机遇，坚决行动来夺取政权。那时从表面上看，清政府依然是一个庞然大物：它有帝国主义列强的支持，有专制统治的严密网络和政治经验，各省督抚都大权在握，而革命力量似乎还很弱

---

[1] 万鸿喈：《辛亥革命酝酿时期的回忆》，《辛亥首义回忆录》第1辑，第117、118页。

小，特别是经过充分准备的广州"三二九"起义的失败，使不少革命党人灰心失望，连黄兴也认为"同盟会无事可为矣"。[1]但事实上，整个局势正如暴风雨前夕的沉寂，民众对清政府的愤怒已不可遏制。四川保路运动发展成武装起义后，清政府抽调一部分湖北新军入川镇压，在湖北已能感受到"山雨欲来风满楼"那种紧张气氛了。湖北革命党人虽然还不能科学地分析当前的形势，但也能朦胧地感受到，新军内部革命力量的迅速发展更使他们树立起很大信心。许多革命党人抱着万死不辞的态度："原不计生死利害，但尽心力而行之，虽肝胆涂地，亦甘之如饴也。"[2]这种决心和意志，弥补了他们对客观形势分析能力的不足，从而在革命条件成熟时能不失时机地发动起义。

要行动，更需要对已有的革命力量进行整合。一九一一年夏季，文学社、共进会两大革命团体经过协商，决定合作。《大江报》发表文章，指出"大乱者救中国之药石也"，以激励民气。在兵营和学堂中，许多士兵和学生纷纷剪除发辫，表示义无反顾的决心。十月九日，预定的起义总司令蒋翊武秘密发布起义命令和各部行动计划。但当夜起义领导机关被清方破获，重要负责人刘复基等二人被捕牺牲，起义未能发动。清方传出消息：将按搜得的名单大规模展开逮捕。风声极为紧张。第二天，各兵营士兵不顾一切地基本上按上一天发布的计划行动。革命力量雄厚的工程营首先发难，占领军械所。各军士兵纷起响应，两天内占领了武汉三镇，成立中华民国湖北军政府。由于一时群龙无首，起义士兵和下级军官觉得自己

---

[1] 谭人凤：《石叟牌词叙录》，《近代史资料》1956年第3期，科学出版社1956年8月版，第48页。

[2] 熊秉坤：《辛亥首义工程营发难概述》，《辛亥首义回忆录》第1辑，第46页。

的资望和行政经验都不够，同盟会的主要领导人当时又都不在湖北，为了增强军政府的号召力，推出原来反对革命的第二十一混成协协统（相当于旅长）黎元洪担任都督。随后，民众热烈参军，声势大振。湖北革命党人以他们的首创精神，揭开了辛亥革命的第一幕。

孙中山是人们公认的革命党领袖。他虽然没有直接参加武昌起义，起义者仍用他的名义来号召全国民众。武昌起义后不久发刊的《中华民国公报》，在十月三十一日就以"中华民国军政府大总统孙"署名向各省同胞发出布告，号召"各省义军代表，同心戮力，率众前驱"，"建立共和国"。[1]

历史的发展是一种活的流体，一旦时机成熟，它便会不可遏制地向前猛进，而且往往会加速度地向前推进，不断呈现出原先没有的新的色彩。

武昌起义发生后十二天，湖南、陕西两省首起响应。在这个月内宣布独立的还有江西、山西和云南，它们集中地发生在九天以内。它表明武昌起义不是一个局部性事件，而是全国性危机的产物，使整个局势顿时改观。这些省是在全国局势尚未明朗、革命成功并无把握的情况下独立地决定发动的，因而格外值得注意。

这五个省的独立有几个共同的特点：第一，新军在这些省都是起义的主要动力。他们以迅雷不及掩耳之势突然发动，迅速控制局势，对起义成功起着决定性的作用。这不仅因为新军中的革命力量发展得比较快，也不仅因为他们掌握新式武器，受过严格的军事训练，还因为在当时有如一盘散沙的社会中，他们是组织得最好的力

---

[1] 原件藏中山大学孙中山纪念馆。

量,有着严格的建制和纪律,能够步调一致地采取有力的行动,这是当时其他任何社会力量无法做到的。第二,起义的发展都异常顺利,几乎没有遇到什么有力的抵抗。很多省革命党人的准备并不充分,事先掌握的有组织力量相当小,但在当时的形势下,只要少数坚定的革命分子挺身而出,登高一呼,大群人便随之而起。而清政府官员一般是听到起义枪声便作鸟兽散,即使组织一些零星抵抗也很快解体,没有多少人肯为倾覆中的清政府卖命。第三,这些省起义成功后,都站住了脚跟。到十月底,湖北、湖南、江西三省联成一块,山西、陕西两省联成一块,云南在西南地区有着巨大影响。接着,革命浪潮便向华东和华南迅速扩展。

给清政府第二波决定性打击的,是以上海为中心的东南各省在十一月上旬相继独立。这个地区是中国社会经济最发达、社会财富最集中的地方,也是国际观瞻所系的焦点。在这些省的独立中,新军仍然是极为重要的力量,但有了更多不同政治倾向和实际利益的人参加,成为前此没有的新特点:第一,上海是中国民族工商业最发达的地区。民族工商业者中有些人早已秘密参加同盟会。上海没有新军驻防,全国商团联合会控制的商团参加攻克全国主要兵工厂之一的江南制造局。民族工商业者在革命中直接发挥这样巨大的作用,在其他地方还不曾有过。第二,江苏由当地最高长官江苏巡抚程德全出面宣布独立,并出任都督。这虽不是出自他本人的主动,但毕竟表明清朝统治集团的分崩离析已到了何等地步。第三,国内立宪派的政治态度,明显地从支持清朝政府转到支持民主共和国这方面来。这以前,两湖地区立宪派的重要人物汤化龙、谭延闿已公开支持共和,但国内立宪派的领袖张謇仍担心"秩序一破,不可回复",曾劝说两江总督张人骏出兵协助镇压武昌起义。但客观形势的发展使他看清,革命浪潮已不可阻挡,只有表示赞同,才能站住脚跟,在革命阵营中构成温和的一翼,继续发挥影响力,使社会秩序不致发生更大的动荡。另一立宪派重要领袖汤寿潜也出任独立后的浙江都督。这种变化,对扩大革命阵营的力量和影响、进一步孤立清政府、加速革命发展进程,有着重要的积极意义;但由于他们同旧社会势力之间有着千丝万缕的联系,一向有较高的社会地位,所以又增强了使革命中途走向妥协的力量。

和东南各省相继独立的同时或稍后,起义浪潮又迅速席卷西南、华南各省,包括贵州、广西、广东、四川。这时,清朝地方当局已无斗志,几乎是不战而屈。

四川独立后,长江流域及其以南各省全部光复,依然处在清朝统治下的只剩下南京一座孤城。清政府在南京驻有重兵,领军的是极端忠于清朝的江南提督张勋。江浙联军经过苦战,在十二月二日光复南京。南北对峙的格局终于形成。

一九一二年一月一日,中华民国临时政府在南京成立,刚从海外归来、受到民众热烈欢迎的孙中山当选为第一任临时大总统。他在就职誓词中说:

> 倾覆满洲专制政府,巩固中华民国,图谋民生幸福,此国民之公意,文实遵之,以忠于国,为众服务。至专制政府既倒,国内无变乱,民国卓立于世界,为列邦公认,斯时文当解临时大总统之职。谨以此誓于国民。[1]

---

[1]《孙中山全集》第2卷,中华书局1982年7月版,第1页。

成立共和政体，是中国历史上破天荒的大事。临时政府成立后，除举师北伐外，以很大力量立法建制和除旧布新。当天就宣布改用阳历。在立法中，最重要的是公布《中华民国临时约法》。孙中山后来说过："在南京所订民国约法，内中只有'中华民国主权属于国民全体'一条是兄弟所主张的"[1]，可见他最看重的是这一点。这是一部有着进步意义的大法。它规定："宪法未施行以前，本约法之效力与宪法等。"[2]（但在袁世凯控制政权后，它已成为一纸空文）临时政府公布的法令，规定废止刑讯，人民享有选举权、参政权，禁止贩卖"猪仔"，改变"贱民"身份，赋予妇女以同男工完全平等的权利等。在除旧布新方面，改革社会恶习的政令有：严禁鸦片，革除前清官厅称呼，限期剪辫，禁止赌博，禁止缠足，废止跪拜，官员实行低薪制等。孙中山在致内务部令中提出官员是"人民之公仆"，说：

> 官厅为治事之机关，职员乃人民之公仆，本非特殊之阶级，何取非分之名称。查前清官厅，视官等之高下，有大人、老爷等名称，受之者增惭，施之者失体，义无取焉。光复以后，闻中央地方各官厅，漫不加察，仍沿旧称，殊为共和政治之玷。嗣后各官厅人员相称，咸以官职，民间普通称呼则曰先生、曰君，不得再沿前清官厅恶称。[3]

传统和习俗是一种巨大的历史惰力，改变它往往需要很长的时

---

[1]《孙中山全集》第5卷，中华书局1985年4月版，第497页。
[2]《中华民国史档案资料汇编》第1辑，江苏人民出版社1981年5月版，第110页。
[3]《孙中山全集》第2卷，第155页。

间，但临时政府这些政令，依然给人耳目一新的感觉，具有解放思想、移风易俗的积极作用。很多人认为，传统生活中的陈规恶俗不符合时代潮流，接受西方的社会生活习尚才是文明、开化，才算新派人物，以致连穿"洋式衣服"、吃西餐等也流行起来。

还有两件事也值得注意：一是临时政府成立后，鼓励民间兴办实业，减免厘金，取消了清政府一些苛政，使社会上掀起一个振兴实业的热潮，大量实业团体涌现出来；另一件是随着民众参政热情的高涨，入党结社蔚然成风，各种政党和政治团体像雨后春笋般兴起。这些，都和晚清时期不同。人们热烈地期待着中国进入一个和平建设的新时期。浙江独立后几天，杭州《汉民日报》时评写道："革命为破坏之手段，破坏为建设之预备。""革命非行乐时，乃万不得已而为此剧烈之举动也。"[1]这反映了当时不少人的心情。

但是，南京临时政府成立后，实际处境却很困难。它面对的最严重困难是财政极端匮乏。临时政府的经费也好，北伐军费也好，都必须支付，政府却拿不出钱来。军队的状况也十分令人担忧。看起来，临时政府控制的兵力人数着实不少，但"当时南方除少数从正规军扩编的军队尚有作战能力外，大部分新编入伍的士兵多是城乡失业民众，尚未受过军事训练。各部队形式上虽具备军、师、旅、团、营、连、排的编制，实系乌合之众。从汉口、汉阳失败的经验看来，想依仗这种军队去冲锋陷阵，一直打到北京，是靠不住"[2]。胡汉民回忆道："以南京之军队，纷无纪律，不能举军政时代一切之任务也。军队既不堪战斗，而乏饷且虑哗溃。于是克强

---

[1]《邵飘萍选集》下册，中国人民大学出版社1988年11月版，第245、246页。

[2] 李书城：《辛亥前后黄克强先生的革命活动》，《辛亥革命回忆录》第1集，中华书局1961年10月版，第201页。

（引者注：黄兴字克强，时任临时政府陆军总长）益窘，则为书致精卫与余，谓：'和议若不成，自度不能下动员令，惟有割腹以谢天下！'"[1]

更严重的问题是：革命政党内部已陷入各自为政、分崩离析的状态。吴玉章说："同盟会自广州起义失败以后，即已趋于涣散，而至武昌起义以后，几乎陷于瓦解的状态。章太炎说：'革命军起，革命党消'，这两句话虽是极端错误的，但用来形容当时的情况，倒很合乎事实。"[2]他们对革命胜利的迅速到来，没有足够的思想准备。轻易得来的胜利，冲昏了许多人的头脑。他们认为只要把清朝政府推倒，革命就算成功，别的都不在话下。新得的权益，更使不少人心满意足，急于结束这场革命，尽快享尝到手的果实。革命精神废弛了，妥协的声浪压倒一切。

这时被清政府在手足无措的情况下重新起用为内阁总理的袁世凯，是一个富有政治经验和权谋的野心家。他手握自己训练的北洋六镇，在英国等列强支持下，玩弄权术，先率师南下攻陷汉口、汉阳，对南方施加压力，又同南方展开和议。南京方面向袁世凯提出：只要他能逼使清帝退位和赞助共和，就举他为大总统。袁世凯随后又对已束手无策的清廷施压。一九一二年二月十二日，清廷在接受优待条件后宣布退位，宣告统治中国二百六十多年的清王朝结束。十五日，南方的参议院改举袁世凯为临时大总统。

辛亥革命的成果，就这样落到了北洋军阀首领袁世凯的手中。

---

[1]《胡汉民先生文集》第2册，第67页。
[2]《吴玉章文集》（下），第1040页。

革命的成功和失败

辛亥革命，是二十世纪中国发生的第一次历史性巨变。

这次革命是中国人民对帝国主义侵略和清政府腐朽统治长期郁积的愤怒的大爆发。它的结果，不仅推翻了清朝政府，扫除了中国争取民族独立和社会进步道路上这个巨大障碍；而且结束了统治中国几千年的君主专制制度，建立起中国历史上从来不曾有过的共和政体。这无疑是一个巨大进步。

亲身经历过这场革命的林伯渠，在辛亥革命三十周年时，曾很有感慨地说：

> 对于许多未经过帝王之治的青年，辛亥革命的政治意义是常被过低估计的，这并不足怪，因为他们没有看到推翻几千年因袭下来的专制政体是多么不易的一件事，同时中华民国的诞生也没有带给他们真正的民主。古人不以成败论英雄，我们也不能因辛亥革命的失败，而忽视它本身的光芒，以及由它而揭开的新的斗争的序幕。[1]

林伯渠是中国同盟会成立初期就入会的老会员。他这段语重心长的话，说得十分中肯。他那时所说的"青年"，如今大多已不在人世。至于今天的青年对辛亥革命的意义总是过低估计，就更"不足怪"了。

中国在君主专制政体统治下经历过几千年的漫长岁月，这确是

---

[1] 林伯渠：《荏苒三十年》，延安《解放日报》1941年10月10日。

一个沉重得可怕的因袭重担。多少年来，人们从幼年时起，头脑里就不断被灌输着"三纲五常"这一套封建伦理观念，把它看成万古不变的天经地义。"国不可一日无君"。"天地君亲师"的牌位到处供奉着。君主仿佛代表天意，站在封建等级制度的顶端。每个人在这种制度下，必须诚惶诚恐地遵守"名分"，不容许有丝毫逾越。这就是曾国藩所说："君君臣臣，父父子子，秩然如冠履之不可倒置。"谁要是敢有一点怀疑，轻则叫作"离经叛道""非圣无法"，重则成为"乱臣贼子，人人得而诛之"。《红楼梦》里的王熙凤有一句名言："舍得一身剐，敢把皇帝拉下马。"可见在那个时候，谁要是想把"皇帝拉下马"，就得要有"舍得一身剐"的勇气，一般人是连想也不敢想的。

要从如此沉重的传统束缚下摆脱出来，大胆地建立共和政体，其难度可想而知。远的不说，在中国近代历史上，太平天国的洪秀全做了天王，其实还是皇帝；戊戌维新运动，依靠的是光绪这个"好皇帝"来自上而下地推行变法；义和团运动，旗帜上写的还是"扶清灭洋"。中国同盟会的纲领中明确规定要"创立民国"，这是一个全新的观念，并且从此深入人心。其实，从当时的世界范围来看，实行共和政体的大国只有法国和美国，英国、日本、德国、意大利、奥匈帝国、俄罗斯等大国无一不保留着君主制度。所以，康有为提出以俄国彼得大帝和日本明治天皇的改革作为中国学习的榜样，在许多人看来是很有道理的。

为什么原来还很陌生、并没有传统影响的共和政体能在很短的时间内被中国人广泛接受？根本的原因是极端专制腐败的清政府已经把中国引到灭亡的边缘，在民众中失尽了对它的任何期望，可以说是物极必反。在人们对旧政府的普遍愤怒中，推翻君主专制制度就变得可以接受了。革命党人大力宣传美国独立和法国革命的故事，华盛顿、拿破仑的名字已被许多国人所熟悉，美、法所代表的共和政体也为许多人所憧憬，认为是最新的政体。孙中山一九〇五年到日本，在东京中国留学生欢迎大会的演说中，鼓吹学习西方时一定要学它最新的东西，要知道世界的进步，迎头赶上而不是跟在它的后面一步一步地爬行。这些话是很雄辩、很能打动人的。他这样说：

> 有说欧米（引者注：日本人称美国为米国）共和的政治，我们中国此时尚不能合用的，盖由野蛮而专制，由专制而立宪，由立宪而共和，这是天然的顺序，不可躁进的；我们中国的改革最宜于君主立宪，万不能共和。殊不知此说大谬。我们中国的前途如修铁路，然此时若修铁路，还是用最初发明的汽车，还是用近日改良最利便之汽车，此虽妇孺亦明其利钝。所以君主立宪之不合用于中国，不待智者而后决。
>
> 且世界立宪，亦必以流血得之，方能称为真立宪。同一流血，何不为直截了当之共和，而为此不完不备之立宪乎？[1]

推翻君主专制制度，建立共和政体，它的意义不只是政治制度上的一大进步，而且牵动着整个社会以至思想文化等方面。最重要的可以举出几点。

第一，它将中国旧社会经营了千百年建立起来的统治秩序完全打乱了。中国封建社会本来有个头，那就是皇帝。它是大权独揽的

---

[1]《孙中山全集》第1卷，第280、283页。

绝对权威，是旧统治秩序赖以稳定的重心所在。辛亥革命突然把这个头砍掉了，整个旧秩序就全乱了套。这以后，从北洋军阀到南京政府，像走马灯那样一个接着一个登场，旧社会势力却再也建立不起一个统一的比较稳定的统治秩序来。这种状况和辛亥革命以前显然不同。有一种看法：似乎革命只能破坏旧的，却建立不起新的来，徒然造成社会混乱，妨碍了中国现代化的实现。这其实是一种目光十分短浅的看法。如果从稍长时段的眼光来看，那是社会转型期间常需经历的过程。辛亥革命在这方面正给以后中国人民革命的胜利打开了道路。

第二，民众对自己在国家中所处的地位，从观念上发生了巨大变化。人们常说改称"民国"无非只是换了一块招牌，其他并没有什么不同。诚然，辛亥革命后中国的社会性质和人民的悲惨境遇并没有改变。但在当时历史条件下，有这块招牌和没有这块招牌的区别不能小看。中国有句老话：名不正则言不顺，言不顺则事不成。在君主专制制度下，只有皇帝是至高无上的，他的话便是"金口玉言"，国家大事只能由他做决断。老百姓被称为"子民"或者"蚁民"，根本没有参与国家决策的权利，"忠君"和"爱国"被看成一回事。现在叫"民国"了，尽管许多事在实际上依然如故，但人们在观念上有了变化，觉得自己是国家的主人了。孙中山还把政府官员称作"人民之公仆"。因此，社会舆论空前活跃，各种政治团体纷纷成立。民国初年的民众心理和清末有很大不同。没有这种变化，七年后五四运动的兴起，是难以想象的。

第三，它使中国人在思想上得到一次大解放。皇帝该算是至尊极高、神圣不可侵犯的了，如今都可以被打倒。那么，还有什么陈腐的东西不可以怀疑、不可以打破？这是一种无形的力量，在不小程度上左右着人们特别是先进分子的思想和行动。陈独秀在五四运动前夜写过一篇文章说：

> 古代草昧初开的民族，迷信君主是天的儿子，是神的替身，尊重他，崇拜他，以为他的本领与众不同，他才能居然统一国土。其实君主也是一种偶像，他本身并没有什么神圣出奇的作用；全靠众人迷信他，尊崇他，才能够号令全国，称做元首，一旦亡了国，像此时清朝皇帝溥仪、俄罗斯皇帝尼古拉斯二世，比寻常人还要可怜。这等亡国的君主，好像一座泥塑木雕的偶像抛在粪缸里，看他到底有什么神奇出众的地方呢？
>
> 破坏！破坏偶像！破坏虚伪的偶像！吾人信仰，当以真实的合理的为标准；宗教上、政治上、道德上自古相传的虚荣欺人不合理的信仰，都算是偶像，都应该破坏！[1]

思想的闸门一经打开，思想解放的洪流就奔腾向前，不可阻挡了。尽管辛亥革命后，一时看来政治形势还十分险恶，但人们又大胆地寻求新的救国出路。从这个意义上可以说：没有辛亥革命，就没有五四运动。

帝国主义和封建势力在中国的统治，根深蒂固。推翻它，消灭它，绝不是一两次革命运动的冲击所能完成的，而需要经过持久的多次的冲击。从中国的社会结构和民众心理来看，解决这些问题的条件这时还远没有成熟：中国的民族资产阶级和工人阶级力量还很薄弱；被压在社会最底层、受尽苦难的广大贫苦农民大多仿佛沉睡

---

[1] 陈独秀：《偶像破坏论》，《新青年》第5卷第2号，1918年8月15日，第90、91页。

着，或者只能做一些无望的分散的反抗，仍远远在革命者的视线之外；以游民为主要成分的会党，刚编练起来的新军，可以在革命中成为重要的冲击力量，却难以靠他们来建立起一种新的社会秩序。站在革命运动前列的是一批受过近代教育而没有实力的知识分子。他们在周围几乎一片黑暗的环境中，勇敢地高举起民族民主革命的火炬，进行了一些比较有力的宣传鼓动工作，在几乎处于绝望状态的中国人心中燃起了新的希望。这是他们的巨大功绩。但他们通常长于言论而短于行动，过于看重个人的力量而容易脱离群众和各行其是；书本知识多而对中国的复杂社会情况了解少；由于年轻和地位低而在社会上缺少足够的号召力；更重要的，由于缺乏科学的理论指导和足以依靠的社会力量而显得十分软弱。在辛亥革命中，他们的弱点明显地暴露出来。

那时的革命党人，充满着对祖国的热爱，有着革命的决心，却提不出一个彻底的明确的反帝反封建的革命纲领来。他们中许多人并不认识帝国主义的真面目，甚至天真地认为他们既然以西方为学习榜样，一定能得到西方国家的援助，并且总是害怕革命的猛烈发展会招致帝国主义列强的干涉，所以在革命起来后小心翼翼地避免触动列强在中国的既得利益。这样，辛亥革命几乎完全没有直接改变帝国主义列强在中国的支配地位。他们对封建主义也没有多少认识。许多人由于家庭和原来所受教育的缘故，同封建制度有着难分难解的联系。他们中大多数人把清朝统治者看成唯一的敌人，不但看不到旧社会制度的基础是地主阶级土地所有制，而且把一切赞成或被迫同意推翻清朝统治者的汉族地主官僚看作自己人，不惜向他们作出种种重大让步。因此，当清朝的统治一旦被推倒，建立了民国，许多人便以为革命已经成功，失去继续前进的明确方向。妥协心理上升为主流，导致革命半途而废。

辛亥革命在一定程度上依靠并发动了群众，这是它成功的重要原因。可是，依靠并发动群众的严重不足，尤其是同广大下层劳动民众的脱离，又是导致它不能把革命进行到底的重要原因。帝国主义和封建势力是在中国社会土壤中盘根错节的强大敌人，要推倒他们在中国的统治，离开广大民众的充分发动是办不到的。然而，恰恰是占中国人口绝大多数的工人农民几乎完全在当时革命党人的视野以外。在革命过程中并没有出现一场农村的社会大变动，自然也不可能吸引广大农民对革命的积极参与，这和法国大革命时的情况显然不同。而没有广大工人农民的积极参与，革命党人在帝国主义和封建势力面前只能深感自己缺乏实力而处于孤立无援的境地，使他们不能不走向妥协。

还需要看到，领导这场革命的中国同盟会是一个十分松散的组织，它的成员十分复杂。当革命开始取得胜利时，革命阵营内部便呈现出一派分崩离析的混乱景象。武昌起义的成功和民国的迅速成立，使他们喜出望外。原来的穷措大和流亡客转眼间成为国会议员或"民国伟人"，使许多人心满意足，并开始争权夺利。没有一个坚强有力的革命政党作为核心，也难以使革命进行到底。

一句话，缺乏一个能够提出明确的科学的革命纲领、能够发动并依靠全国最大多数的民众、组织严密的革命政党的领导，这是辛亥革命留给我们的根本教训，而这又是当时中国不成熟的社会条件所决定的。中华民族的复兴，只有在具有这样的条件后才能实现。

辛亥革命并没有解决近代中国社会的根本矛盾，使中国从此走上独立、民主和富强的道路，实现人们原先对它的期望。正如参加过中国同盟会的董必武所说："辛亥革命的意义是伟大的，它在广大的人民中造成的民主精神的高涨,为新的革命斗争的发展开辟了道路。"但它"根本没有打碎封建军阀和官僚的国家机器。近代中国的半殖民地半封建的经济基础,更是原封未动。中国的反对帝国主义反对封建主义的革命任务并没有完成。就这个意义说,辛亥革命是失败了"[1]。

中国近代民族民主革命是由一代又一代革命者,经过一个多世纪前仆后继的顽强努力,才取得了胜利。辛亥革命虽然没有能完成这个任务,但它在近代中国发展的历史进程中是一个不可缺少的重要阶梯。

二十世纪只是刚刚开始,辛亥革命无疑跨出了很大的一步,但等待着中国人要走的路依然还很漫长。

---

[1]《董必武选集》,人民出版社 1985 年 3 月版,第 487、493 页。

第三章　北洋军阀统治的建立

历史的发展真是充满迂回曲折，甚至会出现一段时间的逆转。民国虽然成立，旧有的社会基础并没有随之改变，旧的社会心理在很大程度上仍保留下来，旧的和新的继续进行着反复较量，只是采取了不同的形式。

人们在共和政体建立后，最初兴高采烈，热烈地期待着能开始和平建设，使中国摆脱以往那种悲惨处境，一步一步走向繁荣富强。孙中山在一九〇四年给美国人民的呼吁书《中国问题的真解决》中，曾充满天真的热情写道："中国的觉醒以及开明的政府之建立，不但对中国人，而且对全世界都有好处。全国即可开放对外贸易，铁路即可修建，天然资源即可开发，人民即可日渐富裕，他们的生活水准即可逐步提高。"[1]这种期待，在许多善良的人中间都存在着，并且深信它真的能够实现。

事实却那样冷酷无情：民国成立后，随之而来的并不是人们所热望的美好情景，而是长达十多年的野蛮的北洋军阀统治。

为什么会出现这种令人沮丧的局面？它不是偶然的，而是当时中国的历史条件和社会状况所决定的。君主专制制度这个封建势力的集中代表被推倒了，原有的统治秩序解体了，但中国封建主义的

---

[1]《孙中山全集》第1卷，第253页。

社会根基依然根深蒂固，分散的个体经济在中国社会生活中仍占着压倒优势，封建主义意识形态在中国更有着深厚的根基和几乎无处不在的影响力。它们还得到帝国主义势力的支持。革命阵营方面，却没有一个强大到足以取代它的社会力量，能够独立地建立起一种新的社会秩序来，倒是很快就急于向旧社会势力妥协。"三千年的中国君主政体一变而为民主政体。举国上下对此前未之见的新情势，既不相习，亦不了了，大都以为不过是由满洲皇帝换了汉人总统，与历代王朝的更易无大区别。革命党人亦多缺乏民主政治运用的艺术与经验，仅有理想与热忱，举措往往不切实际。"[1]

这是一个青黄不接、令人格外难熬的过渡岁月。经历了辛亥革命风暴的猛烈冲击后，旧社会势力原有的一整套统治秩序和统治方法已被打乱，为了继续维持他们已经摇摇欲坠的支配地位，只能倚仗更加赤裸裸的军队暴力来镇压反对力量。而在社会大动荡下，破产失业的人数剧增，有些无法维持生计的人把入伍当兵作为谋求生存的出路，提供了为数众多的兵源。帝国主义列强为了扶植各自在中国的代理人，又有条件地（主要是以取得在中国的某些特权为交换）给他们以金钱和武器的支持。这些因素凑合在一起，便成为开历史倒车的军阀统治此时会在中国出现的原因所在。

什么是军阀？人们有不同的解释。较多人的看法，大体有三点：第一，它是以军阀首领个人为中心，以家族、亲族、同乡、同学、师生等人际关系来维系的私人掌握的军队；第二，他们控制着一定的地盘，借以取得相对固定的财源、兵源和政治资本；第三，在他们控制的地盘内，军事权力高于一切，文官听命于军人，行政权受

---

[1] 郭廷以：《近代中国史纲》下册，第411页。

军事权的控制。

北洋军阀的孕育期,要从清末袁世凯小站练兵、建立北洋六镇算起。它和清朝的旧军队不同:按照西方国家的军制编成,用外国人为教习,以洋操为训练内容,大多用西方武器装备,拥有步、骑、炮、工、辎重等兵种。六镇编成时,已有兵力八九万人。袁世凯曾担任北洋大臣、直隶总督,北洋军阀中的"北洋"两个字就是从这里来的。但那时它还不完全具备前面所说的军阀的几个条件。清朝的朝廷依然是全国的最高统治者。它命令把北洋六镇中的四个镇交陆军部直接管辖时,袁世凯只得服从,尽管他在幕后仍保持着对这四个镇的影响力。而当一九○九年一月,清政府要他"开缺回籍养疴",他也只得"谢恩"辞行,仓皇地回到河南作出隐居的姿态。这和民国初年飞扬跋扈的北洋军阀统治时期显然不可同日而语。

除一般军阀的共性外,李新对北洋军阀的特点又归纳为四点:第一,采用外国兵制,武器基本上购自外洋。但治军的主要思想仍靠传统的封建伦理观念,即三纲五常、四维八德那一套。第二,它的财政来源已不完全依靠封建的田赋税入,而且还来自关税、盐税、铁路、轮船和举借外债。(后来,铁路收入成为一个重要来源。北洋军阀统治时期有所谓新、旧"交通系",梁士诒、曹汝霖等红极一时,就是这个原因。)第三,它的兵源实行募兵制,主要依靠招收破产农民,也有一些无业游民等。第四,它不能长久统一中国,而且不断分裂,乃至发展为各成一派,各据一方,连年混战。[1]

北洋军阀的社会基础主要是封建地主阶级。尽管他们后来也经营一些工矿企业,借以积聚更多财富,但封建性更为浓厚。军阀中

---

[1] 李新、李宗一主编《中华民国史》第2编第1卷上,中华书局1987年9月版,第3—6页。

很多是文化程度很低的人，除了争夺地盘和权力以外，提不出什么可以凝聚人心的建设国家的目标和纲领。掌握中央政权的军阀，有时也使用一些受过近代教育的知识分子，但只是辅佐他们处理一些外交、财政、教育等方面的事务，极少参与重大决策，更谈不上可以左右当时的局势。"北洋军人，多系卵翼于袁世凯，才质驽下者居多，对上只知服从，不敢有所主张，盖北人对长官之忠，非发生于公的意识，全基于私的情感。服从之外，再有'报恩'的观念，牢不可破。只要是'恩上'，或是'恩宪'，无论是否'乱命'，亦须服从，意谓不如此则为'忘恩'，受同人道德责备，此北洋军人之共同心理。"[1]他们倚仗手中的枪杆子，得到帝国主义的奥援，在一段时间内很可以胡作非为。但靠这样一种落后于时代、极端不得人心的野蛮统治，注定是不可能维持长久的。它反映了中国旧社会势力的统治已经分崩离析，连表面上的统一也难以维持。

在军阀统治下，国家的情况一天一天坏下去，人们无法长期忍受这种苦难的折磨，终于又踏上新的路子。这是新旧交替过程中难以完全避免的一段曲折。

现在，先来看一看北洋军阀统治最初建立时的状况。

辛亥革命胜利后的一般社会心理

历史的现象常常充满矛盾：辛亥革命的失败是在表面上的一片胜利声中到来的。

一九一一年的辛亥革命，像猛烈倾泻的急风暴雨，骤然改变了

---

[1] 吴虬:《北洋派之起源及其崩溃》，海天出版社1937年5月版，第5页。

中国原有的社会政治格局。突然的变化使人感到头晕目眩,对眼前出现的各种复杂现象难以立刻作出正确的判断,对它行将带来的无数新问题既没有足够的精神准备,更缺乏应对的经验。

大多数革命党人一时都沉浸在胜利的欢乐中,由于自身力量太弱,没有料想到推倒清政府和君主专制制度会那么快到来。这造成一种错觉,似乎随后的政治和经济建设也将在短期内同样顺利地实现。这种普遍的乐观和幻想,使人们倾向于强调维持现状,认为需要思考的只是如何在民主共和制度的新格局下建设这个国家,对旧社会势力的斗争已不那么重要,甚至因害怕引起破裂而处处趋向妥协。

还要提到,许多革命党人在民国成立后社会地位起了变化,纷纷跻身上层社会之列,更使他们中不少人容易醉心于维持现状。革命的共同目标已逐渐淡化,各人似乎已可各奔前程,更加自由地追逐自身的利益和发展,继续改善自身的地位。原来就相当涣散的革命团体,进一步失去凝聚力,变得更加涣散,甚至出现明显的分化。

在一般国民中,妥协的心理更为普遍。胡汉民作过一个对比:"当武昌倡义以后,举国响应不为不快。各地不但党人领导着运动,连国民也跟着运动,大家都觉得满清非推翻不可了;就此群策群力,一鼓作气,把他很快的推翻掉。"但经过破坏以后,临到建设,国民心理就显出三大弱点来:

> 第一个心理上的弱点是苟且。大家以为大乱过去了,应该赶紧休养生息,不必再闹了。革命党员毕竟是含有暴烈性的朋友,现在用不着他们了,同他们疏远些,另外接近稳健派的人

物吧!……(有些革命党员)跑了一程,已出了一身汗,马上就要歇住脚来休息,也不管时机容许不容许停顿,而真正目的地相去尚有多远,就此躺下来不再动,任你催促他也是无益了。

第二个心理上的弱点是侥幸。以为过去已有的牺牲,或者已经够了,够达所求的目的,不必再多奋斗了。大家总想以廉价来买得贵物,实际上有无把握是不管的,只望其侥幸而中罢了。

第三个心理上的弱点是倚赖。凡事托人去办好了,自己一概不管。从上面两个弱点中,他们认为满意的办法,是"维持现状";认为满意的人才,是"非袁莫属"……这两句话原来是一呼一应的,作用很大,当时竟有人大为宣传,用以压倒一切。[1]

妥协和厌乱的心理构成压倒一切的浓重氛围。这同革命前夜的社会心理形成明显的反差,在无形中起着左右局势的作用。

孙中山在临时政府结束后,对自己建立起来的那个党深感失望,对三个月来置身政治旋涡中心而又难有作为的日子感到痛苦和厌倦。章太炎曾嘲笑他那时的处境说:"政府号令,不出百里,孙公日骑马上清凉山耳。"[2]对他不担任临时大总统后国家内外局势的复杂情况,孙中山并不是毫无觉察,但觉得自己在这方面一时难有所作为。他在给宋教仁的一封信中写道:

---

[1] 胡汉民:《怎样纪念国庆》,《革命理论与革命工作》,民智书局1932年8月版,第1380—1383页。

[2] 《太炎先生自定年谱》,《近代史资料》1957年第1期,第125页。

> 民国大局，此时无论何人执政，皆不能大有设施。盖内力日竭，外患日逼，断非一时所能解决。若只从政治方面下药，必至日弄日纷，每况愈下而已。必先从根本下手，发展物力，使民生充裕，国势不摇，而政治乃能活动。弟刻欲舍政事，而专心致志于铁路之建筑，于十年之中，筑二十万里之线，纵横于五大部之间。[1]

孙中山自然知道政治的重要性。但他这时认为：现实政治有如一团乱麻，一时谁也难以措手足。如果从这里着手，只会越弄越乱。倒不如自己暂时把政治问题放一放，先集中力量发展实业，特别是要专心致志于铁路建筑，等到"民生充裕，国势不摇"了，回过头来解决政治问题也许好办得多。他认为这才是"从根本下手"的办法。

他的愿望是良好的。发展实业，对贫穷落后的中国确实太需要了。把兴建铁路看作发展实业的先行条件，也是有道理的。可是，他期望"不厕身政界，专求在社会上作成一种事业"，在那时中国的国情下，当国家政权仍掌握在旧社会势力手中时，结果只能事与愿违。这在近代中国历史上是一再出现的沉重教训。孙中山在十年内建设二十万里铁路的宏伟设想最后完全化为泡影，便是一个活生生的例证。

当时在同盟会中，在社会上，谈论得最热闹的是以宋教仁为代表的"议会政治""政党内阁"的主张，把它看作建设新国家在政治体制方面的最理想设计。

---

[1]《孙中山全集》第2卷，第404页。

宋教仁在清末流亡日本后，入早稻田大学攻读法政。他对西方国家的政治、法律、财政等制度相当熟悉，翻译过《英国制度要览》《各国警察制度》《俄国制度要览》《奥地利匈牙利制度要览》《美国制度概要》《奥匈国财政制度》《德国官制》《普鲁士王国官制》《日本地方渔政法规要览》等书籍，而对国内的实际革命活动参加得比较少。"当是时，先生专心研究政法、经济诸学科，为将来建设时代之需。"[1]因此，他的书本知识要比许多人多，实际社会经验却比较少。

武昌起义后，宋教仁觉得他大显身手的时机到了。他特别注重西方国家民主的组织形式和议事程序，以为只要把这一套搬到中国来，就是抓住了事情的根本，中国的面貌就会发生大变化。他到武昌后，起草了《鄂省临时约法》。南京临时政府时期，他担任法制院院长，起草了不少法规章则。他到处滔滔不绝地发表这方面的议论，很得到一些人的赞赏。一个同他很接近的人扼要地叙述宋教仁当时的见解，那就是西方式的议会政治和政党内阁：

> 宋教仁的主张最坚决的，就是责任内阁制。他认为要建设进步的国家，必须有健全的政府，有权而后尽其能，有能而后尽其责，是之谓"权责能"三位一体的责任内阁。这样的内阁，必须有强大的政党，又有人才，又在国会中取得大多数的议席，才可以建立起来，巩固起来。[2]

宋教仁真相信：只要组成强大的政党，同其他政党竞争，通过

---

[1] 徐天复：《宋先生传略》，张难先：《湖北革命知之录》，商务印书馆1946年5月版，第68页。
[2] 蔡寄鸥：《鄂州血史》，上海龙门书局1958年7月版，第208—209页。

选举赢得胜利，夺取议会中的多数席位，就可以按照法律程序，组成责任内阁，实现他们的全部政治主张。因此，他全力以赴奔走的是他认为最重要的两件大事：第一，组织一个大党；第二，争取在国会选举中取得多数席位。这两点是互相关联的：组织大党的着眼点主要是为了在国会选举中多得席位；而在议会中夺取多数席位又是为了实现政党的政治主张。但步骤上又有先后之分。

他首先着手的是组织一个大党。在他接替汪精卫担任中国同盟会总务部主任干事、掌握党务实权后，不顾蔡元培等反对，立刻同统一共和党、国民共进会、国民公党、共和实进会联络，在八月二十五日合并成立国民党，出任代理理事长。他到处拉人入党，"简直是拿着本子乱填，谁要进党都可以登记，大批因势趋利的投机分子都混了进去"[1]。这一来，不仅使政党的成分变得更加复杂，而且在某种程度上改变了党的性质，只满足于党在议会中的活动，大大降低了它的革命性。胡汉民对宋教仁这种做法一直很不满意，批评道：

> 他以为我们那时不要再秘密地做革命工作，只要到国会中去做那政治活动者就是。他为扩充国会中的势力起见，要将当时五个政党，合并为一个国民党。兄弟对于他这种主张很反对，因为这样一来，把本党的革命性销蚀大半了。……而宋先生那时不独忽略了这一个要点，而且想以选举运动、议会运动替代了革命运动，那如何行呢？[2]

---

[1] 何遂：《辛亥革命亲历纪实》，《辛亥革命回忆录》第1集，第488页。
[2] 胡汉民：《从国民党史上所得的教训》，《革命理论与革命工作》，第1234页。

国民党这个大党一成立，宋教仁立刻把工作重点转到国会竞选活动上，力图通过选举在国会取得多数席位。他奔走湘、鄂、苏、沪等地，为国民党竞选。一九一三年二月一日，他在国民党湖北支部的欢迎大会上说：

> 世界上的民主国家，政治的权威是集中于国会的。在国会里头，占得大多数议席的党，才是有政治权威的党，所以我们此时要致力于选举运动。选举之竞争，是公开的、光明正大的，用不着避什么嫌疑，讲什么客气的。我们要在国会里头，获得过半数以上的议席。进而在朝，就可以组成一党的责任内阁；退而在野，也可以严密地监督政府，使它有所惮而不敢妄为。应该为的，也使它有所惮而不敢不为。那么，我们的主义和政纲，就可以求其贯彻了。[1]

他在不久所写的另一篇文章里充满自信地说：只要有"强有力之政党主持于上，决定国是"，又将中央行政与地方行政的分划有条理地加以确定，"不五年间，当有可观，十年以后，则国基确定，富强可期，东亚天地，永保和平，世界全体亦受利不浅矣"。[2]

重读宋教仁这些讲得头头是道的豪言壮语，只能慨叹它实在是过于天真的书生之见。宋教仁对民主政治的追求是真诚的，但他满脑子都是书本上看来的学理，对中国的实际国情太缺乏了解了。在想象中似乎相当完美的政治设计，一进入实际生活就走了样，收到的并不是设计者预期的结果，甚至适得其反。纸上的空文并不会自

---

[1] 蔡寄鸥：《鄂州血史》，第225页。
[2] 宋教仁：《中央行政与地方行政之大政见》，《宋渔父》前编，政见，第21页。

然地转化成民众的实际权利。当宋教仁兴奋地写下五年如何、十年如何那段话时,谁能想到,离他被袁世凯指使人暗杀惨死只剩下十天了。建立真正的民主政治是要付出代价的,而且不能一蹴而就。如果袁世凯所代表的旧社会势力不但没有被触动,而且还掌握着一切实际权力的时候,如果不经过一场深刻的社会革命,单靠搬用西方民主政治的某些组织形式和议事程序,以为就可以解决中国的问题,那不是太可笑了吗?名重一时的宋教仁,其实仍是一个不懂世事的书生,这真是可叹的悲剧!

处在旁观地位的著名记者黄远庸看得很明白:"其新者以为法律万能,但能全本抄录外国之法科全书,吾国便不难立时变成黄金世界。其旧派则任有何种法律,然我曹自有我曹之窟穴,自有我曹之本领及伎俩,一切国法,弁髦视之。此二派水火之不能相容。"[1]这是对"法律万能"论的辛辣嘲讽。他所说的"新者"就是指宋教仁这些人,所说的"旧派"就是指袁世凯为首的旧社会势力。事实确实是这样:对袁世凯说来,只要实力在手,"任有何种法律",到时候都可"弁髦视之",使它成为一张废纸。对中国社会实际有更多了解的黄远庸比宋教仁看得清楚:以为"但能全本抄录外国之法科全书,吾国便不难立时变成黄金世界",这只是天真的虚幻梦想。

在政党活动中,仅次于国民党的政治力量是原清末的立宪派。它们先成立了共和党和统一党(也有一些原革命党人士参加),后来又成立民主党,到国会产生后合并成为进步党。它的精神领袖是梁启超。

这些人仍可说处于中间状态,但当时的政治态度是支持袁世

---

[1] 黄远庸:《远生遗著》卷1,(台北)华文书局据1938年铅印本影行,第6页。

凯、反对国民党。清朝被推翻后，梁启超原来鼓吹的"虚君共和"已没有可能实现。袁世凯一当上临时大总统，还在海外的梁启超立刻写信给袁世凯，建议他以共和国之名行开明专制之实，并主动表示对他支持，说：

> 今后之中国，非参用开明专制之意，不足以奏整齐严肃之治。……今国中出没于政界人士，可略分三派：一曰旧官僚派，二曰旧立宪派，三曰旧革命派。旧官僚派公之所素抚循也，除阘冗佥壬决当淘汰外，其余佳士大率富于经验，宜为行政部之中坚。……旧革命派自今以往，当分为二，其纯属感情用事者，殆始终不能与我公合并，他日政府稍行整齐严肃之政，则讪议纷起；但此派人之性质，只宜于破坏，不宜于建设，其在政治上之活动，必不能得势力，其人数之多寡，消长无常、然虽极多，终不能结为有秩序之政党。政府所以对待彼辈者，不可威压，威压之则反激，而其焰必大张；又不可阿顺之，阿顺之则长骄，而其焰亦大张；惟有利用健全之大党，使为公正之党争，彼自归于劣败，不足为梗也。健全之大党，则必求之旧立宪党与旧革命党中之有政治思想者矣。[1]

袁世凯在复信中热情地写道："政党一层，所策皆至确不易，中心藏之，何日忘之。"[2]

四月间，梁启超又写了一本《中国立国大方针商榷书》，主张新建立的共和国的立国大方针，首先必须建立强有力的中央政府，

---

[1] 丁文江、赵丰田编：《梁启超年谱长编》，上海人民出版社1983年8月版，第617页。

[2] 丁文江、赵丰田编：《梁启超年谱长编》，第620页。

实行"保育政策";不能效法美国,由"立法部掣肘行政部",限制中央集权;不可由地方自选都督,以免造成藩镇之祸。这本书先由共和建设讨论会印刷两万册问世,后又由《庸言报》连载,在社会上产生不小的影响。

他所以提出这些主张,仍然由于认为中国国民程度不够,必须先有一个强有力的中央政府来对民众实行"保育政策",否则就会"步武凌乱,节奏脱落";也由于认为中国现在国势危急,必须有一批"富于经验"的"旧官僚派"组成强有力的中央政府,才不至于陷入混乱,造成严重的后果。这同他原先的"开明专制"主张是一脉相承的。

不仅梁启超如此。当时相当普遍的社会心理是厌乱思定,认为民国成立,革命时期已成过去,现在需要的是强有力的、具有治国经验和能力的人出来担当这个任务,袁世凯似乎就是这种强有力的人。同梁启超比较接近而没有参加什么政党的著名记者黄远庸写道:"袁总统之为人,意志镇静,能御变故,其长一也。经验丰富,周悉情伪,其长二也。见识闳远,有容纳之量,其长三也。强干奋发,勤于治事,其长四也。拔擢材能,常有破格之举,能尽其死力,其长五也。"他也讲道:"大抵今日之崇拜袁公者,开口动云'老袁了不得',或曰'老袁必有主意'。"至于那些旧官僚派自然更对袁抱着依赖的心理。一时,袁世凯仿佛成了可以维持安定的力量所在。所谓"非袁莫属",就由此而来。但黄远庸对袁世凯的认识比梁启超等清醒。他在讲了袁世凯有五条长处后,接着写道:"有此五长,而乃善日少而恶日多者,一由知识之不能与新社会相接,一由公心太少而自扶植势力之意太多。综言之,则新知识与道德之不备而已。故不能利用其长于极善之域,而反以济恶。既自顾手执政权者十余年，天下之大，变故之繁，无不为其牢笼而宰御，则益骄视一切，以为天下事不过如此，于是其手段日以老辣，其执行益以勇往，乃至举中国之人物为供奔走，尽中国国家之所有供其政治演剧之材料。某今敢断言于此，长此不变以终古。袁总统者，在世界历史上虽永不失为中国怪杰之资格，而在吾民国历史上，终将为亡国之罪魁。"[1]当时能有这样清醒见地并公开发表出来的人实在不多。

梁启超等所以支持袁世凯，是期望能得到这个强有力人物的信任，从而得以逐步实行他们的政治主张；却没有想到袁世凯对他们也不过是暂时利用，一旦把劲敌原革命党人打败了，很快就把梁启超等也一脚踢开。这实在是梁启超等始料之所不及，也成为对他们原来所抱幻想的无情嘲弄。

当时弥漫社会的那种妥协心理，自然便于城府很深的袁世凯得以一步一步地独揽大权。

袁世凯的独揽大权

袁世凯的政治经验远比原革命党人和立宪派人要丰富得多。他虽被选为临时大总统，但深知自己的脚跟一时并没有真正站稳。他看清一个事实，经过辛亥革命这场大风暴冲刷后，中国的旧社会秩序已被冲乱，原来集结在清朝政府周围的旧社会势力已被打散，把他们重新在自己周围集结起来需要一个过程；他虽然拥有北洋六镇的重兵，但能直接控制的还只有直隶、河南、山东等几个省；原革

---

[1] 黄远庸：《远生遗著》卷1，第12、33页。

命党人在中国南部还有相当大的实力,消除它需要做种种准备;对刚建立并取得民众认可的共和政体和种种制度,不能立刻不顾一切地加以废弃;在财政上也要取得外国借款的支持,一时还没有落实。这些,都需要有一段时间来准备。

袁世凯是口中说一套、心里想着另一套的能手。当他觉得自己还没有准备好的时候,可以说许多好听的空话让对方放心。一九一二年三月八日,他打电报给在南京的参议院,宣誓效忠共和,信誓旦旦地说:"民国建设造端,百凡待治。世凯深愿竭其能力,发扬共和之精神,涤荡专制之瑕秽,谨守宪法,依国民之愿望,蕲达国家于安全强固之域,俾五大民族,同臻乐利。"[1]十日,他在北京宣誓就职。《中华民国临时约法》规定政府采取责任内阁制。经参议院同意,袁世凯在十三日任命唐绍仪为第一任国务总理。四月二十九日,参议院移至北京开会。袁世凯又在第一天到会宣言。他在宣言中强调:"现值改革之后,亟当维持秩序,利用厚生,建设从稳健入手,措置以实事为归。"为了使西方列强放心,他在这篇宣言中又说:"以开诚布公巩固邦交为重。凡从前缔结之条约,均当切实遵守。其已缔约而未办之事,迅速举办。"[2]

袁世凯的心中,其实从来没有相信过共和政体。他在宣誓中所说的那些话,不过是不得已情况下应付民众的权宜之计。在他看来,就职后最重要的是先将局面稳住,把一切大权集中到自己手里,并千方百计消除原革命党人的势力。

唐绍仪本来是袁世凯的心腹,长期追随袁,并在袁的提拔下一步步升任清末的奉天巡抚、邮传部尚书等职,辛亥革命起来后充当

---

[1]《袁大总统书牍汇编》,上海广益书局1926年4月版,卷首,第1页。

[2]《袁大总统书牍汇编》卷首,第2、4页。

过南北和议的北方总代表。但他早年曾在香港读书，以后又在美国留学过七年，受到西方民主思想的一些影响。袁世凯要他出任国务总理，原是为了便于自己控制政府，但唐绍仪却真想实行起"责任内阁"来，同袁发生过多次争执。这自然是袁世凯不能容忍的。"一天，唐又到总统府报告一些问题，袁忽然很不耐烦地说：'少川，我已经老了，你就来做总统吧！'唐听了大为吃惊，才明白袁的确对他存有芥蒂了。"[1]《临时约法》本来规定由国务院负政府的实际责任，总统发布法律、命令、公文需国务院副署才能有效。唐绍仪原曾征得袁的同意，准备任命王芝祥为直隶都督。六月十五日，袁把没有经过国务院副署的派王为南方宣慰使的命令公布出来，随后又任命他的嫡系大将冯国璋为直隶都督。唐绍仪明白了这是袁对他决裂的表示，只得留下辞呈，悄悄离开北京。唐内阁一共只存在三个多月。

唐绍仪的去职，不是一般的内阁人事变动，而是袁世凯做了临时大总统后第一次公然破坏《临时约法》，并且把责任内阁制破坏无遗的重大政治行动。但它在社会上没有引起多大反响，就是国民党人也采取了隐忍退让的态度。这使袁世凯更加胆壮，步步进逼地展开他独揽大权的活动。

解决了身边的问题后，在袁世凯看来，最重要的是要对付南方的国民党势力。其中最重要的是，当临时政府从南京北迁后，黄兴担任南京留守，直接统率着驻守南京的十几万军队。这在袁世凯看来，是有如芒刺在背的巨大威胁。这个威胁不解除，他就难以放开手脚独揽大权以致重新抛弃共和政体。

---

[1] 陶菊隐：《北洋军阀统治时期史话》第1册，生活·读书·新知三联书店1957年3月版，第133页。

为了扫除这个障碍，袁世凯并不立刻采取强硬手段，而是使用釜底抽薪的巧妙做法，那就是对驻南京的十几万军队不拨军饷。军队发不出军饷是难以维持的。黄兴在两次致总理和财政总长告急电中先后陈述了他的窘境：

> 此间经济又已告罄，千方罗掘，敷衍至今，日来奇窘之状，几于不敢告人，不但各军积欠饷项无从发给，即目前伙食已无术支持，告急之声，不绝于耳，似此情形，一两日内，必有绝大险象。
> 前尚可借军钞救济，今则坐困穷城。此间军队伙食已数日不能发给，今日有数处竟日仅一粥。每日索饷者门为之塞，危险情形，日逼一日，加以急报密陈，日必数十至，哗溃之势，已渐发端。二日内倘再无款救宁，大乱立至。[1]

江南是财富之区。为什么黄兴的军饷来源全待袁世凯政府拨给，坐困愁城，而不敢采取断然措施，自行就地筹措？原因在于他太天真太老实了，没有看透袁世凯要置革命党人于死地而后快，不但没有从中警醒而速谋应对之策，相反，还把袁看作代表"合法"的中央政府，让"统一""遵守法纪"这些观念束缚住自己的手脚，从而处于任人宰割、束手待毙的状态。他在被迫卸任南京留守前后的通电中说得很明白：

> 今兹所请，非敢自图暇逸，实为国家制度计，统一政府既

---

[1]《黄兴集》，中华书局1981年5月版，第177、179页。

经成立，断不可于南京一隅，长留此特立之机关，以破国家统一之制，致令南北人士互相猜疑，外患内忧因以乘隙而起，甚非兴爱国之本心也。况整理南方军队之办法已略有端绪，但循此而行，则云屯雾集之军队，不难渐次消散，裁此机关，事实上并无窒碍，而少一机关之糜费，于国家财政尤不无微补。

窃以留守机关一日不取消，行政一日不能统一，即南北疑虑一日不能消除。

起义光复之人，断无拥兵自卫之举。嗣因北方言论猜疑环生，不审内容，每多臆测，以为南方存此特别机关，势同树敌。且北方来电，谓此次借款，外人亦注意南方军队。兴睹此情形，殊非国福。窃恐内讧叠起，外患丛生。又以宁垣军队整理已有端倪，地方秩序自赣军变后亦渐回复。不如将留守机关早日取消，可使南北猜疑尽泯，庶几行政统一，民国基础日趋巩固。故自去月十三日起，叠次电请大总统取消留守一职，至本月（引者注：指六月）四日始奉令允许。[1]

明明已经看到"北方猜疑环生"，当袁世凯用"拥兵自卫""势同树敌"这些话来指责南方时，黄兴却担心保留南京留守机关会引起"内讧叠起，外患丛生"，以为只有自请卸职、解散军队，才能显示诚意，使"南北猜疑尽泯"，达到"行政统一，民国基础日趋巩固"的结果。这不是自己往对方设下的圈套里钻吗？

在这种思想指导下，黄兴不仅撤销了南京留守府，而且将南京的十几万军队，除保留第八师，并将苏、浙、粤各省军队调回原省

---

[1]《黄兴集》，第178、179、188、230页。

外,其他全行裁撤。据日本参谋本部的材料,在一片裁军声中,江苏在黄兴主持下裁得最多,一共减少了七个师。[1]其他南方各省也纷纷裁军。只有江西都督李烈钧坚持将所部编为两个师。同黄兴十分亲近的周震鳞回忆道:当时袁世凯"借口南方军队骤增,糜饷过巨,南北既已统一,国民希望和平,倡议裁兵。克强先生(引者注:即黄兴)当以既经让出政权,为了表示和平建设,也同意裁兵倡议,当即通令南方各省革命军队严加裁汰。各省多数革命同志,起初对此举是不愿意的;但是,克强先生坚持了他的意见,说是要想训练精兵,也必须先汰冗兵。各省同志一方面感到兵增饷绌,另方面恐怕加重人民负担,也就奉命执行了"[2]。湖南在已参加国民党的谭延闿主持下,甚至把全部军队尽行遣散。

尽管黄兴在主观上企图以裁遣军队来表示诚意,换取袁世凯的让步,结果适得其反。它只是加强了袁世凯的实力优势和野心,而使革命派的力量大大削弱。革命派之所以放下手上的武器,正是因为他们先已解除自己思想上的武装。当袁世凯一翻脸发动突然袭击时,他们就双手空空,陷入极大的混乱中。

可是,擅弄权术的袁世凯认为立刻翻脸的时机还没有成熟。为了采取那样的大动作,还需要再有一点准备的时间。他很懂得什么时候应该采取强硬措施,什么时候又应该把空气暂时缓和一下。

责任内阁制已被推倒,中央政府的大权集中在他一个人手里。南京留守府已经裁撤,南方的军队正被大批遣散。这两件事做到了,袁世凯的心放下了一大半。于是,他又作出姿态,在一九一二年八月邀请孙中山、黄兴北上,共商国是。孙中山到北京后停留了

---

[1] [加]陈志让:《军绅政权》,生活·读书·新知三联书店1980年9月版,第22页。
[2] 周震鳞:《关于黄兴、华兴会和辛亥革命后的孙黄关系》,《辛亥革命回忆录》第1集,第337页。

一个月，受到隆重欢迎，并同袁世凯会谈十三次。每次会谈，都有总统府秘书长梁士诒在座。谈话时间从下午四时到晚上十时或十二时，有三次谈到午夜二时。袁世凯在谈话时竭力迎合孙中山。梁士诒后来对他的秘书讲了一段经过：

> 一夕孙语袁，请袁练成陆军一百万，自任经营铁路，延长二十万里。袁微笑曰："办路事君自有把握，若练精兵百万恐非易易耳。"某夕夜深，先生（引者注：指梁士诒）送回行馆，中山要先生叙谈，问曰："我与项城（引者注：指袁世凯）谈话，所见略同。我之政见，彼亦多能领会。惟有一事我至今尚疑，君为我释之！"先生曰："何也？"中山曰："中国以农立国，倘不能于农民自身求彻底解决，则革新匪易。欲求解决农民自身问题，非耕者有其田不可。我说及此项政见时，意以为项城必反对。孰知彼不特不反对，且肯定以为事所当然，此我所不解也。"[1]

袁世凯实在是个出色的演员。会谈后，又特授孙中山以筹划全国铁路全权，仕黄兴督办汉粤川铁路。孙中山十分兴奋。他在北京时就一再表示："现在政治之事，有袁大总统及一般国务员担任，鄙人从此即不厕身政界，专求在社会上作成一种事业。""维持现状，我不如袁，规划将来，袁不如我。为中国目前计，此十年内，似仍宜以袁氏为总统，我专尽力于社会事业，十年以后，国民欲我出来服役，尚不为迟。"他答记者黄远庸问时，"（黄）问：究竟先

---

[1] 凤冈及门弟子编：《民国梁燕孙先生士治年谱》，（台北）台湾商务印书馆1978年5月版，第133页。

生对于袁总统之批评何如？（孙）答：他是很有肩膀的，很喜欢办事的，民国现在很难得这么一个人。问：他的新知识、新思想恐怕不够么？答：他是很清楚的。像他向来没有到过外国的人，能够这么清楚，总算难得的。问：他有野心没有：答：那是没有的。他不承认共和则已，既已承认共和，若是一朝反悔，就将失信于天下，外国人也有不能答应的。"回到上海后，孙中山在国民党欢迎会上的演说又这样讲："余在京与袁总统时相晤谈，讨论国家大政策，亦颇入于精微。故余信袁之为人，很有肩膀，其头脑亦甚清楚，见天下事均能明彻，而思想亦很新。不过，作事手腕稍涉于旧，盖办事本不能全采新法。""欲治民国，非具新思想、旧经练旧手段者不可，而袁总统适足当之。"[1]他万万没有想到，当袁世凯以十分"真诚"的姿态同他商谈合作时，其实暗中正磨刀霍霍，在伺机狠下毒手。因此，在袁世凯突然翻脸下手时，国民党人几乎完全处于毫无戒备而张皇失措的状态。这真是沉痛的教训。

《临时约法》本来规定在参议院成立后十个月内应该举行国会选举。国会选举活动从一九一二年十二月上旬开始，到第二年三月基本结束。袁世凯只把国会看作点缀门面的装饰品，并不在乎，没有在这方面花多少力气。选举的结果，当选的参议院议员二百六十六人，众议院议员五百九十六人。据张玉法的统计：以党籍来说，参议院党籍可知者，国民党占全院百分之五十四点五，共和、民主、统一、进步党系只占全院百分之九点四；众议院党籍可知者，国民党占全院百分之六十点四，共和、民主、统一党系的占全院百分之二十点六，其他合占百分之一点七。以年龄来说，参议

---

[1]《孙中山全集》第2卷，第431、440、445、484、485页。

院有年龄可据者,平均年龄为三十六点八岁;众议院有年龄可据者,平均年龄为三十六点一岁。以学历来说,参议院有学历可查者,有传统功名的占百分之三十四点四,在国内受新式教育的占百分之二十八点一,在国外受新式教育的占百分之三十七点五;众议院有学历可查的,有传统功名的占百分之三十四点五,在国内受新式教育的占百分之二十二点四,在国外受新式教育的占百分之四十三点一。以经历来说,参议院中有经历可查的,官僚占百分之三十九点八,议员占百分之三十二点三,教员占百分之十五点五,自由职业者(记者、律师等)占百分之四点九,社会团体职员占百分之三点五;众议院中有经历可查的,官僚占百分之三十三点二,议员占百分之三十八点一,教员占百分之十八点五,自由职业者占百分之四点二,社会团体职员占百分之三,其他占百分之三。[1]

总之,无论在参议院还是在众议院,国民党据有的议席都超过半数。一九一三年三月十九日,确定四月八日举行国会开会典礼。[2]国会将要担负制定宪法和选举正式大总统等任务。这使崇信西方政党政治的宋教仁十分兴奋。他深信:"世界上的民主国家,政治的权威是集中于国会的。"[3]以为中国政治从此将开始一个新纪元。他热烈期待的西方式议会政治理想仿佛离实现已经不远。可是,事实的回答太无情了。三月二十日,他准备从上海北上准备国会的召开。当他在黄兴等陪同下来到上海火车站时,突然遭到刺客向他连开三枪,两天后因伤重不治去世。不久,上海租界当局根据线索进行搜查时,搜获要犯应桂馨同内务部秘书洪述祖、国务总理赵

---

[1] 张玉法:《民国初年的政党》,(台北)"中研院"近代史研究所 2002 年 3 月版,第 335—342 页。
[2] 郭廷以:《中华民国史事日志》第 1 册,(台北)"中研院"近代史研究所 1979 年 7 月版,第 86 页。
[3]《宋教仁集》下册,第 456 页。

秉钧的来往函电，直接涉及袁世凯，舆论为之大哗。

这件事对国民党人说来，有如晴天霹雳一样。正在日本考察铁路的孙中山顾不上再考察什么铁路了，立刻赶回国内。在血淋淋的事实面前，他抛弃了一度产生过的对袁世凯的浓厚幻想，看清已不可能依靠法律等手段来解决问题，于是召开军事会议，力主武力讨袁。但是黄兴等却反对，主张："民国元气未复，仍不如以法律解决之为愈。证据确凿，俟国民大会发表后，可组织特别法庭，缺席裁判，何患效力不复生？"[1]汪精卫等也奔走南北，竭力谋求在妥协的基础上和平解决。至于已成为各省都督和国会议员的国民党人，由于对既得利益的恋栈，响应孙中山号令的更是寥若晨星。从辛亥革命到这时，时间刚过去一年。但是，革命的热情已普遍衰退，妥协的声浪成为主流。孙中山的战斗要求，不仅不能召唤他们再参加到战斗的行列中来，反而引来一片"孙大炮"的讥笑声。

广大下层群众，在辛亥革命后早已被革命党人撇在一边。同盟会改组为国民党后的党纲，对民众没有什么吸引力。在国民党担任都督的南方许多省内，民众同样不曾得到多少实际利益，有的倒是遭受残酷镇压和换汤不换药的各种苛捐杂税。在他们眼中，国民党和袁世凯之间的冲突，只是一群官僚政客与另一群官僚政客之间的争权夺利，跟他们并不相干，自然不可能再有多少热情起来给国民党以有力的支持。

值得注意的是，民族工商业者，特别是上海的新兴资产阶级，在辛亥革命时期曾积极投入反清的武装斗争，并以为民国成立是他们发展实业的大好机会。这时，他们生怕对袁世凯的反抗会破坏他

---

[1]《谭人凤集》，湖南人民出版社1985年8月版，第413页。

们发展实业的这个大好机会，因而对孙中山提出的"二次革命"普遍抱着反对的态度。当时有人在报纸上透露他们这种心情："商界何以反对南方兵事？盖兵事一起，商人之损失无限。此不独中国之商人然也，即外国商人亦甚望贸易之国处于平静之地位，安居乐业，勿复惊扰。且商业凋零，则人民均受其影响，故彼等之反对亦有不得已之苦衷。"[1]软弱的中国民族资产阶级不能产生自己的"狄克推多"，就祈求在袁世凯的庇护下，得以平静地发展自己的实业。当然，这种希望最后注定是要落空的。

"国民党仍然举棋不定，意气大非两年前可比，持重不敢轻发。社会人心对袁尚未完全绝望，认为他有经验能力，国民党迹近好乱，反袁为一党之私。"[2]一年多前曾经鼓动起全国规模的革命大风暴的革命党人，曾几何时，已处在分崩离析和完全孤立的境地。环顾四周，找不到多少支持和援救的力量。

袁世凯却不会讲什么仁慈。议员们还在国会中高谈阔论的时候，他却忙着调兵遣将。等到他准备好了，特别是四月二十七日不经国会讨论而同英、法、德、日、俄五国银行团签订以盐务收入等为担保的二千五百万英镑的善后大借款合同以及完成了南下的军事部署以后，他的脸就毫不留情地翻过来了，下令罢免江西、安徽、广东三省的国民党籍都督李烈钧、柏文蔚、胡汉民三人，并且嘲弄地说：

> 现在看透孙、黄，除捣乱外无本领。左又是捣乱，右又是捣乱。我受四万万人民付托之重，不能以四万万人之财产生

---

[1]《癸丑战争汇录》，时评，第15页。
[2] 郭廷以：《近代中国史纲》下册，第419页。

命，听人捣乱！自信政治军事经验，外交信用，不下于人。若彼等能力能代我，我亦未尝不愿，然今日诚未敢多让。彼等若敢另行组织政府，我即敢举兵征伐之。[1]

革命党人正陷于内部的争论中。但困兽犹斗，被袁世凯逼迫到这等地步，使一部分革命党人不得不起而反抗。七月十二日，李烈钧在江西湖口宣布独立，通电讨袁。十五日，黄兴入南京，就任江苏讨袁军总司令。安徽、广东、上海、福建、湖南、重庆等相继宣布独立。这就是历史上所说的"二次革命"。

"二次革命"只是昙花一现，前后不到两个月。在袁世凯的几路进军和对南方军人的暗中收买下，南方各省的独立和抵抗很快就烟消云散。这个失败，严格地讲，并没有经过大规模的战争，除江西、南京等地进行了短时间抵抗以外，大体上是在国民党内部自行瓦解中崩溃下去的。江苏、安徽、江西、广东的失败，首先都由于内部的叛变。至于湖南、福建两省的态度原来就不坚决，一直抱着首鼠两端的观望心理，不久就自己取消独立。湖南都督谭延闿在取消独立的通电中厚颜地说："湖南宣布独立，水到渠成，延闿不任其咎；湖南取消独立，瓜熟蒂落，延闿不居其功。"[2]

"二次革命"失败后，孙中山、黄兴等都遭到袁世凯政府的通缉，被迫和许多革命党人一起流亡日本。这些流亡者中思想十分混乱，有如《中华革命党成立通告》中所说：

以"宋案"、借款之故，促起二次革命；不幸精神溃散，

---

[1] 白蕉：《袁世凯与中华民国》，人文月刊社1936年2月版，第49、50页。
[2] 《邹永成回忆录》，《近代史资料》1956年第3期。

相继败走,扶桑三岛,遂为亡命客集中之地矣。谈及将来事业,意见纷歧,或缄口不谈革命,或期革命以十年,种种灰心,互相诟谇,二十年来之革命精神与革命团体,几乎一蹶不振。[1]

孙中山力图总结这次失败的教训。他认为问题在于:国民党抛弃了革命的宗旨;内部组织涣散,不能采取统一行动。鉴于前一点,他重新组织中华革命党,来代替国民党。鉴于后一点,他规定入党办法要盖指模,并宣誓服从孙中山。黄兴和另一些革命党人持有不同意见,特别对入党办法不满,没有参加中华革命党。中华革命党虽然成立了,但远处海外,人数不多,影响不大,难以有大的作为。但孙中山在极端困难的情况下,重新高举革命的大旗,不屈不挠地坚持斗争,这种精神是十分可贵的。

袁世凯挟一战胜利之势,又撤换了一批南方的都督(包括湖北都督黎元洪、湖南都督谭延闿等),以自己的部下取代;还有一批原国民党籍的都督(如山西都督阎锡山等)转而依附袁世凯。这以前,袁世凯虽控制中央,实际控制的地区只限于直隶、山东、河南等省。此时除了西南的云南、贵州、广西三省和远在西北的新疆以外,其他各省都落入袁世凯的直接控制之下,国内政治格局发生重大变化。

至于国民党员占优势的国会参众两院已成袁世凯掌中之物。那些国民党籍的议员,哪里还敢再妄想凭着"议会中的多数"来约束袁世凯的行动,只是一心恋栈自己的地位,甚至向袁世凯献媚。

---

[1]《孙中山全集》第3卷,中华书局1984年6月版,第112页。

"京师总检察所因缄代理国民党理事长吴景濂，饬速削除黄兴、李烈钧、柏文蔚、陈其美等党籍，否则认为内乱机关。吴氏从命，始得无事。"[1]这时，袁世凯因为正式大总统需要由国会选出，可以披上一点"合法"的外衣，还让这个对他已无能为害的机构暂时再保存一点时间。十月六日，进行正式大总统的选举。这时，没有另一个人出来竞选总统，袁的当选已毫无问题，但他还不放心，又"派出几千名便衣军警、侦探、兵痞和流氓组成所谓公民团，在选举的这天，把国会包围得水泄不通，议员们只许进不许出，并且耀武扬威地大喊大叫：'今天不选出我们中意的大总统，你们就休想出院！'"[2]这样做，引起一部分议员的反感。选举会从上午八时起一直进行到晚上十时才结束，投了三次票，终于勉强选出袁世凯为正式大总统。第二天，又选出黎元洪为副总统。这两天内，日、俄、法、英、德、奥、意等国相继发出照会承认中华民国，表明他们对袁世凯的支持。

袁世凯一当上正式大总统，国会对他已没有什么用了。不到一个月，他就在十一月四日下令解散国民党，派军警包围国会参众两院，并到国民党议员家里，追缴他们的议员证书、徽章，两天合计四百三十八件。这样，国会因不足法定人数而无法开会。第二年一月十日，袁世凯正式下令解散国会，把这个形式上号称代表民意的立法机关用非法手段取消了。

当年的革命党人满心以为只要实行了西方民主议会政治、政党内阁那套政治制度，中国的问题就可以得到解决。可是，那些说起来很动听的东西，在西方国家也许取得过一些成效，如果不顾中国

---

[1] 谢彬：《民国政党史》，《近代稗海》第6辑，四川人民出版社1987年9月版，第49页。

[2] 陶菊隐：《北洋军阀统治时期史话》第2册，生活·读书·新知三联书店1957年8月版，第6页。

国情，硬搬到中国社会中来，却全然变样。一开始，普选徒具形式，而且弊端丛生；多党制成了拉帮结派，党同伐异；国民党在国会竞选中取得了多数席位，对国民的实际利益却一无所补。等到袁世凯代表的旧势力做好了准备，猛扑过来，就连那点形式上的东西也毫不费力地被抛到九霄云外。种瓜得豆，这真是创业者始料所不及的。

反对袁世凯称帝的护国运动

进入一九一四年，中国国内外局势中最重要的事实有两个：在国内，一切大权都已由袁世凯独揽；在国外，酝酿了几年的第一次世界大战终于爆发。前一个事实，使袁世凯的野心进一步膨胀，发展到准备恢复帝制。后一个事实，使欧洲列强无暇东顾，日本军国主义觉得这是它独占中国的大好机会，大大加紧侵略中国的步伐。这两个趋势到一九一五年便都突出地表现出来。

袁世凯在解散国会的当月，就下令组织约法会议。它的任务就是制定《中华民国约法》来代替辛亥革命留下的《临时约法》。五月一日由袁世凯公布的这部《约法》规定："大总统为国之元首，总揽统治权。""大总统召集立法院，宣告开会、停会、闭会。""大总统制定官制官规。大总统任免文武职官。""大总统宣告开战媾和。""大总统为陆海军大元帅，统率全国陆海军。大总统定陆海军之编制及兵额。""大总统依法律宣告戒严。"这部《约法》中不设国务总理，当然也就没有什么"责任内阁"，而规定："行政以大总统为首长，置国务卿一人赞襄之。"[1]这样的大总统已无异于君主专

---

[1]《中华民国约法》，胡春惠编《民国宪政运动》，（台北）正中书局1978年11月版，第227、228、230页。

制制度下的皇帝,只是名称不同罢了。

袁世凯是不是满足了?他不。中国几千年封建社会中"君君、臣臣、父父、子子"那一套纲常观念,深深地植根在一部分人头脑中。只有皇帝才是至高无上的天子。袁世凯半世匍匐在皇权之下,在清末做到"一人之下,万人之上",对帝王地位的羡慕和向往已成为一种难以遏抑的强烈欲望。他的第一号心腹徐世昌对张国淦说过:

> 辛亥革命,项城(引者注:指袁世凯)起用,武汉督师,入朝为内阁总理,此时权势无与抗衡者,其左右亲昵即有以利用机会,取清而代之之私议。而项城不出此者,一、袁氏世受国恩,在本人不肯从孤儿寡妇手取得,为天下后世诟病(袁贼说谎);二、旧臣尚多(如张人骏、赵尔巽、李经羲、升允等),亦具有相当势力;三、北洋旧部握有实权者(如姜桂题、冯国璋等)尚未灌输此等脑筋;四、北洋军力未能达到长江以南,即令自为,不过北方半壁,内部或仍有问题,而南方尚须用兵;五、南方民气发展程度尚看不透。所以,最初他在表面上维持清室,其次始讨论君主、民主,又其次乃偏重民主,最后清帝退位而自为大总统。[1]

当了民国的临时大总统以后,袁世凯的行事方式、制度规矩以至日常生活等方面处处模仿前清朝廷的做法。记者黄远庸很快就看出来了。他在一九一三年一月写道:"吾人敢为不敬之言。今袁大总统之为总统,则亦以官样行之而已。彼既扬历内外,襄赞枢密甚

---

[1] 张国淦:《北洋述闻》,上海书店出版社1998年3月版,第29—30页。

久,故一切不能脱满廷之旧。总统府之秘书,盖无以异于大拉密小拉密,其命令盖无以异于上谕也。论者将以为此形式之偶同乎?吾人窃以为此乃心理上的关系。用此心理演为政治,将无往而合于共和原则。"[1]孙中山所说"人民之公仆",在袁世凯身上从来连一点影子也找不到。

现在,袁世凯既已大权独揽,一切旧社会势力都集结在他的麾下,南方革命势力都被他镇压下去,徐世昌在晚清末造所说他那五条顾虑已不存在,他就一心想再上一层楼,真的做起皇帝来。

《中华民国约法》公布的同一天,他下令撤销国务院,在总统府内设立政事堂,权限大体仿照前清的军机处,任命徐世昌为国务卿。从袁世凯起,上上下下都称徐世昌为"相国"。这个月间,设立陆海军大元帅统率办事处,以荫昌为侍从武官长,改各省民政长为巡按使。六月,又裁撤各省都督,在北京建立将军府,设各种将军名号,分驻各省,督理军务。七月,公布文官官秩令,分上卿、中卿、少卿、上大夫、中大夫、少大夫、上士、中士、少士九秩(不久公布的上卿只有徐世昌一人,中卿有赵尔巽、李经羲、张謇、梁士诒等,少卿有梁启超、杨度等)。十二月,"公布修正大总统选举法,总统任期十年,得连任,由大总统推荐三人为候选人"[2]。这无异于宣布袁世凯不仅自己可以终身担任总统,而且有权指定继承人,包括能传位给他的儿子。恢复帝制的迹象已越来越明显。

在长期的封建社会中,历代帝王把孔子的地位抬到吓人的高度。他们这样做的目的,无非是用来维护"纲常名教"那套旧社会秩序。辛亥革命起来后,南京临时政府教育部颁布《普通教育暂行

[1] 黄远庸:《远生遗著》卷1,第27—28页。
[2] 郭廷以:《中华民国史事日志》第1册,第170页。

办法》，明文规定：小学读经科一律废止。袁世凯取得政权后，先后经北洋政府内务部和教育部批准，由陈焕章等成立孔教总会，并在北京国子监举行祀孔典礼。一九一四年九月，"袁世凯亲率百官至文庙三跪九叩，祀孔行礼"[1]。这显然也是为恢复帝制造舆论。

在这段时间内，第一次世界大战在一九一四年七月二十八日爆发，成为举世瞩目的焦点。欧洲列强全力投入这场战争，无力东顾，给了日本军国主义者在中国扩展势力的极好机会。"元老井上馨把大战的爆发当成了'大正时代对日本国运发展之天助'。日本利用欧洲强国开始把全部精力集中于欧洲战场的间隙，企图以更大的规模来实现其曾乘辛亥革命之机强行进行而未有成果的向大陆的扩展，将所能把握的机会视为'天助'。日本所采取的手段便是不顾前后地盲目冒进。一九一四年八月二十三日，大隈（重信）内阁对德宣战。"[2]和日俄战争一样，日本对德作战的军事行动是在中国领土上进行的。九月七日，日本军队两万人在中立区山东半岛北端的龙口登陆。十月六日占领济南和胶济铁路沿线。日军经过的地方，就像占领军一样。"其初到即墨，时限极短之时日，索米面几万，车几千，官逃绅死，狼狈万状（知事姓曹）。其于胶县，则城上遍插日旗，沿街出告示，以日兵站岗，几于完全在敌人占领状态之下（知事姓吴）。"[3]中国政府提出严重抗议。十月底，日本军队开始向有五千名德军驻守的青岛发起总攻击，十一月七日结束战斗，占领胶州湾。这件事在中国引起强烈反响。《京报》《大国民报》《民报》《民视报》《国民公报》《黄钟日报》等报纸，群起抨击。

---

[1] 林甘泉主编：《孔子与20世纪中国》，中国社会科学出版社2008年7月版，第87页。
[2] [日]信夫清三郎：《日本政治史》第4卷，上海译文出版社1988年10月版，第100页。
[3] 黄远庸：《远生遗著》卷2，第294页。

"梁启超在十月二日的参政院会议上提出紧急动议——有关日军强占山东铁路等侵犯中立行为的质问书。参加讨论的议员们大声疾呼山东省有成为第二个东三省的危险,以唤起爱国心,全场一致通过了质问书。"[1]日军占领青岛后,中国政府要求日本撤军。日本舆论却狂热地支持日本政府的政策。许多报刊煽动以山东为根据地,谋求向长江两岸地区进行经济扩张。日本政府对中国的抗议置若罔闻。这件事,种下了成为五四运动导火线的"山东问题"的根由。

日本军国主义者并没有到此停步。当他们觉得有什么"天助"的良机时,常常表现出常人难以想到的野心,不惜采取重大的冒险行动。占领青岛后,日本外相加藤高明认为这时是独占中国的难得良机,便批示起草《二十一条要求大纲》。《大纲》共分五部分,主要内容有:要求中国政府承认日、德两国对转让山东利权所作的任何协定,承认日本在南满和东部内蒙古的特权,汉冶萍公司(包括汉阳铁厂、大冶铁矿、萍乡煤矿)由中日合办,不得将所有沿海港湾和岛屿割让或租借给其他国家,中国中央政府须聘用日本人充当政治、财政、军事顾问等。十一月十一日,日本临时内阁会议通过这个大纲。一九一五年一月十八日,日本驻华公使日置益当面向袁世凯递交这二十一条要求,并且表示:"总统如接受此种要求",日本"政府从此对袁总统亦能遇事相助"。[2]不久,日置益又对中方谈判代表、外交次长曹汝霖更露骨地表示:中国如欲改国体为复辟,则敝国必赞成。从二月二日至四月二十六日,中日双方秘密谈判二十五次。

---

[1]《日本外交文书》大正3年第3册,转引自〔日〕信夫清三郎《日本外交史》上册,商务印书馆1980年8月版,第399页。
[2] 凤冈及门弟子编《民国梁燕孙先生士诒年谱》,第235页。

袁世凯一向主要依靠英国和美国的支持，同英国的关系更为密切。但这时欧美列强正卷入欧洲战争，腾不出多少力量顾到中国的事情。袁世凯又急于恢复帝制，希望得到日本的"相助"。五月七日，日本发出最后通牒，限四十八小时内答复，"如到期不受到满足之答复，帝国政府将执认为必要之手段"[1]。九日，袁世凯政府接受日本提出的条件，只表示第五部分中有几条"容日后协商"。

"二十一条"中表现出来的日本侵略野心之大，损害中国权益之甚，涉及范围之深广，是以往各次不平等条约所不及的。许多人把它称为"亡国条约"，激起了强烈的反响。二月十一日，留日学生召开大会，到会的有一千人，发表宣言，准备回国武力抵抗。上海市民在张园召开国民大会，致电袁世凯："国家存亡，在此一举。十八日开会张园，到者三万人，皆愿毁家捐躯，以纾国难。恳中止谈判，宣示条件，筹备武事。"[2]抵制日货运动在全国广泛展开。在厦门，"日货排斥起矣，禁用敌人通货之中国文檄文散布各处"。在烟台，"市民之对日反感，于事事皆表现之"。[3]当袁世凯政府接受"二十一条"的消息传出后，汉口全镇罢市，"一般铺户陆续闭门，几如大祸即将临。一时风起潮涌，人声鼎沸"[4]。

这是民国成立后第一次出现的具有如此群众规模的爱国运动，不仅对稍后反对袁世凯恢复帝制的斗争产生了重大影响，而且成为四年后五四爱国运动的重要先导。

袁世凯对形势作了完全错误的估量。在国内，他迷信手中的武

---

[1]《中日"二十一条"交涉史料全编》，安徽大学出版社2001年10月版，第142页。
[2]《中日交涉中之国民大会》，《护国运动资料选编》上册，中华书局1984年7月版，第22页。
[3] 黄远庸：《远生遗著》卷2，第327页。
[4]《汉口全镇闭市之风潮》，《护国运动资料选编》上册，第24页。

力足以支配一切，认为大权已尽在握，不再存在什么能够制约他的力量。"二次革命"的迅速失败，更使他过高估计自己的力量，以为可以无所顾忌地为所欲为了。他得意扬扬地说："意外之乱，果或猝起"，"政府自信无论何时均有完全对付之能力"。对国外，他以为已以接受"二十一条"换取日本对他恢复帝制的支持，而欧美其他国家正忙于战争，也不会有反对意见。于是，把效忠共和的那些誓言弃若敝屣，加紧恢复帝制的准备工作。

八月三日，袁世凯的宪法顾问、美国教授古德诺发表《共和与君主论》，宣称："夫民智卑下之国，最难于建立共和"，并且直指中国几千年来习惯于君主政治，大多数人民知识水平不高，没有研究政治的能力，"四年以前，由专制一变而为共和，此诚太骤之举动，难望有良好之结果者也"。"中国如用君主制，较共和制为宜，此殆无可疑者也。"[1]他对袁世凯的政治顾问莫理循说："中国人民大众不懂总统意味着什么，但是他们却懂得皇帝是怎么一回事，并且情愿服从他。"[2]

十来天后，杨度等六人发表组织筹安会的宣言说："我国辛亥革命之时，国中人民激于情感，但除种族之障碍，未计政治之进行，仓卒之中，创立共和国体，于国情之适否，不及三思。一议既倡，莫敢非难。深识之士，虽明知隐患方长，而不得不委曲附从，以免一时危亡之祸。"他们引用古德诺的话说："世界国体，君主实较民主为优，而中国则尤不能不用君主国体。"[3]

---

[1] [美]古德诺:《共和与君主论》，胡春惠编《民国宪政运动》，第236、238、239页。
[2] [澳]骆惠敏编:《清末民初政情内幕——莫理循书信集》下卷，知识出版社1986年11月版，第487页。
[3] 陶菊隐:《筹安会六君子传》，中华书局1981年7月版，第97、98页。

袁世凯要恢复帝制，但形式上仍要装出一副出自民意推戴的样子。九月十九日，在袁的亲信、总统府秘书长梁士诒策动下，成立全国请愿联合会，出现了形形色色要求恢复帝制的"请愿团"。梁士诒又在代行立法院的参政院上建议另组"国民代表大会"作为表决国体问题的机构。十月八日，袁世凯公布经参政院通过的《国民代表大会组织法》。为了加快速度，这个"国民代表大会"根本没有在一起开过会，只是分别在各省区投票。十一月二十日，各省区投票完成，一千九百九十三张票全体"赞成"君宪，并且送来文字完全相同的"推戴书"："恭戴今大总统袁世凯为中华帝国皇帝"。十二月十二日，袁世凯接受帝位。三十一日，改明年为洪宪元年。这一切，自然都是预先统一布置好的。

恢复帝制，实在是一件冒天下之大不韪的事。人们可能会问：中国历史上并没有共和制度的传统，民国的现状又令人失望，为什么会有那么多人起来捍卫共和制度呢？原因在于：经过辛亥革命的洗礼，民主共和国的观念终究已深入人心，人们不再把自己看作"圣明天子"治下的"子民"，开始意识到自己是国家的主人。历史已经根本改变了的东西，很难再让它回复到原来的老样子去。在一般人的观念中："国体者，重器也，一成而不可轻变者也。""况一经共和之后，帝号久被丑诋，民人观念不同，尊严已褒，功德难著，强为规复，其势已逆。"[1]有些人更指出："且既一度共和，凡君主时之道德，所谓君主大义，已扫荡无余，忽有一人君临其上，庸奴全国，又非有国人心悦诚服之功德，虽一时势力所凭，莫敢谁何，然天下大乱之机，即伏于此"。[2]许多政治上处于中间状态的

---

[1]《留美学生联合会上袁世凯等书》，《护国运动资料选编》上册，第37、38页。
[2]《共和维持会宣言》，《护国运动资料选编》上册，第66页。

人，也觉得鼎革之后"民国"已成为正统，谁再想颠覆它，就把自己置于叛逆的地位；何况，袁世凯曾经宣誓效忠共和，现在又要颠覆共和，背叛自己的誓言，这就失去诚信，无法得到人们的信任和支持。还有一点也很重要：在袁氏当国几年间，谈不上有什么丰功伟业，沙俄对外蒙和英国对西藏的侵略更加紧了，库空如洗的财政更依靠外国的高息借款度日，百业凋零，国家的境遇和民众的生活都没有改善，同清政府时期没有多少区别。反抗暴政、喊出"打富济贫"口号的白朗军曾横行豫、陕、皖、鄂、甘五省，历时两年多，才被镇压下去。现在这个并无尺寸功绩的袁世凯忽然要做起皇帝来，更引起人们的强烈不满。

因此，恢复帝制的风声一传出，立刻在社会各个角落激起强烈反响，群起反对。思想敏锐的青年学生表现得尤为激烈。《醒华报》报道说："此辈学子，大都醉心民权，虽现时之共和亦不过徒有其名，然犹得聊以自慰。今忽见此告朔饩羊亦将废弃，不免表现一种不安之状"，"昨有某君，欧洲留学生也，忽向记者发极大之议论，由国家组织之原理，谈至本国现时之状况及将来之危险，极力主张保持共和"。[1]《顺天时报》也报道，武汉学生"国家之观念亦富，对于此次变更国体则纯持反对态度。意谓中国现状，外患纷乘，内忧未熄，不宜再有变更，以摇动国基。且以革命先烈牺牲无数金钱性命所争得之民主国，曾不数年仍复为君主，匪特无以对先烈，无以对满清，无以对友邦，无以对全国人民，并且无以对大总统之初心。果使君主复活，则中国纵不亡于大总统之身，亦必亡于大总统之子孙"[2]。

---

[1]《筹安会与上海社会》，南华居士编《国体问题》上册，北京直隶书局1915年9月版，第64页。
[2]《国体问题变更声中之武汉》，南华居士编《国体问题》上册，第103页。

就是民国成立以来一直支持袁世凯、反对革命党人的梁启超，也在九月三日发表《异哉所谓国体问题者》一文。他在这篇脍炙一时、影响很大的文章中，一开始就声明："当知鄙人原非如新进耳食家之心醉共和。故于共和国体，非有所偏爱，而于其他国体非有所偏恶。"接着写道：

> 吾侪立宪党之政论家，只问政体，不问国体。……夫国体本无绝对之美，而惟以已成之事实为其成立存在之根原。……故鄙人生平持论，无论何种国体，皆非所反对；惟在现行国体之下，而思以言论鼓吹他种国体，则无论何时皆反对之。……呜呼！天下重器也，可静而不可动也。岂其可以翻覆尝试废置，如弈棋？
>
> 吾又谓君主国体之难以规复者，则又何也？盖君主之为物，原赖历史习俗上一种似魔非魔之观念，以保其尊严。此种尊严，自能于无形中发生一种效力，直接间接以镇福此国。君主之可贵，其必在此。虽然尊严者不可亵者也，一度亵焉而遂将不复能维持。……自古君主国体之国，其人民之对于君主，恒视为一种神圣，于其地位，不敢妄生言思拟议。若经一度共和之后，此种观念遂如断者之可复续。[1]

至于曾经以流血奋斗手造共和的辛亥革命时期的革命党人，情绪自然更为激昂。这在云南的中下级军官中表现得十分突出。云南是辛亥革命中继武昌起义后在同月内宣布独立的五个省份之一，军

---

[1]《护国文献》(上)，贵州人民出版社1985年10月版，第258、259、260、261、268页。

官中很多同盟会会员和国民党人（云南起义后，省都督府厅长以上和护国军相当团长的支队长以上人员四十八人中，有曾隶党籍可查的三十五人，其中曾隶籍同盟会、国民党者有二十八人，朱德就是其中之一），[1]又处在袁世凯鞭长莫及的西南边陲。"筹安会酝酿成立消息传到云南，滇军团营长等对于袁氏帝制自为，群情愤慨。"[2]"其时，距辛亥年重九日云南起义仅过三载，云南省陆军军官大多曾经参加重九起义，大家强烈反对袁氏称帝阴谋。"那时昆明驻军的主力是杨蓁的步七团和邓泰中的步一团，而杨、邓两人都参加过同盟会，反对袁世凯称帝最为激烈。七八月间，他们约了十多个军官密议。杨蓁在发言中说："袁世凯身为总统，背叛民国，复辟帝制，卖国媚外为儿皇帝。我们都是民国军人，誓与国家共存亡，决不与袁共天地。必须联络滇军全体官兵讨伐袁逆。""今天到会诸君所掌握兵力，在省会昆明驻军中已经占绝对优势。只要团结一致，如唐（继尧）不听谏言，我们就要以共和国民应尽之天职，率滇人起义讨袁。"会后，他们分头在滇军中进行联络。"顷之，滇军中反袁思潮波涛汹涌，官兵反袁情绪激昂，如火燎原。"[3]辛亥革命时率云南新军起义并担任云南都督的蔡锷，这时被袁世凯变相软禁在北京。他给梁启超的信中说："滇中级军官健者如邓泰中、杨蓁、董鸿勋、黄永社等，自筹安会发生后，愤慨异常，屡请言于冀督（引者注：指当时担任云南都督的唐继尧），并探询主张，以定进止。"[4]

---

[1] 白之瀚：《云南护国简史》，新云南丛书社1946年5月版，第7—10页。
[2] 邹若衡：《云南护国战役亲历记》，《云南文史资料》第10辑，第143页。
[3] 杨如轩：《我知道的云南护国起义经过》，《云南文史资料》第10辑，第47—50页。
[4]《蔡松坡集》，上海人民出版社1984年7月版，第879页。

云南起义，首先就是由这些辛亥革命时期受过革命民主主义思想熏陶、参加过推翻清朝政府建立民国的云南新军军官准备起来的。唐继尧最初在态度上有些摇摆，是在他们推动下决心反袁起义的。蔡锷从北京脱身到达昆明时，云南军队的讨袁作战方略已经拟定，邓泰中、杨蓁两个支队已向四川出动。中华革命党当时在香港的代表叶夏声也有这样的记载："蔡抵昆明为十二月十九日，相见之际尚云：真使吾喜出望外，公等早已定计，而对我们仍优礼有加，殊深感激。"[1]这些新军军官相对而言都是没有赫赫之名的"小人物"，但有如武昌起义时文学社、共进会的领导人蒋翊武等一样，在重大历史事件中这些"小人物"的功绩是绝不应该被忘却的。

蔡锷到达昆明，由于他的声望，使云南的人心更加振奋。十二月二十二日，云南举行军事会议，决定通电要求袁世凯取消帝制，并组织护国军，分为三路：第一路由蔡锷任总司令，向四川出发（朱德在第一路军任支队长，即团长）；第二路由李烈钧任总司令，经广西向广东出发；第三路由唐继尧兼任总司令，留守云南后方。二十五日，唐继尧、蔡锷等联名通电讨袁，宣告独立。云南民众情绪激昂，自动遍悬国旗踊跃参军。

云南起义后，贵州、广西、广东、浙江、湖南、陕西、四川各省相继宣告独立。其中，多数省份发动的基本力量也是辛亥革命时期受过革命民主思想熏陶的新军军官。[2]四川、湖南、广东的独立是在省内民军纷纷起义、护国军步步进逼，原有统治已无法维持下去的情况下宣布的。

这时，北洋派内部也发生严重分化。袁世凯的两个主要大将段

---

[1] 叶夏声：《国父民初革命史略》，孙总理侍卫同志社1948年11月版，第94页。

[2] 金冲及：《云南护国运动的真正发动者是谁》，《复旦学报》1956年第2期。

祺瑞和冯国璋都不赞成恢复帝制。"段素性倔强，长陆军有年；冯又驻南京俨然藩镇，渐渐不如当年之绝对服从。"[1]他们不赞成的原因，一是在帝制准备过程中深感袁世凯对他们不说实话，甚至斩钉截铁地向他们表示绝没有帝制自为的意思，显然对他们并不信任；二是在共和政体下他们将来也有可能充任总统，如果恢复帝制，将来还要对袁的儿子袁克定俯首称臣，这是他们难以接受的。冯国璋还以五将军名义密电各省将军，建议各省将军联名通电要求袁世凯取消帝制、惩办祸首。一向支持袁世凯而这时忙于欧战的英国，本来就不赞成袁世凯称帝，以免在这个时候发生变乱。英国驻华公使朱尔典在给莫理循的信中说过："这种帝制鼓动是一派胡言乱语，自然，它是利己主义者发动的纯属虚幻的运动。"[2]袁世凯原已派遣周自齐为祝贺日本天皇加冕的赠勋特使，以进一步拉拢日本支持他称帝。由于"二十一条"秘密谈判等消息外传，引起欧美列强对日本的不满，更由于国内局势迅速向不利于袁的方向发展，日本政府决定拒绝接待袁的特使。接着日本外相石井菊次郎又正式通知中国驻日公使陆宗舆说："原来贵政府欲改帝制，本系保证无乱。今明明云南有乱，竟于此时断行帝制，无视友邦劝告；则中政府之责任甚大，日政府当然不能承认。"[3]这些，都是袁世凯万万没有想到的。

在四面楚歌声中，袁世凯不得不在一九一六年三月二十二日宣布撤销帝制，一共做了八十三天"皇帝"。但他还想继续再当"民国总统"。这自然是独立各省和各界民众不能答应的。当时有《十九

---

[1] 张国淦：《北洋述闻》，第75页。
[2] [澳]骆惠敏编：《清末民初政情内幕——莫理循书信集》下卷，第492页。
[3] 王芸生：《六十年来中国与日本》第7卷，第30页。

省公民否认袁世凯冒称总统书》。孙中山也发表《讨袁宣言》称:"除恶务尽,对于袁氏必无有所姑息。"[1]袁世凯尽管用尽权谋,力图挣扎,处境却日益恶化,已成为万众唾骂的孤家寡人,于六月六日在焦虑中死去。这样的结局,是袁世凯这个曾不可一世的人万万没有想到的。

民心的趋向,是一种无形的却又常常起着决定作用的力量。精于谋算的袁世凯,把他的心思都用在军事准备、政治分化和外交拉拢这些方面,自以为在这些方面都已经想得和做得很周到了。纵然机关算尽,恰恰没有把民众是怎么想的放在眼里。结果,落到他万万没有想到的结局实在是不足怪的。

军阀割据和混战局面的形成

人们对全局形势作出正确估量并不容易,甚至不是经过一次反复就能完全明白的。当清政府被推翻、民国建立时,人们曾相当普遍地作出过分乐观的估计,以为一个全新的格局已经形成,可以集中力量从事建设了,这在前面已经说过。当袁世凯恢复帝制的活动被粉碎、由原来的副总统黎元洪出任总统时,这种过分乐观的情绪一度又出现了,人们兴奋地谈论"再造共和"的成功,至少认为又该进入一个比较安宁的日子了。

自然,有过一次教训和没有教训毕竟有所不同,有心人已多少意识到时局中仍有不少令人忧虑的因素。反对袁世凯称帝时,孙中山领导的中华革命党曾组织中华革命军,在山东的人数近一万人,

---

[1]《孙中山全集》第3卷,第285页。

连克潍县等十几个县城,三次围攻济南,不少华侨从海外归来从军。袁世凯一死,孙中山立刻电令罢兵:"宜按兵不动,候商黎大总统解决。"接着,又解散这支义军。是不是孙中山真以为袁世凯一死便什么问题都解决了?不是。他看到"现在帝制余孽潜伏北方者尚不少",并且点了张勋、倪嗣冲两个人的名,指出:"隐患未息,则国人犹未得高卧也。"[1]他也提到过"假共和"的问题。但他有两个难处:第一,在反袁斗争中,他一直以维护约法为号召,痛斥袁世凯违反约法。黎元洪就职宣誓时明白地说:"当依据民国元年颁布之《临时约法》,接任大总统之职权。"[2]孙中山很难反对。第二,更重要的是,袁世凯一死,内外情势和民众心理已有很大变化。孙中山对归国从军华侨讲演时说:"国民实际已希望平和,政府已标赞成共和、消灭帝制之帜以为政,则吾人自不能不收束。盖真假之辨,端待将来之证据,现在不能悬揣以决之。人已公布赞成恢复共和制,强谓之伪,不可也,必先与以试验之期间。""借其曰假,亦必俟确有证据,如袁之帝制自为,尔时自然召全国之反对也。"[3]

事实上,袁世凯的称帝虽然失败了,但不仅他所代表的旧社会基础没有受到触动,就是作为他统治支柱的北洋军阀势力也没有受到多少触动。要说有什么不同的话,袁世凯称帝前由于他的控制力,至少在表面上还能维持一个"统一"的局面,在他死后,北洋派里再也找不出一个像他那样能统驭整个北洋派的人,而陷于四分五裂中。袁世凯取得最高权力,靠的是握有一支由他支配的武力。

---

[1]《孙中山全集》第3卷,第357页。

[2] 谢振民:《中华民国立法史》,见章伯锋、李宗一主编《北洋军阀(1912—1928)》第3卷,武汉出版社1990年6月版,第3页。

[3]《孙中山全集》第3卷,第371页。

他的部下也纷纷仿效,拥兵自重。"全国无论哪一省哪一地,没有直接或间接受到军阀蹂躏的,那真是世外桃源,可谓绝无仅有。"[1] 事实很快就表明:时局更加混乱,由北洋军阀内部的派系纷争,逐步发展到军阀割据、军阀混战那样更加恶劣的局面。

本来,袁世凯和所有独裁者一样,除自己外从来不让任何人能独自驾驭整个北洋派。在他突然死去后,内部的派系纷争立刻上升到突出的地位。袁身边最重要的人物原有徐世昌、王士珍、段祺瑞、冯国璋四人。徐是文人,从未带兵。王士珍为人温和,政治上没有多大野心。因此,北洋派内部的派系纷争主要表现在段祺瑞和冯国璋之间。段是安徽合肥人,冯是直隶河间人,两派分别称为皖系和直系,谁也不服谁。曾任段祺瑞内阁秘书长的张国淦写道:"袁氏在日,军队统于一尊,并无派系可言,亦无人敢萌此想、敢为此说;袁势既颓,群雄失驭,互植势力,各昵所亲,遂有强为区别为直、皖系者。"[2]

当时,段祺瑞的力量和影响最大。他毕业于天津武备学堂,曾留学德国。清末在北洋六镇中曾历任三个镇的统制,督办过北洋各军事学堂(如保定陆军速成学堂等),北洋军人很多是他的旧部或学生。武昌起义爆发后,还曾署理湖广总督。袁世凯当国时,连续担任几届内阁的陆军总长,并两次代理国务总理。他不赞成袁世凯称帝。袁世凯一死,他在北京政府中显然处在举足轻重的地位。

冯国璋和段是天津武备学堂同期毕业生,学习期间还中了秀才。以后去过日本考察军事。袁世凯小站练兵时任督操营务处总办,后也曾督办北洋各武备学堂。辛亥革命时,先后任第一军军

---

[1]《陈诚先生回忆录——北伐平乱》,(台北)"国史馆"2005年6月版,第3页。
[2]《张国淦文集》,北京燕山出版社2000年3月版,第198页。

统、禁卫军总统。民国成立,担任直隶都督。镇压"二次革命"时,率军南下,接任江苏都督。后来,隐然成为北洋势力在长江流域的首领。他的儿子回忆道:"所谓'长江三督'——江苏省督军李纯,江西督军陈光远,湖北督军王占元,成了我父亲的嫡系势力。原来,辛亥革命时期,这三个人都是我父亲所统率的第一军里的协统。"[1]他同南方各省地方势力的关系也比较密切,隐隐可和段祺瑞相抗衡。

除了皖系、直系这两大势力以外,同北洋派关系密切、也可以计算在北洋势力之内的,还有张勋和张作霖这两股重要力量。张勋早年也曾在袁世凯手下效力过,后任清朝的江南提督。这时,他有着长江巡阅使和安徽督军的名义,率领两万多"定武军",驻在徐州、兖州一带,但内心仍忠于清朝。他和这支军队都留着象征清朝统治的辫子,被称为"辫子兵",并且同清朝复辟势力有着密切勾结。张作霖早年当过兵,组过乡团,也做过绿林,后来被清朝收编为巡防营。民国后,逐步升为第二十七师师长。一九一六年四月二十二日,袁世凯撤销帝制而自称大总统后一个月时,张作霖乘机对袁世凯施加压力,取得了盛京将军、督理奉天军务的职务。以后,逐步控制整个东北,形成奉系军阀。

在南方,护国运动后期曾于广东肇庆成立以唐继尧、岑春煊为正副抚军长的军务院。袁世凯死后,这个军务院撤销。但唐继尧控制着云南和贵州,陆荣廷控制着广西和广东,对北洋政府仍处在半独立状态,并分别向四川和湖南伸展各自的势力。

正是在多种力量相持不下的情况下,哪一派也没有力量独自控

---

[1] 冯家迈:《回忆我的父亲冯国璋》,《文史资料存稿选编》晚清·北洋(上),中国文史出版社2002年8月版,第903页。

制中央政权,只得依据约法由黎元洪继任大总统,由段祺瑞出任掌握实权的国务总理,以后又经重新召集的国会选出冯国璋为副总统。但这种妥协只能暂时掩盖矛盾,并没有造成一些人所期待的相对平静的局面。各种错综复杂的矛盾很快相继爆发,包括总统府和国务院的矛盾(常被称为"府院之争")、皖系军阀和直系军阀的矛盾、北方和南方的矛盾。张勋又利用这些矛盾,积极策划清室的复辟活动。不少省内形成地区性的小军阀,相互争夺,以至演化成连绵不断的武装冲突。整个局势陷入越来越严重的分崩离析和混乱中。这说明北洋军阀的势力事实上已大大削弱了。

这些矛盾中,最早尖锐地表现出来的是"府院之争"。

黎元洪是一个本身没有实力的总统,但并不甘于做段祺瑞"责任内阁"的傀儡,对段的心腹、国务院秘书长徐树铮的飞扬跋扈更是极为愤慨,("徐奔走府院间,事事以己意为段意,指挥黎氏画诺。"[1])又得到一些对段祺瑞不满的政治势力的支持,于是,府院之争很快便越演越烈。冲突的进一步激化是从对德宣战问题爆发的。那时,第一次世界大战爆发已近三年。一九一七年二月美国以德国潜艇袭击为由,宣布对德绝交,照会包括中国在内的各中立国采取一致行动。日本也乘此插手。中国随即在三月间宣告对德绝交。至于中国是否参战,段祺瑞决心利用"参战"的名义由日本支持编练一支受他直接统属的"参战军"。"府方初则赞成,继而游移,终而反对。"双方的争论,其实不在是否对德宣战问题的本身,那只是一个借口,而在于"府方以院为专擅,院方以府为干涉,而政客构煽其间,以势力消长之说,挑拨双方感情""名曰外交问题,

---

[1] 吴虬:《北洋派之起源及其崩溃》,第23页。

实则府方谋倒段,院方谋倒黎,已为公开之秘密矣。"[1]

这时,出现了前所未有的"督军团"闹剧。对外宣战,按程序需由国务会议议决,经总统盖印,提交国会通过。段祺瑞担心不能顺利通过,在四月十五日在北京召开军事会议,讨论对德宣战问题,出席的有十一省的督军(包括都统、省长),列席的还有十几省的督军代表,被称为"督军团"会议。五月一日,国务会议讨论时,一些督军及督军代表自行列席,要求即日宣布对德宣战,参战案在会上强行通过。第二天,倪嗣冲、张怀芝、李厚基等又以督军代表名义谒见黎元洪。黎元洪表示:将参战案提交国会讨论,一俟国会通过,他就发布参战令。国会议员中多数人本不赞成对德宣战。十日,众议院审查参战案。忽然有段祺瑞左右指使的"海陆军人请愿团"等各种旗号的两千多人包围众议院近十小时,宣称必须在当天通过参战案,并打伤议员十多人,引起议员的强烈反感,决定暂不讨论参战问题。这是袁世凯当年在选举正式大总统时组织公民团包围国会的重演,是军阀惯用的做法。他们从来不受什么"法"的约束。有一个参加这次公民请愿团的王合新投函《醒华报》,揭露它的黑幕说:

鄙人来京谋事未遂。前日由同乡合肥人陆军部秘书谭君毅甫介绍加入公民请愿团,当时言定自十二点钟起,随大家包围议院,每钟点给大洋五角(这是高等公民的报酬),散时立付,并云将名册造成具报总理以后可以派一差使。鄙人如时而往,站至八点半始去,并被军警击一枪托。当晚往寻谭先生领取公

---

[1] 张国淦:《北洋述闻》,第95、96页。

费大洋四元二角五分，乃谭各而不予。今早又往索取，谭先生避不见面，由一少年出见，大言恐吓，并云此事闹糟，总理不肯认账，恐怕要办凶手，嘱令闭门不出，不许再提此事。鄙人忿极，为此特请登出，俾知谭之欺人手段。[1]

事情闹到如此乌烟瘴气的地步，全国舆论大哗。督军团成员仍不罢休，又联名呈文黎元洪，要求他解散国会。黎元洪在得到美国公使芮恩施支持后表示，我抱定了九个字的主意：不违法，不盖印，不怕死。五月二十三日，黎元洪下令免去段祺瑞的国务总理职务。二十九日，安徽省长倪嗣冲通电宣布与中央脱离关系。接着，奉天、河南、浙江、山西、陕西、直隶、山东、福建等省督军纷纷宣布独立。六月二日，独立各省"在天津设立军务总参谋处，通电说：'出兵各省，意在另订根本大法，设立临时政府和临时议会'，这更显然是谋叛了"[2]。

"督军团"是民国初年一个引人注目的政治现象。军人势力联合起来，倚仗手里掌握的枪杆子，公然干预以至操纵中央政治，这种现象在中国至少几百年内没有出现过，而此后相当一段时间内却成了屡见不鲜的行为。它反映出中国旧社会势力的统治秩序已经乱套，无法再利用原来社会生活中已比较习惯的那套办法来维持，只得采取这种粗暴的、更加不得人心的做法，预示着他们的统治已经日暮途穷，难以为继。但从当时来说，人们似乎一下子还看不到黑暗的尽头，只觉得国家的状况在一天天坏下去，从而陷于极大的痛苦中。

[1] 陶菊隐：《督军团传》，上海书店出版社1998年1月版，第68页。
[2] 吕思勉：《吕著中国通史》，华东师范大学出版社2005年12月版，第502页。

接着上演的是更加荒诞的"张勋复辟"的闹剧。

自己没有实力的黎元洪,当"督军团"在各省纷纷宣告独立后就慌了手脚,到处寻人调解。野心勃勃、坐镇徐州的"辫帅"张勋自告奋勇,表示愿进京充当"调停人"。他的真实目的是要乘此拥戴清朝末代皇帝溥仪复辟帝制,并且暗中得到段祺瑞、冯国璋的纵容。其实,段、冯等又各有打算,只是想借头脑简单的张勋之手推倒黎元洪,然后合法地将中央权力拿过来。这中间真是黑幕重重。

六月七日,张勋带领"辫子军"五千人北上。他一到天津,便给黎元洪发出限三天内解散国会的通牒,称:"如不即发明令,即行通电卸责,各省军队自由行动,势难约束。"[1]黎元洪引狼入室,至此已乱了方寸,在十二日下令解散国会。这是国会成立后六年间第二次被解散。被一些人看成可以解决中国一切问题的议会政治,在军阀统治下,其实只是任人摆布的装饰品,需要时拿出来,不需要时就任意一脚踢开,实在也够可怜的了。

张勋并没有就此停步。他率军到北京后,在七月一日身穿朝珠蟒服,率康有为等数十人,到清宫奏请溥仪复辟。溥仪也在当天发布"即位诏",并封张勋为"忠勇亲王",授以政务总长兼议政大臣、北洋大臣、直隶总督。著名记者陶菊隐生动地描写当时北京街头出现的情景:

> 七月一日天方破晓,北京城的老百姓们还在残梦未收的时候,忽然听到警察挨户敲门的声音,叫他们快起身,快快挂上龙旗。

---

[1]《民国日报》1917年6月14日,转引自来新夏等《北洋军阀史》上册,南开大学出版社2000年12月版,第470页。

"怎么,今天又换了朝代了吗?"大街小巷右舍左邻一个个披衣起来,互相打听这个突如其来的怪消息。嘿,消息传播得真快,"宣统皇帝"又坐了金銮殿了,左辅右弼有文武二圣。阳历废止了,阴历回了头,今天不是七月一日,是什么"宣统九年五月十二日"。中华门又改了"大清门"了。街上布满着张勋的辫子兵和冯德麟带来的胡子兵。

根据这些消息,做顺民就得挂龙旗,而一时那来这许多的龙旗呢!有些人向戏馆子里借用三角旗;劝业场又有人赶制龙旗;假辫发和红顶花翎都从旧货摊上发现了,把一座古老的北京城渲染得像个妖魔世界。[1]

被称为"宣统皇帝"的溥仪,在《我的前半生》中回忆道:"几年没看见的清朝袍褂在街上出现了,一个一个好像从棺材里面跑出来的人物";"这时前门外有些铺子也大为兴隆。一种是成衣铺,赶制龙旗发卖;一种是估衣铺,清朝袍褂成了刚封了官的遗老们争购的畅销货;另一种是做戏装道具的,纷纷有人去央求用马尾给做假发辫。我还记得,在那些日子里,紫禁城里袍袍褂褂翎翎顶顶。人们脑后都拖着一条辫子。后来讨逆军打进北京城,又到处可以拣到丢弃的真辫子,据说这是张勋的辫子兵为了逃命,剪下来扔掉的。"[2]

复辟君主专制制度,在中国已根本没有多少社会基础。黎元洪避居起来,在二日发表通电反对复辟,号召各省出兵讨逆,同时签署两份命令:一是复任段祺瑞为国务总理,一是电请副总统冯国璋

---

[1] 陶菊隐:《督军团传》,第3、4页。
[2] 爱新觉罗·溥仪:《我的前半生》,群众出版社1964年3月版,第100页。

代行大总统职权。复辟消息传到各地，报纸纷纷口诛笔伐，民众举行拥护共和、声讨复辟的集会，连江西的张勋族人也痛斥他是破坏共和的不肖子孙。

伺机而动的段祺瑞利用张勋解散国会、把黎元洪赶下台后，当北京演出复辟闹剧时，在七月三日到天津、沧州间铁路线上的马厂誓师讨逆，自任讨伐军总司令，率第三师、第八师、第十六混成旅等五万多人对北京发起总攻。张勋带到北京的兵力不多，又不得人心，无力抵抗。这场战争中，死亡的只有二十七人。十二日，溥仪宣布退位，张勋逃入荷兰使馆。这场闹剧便草草落幕。

实行共和制度以来，时间虽然只隔了五年多，民众心理已经大变。民心不可违。袁世凯称帝只维持了八十三天，张勋复辟更只有十二天，君主专制制度从此在中国绝迹，谁也无法把历史车轮倒转回去了。

张勋复辟失败后，冯国璋从南京到北京代行大总统职权，段祺瑞重新以"再造共和"的姿态回到北京就任国务总理。八月十四日，对德宣战。这时，北洋军阀内部直皖两系的矛盾冲突又突出起来了。

直皖两系原本是同根所生，段、冯两人的地位也不相上下。曾任袁世凯的政事堂机要局长的张一麐写道："迨袁世凯称帝，而北洋派内部始分裂。时则冯在外，段在内，同以反对帝制闻，二人尚无恶感也。袁死黎继，段氏任国务总理，以为倒袁乃己之力，故对于徐世昌、王士珍尚有不可一世之概，遑论黎、冯。冯在此时已滋不悦，遂联络长江各督，扩充其势力。段虽赞成共和，而不接近民党。民党乃转而趋冯，选冯为副总统。旋孙洪伊被逐，益仇段氏，南投国璋，挑拨双方恶感，而冯、段渐水火矣。"[1]但此时一在北，一在南，矛盾还没有公开化。当冯国璋准备北上时，段祺瑞还派亲信靳云鹏去南京，"表示必可听冯四哥的话，二人同心，其利断金"[2]。很多人以为不会再有新的府院之争发生了。但冯北上就职后不久，情况就发生了变化。

他们矛盾的焦点是南北问题。"南北问题是在一九一三年内战中提出来的。那次内战的结果是江西、安徽、湖南、广东、四川、陕西都由袁世凯的人控制，北方于是严重地威胁到南方势力的安全。一九一六年反袁之战，制约了北方在四川、广东、湖南的势力，同时中国有了两个对立的政府——北京政府与肇庆军政府（以后是广州的护法政府），而且南方的势力伸向山麓地带。南北问题的解决方法有两个：主战与主和。"[3]段、冯矛盾，集中表现在北京政府对南方各省是主战还是主和的问题上。

这时，云南唐继尧和广西陆荣廷已成新的地方军阀，势力及于云南、贵州、四川、广西、广东、湖南。这些省实际上处在北洋派控制范围之外。北洋政府拒绝恢复据《临时约法》产生、被张勋解散的国会，另行成立临时参议院。孙中山便打起"护法"旗帜，南下广东，旧国会议员一百五十人也相继南下，因为不足法定人数，在广州召开非常会议，推举孙中山为军政府大元帅，唐继尧、陆荣廷为元帅。唐、陆对这些其实并不赞同，但又想利用孙中山的声望和"护法"的旗号来抵制北洋派势力南下，便听任这个军政府在广州不死不活地存在着。

怎样对待南方势力？冯、段两人的态度有明显不同：段祺瑞主

---

[1] 张一麐：《直皖秘史》，《近代稗海》第4辑，四川人民出版社1985年10月版，第11页。

[2] 《张国淦文集》，第207页。

[3] ［加］陈志让：《军绅政权》，第25页。

张"武力统一",大举调兵南下,首先以湖南和四川为主战场,力图占湖南以图两广,占四川以图云贵,使川、湘两省成为战乱最为频繁、破坏最为严重的地区;冯国璋几年来在南京,一直同西南实力派有较密切的联系,也借他们以自重,因而倡导和平。双方的矛盾就从暗中较量到迅速表面化了。

段祺瑞夺取湖南、四川的进军最初都遭到挫折,特别是被任命为湖南督军的段祺瑞内弟傅良佐被谭延闿所部湘军和陆荣廷所部桂军驱走,南下的北军主力两个师长王汝贤、范国璋(都接近直系)通电主和,自行停战撤兵。接着,直系的直隶、江苏、江西、湖北四省督军联名通电,要求从即日起停战撤兵,并表示愿当调停人。段祺瑞盛怒下在十一月辞去总理职务。冯国璋发出弭兵布告。

但段祺瑞长期把持中央政权,潜势力仍比冯大,又得到日本的支持,立刻展开对冯的反攻:在他秘密策动下,多数省的督军(主要是奉天督军张作霖、安徽督军倪嗣冲)纷纷主战,直隶督军曹锟也改变态度;冯国璋"自言近日旧同袍对于自己均不见信"[1],以检阅军队为名,离京南下,准备到南京同江苏督军李纯共商对策,不料中途到蚌埠却为倪嗣冲所阻,被迫北返,只得在一九一八年一月二十九日对南方下讨伐令。以后,段的心腹徐树铮又引张作霖部奉军入关,在秦皇岛截取陆军部向日本订购的步枪十万支;曹锟部吴佩孚师南下攻占岳州,向长沙进逼;十五省督军(包括都统)联名通电,要求由段祺瑞组阁。三月二十三日,冯国璋被迫复任段祺瑞为国务总理。这样,冯国璋已难有作为,北京政府大权重新集中在段祺瑞手中。四月二十三日,吴佩孚师占领湘南重镇衡阳,湖南再

---

[1]《徐树铮电稿》,中华书局1963年1月版,第7页。

次被北洋军控制。段祺瑞并声言要直取广东。

这时，南方政局也发生重大变化。在北军向湖南大举进攻的情况下，广西、云南军阀以及非常国会一些议员决计抛开孙中山，频频密议，要求改组军政府，取消大元帅制。他们不顾孙中山的坚决反对，在五月四日由国会非常会议通过《中华民国军政府组织大纲修正案》，废除大元帅，改设七个政务总裁，并推清末曾任两广总督、云贵总督、四川总督的岑春煊为主席总裁。孙中山只成为七总裁之一。他愤而辞去大元帅职，发表通电痛心地指出："顾吾国之大患，莫大于武人之争雄，南与北如一丘之貉。虽号称护法之省，亦莫肯俯首于法律及民意之下。"[1]随后，他离开广东到上海闭门著书。第一次护法运动就此悄然结束。

事实表明，在"南与北如一丘之貉"的情况下，不铲除这些军阀势力，什么"法律及民意"都只能是一句空话。这是孙中山从这次残酷打击中悟到的重要教训，也是他以后思想变化的重要起点。

段祺瑞复任国务总理后，一个突出特点是加紧同日本军国主义势力的勾结。

日本在一九一六年十二月，由寺内正毅担任首相。他改变前任大隈内阁的强硬威压政策，实行所谓"援助提携"方针，也就是采取放长线钓大鱼的办法，用提供借款来拉拢北洋政府的当权者段祺瑞，谋取在华重大权益。那时，北洋政府的财政十分困窘，"政府事实上是靠发行纸币过日子"[2]，各省军阀又往往截留中央财税，段祺瑞正需要从日本获得资金和军械来巩固自己的统治，排除异己。双方一拍即合。那时，欧战正亟，英、法、美等无暇东顾，也便于

---

[1]《孙中山全集》第4卷，中华书局1985年5月版，第471页。
[2]［澳］骆惠敏编：《清末民初政情内幕——莫理循书信集》下卷，第655页。

日本在东亚扩展势力。

寺内正毅派遣私人代表西原龟三访华，试图打开门路。西原在北京先同交通银行的总经理曹汝霖和股东会会长陆宗舆接洽，接着又同段祺瑞会面，在一九一七年先后提供两次借款两千五百万日元。当段祺瑞被免去国务总理后不久，徐树铮致各省督军密电中说："我北军权势消长，与日本寺内内阁利害相通。""寺内已训令渠京内有力诸要人，并达林公使（引者注：指日本驻华公使林权助）谓段虽暂时去职，北京实力并无堕落，此后对支方针，仍认定东海、合肥（引者注：指徐世昌、段祺瑞）为政局之中心，遇事力尽友谊援助等语。"他在致张作霖、倪嗣冲密电中又说：段祺瑞"就任后先联东邻，次议任免"。[1]可见段和日本方面已形成很深的默契。

段祺瑞复任国务总理的第二个月（一九一八年四月底）起，五个月内经过西原又同日方达成六笔借款，共一亿两千万日元（当时白银一两折合日元一元五角）。连同前面所说两次借款，通称"西原借款"。作为交换条件，日本在中国东北获得重要铁路修筑权；段祺瑞利用这笔借款组建"参战军"三个师、四个旅，用日本武器装备，由日本军事教官训练，并充作对南用兵的军费；更严重的是，在签订"山东二铁路"借款两千万日元时，日本外相后藤新平照会中国驻日公使章宗祥，要求由日中合办经营胶济铁路，路警队聘用日本人，日军可留驻济南、青岛，章宗祥复照表示中国政府"欣然同意"，造成日后巴黎和会上日本坚持继承德国在山东特权的重要借口。五四运动时国人集中反对曹汝霖、陆宗舆、章宗祥三个"卖

---

[1]《徐树铮电稿》，第2、5页。

国贼",就是由上述事件而来。

在此期间,又发生了签订中日军事协定的事件。

日俄战后,他们自行在中国东北地区划分势力范围:东北的北部归沙俄,南部归日本。一九一七年十一月,俄国发生列宁领导的十月社会主义革命。同月,美国和日本签订《蓝辛－石井协定》,承认日本在中国的特殊地位。一九一八年初,西方列强对苏俄进行大规模武装干涉。日本政府乘此大举出兵,企图取代沙俄在北满的地位并取得西伯利亚广大土地。二月五日,日本参谋次长田中义一向中国驻日公使章宗祥提议订立中日军事协定。段祺瑞明白表示支持。双方在具体磋商过程中,田中义一又在五月三日对章宗祥施加压力,说:"在缔结协定以前,不能指望日本的借款和武器供应。"[1]

五月十六日、十九日,双方分别签订《中日陆军共同防敌军事协定》和《中日海军共同防敌军事协定》,允许日本在"共同防敌"的名义下进入中国领土和领海,中国政府需提供一切便利。八月二日,日本发表出兵西伯利亚宣言。接着就单方面将军队开入哈尔滨、齐齐哈尔、满洲里等地,强行接管长春至哈尔滨段铁路,并在黑龙江省强行使用日本军用票。

中日军事协定的磋商秘密进行时,消息已经泄露,立刻激起中国民众的强烈反对。广州的国会非常会议通电抗议。全国商会联合会通电称:"商民誓不承认。"留日学生情绪更加激昂,在四月二十八日召开大会,到者千余人,议决全体归国,唤起国内舆论,一致反对。五月三日起,东京帝国大学、第一高等学校、高等工业学校、高等师范学校等中国留学生相继罢课,据日本警视厅

---

[1] [日]白井胜美:《日本与中国——大正时代》,第134页,转引自沈予《日本大陆政策史(1868—1945)》,第225页。

调查，东京留学生罢课的达两千六百八十人，占全体学生的百分之九十六。京都、神户等地留日学生也响应罢课。五月八日起，第一批留日学生乘轮归国。据日本警视厅调查，归国学生有一千二百零七人；而据中国方面统计，在当时三千五百四十八名留日学生中，归国的达二千二百零六人。

他们归国后，成立"留日学生救国团"，除一部分回原籍外，大多以京、津和上海地区为活动中心，着重在学生中活动。五月二十一日，北京大学、高师、高工、法专、医专、农专等学生两千多人游行到总统府请愿，派代表面见冯国璋，要求拒绝在协定上盖印。"这就是中国学生第一次的游行请愿运动，为五四运动的前奏。"[1]在天津，一千多学生到省长公署请愿。在上海，还发刊《救国日报》，举行学生爱国会筹备会时有北京学生代表易克嶷、许德珩和天津学生代表谌志笃前来参加。[2]具有如此群众规模、在全国产生重大影响的爱国学生运动，以前在中国土地上还没有发生过，可以说是第二年五四运动的预演。

值得注意的是，当时马克思主义在日本已得到较广泛的传播。中国早期的马克思主义者很多人深受日本进步思想界的影响，在那里最初接触到马克思主义。他们中不少人积极参加反对中日军事协定的行动。"留日学生中，有具有马克思主义思想者，如李达、李汉俊、黄日葵，都是这时归国，以后成为马克思主义研究会的发起人。黄日葵归国后，在北大旁听，是北京马克思主义研究会的主要

---

[1] 许德珩：《五四运动在北京》，《五四运动回忆录》（上），中国社会科学出版社1979年3月版，第211页。

[2] 章伯锋、李宗一主编：《北洋军阀（1912—1928）》第3卷，第975—992页。

人物之一。"[1]留在上海的李达、李汉俊后来成为中国共产党的重要发起人和中共一大的参加者。

段祺瑞拒绝承认旧国会后,操纵选出由他一手控制的"新国会"。由于议员大半属于皖系政客组成的安福俱乐部,被称为"安福国会"。八月十二日,安福国会开会。冯国璋因代理总统任期已满,通电表示无意参加竞选。九月四日,安福国会选举徐世昌为总统。北京政府就完全落在依附日本的皖系军阀段祺瑞手里,但各地军阀纷争、割据以致混战的局面并没有改变。这种状况,引起人们越来越强烈的不满。

国内政治生活混乱到如此程度,到处充满"山雨欲来风满楼"的浓重气息。第二年的五四爱国运动,就是在这种环境中爆发的。

---

[1] 邵力子:《党成立前后的一些情况》,《一大前后》(2),人民出版社1980年8月版,第67页。

第四章　五四运动唤起的新觉醒

历史发展的迂回曲折，不仅表现为人们沉浸在成功欢乐中时，随着出现的却是严重挫折；还表现为当局势仿佛已走到山穷水尽的黯淡地步、许多人心灰意冷时，却又迎来"柳暗花明又一村"的新局面。这种反差极大的变化，往往是人们原来没有料想到的，但细细考察起来，又有清晰的脉络线索可寻。

民国成立后那几年，许多爱国者苦闷到了极点。他们万万没有想到：那样腐败、专制、祸国的清政府虽然被推翻了，共和制度虽然建立起来了，局势却更为恶化。原来所抱的热烈期待在冷酷的现实面前被撞得粉碎。在中国政治舞台上出现的竟是北洋军阀的野蛮统治。袁世凯恢复帝制、飞扬跋扈的"督军团"、张勋复辟、大大小小军阀的割据和混战，这些活剧一幕紧接着一幕演出，仿佛看不到尽头。在国际范围内，空前血腥的第一次世界大战打了四年。日本军国主义者乘欧美列强无暇东顾的机会企图独占中国：提出"二十一条"，出兵山东，强行签订中日军事协定，一件又一件"国耻"深深刺痛着中国人的心。孙中山想依靠曾经反对过袁世凯称帝的唐继尧、陆荣廷等西南军人的帮助，进行"护法"运动，结果得出"南与北如一丘之貉"的沉痛结论。旧的路看来走不通了，需要寻求新的出路。可是，新的出路在哪里？一时又无从找到答案。

在那些日子里，很多人陷于消沉、悲观以致绝望的境地。有的人对现状充满愤慨,牢骚满腹,使酒骂座,结果仍一筹莫展。有的人退入书斋,终日在故纸堆里爬梳,借以排遣自己的烦闷。有的人竟削发为僧,遁迹山林。吴玉章回忆道:

> 辛亥革命给长期黑暗无际的中国带来了一线光明,当时人们是多么的欢欣鼓舞啊!但是,转瞬之间,袁世凯窃去国柄,把中国重新投入黑暗的深渊,人们的痛苦和失望,真是达于极点,因此有的便走上了自杀的道路。[1]

但是,严峻的现实不容许人们长期沉浸在消极、苦闷和彷徨中。那些有志气的中国人不会停止自己的脚步。他们在遍布荆棘的崎岖道路上毫不气馁,开始新的探索。这就迎来了五四运动。

我们常讲的五四运动,其实有狭义和广义之分。狭义的是指一九一九年五月以巴黎和会中的山东问题为导火线的五四爱国运动。广义的,包括从一九一五年开始的初期新文化运动到一九二〇年中国共产党成立前夜。

如果拿广义的五四运动来说,可分为前后一脉相承而性质并不相同的两个阶段:第一阶段的初期新文化运动,指导思想仍是西方资产阶级民主主义文化;第二阶段,原先的进步思想界发生分化,马克思主义逐步在先进知识分子中成为主流。一九一九年的五四爱国运动便是这两个阶段的分水岭。

亲身经历了这个过程的毛泽东,在《论人民民主专政》中回顾他早年亲身经历看到的中国处境和思想界状况:

---

[1] 《吴玉章文集》下册,第1052页。

中国人向西方学得很不少，但是行不通，理想总是不能实现。多次奋斗，包括辛亥革命那样全国规模的运动，都失败了。国家的情况一天一天坏，环境迫使人们活不下去。怀疑产生了，增长了，发展了。第一次世界大战震动了全世界。俄国人举行了十月革命，创立了世界上第一个社会主义国家。……这时，也只是在这时，中国人从思想到生活，才出现了一个崭新的时期。中国人找到了马克思列宁主义这个放之四海而皆准的普遍真理，中国的面目就起了变化了。[1]

离开中国当时这种现实环境，很难理解五四运动为什么会发生，也很难理解这个运动为什么会这样发展。

初期的新文化运动

初期的新文化运动，是从一九一五年九月陈独秀创办《青年杂志》（不久改名《新青年》）开始的。

陈独秀曾是辛亥革命时期革命派的重要活动分子。他早年中过秀才，以后到日本留学，成为留日学生中早期激进组织青年会的成员。一九〇三年，他和邹容、张继因为一次激烈的反抗活动被遣返回国。《苏报》案发生后，他和章士钊等在上海创办《国民日日报》，出了两个多月。报上的文章一般不署名，对现实政治的评论比较少，重点放在理论探讨上。其中如《说君》《箴奴隶》《道统辨》等，宣扬民主思想，猛烈地抨击君主专制制度和种种奴隶道德；《革天》

---

[1]《毛泽东选集》第4卷，人民出版社1991年6月第2版，第1470页。

等提倡科学,反对迷信。这同以后《新青年》鼓吹科学和民主,显然有着一脉相承的关系。但革命派当时认为更重要的是从事推翻清政府的革命行动,这种理论探讨并没有深入展开。一九〇四年,陈独秀在安徽和柏文蔚等创立岳王会,由他任总会会长,在学堂和新军中开展革命活动。以后,安庆的新军起义就是由岳王会领导的。辛亥革命期间,陈独秀担任过安徽都督府秘书长。"二次革命"失败后,他一度被捕,以后逃亡日本。从他此前经历的简单叙述中,也可以看到五四新文化运动同辛亥革命之间的联系。

五四新文化运动怎么会发生?它是由人们对辛亥革命失败原因的痛苦反思而来。前面说过,孙中山领导的革命活动,没有很长时间的宣传教育和组织工作,就很快把重点转到发动武装起义上来。这是它的优点,但也带来弱点:缺少一场有足够力度的思想文化运动作为先导。从这个意义上,可以说初期新文化运动是对辛亥革命在这方面的补课。

《青年杂志》创刊后,在总结辛亥革命失败的教训时,就把注意力集中在思想文化领域内,认为共和制度所以不能真正得到巩固,中国的状况依然那样黑暗,根本原因在于缺少一场对旧思想、旧文化、旧礼教的彻底批判,大多数国民的头脑仍被专制和愚昧牢牢地束缚着,缺乏民主和科学的觉悟。

陈独秀在一九一六年二月发表的《吾人最后之觉悟》中写道:

> 三年以来,吾人于共和国体之下,备受专制政治之痛苦。自经此次之实验,国中贤者,宝爱共和之心,因以勃发,厌弃专制之心,因以明确。吾人拜赐于执政,可谓没齿不忘者矣。然自今以往,共和国体,果能巩固无虞乎!立宪政治,果能施

行无阻乎？以予观之，此等政治根本解决问题，犹待吾人最后之觉悟。

他所说的"最后之觉悟"，是指要有多数国民的"最后之觉悟"。他说："今之所谓共和所谓立宪者，乃少数政党之主张，多数国民不见有若何切身利害之感而有所取舍也。盖多数人之觉悟，少数人可为先导而不可为代庖。"什么是"最后之觉悟"？他把它分为"政治的觉悟"和"伦理的觉悟"两个层次，认为后者是更根本的。他写道：

所谓立宪政体，所谓国民政治，果能实现与否，纯然以多数国民能否对于政治，自觉其居于主人的主动的地位为唯一根本之条件。自居于主人的主动的地位，则应自进而建设政府，自立法度而自服从之，自定权利而自尊重之。倘立宪政治之主动地位属于政府而不属于人民，不独宪法乃一纸空文，无永久厉行之保障，且宪法之上自由权利，人民将视为不足重轻之物，而不以生命拥护之。则立宪政治之精神已完全丧失矣。伦理思想影响于政治，各国皆然，吾华尤甚。儒者三纲之说，为吾伦理政治之大原，共贯同条，莫可偏废。三纲之根本义，阶级制度是也。所谓名教，所谓礼教，皆以拥护此别尊卑、明贵贱制度者也。近世西洋之道德政治，乃以自由平等独立之说为大原，与阶级制度极端相反。此东西文明之一大分水岭也。吾人果欲于政治上采用共和立宪制，复欲于伦理上保守纲常阶级制，以收新旧调和之效，自家冲撞，此绝对不可能之事。……吾敢断言曰：伦理的觉悟，为吾人最后觉悟之最后觉悟。[1]

《新青年》喊出的最响亮的口号是"民主"和"科学",那时又叫作"德先生"和"赛先生"。陈独秀在《本志罪案之答辩书》中写道:

> 追本溯源,本志同人本来无罪,只因为拥护那德英克拉西(Democracy)和赛因斯(Science)这两位先生,才犯下这几条滔天的大罪。要拥护那德先生,便不得不反对孔教、礼法、贞节、旧伦理、旧政治;要拥护那赛先生,便不得不反对旧艺术、旧宗教;要拥护德先生又要拥护赛先生,便不得不反对国粹和旧文学。[2]

"民主"和"科学"的提出不是偶然的。民主的对立物是专制,科学的对立物是愚昧和迷信,这正是中国几千年封建统治的恶果。

这一次对封建主义旧思想、旧文化、旧礼教的批判,其尖锐彻底的程度、所向无前的气势,远远超过辛亥革命时期,更不用说在它以前了,确实起了振聋发聩的启蒙作用。鲁迅在《新青年》上发表的小说《狂人日记》,有一段脍炙人口的名言:

> 我翻开历史一查,这历史没有年代,歪歪斜斜的每页上都写着"仁义道德"几个字。我横竖睡不着,仔细看了半夜,才

---

[1] 陈独秀:《吾人最后之觉悟》,《青年杂志》第1卷第6号,1916年2月15日。
[2] 陈独秀:《本志罪案之答辩书》,《新青年》第6卷第1号,1919年1月15日。

从字缝里看出字来，满本都写着两个字是"吃人"。[1]

从发表易白沙反对"尊孔"的《孔子平议》起，《新青年》等接连刊载李大钊的《孔子与宪法》，陈独秀的《驳康有为致总统总理书》《宪法与孔教》《孔子之道与现代生活》《再论孔教问题》，吴虞的《儒家主张阶级制度之害》《家族制度为专制主义之根据论》等一系列文章，集中火力，对以孔子为代表的礼教，对三纲五常等维护封建统治秩序的学说，发动猛烈的抨击。

历史学家陈旭麓对这场批判的意义作了很好的分析："新文化是与旧文化相对而言，是对千百年来的历史沉积而成的旧文化的扬弃和超越。""孔子是中国传统小农社会的精神象征，是二千年来中国思想界的最大权威。""在二千多年的历史里，孔学因与皇权结合而政治化，皇权因与孔学结合而伦理化。在这个过程中，贬抑皇权者代有人出，正面非孔者绝少；皇权虽不断更迭，而孔子的权威却日益稳固，从未动摇过。"[2]而当时在北洋军阀统治下，一些政客和遗老遗少正继续鼓噪要求立孔教为国教，闹得乌烟瘴气，使陈独秀等认为尊孔与反尊孔的争论已成为国内政治生活中的一场严重斗争。尽管初期新文化运动中对孔子的批判有简单化和绝对化的地方，但它显然和洋务派的"中学为体，西学为用"和维新派的"托古改制"截然不同，毫不容情地触及儒家学说中名教、三纲五常等维护等级制度的旧文化的根本。他们并没有完全否定孔子学说在历史上的贡献。但这样从根本上重新评价千百年来定于一尊的儒家思想，在社会上引起巨大震动，这是初期新文化运动中一个重要功

---

[1] 鲁迅：《狂人日记》，《新青年》第4卷第5号，1918年5月15日。
[2] 陈旭麓：《近代中国社会的新陈代谢》，上海人民出版社1992年7月版，第377、378页。

绩，有着解放思想的重大意义。

"文学革命"的提出，白话文的提倡，也是初期新文化运动的重要内容，当时正在美国留学的胡适写了一篇《文学改良刍议》，提出八条主张：须言之有物，不摹仿古人，须讲求文法，不作无病之呻吟，务去滥调套语，不用典，不讲对仗，不避俗字俗语。他的态度还是比较温和的。陈独秀把它在《新青年》上发表出来，并且紧接着在下一期《新青年》上发表更为激烈的《文学革命论》一文，写道：

> 孔教问题，方喧哗于国中，此伦理道德革命之先声也。文学革命之气运，酝酿已非一日。其首举义旗之急先锋，则为吾友胡适。余甘冒全国学究之敌，高张"文学革命军"大旗，以为吾友之声援。……有不顾迂儒之毁誉，明目张胆以与十八妖魔宣战者乎？予愿拖四十二生的大炮，为之前驱。[1]

这两篇文章虽然鼓吹"文学革命"，但还是用文言文写的。从一九一八年起，《新青年》改用白话文发表文章，把书面语言和口语统一起来。接着出版的《每周评论》《新潮》《晨报副刊》等都采用白话文。新式标点符号，也由《新青年》的提倡而得到推广。鲁迅的《狂人日记》，更是真正以白话文从事小说创作取得巨大成功的第一篇，在新文学运动中有着里程碑的意义。尽管在这以前也已有人以白话文写作，但只有到这个时候，它才取得主导的地位。

以白话文代替文言文，在中国历史上有着很大的积极意义：不

---

[1] 陈独秀：《文学革命论》，《新青年》第2卷第6号，1917年2月1日。

仅有助于人们的思想从旧框子束缚下解放出来，有助于使文字的表达能适应现代生活的需要，并且明白易懂，有助于把文化从少数人占有下解放出来，能够为更多的平民所理解和接受。这是初期新文化运动的又一大功绩。

在《新青年》的有力推动和影响下，从通都大邑到边远城市，各地拥护新文化运动的刊物像雨后春笋般纷纷出版。妇女解放、婚姻自由、家庭革命、提倡科学等口号的提出，使这场运动触及的社会面远比辛亥革命时更为广泛。

这次对封建主义旧文化的大讨伐，以所向披靡之势，起了巨大的思想解放作用，使许多原来处在麻木不仁状态的人猛然惊醒过来。短时间内，人们（特别是青年人）对新旧事物的态度发生了巨大变化。它摧枯拉朽地清扫了旧有的地基，为人们接受新思想做了重要准备。一些旧文化代表人物气得暴跳如雷，进行猛烈的攻击（如林琴南写的轰动一时的影射小说《荆生》），但已无法阻挡这股潮流的前进，反而更扩大了它的影响。以《新青年》为代表的初期新文化运动对中华民族觉醒的巨大贡献是不可磨灭的。

当然也要看到，初期新文化运动仍然是在西方资产阶级民主主义旗帜下进行的。他们用来反对旧文化、旧礼教的思想武器，主要是以个人为中心的"独立人格"和"个性解放"，把个人的权利看得高于一切。高一涵在《青年杂志》第一卷第二号上写道：

> 社会集多数小己而成者也。小己为社会之一员，社会为小己所群集。故不谋一己之利益，即无由致社会之发达。[1]

---

[1] 高一涵：《共和国家与青年之自觉》，《青年杂志》第1卷第2号，1915年10月15日。

当进入一九一六年时,新年伊始,陈独秀发表文章说:

> 人间百行,皆以自我为中心。此而丧失,他何足言?奴隶道德者,即丧失此中心,一切操行,悉非义由己起附属他人以为功过者也。
>
> 集人成国。个人之人格高,斯国家之人格亦高。个人之权巩固,斯国家之权亦巩固。而吾国自古相传之道德政治胥反乎是。[1]

这种思想在五四前夜那个历史转折时期,猛烈反对专制和迷信,反对千百年来"儒者三纲之说",起了巨大的进步作用。但他们的着眼点还只是个人权利,而不是人民的整体利益。他们所追求的还只是个人的解放,而不是整个国家民族的解放。

这种以个人为中心的思想武器,并不能从根本上给灾难深重的中国人指明真正的出路。那时,挪威作家易卜生在中国有很大的影响。胡适在一九一八年写了《易卜生主义》,鼓吹个人主义的人生观。他说:"易卜生最可代表十九世纪欧洲的个人主义的精华,故我这篇文章只写得一种健全的个人主义的人生观。"[2]易卜生有一个著名的剧本《娜拉》(中国译作《傀儡家庭》),女主人公娜拉不甘心做"丈夫的傀儡"而离家出走。这个剧本引起广泛的关注。有人称赞它表现了"女性的自觉"。鲁迅却清醒得多,在《娜拉走后怎样》的演讲中,尖锐地提出一个发人深思的问题:

---

[1] 陈独秀:《一九一六年》,《青年杂志》第1卷第5号,1916年1月。
[2] 胡适:《介绍我自己的思想》,《胡适文选》,上海亚东图书馆1933年2月版,第8页。

从事理上推想起来，娜拉或者也实在只有两条路：不是堕落，就是回来。因为如果是一匹小鸟，则笼子里固然不自由，而一出笼门，外面便又有鹰，有猫，以及别的什么东西之类；倘使已经关得麻痹了翅子，忘却了飞翔，也诚然是无路可以走。还有一条，就是饿死了，但饿死已经离开了生活，更无所谓问题，所以也不是什么路。

如果经济制度竟改革了，那上文当然完全是废话。[1]

鲁迅的观察是深刻的。拿中国的实际情况来看，当时统治着中国的帝国主义和封建势力是强大的，中国社会现状是那样黑暗和腐败，绝不是任何个人奋斗所能改变。在民族危机和社会危机极端深重时，"覆巢之下，焉有完卵"，离开民族独立和人民解放，离开社会的改造，对绝大多数人来说，连生存的权利也难以得到保障，更谈不上有什么个性解放和个人前途可言。为什么当时的中国先进分子能够置个人的一切于不顾，甘心情愿作出最大的自我牺牲，为国家和民族的光明未来而奋斗？就因为他们深刻地认识到这一点。而且，以为只靠变革思想，中国就会整个地改变，实现现代化，那是办不到的。如果只停留在文化领域里谈来谈去，结果同样只会流于空谈，不可能使中国的问题得到根本解决。这是中国先进分子从长期的痛苦摸索中得出的教训。人们又继续向前探索了。

于是，"改造社会""建设新社会"的呼声越来越高，逐渐响彻全国。各种报刊纷纷参加社会改造和中国出路问题的讨论。改造社会的问题在思想界被提到突出的地位，成为先进青年关注的焦点，

---

[1]《鲁迅全集》第1卷，第269、270、273页。

这在中国近代思想史上还是第一次。确实,旧的社会不改造,个人再努力,也是没有前途可言的。把"改造社会"放在"个性解放"之上,表明人们对问题的认识已从表层向更深层次开掘。这种新的觉悟,是中国人对民族前途在认识上的又一次飞跃。

当军阀政客正忙于纷争和厮杀的时候,远在他们视线之外的社会思潮却在悄悄地发生着变动,从涓滴细流逐渐汇合成一股谁也阻挡不住的强大洪流,从而深刻地改变着中国的面貌。

中国的现实社会必须改造,在先进青年中逐渐成为共识。在一九一八年五月的《新青年》上,李大钊写下这样一段话:

> 中国人今日的生活,全是矛盾生活;中国今日的现象,全是矛盾现象,举国的人都在矛盾现象中讨生活,当然觉得不安,当然觉得不快。既是觉得不安不快,当然要打破此矛盾生活的阶级,另外创造一种新生活,以寄顿吾人的身心,慰安吾人的灵性。[1]

但是,社会应该改造成什么样子,需要创造的"新生活"是什么,绝大多数人一时仍不清楚。

本来,许多爱国者一直钦羡西方国家的富强,把它看作中国仿效的唯一榜样。但随着资本主义在近代的发展,西方国家内部的社会矛盾日益尖锐地暴露出来,贫富悬殊的状况令人触目惊心。社会主义的理想开始引起中国人的注意。

孙中山在这方面也是一个先驱者。他对欧美社会认真做过实地

---

[1] 李大钊:《新的! 旧的!》,《新青年》第4卷第5号,1918年5月15日。

考察后,深感"社会革命其将不远",开始注意社会主义问题。他在一九〇三年给朋友的一封信中写道:

> 所询社会主义,乃弟所极思不能须臾忘者。
> 欧美今日之不平均,他时必有大冲突,以趋剂于平均,可断言也。然则今日吾国言改革,何故不为贫富不均计,而留此一重罪业,以待他日更衍惨境乎?[1]

这个问题在留日学生中也受到了关注。甲午战后,日本的资本主义大踏步地发展起来,工人遭受资本家的残酷剥削,酿成严重的社会问题。工会出现了,宣传社会主义的著作也大量出版。一八九九年,村井知至的《社会主义》一书出版,曾被誉为日本第一部真正的社会主义文献。隔了几天,又有福井准造的《近世社会主义》。这是一部长达五百页的巨著,系统地介绍从圣西门到马克思的社会主义学说,特别推重马克思"为社会主义定立确固不拔之学说"。下一年,幸德秋水所写的《社会主义神髓》在留日学生中产生很大影响。一九〇二年至一九〇三年,一批日文的介绍社会主义的著作被译成中文在上海出版,其中包括《社会主义》《近世社会主义》《社会主义神髓》这些书。村井知至的《社会主义》一书,甚至同时在上海有两种译本。可是,当时日本真正懂得马克思主义的人还很少,这些著作的内容相当驳杂,有的把社会主义和人道主义混同起来,把科学社会主义和社会改良主义混同起来。它们的译本,在中国国内没有引起很多人注意。

---

[1]《孙中山全集》第1卷,第228页。

中国同盟会的机关刊物《民报》第二号上，刊出过朱执信的《德意志社会革命家列传》，用六千多字的篇幅介绍马克思（译作"马尔克"）的生平和学说，还摘译了《共产党宣言》的一些段落，对马克思的学说抱着同情的态度。但他对马克思学说的了解还很肤浅，并且有一些误解的地方。（中国书刊中最早提到马克思的，大约是一八九九年二月《万国公报》刊载《大同学》一文，说到"其以百工领袖著名者，英人马克思也"。但在当时没有受到多少注意，在中国思想界也没有引起多少反响。）

总之，当时中国先进分子中一部分人所以对社会主义以至马克思主义发生兴趣，只是由于他们在向西方学习的过程中开始模糊地看到西方资本主义社会的一些弊端，力图使中国能得以避免；对社会主义也只是笼统地看作当代新思潮中一种，把它介绍过来；那时人们的兴奋点主要集中在推翻清朝政府的政治革命上，这些社会主义著作和文章的影响仍很有限。

吴玉章回忆道："一九〇三年我在日本东京曾经读过幸德秋水的《社会主义神髓》，感到这种学说很新鲜，不过那时候一面在学校紧张地学习，一面着重从事革命的实际活动，对这种学说也没有进行深入的研究，就放过去了。"[1] 这段回忆生动地说明：一种学说不管怎样正确、怎样新鲜、对它进行多少宣传介绍，如果人们没有内在的强烈需要，它是不会产生很大影响的。

到五四运动前夜，一九一四年至一九一八年的第一次世界大战延续达四年之久，给欧洲民众带来了浩劫。这场空前残酷的大厮杀，把西方国家固有的社会矛盾以比以往任何时候更加尖锐的形式

---

[1]《吴玉章文集》下，第1058页。

清楚地暴露出来。劫后的欧洲留下的是满目疮痍，处处是经济萧条和社会动荡，是令人震惊的灾难和混乱，一时仿佛看不到多少光明。世界范围内出现如此重大的变局，不能不使原来醉心学习西方的中国人感到极大震惊。西方社会制度在他们心目中，顿时失却原来那种耀眼的光彩。人们不能不想一想：难道我们还要步着人家的后尘，沿着这条旧路再走一遍吗？为什么不能改弦易辙，采纳世界上更新的学说，创立一种更加美好而合理的社会？

列宁领导的俄国十月社会主义革命为什么会在中国先进分子中引起如此强烈的反响？原因在于它正好给了他们正在苦苦思索的问题以一个全新的答案。本来，社会主义在许多人看来，只是一种书本上的学说。直到一九一七年初，《新青年》在答读者问时还这样写过："社会主义，理想甚高，学派亦甚复杂。惟是说之兴，中国似可缓于欧洲，因产业未兴、兼并未行也。"[1]十月革命却使社会主义变成活生生的现实，给苦闷和探索中的中国先进分子树立起一个具体榜样，在他们心里燃烧起新的希望。这个近邻大国发生的巨大社会变革，受到中国人的格外关注。人们急迫地想要了解在那里到底发生了什么事情。许多报纸杂志连篇累牍地刊载俄国革命的消息和评论，尽管中间难免有失实的地方，但毕竟使读者看到一些闻所未闻的事实。最初，许多人还是从旧的民族民主的观点去理解它，只把它看作平民的胜利，自由平等的胜利，人道主义的胜利。但随着认识的逐渐深化，终于看到：十月革命是和历史上任何一次革命都不相同的革命，是一场崭新的以劳工阶级为主体的社会主义革命。它在历经种种饥馑、内战、外国干涉的严重磨难后，依然站住

---

[1]《通信》，《新青年》第2卷第5号，1917年1月1日。

了脚跟。工人和农民破天荒第一次成为社会的主人。这就在人们眼前打开一个新的天地,看到一种新的社会,也看到了实现这种社会变革的新的社会力量。它对苦闷中的中国先进分子产生巨大的吸引力,给他们指出一条新的出路。

隔了将近一年,李大钊在一九一八年十月发表的《庶民的胜利》《布尔什维主义的胜利》两文是中国人接受十月革命道路的最早反映。他写这两篇文章,正好在人们庆祝第一次世界大战胜利结束的时候。他在前一篇文章中问道:这次胜利是谁的胜利?我们的庆祝是为谁庆祝?并且回答道:这次胜利,政治的结果,是民主主义的胜利;"社会的结果,是资本主义失败,劳工主义战胜。""一七八九年的法国革命,是十九世纪中各国革命的先声。一九一七年的俄国革命,是廿世纪中世界革命的先声。"[1]在后一篇文章中,他又指出:这次胜利"是民主主义的胜利,是社会主义的胜利","像这般滔滔滚滚的潮流,实非现在资本家的政府所能防遏得住的"。他热情洋溢地讴歌:"由今以后,到处所见的,都是Bolshevism战胜的旗。到处所闻的,都是Bolshevism的凯歌的声。人道的警钟响了!自由的曙光现了!试看将来的环球,必是赤旗的世界!"[2]这样激动人心的热情歌颂社会主义的言论,是一种全新的认识。

在这段时间内,另一个事实也很重要。第一次世界大战期间,西方列强忙于欧战,一时没有力量顾到东方,来华的船只和在华的商品输入大幅度减少。拿出入口的中国商船吨数的指数来说,如以一九一三年为一〇〇,一九一四年为一〇五,一九一五

---

[1] 李大钊:《庶民的胜利》,《新青年》第5卷第5号,1918年10月15日。
[2] 李大钊:《Bolshevism的胜利》,《新青年》第5卷第5号,1918年10月15日。

年降至九十七点一,一九一六年降至九十四点三,一九一七年降至九十三点一,一九一八年降至八十六。[1]这使中国的民族工业得到一个迅速发展的大好机会。据北京政府农商部的统计,历年向它注册的工业公司,在一九一四年八月以前,共一百四十六个,资本额为四千一百一十四万八千二百零五元;而自一九一四年八月至一九一九年,短短五年多一点的时间内,新注册的公司就有二百三十二个,资本额为九千一百八十六万七千五百元。[2]它们涉及的行业面很广,包括纺织、面粉、卷烟、火柴、榨油、针织、缫丝、造纸、制糖、染料、肥皂等,其中尤以纺织业和面粉业发展得最快,这是两个关系到民众衣食的生活必需品的行业。在地区分布上,这些工业大多集中在沿海和通商口岸。根据一九一九年的官方数字,注册工厂共三百七十五个,其中在江苏的(当时上海在行政区划上属于江苏)有一百五十五个,占了将近一半。

拿旧中国民族工业中后来发展得规模最大的荣宗敬、荣德生集团来说,在一九一四年至一九一九年期间,原来经营的茂新面粉厂新开设二厂、三厂,福新面粉厂又开设二厂、三厂、四厂、五厂、六厂,并决定新建七厂、八厂,在一九一五年设立的申新纱厂,又开设二厂,并决定开设三厂。申新一厂的盈利在开设的当年为两万元,一九一七年增加到四十万元,一九二〇年更增加到一百一十万元。荣德生《乐农自订行年纪事》中讲到他决心向面粉业和纺织业大量投资同欧战的关系,在一九一六年条中写道:"时欧战已起,对外停顿,汇票稍长,外贵内贱。""余认为可放手做纱、粉,必需

---

[1] 许涤新:《现代中国经济教程》,新知书店1947年1月版,第11、12页。
[2] 《第一回中国年鉴》,商务印书馆1924年版,第1441页。

品也。"一九一七年条又写道:"时正欧战,粉销不患不畅。"[1]这是一个突出的例子。

随着民族工业的迅速发展,中国产业工人的人数急剧增加,达到二百多万人,已是一个谁也不能忽视的社会力量。工人阶级的斗争也加强了,出现不少政治性罢工。一九一五年,"二十一条"的消息传出,上海搬运工人和日本企业中的职工宣布罢工。一九一六年,法国在天津企图强租老西开地区,法租界工人又掀起大规模罢工。《新青年》报道说:"灿烂繁华之法国租界,以我民一怒之故,几化鬼市荒墟。"[2]邓中夏在《中国职工运动简史(一九一九—一九二六)》中写道:

> 欧洲大战后一九一八年,中国曾有一度自发的罢工斗争,如在上海日华纱厂便继续有四次罢工;三新纱厂、上海第二纱厂各有两次罢工;厚生纱厂有一次全体罢工。其他如英美烟厂、祥生铁厂、冷作铁工、沪宁铁路小工、电车司机以及手工业工人亦发生零碎罢工,就中尤以黄包车夫的罢工,参加者八千辆,两三万人,规模最为雄伟。其他各地如苏州之机织工人,杭州之络经女工,汉口之笔工等,皆有罢工。此外尚有不少的罢工,可惜报纸失载,我们无从稽考了。[3]

工人们所过的牛马不如的生活,报纸上连篇累牍关于工人罢工的报道,不能不引起中国先进分子的极大注意。他们从这些新的事

---

[1]《荣德生文集》,上海古籍出版社2002年7月版,第76、80页。
[2]《老西开事件》,《新青年》第2卷第4号,1916年12月1日。
[3]《邓中夏文集》,人民出版社1983年8月版,第428页。

实中逐渐认识到：不能只关注上层政坛的那些活动，还要把目光转向处在社会底层的劳苦大众那里去；知识分子不能孤芳自赏，把自己局限于狭窄的小天地中，应该同劳工阶级站在一起。李大钊在五四前夜先后发表《劳动教育问题》《青年与农民》《唐山煤矿的工人生活》《现代青年活动的方向》等论文，提出："要想把现代的新文明，从根底输入到社会里面，非把知识阶级与劳工阶级打成一气不可。我甚望我们中国的青年，认清这个道理。"[1]这是一种新的觉醒的表现。

一九一九年初，北京大学成立的平民教育讲演团，是进步知识分子开始拉近劳动群众、走与工农结合道路的尝试。讲演团由北大学生组成，发起人是邓康，即邓中夏。[2]

可以看出：五四风暴袭来的前夜，初期新文化运动中已经出现一些前所未有的新因素。这种新因素当时还没有处于主流地位，但随着它的发展，终将改变近代中国的面貌。

五四风暴的袭来

五四爱国群众运动是中国近代历史上的转折点。这以前和这以后，情况发生了根本变化。

在历史上常常可以看到这样的现象：一场急风暴雨式的群众运动的冲刷，可以使大群大群的人们短时间内在思想上发生剧烈而巨大的变动。这种成千上万人的思想大变动，在一般情况下往往多

---

[1]《李大钊文集》(2)，人民出版社1999年10月版，第287页。
[2] 丁守和、殷叙彝：《从五四启蒙运动到马克思主义的传播》，生活·读书·新知三联书店1979年4月版，第112、113页。

少年也难以达到，也不是几个刊物或几次讲话的影响所能相比的。一九一九年五月四日开始的爱国运动，便是这样的一场群众运动。

它以巴黎和会中的山东问题为导火线，发展成一次规模空前的群众性的反帝爱国运动。本来，中国是第一次世界大战的参战国，是战胜国之一。大战结束后巴黎和会召开时，人们都期待着作为战胜国能把战败国德国原先在山东攫去的特权归还中国。美国总统威尔逊在国会演说中提出"十四项原则"。它的大意是："要想世界永久和平，必须有一个新秩序。不应再用老一套的外交方式来解决战争问题，战胜国不应要求割地赔款；应该废除秘密外交，应该通过建立维护世界和平的组织来创立新秩序。"[1]这些说得十分漂亮的话使人们产生热切的希望，以为这次和会将会真正体现一些人鼓吹的"公理战胜强权"。陈独秀在《每周评论》的发刊词中写道：

> 美国大总统威尔逊屡次的演说，都是光明正大，可算得现在世界上第一个好人。他说的话很多，其中顶要紧的是两个主义：第一，不许各国拿强权来侵害他国的平等自由；第二，不许各国政府拿强权来侵害百姓的平等自由。这两个主义，不正是讲公理不讲强权吗？[2]

巴黎和会于一九一九年一月十八日在法国巴黎凡尔赛宫开幕，参加和会的有二十多个国家的一千多个代表。威尔逊不是说"应该废除秘密外交"吗？人们在巴黎和会上看到的却恰恰是道地的"秘密外交"。会中一切重大问题都由美、英、法、意四国首脑和外交

---

[1]《顾维钧回忆录》第1分册，中华书局1983年5月版，第169页。
[2] 只眼：《发刊词》，《每周评论》第1号，1918年12月22日。

部长以及日本两个特别代表组成的"十人会议"闭门商议决定,决定后再没有商量余地。一月二十八日,中国代表顾维钧在被通知列席的"十人会议"上说明中国在山东问题上的主张,然后等待"十人会议"讨论并作出结论。三月中旬,中国代表团又将反映中国迫切要求的七份备忘录送交"十人会议"。四月二十二日,美、英、法三国首脑约见中国代表团,由威尔逊向中国代表团谈了"十人会议"决定的方案:"日本将获有胶州租借地和中德条约所规定的全部权利,然后再由日本把租借地归还中国,但归还之后仍享有全部经济权利,包括胶济铁路在内。"威尔逊还说:"现在提出的这个解决方案,最高会议希望能被中国接受,它也许不能令中国满意,但是在目前情况下这已是所能寻求的最佳方案了。"中国代表团竭力争辩,要求由德国直接向中国归还夺去的权利。但争辩毫无效果,会议依然把"十人会议"的方案列入巴黎和会的对德和约。顾维钧在《回忆录》中写道:"以前我们也曾想过最终方案可能不会太好,但却不曾料到结果竟是如此之惨。至于日本,则是如愿以偿。"[1]

这件事给中国人的刺激太大了。特别是原来抱着很高热情期待的"公理战胜强权",至此竟全部化为泡影,强烈的反差使人们的愤怒近于沸点。陈独秀在五月四日出版的《每周评论》上写道:

> 巴黎的和会,各国都重在本国的权利。什么公理,什么永久和平,什么威尔逊总统十四条宣言,都成了一文不值的空话。

---

[1]《顾维钧回忆录》第1分册,第197、199页。

> 我看这两个分赃会议（引者注：另一个会议指当时国内正在举行的"南北和谈"），与世界永久和平、人类真正幸福，隔得不止十万八千里，非全世界的人民都站起来直接解决不可。[1]

在国内首先"站起来"的是青年学生。自从清末废科举、兴学堂以后，新式学堂有了很大发展。辛亥革命后这种发展在继续着。一九一二年的中学生有五万二千人，到一九一六年有六万以上。大学生人数没有多大增加，但学校状况和风气起了很大变化。拿北京大学来说，"一九一六年以前，校风还很腐败，学生年纪大的相当多，举人秀才在里面讲[读]书的也还有"。"大部分学生在外面寄宿、住公寓。学生不穿制服，也没有制服，一般是长袍马褂，时髦一点的穿长衫西装裤。""学生除读死书的外，打麻将牌、捧戏子、逛八大胡同，成为风气。"[2]一九一六年冬，蔡元培被任命为北京大学校长。他是一个开明的学者，本着"兼容并包"的宗旨，对学校锐意改革。在顽固守旧势力几乎笼罩一切的时候，提倡"兼容并包"实际上就为新社会力量在这所最高学府中取得一席之地打开了大门。他聘请陈独秀为文科学长、李大钊为图书馆主任，教员有胡适、钱玄同、鲁迅、梁漱溟、刘师培、黄侃、辜鸿铭等不同倾向的人。在蔡元培主持下，北京大学的面貌很快发生了变化，各种社团纷纷成立，思想空前活跃。学生还办起《新潮》《国民》等刊物。当时的北大学生杨晦回忆道：

---

[1] 只眼：《随感录》，《每周评论》第20号，1919年5月4日。
[2] 许德珩：《五四前的北大》，《五四运动回忆录》（上），第228页。

校内的学术思想活动和社会活动是很活跃的,特别是到了一九一八、一九一九年,随着政治上的变动和外交的吃紧,随着新旧思想的斗争的展开,就一天比一天开展,一天比一天活跃。平常,除了北京大学日刊每天出版外,还有在宿舍的影壁上、墙上,随时出现的海报、布告等,有人发出什么号召,就有人响应;说开会,就有人去。开会的地点,大些的会,在饭厅开的时候多,要说话的,站在板凳上就说起来。

北大当时还有一个特点,就是有什么活动,或有什么社团组织,一般都是放一个签名簿在号房,谁愿意参加就可以自由签名。[1]

对巴黎和会的进程,北大学生极为关注。当时北大学生中的积极分子许德珩回忆道:那时候,"'公理战胜强权''劳工神圣''民族自决'等名词,呼喊得很响亮,激动了每一个青年的心弦,以为中国就这样便宜的翻身了。一九一八年十一月到一九一九年四月,这一期间学生们真是兴奋得要疯狂了"。"大家眼巴巴在企望着巴黎和会能够给我们一个'公理战胜',那晓得奢望的结果是失望。"[2]原来过高的期望,使这种失望带来的痛苦格外强烈。

愤怒终于像火山那样爆发了。五月二日,许德珩从蔡元培校长那里知道中国在巴黎和会上失败的消息后,当天下午就约集各校学生代表在北大西斋饭厅开紧急会议。高工学生代表夏秀峰当场咬破手指,写下血书。会议决定第二天召开北大全体学生大会,并约北

---

[1] 杨晦:《五四运动与北京大学》,《五四运动回忆录》(上),第220页。
[2] 许德珩:《五四运动六十周年》,《五四运动回忆录》(续),中国社会科学出版社1979年11月版,第50、51页。

京十三个中等以上学校代表参加。这次大会决定五月四日齐集天安门举行学界大示威，并且要把白旗送到在对日外交中负有直接责任的曹汝霖、陆宗舆、章宗祥家中去。北大国民社和新潮社的学生还为游行准备了两个宣言，白话的由罗家伦起草，文言的由许德珩起草。白话宣言写道：

> 我们的外交大失败了！山东大势一去，就是破坏中国的领土！中国的领土破坏，中国就亡了！所以我们学界今天排队到各公使馆去要求各国出来维持公理，务望全国工商各界，一律起来设法开国民大会，外争主权，内除国贼。中国存亡，就在此一举了！今与全国同胞立两个信条道：中国的土地可以征服而不可以断送！中国的人民可以杀戮而不可以低头！国亡了！同胞起来呀！[1]

文言宣言中写道："山东亡，是中国亡矣！我同胞处此大地，有此山河，岂能目睹此强暴之欺凌我、压迫我、奴隶我、牛马我、而不作万死一生之呼救乎。"[2]

五月四日下午一时半，十几个学校的学生齐集天安门，人人手里拿着一面或两面白旗，上面写着"还我青岛""头可断青岛不可失""取消二十一款""誓死不承认军事协定""诛卖国贼曹汝霖陆宗舆章宗祥"等。集合的人数据京师警察总监吴炳湘的密电称："四日，北京大学等十数学校学生二、三千人，因青岛问题，在天安门

---

[1] 亿万：《一周中北京的公民大活动》，《每周评论》第21号，1919年5月11日。
[2] 龚振黄编：《青岛潮》附录一，《五四爱国运动资料》，科学出版社1959年4月版，第181页。

前集合，拟赴各使馆争议。"[1]他们在天安门集合了半个小时后就整队出发，先到东交民巷使馆区抗议，但被警察阻挡，相峙两个小时仍无法通过。愤激的学生自动改道到赵家楼胡同的曹汝霖家去。担任游行总指挥的北大学生傅斯年怕出意外，极力阻止，已经阻止不住了。学生到那里时，曹宅大门紧闭，还有警察把守。学生翻墙而入，曹汝霖藏匿未见，正在曹家的章宗祥被打。愤怒的学生临走还泼上汽油，点火焚烧。这就是著名的"火烧赵家楼"。军警逮捕了三十二名学生，其中北大学生二十人，包括许德珩、易克嶷、杨振声等。第二天，北京各大专学校总罢课，并通电各方请求支援。中学生也参加到爱国运动中来。九日，北大校长蔡元培辞职出走。十九日，北京中等以上学校学生再次总罢课，致书徐世昌总统，要求拒绝在和约上签字、惩办国贼等。学生在罢课后，组织讲演团，分组到街头做爱国讲演；并发动抵制日货，提倡国货。北京各校学生代表会议还推出代表许德珩、黄日葵到天津、济南、南京、上海等处宣传，呼吁支援爱国群众运动，声势日益扩大。六月三日，北京学生在街头讲演时被北洋政府逮捕一百七十八人。下一天，军警又拘禁学生七百多人。但这种高压只能收到相反的效果。第三天上街演讲的学生达到五千多人，社会影响更加扩大。学生的爱国行动得到越来越多各界人士的同情和支持。

从北京开始的五四爱国运动迅速推向全国。

上海是中国工商业最发达、工人力量最强大的城市，也是新式学校、文化机构集中的地方。仅上海租界内华人人口，一九一〇年为五十二万七千多人，一九二〇年已达到八十四万九千多人。[2]这

---

[1]《五四爱国运动档案资料》，中国社会科学出版社 1980 年 2 月版，第 185 页。
[2]《上海通史》第 9 卷，上海人民出版社 1999 年 9 月版，第 100 页。

里的一举一动，对全国有着左右局势的作用。北京五四运动的消息传到上海后，复旦公学的学生首先行动起来，同各方面联络。五月七日，上海学生和各界人士两万多人在公共体育场集会，抗议山东问题的失败、北洋政府的卖国和逮捕学生的行为。这样规模的抗议集会过去不曾有过。九日，是当年袁世凯承认"二十一条"的国耻纪念日，许多学校停课一天，许多工商业团体停业一天，许多戏馆和游艺场所停止演出一天，以示纪念。"沪城大小东门内各商号门前皆大书特书，声明'本号自今日起始终不售日货'等字样。"[1] 十一日，上海学联成立。二十六日，上海各校学生两万人举行总罢课。六月，全国学联也在上海成立。这是第一个全国性的学生组织。

六月三日北京学生大批被捕的消息传来，上海的爱国运动发展到一个新阶段：出现大规模的工厂罢工和商店罢市。那时，上海的产业工人近二十万人，加上交通运输工人、手工业工人和店员共达五十万人。五日上午，日本内外棉第三、第四、第五纱厂的工人首先罢工，其他工人相继响应罢工。据邓中夏《中国职工运动简史》记载："总共人数无确实统计，大概有六七万人。"[2] 中国工人开始以独立的姿态，以如此规模的行动，走上政治舞台。这又是中国历史上破天荒的大事。上海商店也陆续罢市。大规模罢工和罢市的出现，使上海爱国群众运动的规模和声势甚至超过北京。由于这个事件是由六月三日北京学生大批被捕引起的，人们常把它称为"六三运动"。

---

[1]《新闻报》1919年5月10日，转引自彭明《五四运动史》，人民出版社1998年12月版，第329页。

[2]《邓中夏文集》，第430页。

除上海外，据不完全统计，纷起响应的有江苏、浙江、安徽、江西、福建、直隶、山东、河南、山西、陕西、湖北、湖南、广东、广西、四川、云南、贵州、奉天、吉林、黑龙江等省，其中特别激烈的城市有济南、天津、武汉、长沙等。

在全国爱国群众运动的巨大压力下，北洋政府不得不在六月七日释放被捕学生，十日免去曹汝霖、陆宗舆、章宗祥的职务。对巴黎和约的签字问题，北洋政府不肯作出拒签的明确指示，签字一事由代表团自行决定。参加和会的中国代表团，最初要求在对德和约后附注中国对山东问题持保留态度，也遭到列强拒绝。据顾维钧说：这时，"在巴黎的中国政治领袖们、中国学生各组织，还有华侨代表，他们全都每日必往中国代表团总部，不断要求代表团明确保证，不允保留即予拒签。他们还威胁道，如果代表团签字，他们将不择手段"[1]。六月二十八日，巴黎和会对德和约签字，中国代表团拒绝出席这次全体会议，没有在该项和约上签字。

像五四运动这样席卷全国、具有如此声势和威力的爱国群众运动，在中国历史上不曾有过。

五四运动爆发前夜，中国大地似乎笼罩在一片黑暗中，北洋军阀中的皖系，在日本支持下控制着中央政府，正在叫嚷"武力统一"。孙中山一度想靠南方的势力反抗北洋军阀的统治，最后只能得出"南与北如一丘之貉"的结论，在上海闭门著书。革命正处在低潮中。环顾海内，仿佛没有什么足以同黑暗势力抗衡的力量。谁也没有想到，在原本相当沉默的民众中竟会爆发出如此惊天动地的大风暴来。

---

[1]《顾维钧回忆录》第1分册，第206、207页。

这以前，中国人民也发生过多次反对帝国主义和封建军阀的政治行动，可是它们或者是单纯的军事行动，或者是只有较少人参加的爱国活动。五四运动就大不相同了。它所牵动的社会面如此之广，表现出不达目的誓不罢休的顽强意志，使反动势力张皇失措。在严重民族危机的强烈刺激下，许多人忧愤填膺。他们聚在一起便畅谈国家面对的危局，一旦经历过五四这次大风暴的洗礼，在他们眼前便打开一个新的天地，带来从来没有的思想大解放，完全改变了他们的生活道路。

我们可以看看几个亲历者的自白。瞿秋白在五四运动后的第二年或第三年描述自己这场思想大变动的历程：

从入北京到五四运动之前，共三年，是我最枯寂的生涯。友朋的交际可以说绝对的断绝。北京城里新官僚"民国"的生活使我受一重大的痛苦激刺。厌世观的哲学思想随着我这三年研究哲学的程度而增高。

五四运动陡然爆发，我于是卷入旋涡，孤寂的生活打破了。最初北京社会服务会的同志：我叔叔瞿菊农，温州郑振铎，上海耿济之，湖州张昭德（后两位是我俄文馆的同学），都和我一样，抱着不可思议的"热烈"参与学生运动。我们处于社会生活之中，还只知道社会中了无名毒症，不知道怎么样医治，——学生运动的意义是如此，——单由自己的体验，那不安的感觉再也藏不住了。有"变"的要求，就突然爆发，暂且先与社会以一震惊的激刺，——克鲁扑德金说：一次暴动胜于数千百万册书报。同时经八九年中国社会现象的反动，《新青年》《新潮》所表现的思潮变动，趁着学生运动中社会心理的倾向，起翻天的巨浪，摇荡全中国。当时爱国运动的意义，绝不能望文生义的去解释他。中国民族几十年受剥削，到今日才感受殖民地化的况味。帝国主义压迫的切骨的痛苦，触醒了空泛的民主主义的噩梦。学生运动的引子，山东问题，本来就包括在这里。工业先进国的现代问题是资本主义，在殖民地上就是帝国主义，所以学生运动倏然一变而倾向于社会主义，就是这个原因。[1]

其他有着不同经历、处于不同地位而先后转到这条道路上来的先进分子越来越多。同盟会最早会员之一的吴玉章回忆五四运动时说：

> 这是真正激动人心的一页，这是真正伟大的历史转折点。从前我们搞革命虽然也看到过一些群众运动的场面，但是从来没有见到过这种席卷全国的雄壮浩大的声势。在群众运动的冲击震荡下，整个中国从沉睡中复苏了，开始焕发出青春的活力，一切反动腐朽的恶势力都显得那样猥琐渺小，摇摇欲坠。以往搞革命的人，眼睛总是看着上层的军官、政客、议员，以为这些人掌握着权力，千方百计运动这些人来赞助革命。如今在五四群众运动的对比下，上层的社会力量显得何等的微不足道。在人民群众中所蕴藏的力量一旦得到解放，那才真正是惊天动地、无坚不摧的。

---

[1] 瞿秋白：《饿乡纪程》，《瞿秋白文集·文学编》第1卷，人民文学出版社1985年1月版，第24—26页。

他接着还写道：

> 处在十月革命和五四运动的伟大时代，我的思想上不能不发生非常激烈的变化。当时我的感觉是：革命有希望，中国不会亡，要改变过去革命的办法。虽然，这时候我对中国革命还不可能立即得出一个系统的完整的新见解，但是通过十月革命和五四运动的教育，必须依靠下层人民，必须走俄国人的道路，这种思想在我头脑中日益强烈、日益明确了。[1]

沈雁冰（茅盾）也说："五四运动的大功劳，是解放思想。我自己就解放了思想。我抛弃了从前的'书不读秦汉以下，文章以骈体为正宗'的'信条'，把从前读过的经史子集统统置于高阁，开始钻研马克思主义，浏览欧洲十九世纪各派的文艺思潮，并努力翻译、介绍，这都是受了五四时期在北京出版的《新青年》的影响。只有看得多，才能比较，才能分辨出那些是正确的，那些是不正确的；只有这样自己探索出来的正确东西，自己才真正受用。"[2]

他们所说的，自然不只是他们个人思想变化的经过，而是相当程度上反映了当时中国许多先进分子共同的心路历程。

在五四运动的斗争高潮中，人们处于异常激动和兴奋的状态。斗争中新旧社会势力之间搏斗的场面，更把一系列尖锐的问题摆到人们面前。在经历过这样一场急风暴雨的冲刷后，下一步该怎么办？中国的出路究竟在哪里？这些问题使许多人激动的心情无法平息，迫使他们继续严肃地寻求答案。在运动高潮的那些日日夜夜

---

[1]《吴玉章文集》下卷，第1065、1066页。
[2]《五四时期老同志座谈会记录》，《五四运动回忆录》（续），第9页。

里，人们从原来宁静的以至孤寂的小天地里猛然惊醒过来，投身到火热的集体生活中，过着和以前不同的生活。当运动从奔腾澎湃的大潮中逐渐平伏下来时，一部分人回到自己原来习惯的生活轨道上去，而一些先进分子却转向更深层次的探索，并且和一些志同道合的伙伴聚集在一起，结成研究社会主义的团体。这就使马克思主义终于成为新思潮中的主流。

马克思主义成为新思潮的主流

马克思主义发展成为新思潮的主流，并不是一件容易的事情。

许多人在最初只是抱着一种空泛理想：现有这个恶浊的社会必须改造，应该建立起一个新社会来。但是，旧社会应该怎样改造？将要建立的新社会应该是怎样的？对这些他们又往往感到茫然，或者只有一些朦胧的、笼统的设想。有些刊物"虽然在理想上，憧憬着'未来的光明世界'，但'未来的光明世界'是什么？内容如何？用什么方法才可以达到？并无具体的说明"[1]。而且，那时人们所能看到的马克思主义书籍实在太少。李达回忆道："当时马克思、恩格斯的著作很少翻过来，我们只是从日文上看到一些。中国接受马克思主义得自日本的帮助很大，这是因为中国没人翻译，资产阶级学者根本不翻译，而我们的人又都翻不了。"[2]一九二〇年以前，马克思、恩格斯基本著作的中文全译本连一部也没有，列宁的文章还没有一篇被译成中文。在这种情况下，要真正懂一点马克思

---

[1] 孟默：《新文化运动在四川》，《五四运动回忆录》（续），第433页。
[2] 李达：《中国共产党成立时期的思想斗争情况》，《一大前后》（2），人民出版社1980年8月版，第52页。

主义，实在十分困难。

当时的进步分子中谈论社会主义的人很多，正像有人所说："譬如社会主义，近来似觉成了一种口头禅；杂志报章，鼓吹不遗余力；最近，则与社会主义素来不相干的人也到处以社会主义相标榜。"[1] 但是，了解马克思主义的人却很少。邓颖超回忆道："五四运动是思想解放运动，一解放，就像大水奔流。那时的思想，受到长期禁锢，像小脚女人把脚裹住；放开以后，不知怎样走路，有倒的，有歪的，也有跌跤的。那时是百家争鸣，各种思潮都有。"[2] "我们受十月革命的影响，当时也只听说苏联是没有阶级、没有人剥削人的社会。我们很向往这种光明的社会，同情广大劳苦大众，厌恶中国社会的黑暗。我们平常交谈的范围很广，无政府主义、基尔特社会主义都接触到了，但对这些我们都没有明确的认识，也不了解什么是马克思主义。"[3]

瞿秋白说："社会主义的讨论，常常引起我们无限的兴味。然而究竟如俄国十九世纪四十年代的青年思想似的，模糊影响，隔着纱窗看晓雾，社会主义流派，社会主义意义都是纷乱，不十分清晰的。正如久雍的水闸，一旦开放，旁流杂出，虽是喷沫鸣溅，究不曾自定出流的方向。其实一般的社会思想大半都是如此。"[4]

后来参加中共一大的刘仁静回忆说："那时，大家正在寻找国家的出路，追求真理，对社会主义还没有明确的认识。研究会的几十个会员中，除部分相信马克思主义以外，有的相信基尔特社会主

---

[1]《归国杂感》，《太平洋》第 2 卷第 6 号，转引自丁守和、殷叙彝《从五四启蒙运动到马克思主义的传播》，第 208 页。

[2]《五四时期老同志座谈会记录》，《五四运动回忆录》（续），第 10 页。

[3] 邓颖超：《回忆天津"觉悟社"等情况》，《一大前后》(2)，第 232、233 页。

[4] 瞿秋白：《饿乡纪程》，《瞿秋白文集·文学编》第 1 卷，第 26 页。

义，有的相信无政府主义。其实，在当时他们对基尔特社会主义和无政府主义，也没有什么研究，只是从杂志上看了一些有关宣传品，认为有道理，合乎自己的胃口，以后看见别的主张更好，有的也就放弃了自己原先的主张。"[1]

这时站在宣传马克思主义前列的，依然是李大钊。他在留学日本时就受到日本的著名马克思主义者、京都帝国大学教授河上肇的影响。同他一起在日本留学的好友高一涵说："他在日本时学的是经济学，但他对那时资本主义经济学总是不感兴趣，一看到河上肇博士介绍的马克思主义政治经济学的论著，就手不释卷。他从一九一七年俄国二月革命起，经过十月革命以后，一直在研究马克思主义的著作。"[2]

五四运动发生的下一天，是马克思诞辰一百零一年的纪念日。李大钊在《晨报副刊》开辟了"马克思研究"专栏，连续刊载《政治经济学批判序言》的摘译和《雇佣劳动与资本》的译文。《新青年》六卷五号出了"马克思主义研究专号"，它所收的文章很驳杂，但在这期和下一期连载的李大钊的《我的马克思主义观》，比较系统地介绍了马克思主义学说，特别是唯物史观和剩余价值学说。他写道：

> 自俄国革命以来，马克思主义几有风靡世界的势子。德、奥、匈诸国的社会革命相继而起，也都是奉马克思主义为正宗。
>
> 马氏社会主义的理论，可大别为三部。一为关于过去的理

---

[1] 刘仁静：《回忆五四运动、北京马克思主义研究会和党的一大》，《一大前后》(2)，第114页。
[2] 高一涵：《回忆李大钊同志》，《五四运动回忆录》(续)，第116页。

论，就是他的历史论，也称社会组织进化论。二为关于现在的理论，就是他的经济论，也称资本主义的经济论。三为关于将来的理论，就是他的政策论，也称社会主义运动论，就是社会民主主义。

他这三部理论，都有不可分的关系。而阶级竞争说恰如一条金线，把这三大原理从根本上联络起来。[1]

李大钊这篇文章，在很大程度上是依据河上肇的《马克思的社会主义的理论体系》写成的。文内一些译语也注明："从河上肇博士"。在这前后，《晨报》上连载渊泉（陈溥贤）译的《近世社会主义鼻祖马克思之奋斗生涯》《马克思的唯物史观》《马氏资本论释义》等，前两种也译自河上肇的论著。

这样，一些先进知识分子便开始认真研究马克思主义的学说。为什么这种学说对他们产生了特殊的吸引力？日本学者石川祯浩这样分析：

马克思主义通过唯物史观、阶级斗争论以及革命完成后将出现共产主义美满世界的预言，提供了根本解决的方法和对将要到来的时代的信心，从而引起了一场"知识革命"。五四时期，各种西方近代思想洪水般地被介绍进中国，其中，马克思主义将其综合体系的特点发挥到了极致。在这个意思上，马克思主义对于能理解它的人来说意味着得到了"全能的智慧"，而对于信奉它的人来讲，则等于找到了"根本性的指针"。在

---

[1] 李大钊：《我的马克思主义观》（上），《新青年》第6卷第5号，1919年5月。

旧有的一切价值被否定、而新的替代机轴尚未出现,因而混沌达于极点的五四时期的思想状况,由于马克思主义的出现,总算得到了一条坐标轴,变得异常简明起来。[1]

在国内,成为宣传马克思主义的中心有两个地方:一个是北京,一个是上海。

在北京,宣传马克思主义的基地是北京大学。那里是全国瞩目的传播新思想最活跃的地方,李大钊兼任着图书馆主任。在北京大学图书馆里有一部分马克思、恩格斯、列宁的著作及有关书籍,尽管都是外文的,在当时已算很难得了。北大学生中有不少人能够阅读一两种外文,图书馆里常常挤满了人,少数马克思主义书籍往往被借阅一空。休息室里,也成为青年们三五成群讨论马克思主义的地方。一九二〇年初,在李大钊主持下,北大一批青年学生组织了一个马克思学说的研究会。这个研究会最初没有公开。"开始是利用从北大图书馆借来的一部分马克思、恩格斯和列宁的著作以及与此有关的一些书籍,分别阅读。不懂外文的同志则请通晓外文者帮助他们。再过一个时期,又筹集了一些资金,买了一批书籍。学习的人渐渐多了,于是就在一九二一年十一月十一日的《北京大学日刊》上公开宣布,成立北京大学马克思学说研究会。"[2]列名这个会发起人的邓中夏、高君宇、黄日葵、罗章龙、刘仁静等,都是五四爱国运动的积极分子。

在上海,陈独秀从北京被放逐后来到这里,站到积极宣传马克思主义方面来。对翻译和宣传马克思主义做得比较多的是李达、陈

---

[1] [日]石川祯浩:《中国共产党成立史》,中国社会科学出版社2006年2月版,第2页。
[2] 朱务善:《回忆北大马克思学说研究会》,《一大前后》(2),第119、120页。

望道、李汉俊，他们都是从日本回国的留学生。陈望道"在日本留学归国时，带回一些马克思主义的书籍"[1]。他所翻译的《共产党宣言》是一九二〇年四月作为社会主义研究小丛书的第一种，由上海社会主义研究社正式出版。这是马克思主义基本著作在中国出版的第一个中文全译本。据陈望道、邵力子回忆：这年五月，在上海成立了马克思主义研究会，参加的除陈独秀、李达、陈望道、李汉俊外，还有邵力子、沈玄庐等。

马克思主义在国内其他地区的传播几乎都同北京、上海这两个中心点直接有关。

我们来看一看毛泽东。他是个农家子弟，比陈独秀小十四岁，属于更年轻的一代。辛亥革命湖南独立后，他曾投身新军，当过半年兵。以后在湖南第一师范学校毕业。一九一八年到北京，在李大钊担任主任的北京大学图书馆当助理员，在天安门前听过李大钊《庶民的胜利》的演讲。一九一九年春回到长沙。五四运动爆发后不久，他在长沙创办《湘江评论》。在《创刊宣言》中，他认为世界上民众联合的力量是最强的，大声疾呼要实行改革，借平民主义来打倒一切强权，但那时他的实行方法仍然是相当温和的。他写道："用强权打倒强权，结果仍然得到强权。不但自相矛盾，并且毫无效力。""所以我们的见解，在学术方面，主张彻底研究，不受一切传说和迷信的束缚，要寻着什么是真理。在对人的方面，主张群众联合，向强权者为持续的'忠告运动'。实行'呼声革命'——面包的呼声，自由的呼声，平等的呼声——'无血革命'，不至张起大扰乱，行那没效果的'炸弹革命''有血革命'。"[2]他还曾提

---

[1] 邵力子：《党成立前后的一些情况》，《一大前后》（2），第61页。
[2] 《毛泽东早期文稿》，湖南出版社1990年7月版，第293、294页。

倡工读主义，想在湖南长沙的岳麓山办一个新村，学生一面读书一面劳作，视学校如家庭，从而结成一个公共团体。他认为，可以先从这样的小范围内做起来，一步步地扩大，最终达到改造社会的目的。

他接受马克思主义是在到北京和上海去同李大钊、陈独秀等长谈并且阅读了一些中文的马克思主义书籍以后。他对美国记者斯诺讲过：

> 我第二次到北京期间，读了许多关于俄国情况的书。我热心地搜寻那时候能找到的为数不多的用中文写的共产主义书籍。有三本书特别深地铭刻在我的心中，建立起我对马克思主义的信仰。我一旦接受了马克思主义是对历史的正确解释以后，我对马克思主义的信仰就没有动摇过。这三本书是：《共产党宣言》，陈望道译，这是用中文出版的第一本马克思主义的书；《阶级斗争》，考茨基著；《社会主义史》，柯卡普著。到了一九二〇年夏天，在理论上，而且在某种程度的行动上，我已成为一个马克思主义者了，而且从此我也认为自己是一个马克思主义者了。
>
> 我第二次到上海去的时候，曾经和陈独秀讨论我读过的马克思主义书籍。陈独秀谈他自己的信仰的那些话，在我一生中可能是关键性的这个时期，对我产生了深刻的印象。[1]

他把马克思主义同那时他接触到的其他新思潮，特别是也自称

---

[1]［美］埃德加·斯诺：《西行漫记》，生活·读书·新知书店1979年12月版，第131—133页。

社会主义的思潮反复地逐一比较。一九二〇年十二月一日,他给蔡和森、萧子升并在法国的新民学会会友的信中,明确赞成蔡和森所主张的走俄国十月革命式的道路;而对"用平和的手段,谋全体的幸福"那种意见表示:"在真理上是赞成的,但在事实上认为做不到。"对英国学者罗素在长沙讲演中主张的"宜用教育的方法使有产阶级觉悟,可不至要妨碍自由,兴起战争,革命流血",也评为"理论上说得通,事实上做不到"。他得出结论:"我看俄国式的革命,是无可如何的山穷水尽诸路皆走不通了的一个变计。并不是有更好的方法弃而不采,单要采这个恐怖的方法。"[1]

比毛泽东更年轻的周恩来,五四前夜在日本求学时曾受过河上肇的影响,虽还不能说已成为马克思主义者。五四运动时,他是天津学生爱国运动的积极分子。主办过《天津学生联合会报》,参加"觉悟社",被北洋政府逮捕并拘禁了半年。出狱后到欧洲考察,对当时流行的打着社会主义旗号的种种思潮进行认真比较,最后下定决心:"我们当信共产主义的原理和阶级革命与无产阶级专政两大原则,而实行的手段则当因时制宜!""我认的主义一定是不变了,并且很坚决地要为他宣传奔走。"[2]

先驱者的思想经历是值得后人深思的。他们接受马克思主义,这个决心绝不是轻易下定的,更不是一时冲动或趋时行为,而是经过自己的深思熟虑,经过反复的比较和实践检验,最后才作出这个一生中最重要的选择。

科学和民主,是五四运动前夜的初期新文化运动中早已提出的响亮口号,在中国近代思想发展旅程中产生了巨大的进步作用。接

---

[1]《新民学会资料》,人民出版社 1980 年 9 月版,第 147、148 页。
[2]《周恩来书信选集》,中央文献出版社 1988 年 1 月版,第 40、41、46 页。

受了马克思主义的先进分子正是在这面大旗下继续奋斗,并且赋予它们以新的更加完整的内容。

他们反复地思考:怎样才是真正的民主,怎样才是真正的科学?中国民众的绝大多数是工人和农民,如果不到他们中间去,不充分考虑他们的利益和关心的问题,而把他们置于自己的视野之外,只停留在少数知识分子的狭小圈子里活动,那么,不管议论如何激烈,甚至也可以争得某些成果,仍然只是一部分人甚至是少数人的民主,谈不上真正广泛的人民民主。科学,最根本的是要符合实际,符合事物发展的客观规律,也就是实事求是。既不应当为陈腐的、过时的、僵化的旧教条所束缚,也不是单凭善良的愿望或学院式的推理就能解决,必须深深地扎根在中国社会的土壤中,脚踏实地地找到促进中国社会进步的切实办法,这自然比只在书房或会议室里高谈阔论要艰苦得多。民主和科学的对立物是专制和愚昧。而在旧中国,帝国主义和封建势力的统治是社会生产力发展和社会进步的最大障碍,是专制和愚昧的最深刻根源。如果不找到切实的办法扫除那些阻碍历史前进的反动的社会势力,改造社会,在此基础上逐步使现代化大生产替代以小生产为基础的旧社会结构,而单在文化等上层建筑领域内使力气,科学和民主的问题不管谈得多么热闹,仍是不能真正得到解决的。可以说,经过五四以后,人们对科学和民主的认识,比起以前来是更加深刻、更加切合实际了。他们是初期新文化运动的科学和民主思想的继承者和发扬者。

还有一些受过五四运动洗礼,仍然坚持科学和民主的信念但没有接受马克思主义的人,他们继续投身过一些民主政治运动,或从事过教育、科学、实业等方面的工作,主张"教育救国""科学救国""实业救国",成为很好的学者、教师或企业家,对中国社会的进步也作出过积极贡献。可是,他们没有找到解决中国社会问题的根本途径,所以没有能成为中国近代进步思想的主流,也没有能在推动中国近代历史前进中发挥主导作用。

五四爱国运动在严重民族危机的刺激下,像从天降落的狂飙一样,迅猛地席卷全国,从大城市直到偏僻乡镇。千百万人热血沸腾地为救亡图存而奔走呼号。人们不仅对祖国的命运充满忧患意识,并且勇敢地探索未来。一年内出版的刊物达四百种。第二年在全国就有了数目可观而接受马克思主义的先进青年,并且发起成立中国共产党,在南方领头的是陈独秀,在北方领头的是李大钊,当时被称为"南陈北李",他们都是五四运动的主将。这是一个前后相续而难以分割的完整的运动过程。在这个意义上,把五四运动称为中国民主革命新时期的开端,是合理的,也是符合实际的。

第五章　中国共产党的诞生

已经有那么多先进分子先后在时代潮流的激荡下奔集到马克思主义的旗帜下，从这里看到了中华民族的新希望；而祖国和人民的悲惨处境又驱使他们产生一种特殊的紧迫感，无法长时间地从事一般议论和研究，而要求尽快把志同道合的人集合在一起，投入改造中国社会的实际行动。这便是中国共产党所以会那么快创立起来的原因所在。

最早提出并推动在中国建立共产党的，正是陈独秀和李大钊。一九二〇年二月，陈独秀化装逃离北京时，由李大钊护送。高一涵在七年后说道：他们"在途中则计划组织中国共产党事"[1]。这件事虽有学者质疑，但高一涵同陈、李都是好友，交往密切，非一般道听途说可比；他的话是在一九二七年五月所说，也非多年后的回忆可比，似难轻易否定。

中国共产党的建立，得到列宁领导的共产国际的帮助。一九二〇年初，苏俄平定了西伯利亚地区的叛乱，帝国主义列强的入侵军队也被迫从这一地区撤走，中俄边境交通重新恢复。同年四月，俄共远东州符拉迪沃斯托克（海参崴）分局外国处派遣二十七岁的维经斯基来到中国。他到北京先见了李大钊。李大钊介绍他到上海去见陈独

---

[1]《中大热烈追悼南北烈士》，汉口《民国日报》1927年5月24日。

秀。李大钊对马克思的研究比陈独秀精深。而陈独秀有着烈火样的性格，往往更急于行动。这时，他的目光已更多地转向工人运动。《新青年》这年四月出版的第七卷第五号发表了五篇文章讨论"工读互助团"问题，特别是工读互助团失败的原因；五月出版的第六号是"劳动节纪念号"，发表介绍"五一"运动史，美国、日本、英国、俄罗斯劳动运动和上海、南京、唐山、山西、江都、长沙、芜湖、无锡、北京、天津等地劳动状况的文章。后一类文章，大体都是对当地工人状况，尤其是对他们的痛苦所做的比较系统而详细调查的材料，还有几十幅工人劳作的照片，包括未成年车夫停车喘息时的照片等。像这样集中地发表介绍中国工人状况的资料，以前还不曾有过，反映出中国工人运动问题已越来越受到人们重视，也反映出这些年中国社会结构和社会思潮已在发生很大变化。陈独秀在这一期上发表他在上海船务、栈房工界联合会上的演说：《劳动者底觉悟》。他说：

> 只有做工的人最有用最贵重。但是现在人的思想，都不是这样，他们总觉得做工的人最无用，最下贱，反是那不做工的人最有用最贵重。
>
> 世界劳动者的觉悟，计分二步：第一步觉悟是要求待遇，第二步觉悟是要求管理权。
>
> 各国劳动者第二步觉悟，第二步要求，并没有别的奢望，不过是要求做工的劳力者管理政治、军事、产业，居于治人的地位；要求那不做工的劳心者居于治于人的地位。我们中国的劳动运动，还没有萌芽，第一步觉悟还没有，怎说得到第二步呢？不过我望我们国里底做工的人，一方面要晓得做工的人觉

悟确有第二步境界,就是眼前办不到,也不妨作此想;一方面要晓得劳动运动才萌芽的时候,不要以为第一步不满意,便不去运动。[1]

《劳动者底觉悟》和以前发表的《吾人最后之觉悟》这两篇文章,都是陈独秀写的,都发表在《新青年》上。两篇文章相隔四年零两个半月,陈独秀的思想已发生多么大的变化!这自然不是只出于个人的原因,从中可以看出时代和中国社会嬗变的迅速。

中国共产党领导革命取得胜利,走的是"农村包围城市,武装夺取政权"的道路;但中国共产党不是从农村中产生,而是在城市里产生的。中国共产党的领导人,包括毛泽东、周恩来、刘少奇等,都是先在城市里从事工人运动,然后再到农村中去领导农民运动和游击战争的。这一条十分重要。没有它,就只能产生旧式的农民战争,而且也不可能取得胜利,这是几千年来的中国历史一直到太平天国的事实所证明了的。

中国共产党的领导人都是知识分子,而不是工人。党的成员,在它成立时只有一个工人,就是在上海江南造船厂做工的李中,其他都是知识分子。为什么称这个党为工人阶级先锋队呢?(解放前的工人阶级和"无产阶级"是一回事)确定什么人是哪个阶级的政治代表,并不取决于它的出身或本人成分,而是取决于它代表着哪个阶级的根本利益,是用哪个阶级的思想来观察和处理周围的一切。

工人阶级(不是说每个工人)的基本优点有三点:第一,同最

---

[1] 陈独秀:《劳动者底觉悟》,《新青年》第7卷第6号,1920年5月1日。

先进的经济方式相联系；第二，富于组织性、纪律性；第三，没有私人占有的生产资料，也就是靠自己的劳动为生。这种社会力量，是中国古代社会中所没有的，在近代社会中也是经过一个相当漫长的过程才形成和逐步壮大的。这三条基本优点是它同其他阶级相区别的地方：同最先进的经济方式相联系，就和封建社会留下的地主和农民相区别；富于组织性、纪律性，就和小生产者和小资产阶级相区别；没有私人占有的生产资料，就和地主、资产阶级等一切剥削阶级以及其他小私有者相区别。在很远未来的理想社会中，其他阶级都要消亡，所有人都将成为工人阶级的一分子，包括脑力劳动者和体力劳动者，而这两者之间的界限也将逐渐消失。共产党代表的就是这个阶级（最后也就是整个人类）的根本利益。对工人阶级先锋队每个成员的要求，就是应该具有工人阶级的这三个基本优点。毛泽东、周恩来、刘少奇等中共领导人后来到农村去领导农民运动和游击战争时，他们的思想是代表先进社会生产力的工人阶级的思想，有着远大的眼光和很强的组织力，而不是农民意识。他们要求用工人阶级思想来改造农民，反对各种非无产阶级思想意识。这是同旧式农民战争区别的根本所在，也是它最终能取得胜利的关键所在。

发起建立中国共产党

中国共产党的建立是什么时候正式发起的？最早参加这个发起活动的是哪些人？对这个问题，有着不同的说法。最可靠的材料，是共产国际中共代表团档案中保存的一份写于一九二一年的不具名的俄文档案《中国共产党第一次代表大会》。它写道："中国的共产主义组织是从去年年中成立的。起初，在上海该组织一共只有五个人。领导人是享有威望的《新青年》的主编陈同志。"[1]这位"陈同志"无疑是指陈独秀。

能够同它相印证的，是施复亮（即施存统）在一九五六年口述并改定的一份材料。他说：一九二〇年"六月间，陈独秀、李汉俊等筹备成立中国共产党，无政府主义者沈仲九、刘大白等也参加了。当时，第三国际代表维经斯基在上海，主张成立共产党。由陈独秀、李汉俊、俞秀松、施存统、陈公培（无名）五人，起草纲领十余条。陈公培抄了一份到法国，我抄了一份到日本。后来，陈望道、邵力子、沈雁冰等都参加了小组"。他又说："陈独秀、俞秀松、李汉俊、施存统、陈公培五人，开会筹备成立共产党，选举陈独秀为书记，并由上述五人起草党纲。"[2]再看他在一九二七年的一篇文章中讲道："我是一个老共产党员，当一九二〇年五月间陈独秀、戴季陶诸先生发起组织共产党时，我便在内。"[3]这里提到戴季陶，从陈公培的回忆材料看，指的是戴参加了沈仲九、刘大白等也在的那次关于筹备成立中国共产党的谈话，并不是说戴是中国共产主义组织的最早成员。而施在一九二七年谈到的时间是"五月"，应该比他近三十年后所讲的"六月"要准确。张太雷在一九二一年春向共产国际远东书记处的报告中也说："中国最初的共产主义支部，是于一九二〇年五月在上海和北京组织起来的。"[4]他们所拟的党纲没有保存下来，据一九二〇年八月回国的李达说："首先拟定一个

---

[1]《中国共产党第一次代表大会档案资料（增订本）》，人民出版社1984年10月版，第11页。
[2] 施复亮：《中国共产党成立时期的几个问题》，《一大前后》（2），第34、35页。
[3] 施存统：《悲痛中的自白》，《中央副刊》第157号，1927年8月30日。
[4]《张太雷向共产国际远东书记处的报告》，《青年共产国际与中国青年运动》，中国青年出版社1985年12月版，第42页。

类似党章的东西,是由李汉俊用两张八行格纸写的。所谓党纲,只有'劳工专政,生产合作'八个字。首次决议,推陈独秀担任书记,函约各地社会主义分子组织支部。"[1]

组织的名称,经陈独秀、李大钊商议后,确定叫共产党,而不叫社会党。这个组织一成立,便成为创建中国共产党的活动中心。

在它的推动下,党的早期组织在各地相继成立。北京是在李大钊推动下创建的,最初的成员还有张申府、张国焘两人,当时取名为"共产党小组",不久又陆续发展了邓中夏、罗章龙、刘仁静、高君宇、何孟雄、陈为人等,他们大多是北大的进步师生,便成立"共产党北京支部",由李大钊任书记。武汉的早期组织,是李汉俊从上海来同董必武等商议、陈独秀又派刘伯垂到武汉推动后建立起来的,当时取名为"共产党武汉支部",参加的有董必武、陈潭秋、包惠僧等。长沙的组织是毛泽东创立的,他同陈独秀、李大钊都有联系,最早的成员还有何叔衡、彭璜等。广州的组织,是陈独秀从上海到广州后同谭平山、陈公博、谭植棠等联系后建立的,他们大多原来是北大的学生,取名为"广州共产党"。济南的组织,是李大钊派陈为人到济南同王尽美、邓恩铭取得联系后建立的。留日学生中最初只有两个党员(施存统、周佛海),都是在上海入党的。旅法人士中原有三个党员(张申府、陈公培、赵世炎),是分别在北京、上海入党的,以后又发展了周恩来、刘清扬等。

党的早期组织建立后,除发展组织外,主要做了三件事:建立中国社会主义青年团,进行马克思主义的宣传,开始投身工人运动。

---

[1]《李达自传》,《党史研究资料》1980年第8期。

第一件是建立中国社会主义青年团。当时，接受马克思主义、愿意积极投身社会革命的，以青年学生为多。因此，党的早期组织重视建立青年团的工作是十分自然的。它的成立经过，据一九二二年五月召开的团的一大文件说："一九二〇年八月某日，上海有八个青年社会主义者，为实行社会改造和宣传主义起见，组织了一个团体，这团体叫做上海社会主义青年团。上海社会主义青年团成立不久，北京、广州、长沙、武昌等处就有同样的团体发生，与上海的团体相响应。于是中国社会主义青年团就宣告成立。那时的中国社会主义青年团，只不过带有社会主义的倾向，并没确定了那一派的社会主义。所以分子就很复杂：马克思主义者也有，无政府主义者也有，基尔特社会主义者也有，工团主义者也有，莫名其妙的也有。"[1]另据中国社会主义青年团代表（俞秀松或张太雷）在一九二一年七月召开的青年共产国际第二次代表大会上的报告说："第一个青年团创建于上海，其原则是准备社会革命。起初这个团叫青年社会革命党，只是在第九次会议之后才改变了团的名称。在这次会上讨论改变团的名称问题时，一部分有无政府主义思想的成员退出了组织。一九二〇年八月二十二日，社会主义青年团举行了一次正式会议，其成员全是共产主义者。此后，在许多大城市也逐渐成立了这样的青年团。"[2]最早的社会主义青年团成员有施存统、沈玄庐、陈望道、李汉俊、金家凤、袁振英、俞秀松、叶天底八人。不久，就从党举办的上海外国语学社中发展了任弼时、罗亦农、萧劲光、任作民、王一飞、柯庆施、彭述之等，刘少奇是在湖南入团

---

[1]《中国社会主义青年团第一次全国代表大会文件》，《中国青年运动历史资料》(1)，中国新民主主义青年团中央委员会办公厅 1957 年 3 月版，第 124 页。

[2]《青年共产国际第二次代表大会》，《青年共产国际与中国青年运动》，第 52 页。

后再到外国语学社的。

第二件是宣传马克思主义。在进行建党准备工作时,《新青年》曾暂时停刊。一九二〇年九月,《新青年》又出版第八卷第一号,逐渐成为党掌握的刊物,最初的内容仍很驳杂,虽辟了"俄罗斯研究"等专栏,但第一号也登载了杜威演讲录,第二号和第三号更以大量篇幅着重介绍在中国讲学的罗素的学说。十一月七日创刊的《共产党》就不同了。它不仅公开打出"共产党"的旗号,内容也是宣传党的主张。在它的第一号卷首代发刊词的《短言》中写道:

> 经济的改造自然占人类改造之主要地位。吾人生产方法除资本主义及社会主义外,别无他途。资本主义在欧美已经由发达而倾于崩坏了,在中国才开始发达,而他的性质上必然的罪恶也照例扮演出来了。代他而起的自然是社会主义的生产方法,俄罗斯正是这种方法最大最新的试验场。
>
> 要想把我们的同胞从奴隶境遇中完全救出,非由生产劳动者全体结合起来,用革命的手段打倒本国外国一切资本阶级,跟着俄国的共产党一同试验新的生产方法不可。
>
> 一切生产工具都归生产劳动者所有,一切权都归劳动者执掌,这是我们的信条。[1]

同一个月,党的早期组织还写了一份《中国共产党宣言》。这份宣言没有向外发表,只是作为收纳党员的标准,后来留下一份英文稿保存在共产国际中共代表团的档案中。它的内容同《共产党》

---

[1]《短言》,《共产党》第1号,1920年11月7日。

的《短言》基本一致。一九五八年，它的中译稿在中共中央办公厅的内部刊物上刊出，毛泽东看后写了一段批语：

> 不提反帝反封建的民主革命，只提社会主义的革命，是空想的。作为社会主义革命的纲领则是基本正确的。但土地国有是不正确的。没有料到民族资本可以和平过渡。更没有料到革命形式不是总罢工，而是共产党领导的人民解放战争，基本上是农民战争。[1]

党的早期组织做的第三件事，是开始投身工人运动。他们出版的供工人阅读的通俗刊物，有上海的《劳动界》、北京的《劳动音》、广州的《劳动者》、济南的《济南劳动月刊》等。在他们推动下，十一月二十一日成立了上海机器工会。正在上海的孙中山同陈独秀等一起参加了它的成立大会，并作了长达两小时的讲演。但这个工会的实际活动是相当温和的。中国共产党领导的工人运动真正开展起来，那是在党的一大和"中国劳动组合书记部"成立以后的事情。

在这个时期，建党所需要排除的主要思想障碍是无政府主义。

在当时的进步思想界中，无政府主义曾一度占有优势。这并不奇怪。中国是一个小资产阶级数量众多的国家。人们最初接受社会主义思潮时，对社会主义大多缺乏科学而明晰的了解。无政府主义者往往也打着"社会主义"甚至"共产主义"的旗号。他们提出的那些"绝对平等""绝对自由""反对任何权威"等主张都是以个人为中心的，很适合当时一些对黑暗现实极端不满、急于改变个人处

---

[1]《中国共产党第一次代表大会档案资料（增订本）》，第1页。

境而又缺乏实际社会经验的知识青年的口味，因而有很广泛的市场。他们认为这才是最痛快、最彻底、最激进的新思潮。它在初期对冲击各种旧思想（特别是封建专制思想）对人们的束缚起过某些积极作用，但是要取消对个人的任何约束在现实社会生活中却是不切实际的空想，并且对集体起着严重的涣散作用。

五四运动前，无政府主义思潮曾经有过两次活跃的时期：一次是一九〇七年，在东京出版了《天义报》，在巴黎出版了《新世纪》，它同当时日本和法国无政府主义思潮相当流行直接有关；另一次是民国创立前后，师复等在广州成立晦鸣学舍，一九一三年还出版了《晦鸣录》周刊（第三号起改名为《民声》）。但这两次的社会影响都不大，不久就低沉下去了。初期新文化运动兴起后，思想界空前活跃，人们热心关注各种新思潮，无政府主义思想又重新抬头。它的主要代表人物是黄凌霜、区声白。中国共产党建党初期，一些无政府主义者也参加到早期党组织中来，这种状况在广州和北京更为突出，在内部制造了许多纠纷。一九二一年三月，无政府主义者的主要刊物《民声》在停刊四年多后复刊，并且越来越多地把攻击矛头指向马克思主义。它写道："我们要明白时下的所谓共产党，却与期求'无统治的自由社会、各尽所能各尽（取）所需的共产制度'的无政府共产党完全不同。"[1]它还写道："从上边给予民众甚至制度呀，组织呀，都很不好，勉强制成机械的共产主义决不生好结果。使民众自身任意组织建设一切罢：用国权去干涉总是坏事。真正自治是由民众任意建设来的。总而言之，俄罗斯革命对破坏是成功的，对建设是失败的。""我们的原理很是单纯明了的：排斥所有

---

[1]《正名》，《民声》第31号，1921年4月15日。

的压制和窘迫，向自治方面进行的，就是企望自由社会的实现。"[1]

这种无政府主义思想很早就受到马克思主义者的反对。蔡和森一九二〇年八月从法国给毛泽东写信说："我以为现世界不能行无政府主义，因为现世界显然有两个对抗的阶级存在，打倒有产阶级的迪克推多，非以无产阶级的迪克推多压不住反动，俄国革命就是个明证。"[2]《民声》复刊后不久，《共产党》在《短言》中就很客气地批评道："我们并不是说无政府主义理想不好，只觉得他的玄虚已去西方阿弥陀佛不远了。人性中恶的部分一天不消灭净尽，裁制人的法律、军队便一天不可少。"[3]下一期，它又发表一篇《无政府主义之解剖》，写道："能够成为无政府主义的，只有个人主义。""至于强制，程度虽有不同，而在某时期，却有行使的必要。""我奉劝我们相信无政府主义的朋友们，总要按照事实上理论上去为有效的努力，不要耗费有益的精神。""要干这种革命事业，必定要具有一种能够作战的新势力方能办到的。说到这里，我要推荐马克思主义了。"[4]

在这场论战中，马克思主义者进一步阐明：被压迫民众在斗争中如果不能凝聚成一股有着共同理想和严格纪律的万众一心的巨大力量去战胜压迫者，就只会使自己停留在一盘散沙和软弱无力的状态，再美好的愿望也会成为空谈。这些看法是很正确的。在理论上论战的同时，组织上也出现分化和重新组合，许多无政府主义者退出了党，也有些一度信奉无政府主义的进步青年认识上有了转变，

---

[1]《评平民的独裁政治》，《民声》第32号，1921年5月15日。
[2]《蔡和森文集》，人民出版社1980年3月版，第51页。
[3]《短言》，《共产党》第3号，1921年4月7日。
[4] 江春：《无政府主义之解剖》，《共产党》第4号，1921年5月7日。

成为真正的共产主义者。张太雷一份报告中提到而至今尚未弄清的中共在一九二一年三月召开"各组织代表会议"如果可靠的话，它的主要内容也是排除无政府主义者出党。总之，反对无政府主义的斗争是建党过程中的一件大事。没有这样一场斗争，要建立起一个真正具有战斗力的党是不可能的。

中国共产党早期组织的成员几乎全是知识分子，包括一些青年学生。他们经过五四运动的洗礼，从爱国救亡的强烈要求出发，痛感现存社会的恶浊和不合理，要求从根本上改造这个社会。他们经过反复的比较推求，认定必须走社会主义的道路，接受了马克思主义。他们从事实的教训中认识到，单靠个人的力量绝不能实现社会的改造，必须把有着相同志向的人结合成一个有组织的有严格纪律的坚强有力的集体，齐心合力去做；否则，就只能停留在空谈上，不可能真正撼动旧社会的根基。恽代英在《学生加入政党问题》中写道：

> 我们想罢！政治、经济上根深蒂固的恶势力，是我们这种乌合之众所能敌抗的么？一切复杂的纠纷的政治问题，是我们粗浅的常识，所能帮助我们解决的么？
>
> 古人亦说，一木难支，众擎易举。在同样为国家的紧要关头，大家都以为各不相统率，各不相帮助，是正当合理的办法，这亦不可解得很了。
>
> "联合起来便是力量。"真诚爱国的青年注意罢！我们为国家的原故，必须要联合。我们的分离，是仇敌的幸运。[1]

---

[1]《恽代英文集》上卷，人民出版社1984年5月版，第383页。

因此，他们中许多人在经历了痛苦的自我斗争后，心甘情愿地准备牺牲原被他们看作至高无上的某些个人自由，甚至在必要时献出自己的生命。这当然不是什么受到外来力量的支配，而是他们自己深思熟虑和反复权衡的结果。如果离开当时中国那种令人无法忍受的黑暗环境，离开严酷的现实不断地给予人们的异常强烈的刺激，便不可能懂得这一切是怎么会发生的，而作出一些皮毛的或错误的解释来。

这时，先进分子中还有不少人同样也在考虑建立共产党的问题。正在法国勤工俭学的蔡和森在一九二〇年八月十三日给毛泽东写信说：

> 我以为先要组织党——共产党。因为它是革命运动的发动者、宣传者、先锋队、作战部。以中国现在的情形看来，须先组织他，然后工团、合作社，才能发生有力的组织。革命运动、劳动运动，才有神经中枢。[1]

在湖北，一九二一年夏季恽代英召集五四后不久成立的武昌利群书社社员和接近者开会。参加会议的廖焕星回忆："会议举行了三天，一致拥护无产阶级专政，拥护无产阶级在革命中的领导权，拥护苏维埃，赞成组织新式的党——布尔什维克式的党，并提议要组织的团体叫做'波社'（波尔什维克）。""宣言与社章都系恽代英同志的手笔。不久，我们知道了中国共产党已成立，代英同志立即号召加入，结束利群书社。"[2]

---

[1]《蔡和森文集》，第51页。
[2] 廖焕星：《武昌利群书社始末》，《一大前后》（2），第301页。

在四川，吴玉章、杨闇公等也自动成立过一个中国青年共产党。吴玉章在延安整风时所写的自传中说道：

> "经过辛亥革命失败后的长期实践"，我得了两个教训：一个是不彻底推翻封建军阀，绝不能讲求改革，这就是说不革命不能建设新的社会；一个是没有革命的党，只是乌合之众绝不能成事，这就使我坚决地相信列宁的革命理论和组织列宁的、斗争的、革命的党是必要。[1]

那时四川的对外交通十分闭塞，他们还不知道外面已有了共产党组织。后来，吴玉章到了北京，见到赵世炎，了解到中国共产党成立的经过和活动情况，就在这时正式加入了中国共产党，并写信到四川去，要杨闇公等把中国青年共产党取消，它的成员个别地加入中国共产党。

这些事实说明：在中国建立共产党，绝不只是少数几个人的想法，也不是只靠外来因素造成的，而是许多先进分子当时的共同要求，是客观局势发展到这一步时的产物，是有它的必然性的。

中共第一次全国代表大会

尽管建党工作已在积极进行，许多地方已经相继建立起组织，不少组织已把共产党作为自己的名称，但它们分散在各地，并没有形成全国性的统一的党，没有中央领导机构，也没有一个共同的纲

---

[1] 《吴玉章文集》下卷，第1301、1302页。

领和步调一致的实际工作计划。召开中国共产党第一次全国代表大会，正是为了解决这个根本性问题。经过一年的酝酿和准备，召开这次大会的条件已经成熟。

中共一大召开的时间和参加的代表有多少人，是一个很长时间内没有弄清或有争议的问题。最可靠的材料是共产国际中共代表团档案中保存的一份写于一九二一年的俄文档案《中国共产党第一次代表大会》。它写道："代表大会定于六月二十日召开，可是来自北京、汉口、广州、长沙、济南和日本的代表，直到七月二十三日才到达上海，于是代表大会开幕了。参加大会的有十二名代表，他们来自七个地方（包括上海），两个地方各有一名代表，五个地方各有两名代表。"[1]日本学者石川祯浩认为，其中的"六月二十日"当为七月二十日的误写。中国学者邵维正考定大会开幕的日子就是这份档案中所写的七月二十三日。这份档案清楚地写明：代表人数是十二人，各有一名代表的两个地方应当是广州和日本，其他五个地方各有两个代表。

一大是二十三日晚上在上海法租界望志路一百零六号（现兴业路七十六号）李汉俊的哥哥李书城家里开幕的。参加的人除代表全国五十三个党员的十二个代表外，还有共产国际代表马林、共产国际远东书记处代表尼克尔斯基和正在广东的陈独秀派来参加的包惠僧。三十日晚上，法租界巡捕突然来搜查会场。因此，会议最后一天是在浙江嘉兴南湖一艘游艇上结束的。

中共一大着重讨论的，是制定纲领和实际工作计划。

大会通过的纲领，第一条写明："本党定名为'中国共产党'。"

---

[1]《中国共产党第一次代表大会档案资料（增订本）》，第11页。

把中国共产党这个名称正式确定下来，反映出它已成为一个全国性的统一的党。对党的纲领，规定了四条：

（1）革命军队必须与无产阶级一起推翻资本家阶级的政权，必须支援工人阶级，直到社会的阶级区分消灭为止；

（2）承认无产阶级专政，直到阶级斗争结束，即直到消灭社会的阶级区分；

（3）消灭资本家私有制，没收机器、土地、厂房和半成品等生产资料，归社会公有；

（4）联合第三国际。[1]

这表明，中国共产党从建党一开始就旗帜鲜明地把社会主义和共产主义规定为自己的奋斗目标，并要以革命的手段来实现这个目标。他们抱有高尚的理想。但这个纲领没有分析中国社会的现实状况，没有对党在现阶段的基本任务作出明确而恰当的规定，说明这个党还很幼稚，对中国具体国情缺乏深刻的了解，也部分地反映出党内对这些问题还缺乏共识，难以形成为大家共同接受的明确表述。艰难的探索只是刚刚起步。对一个刚刚诞生的党，存在这种状况是可以理解的。

关于党的实际工作计划，在一大有关工作计划的六条决议中，最引人注目的是把工人运动放在全部工作中的首要地位。六条决议有三条的内容是这方面的。其中，第一条规定："本党的基本任务是成立产业工会。"第三条规定："因工人学校是组织产业工会过程

---

[1]《中共中央文件选集》第1册，中共中央党校出版社1989年8月版，第3页。

中的一个阶段，所以在一切产业部门均应成立这种学校"，"学校的基本方针是提高工人的觉悟，使他们认识到成立工会的必要"[1]。

在这个幼年的党看来，事情似乎很简单：既然它是工人阶级的党，它的基础自然应该完全建立在工人阶级上，它的力量应该集中到对工人的宣传和组织工作中去，以此作为在中国建设一个新社会的根苗。他们多少也觉得要开展农民和士兵运动，但那时总共只有五十多个党员，力量和能够开辟的工作面很有限，对这些只能先放一下再说。

一大选出了中央局作为领导机构，由陈独秀、李达、张国焘组成，由陈独秀任书记。各地的早期党组织相继改组成中央局领导下的地方委员会或区委员会。这些是原来所没有的。一个全国性的统一的中国共产党就这样建立起来了。

一大的十二个代表，年龄最长的四十五岁，最轻的十九岁，平均二十八岁，作为湖南代表之一的毛泽东还没有满二十八岁。陈独秀和李大钊恰好有事，一个在广州，一个在北京，没有来参加这次大会，参加会议的这些代表都是社会上还不知名的"小人物"。这些年轻人以改天换地的豪迈气概，一心要在中国这块古老的国土上创立一个崭新的合理的社会。二十八年后，革命在全国范围内取得胜利，并开始建设新社会的实际探索。这个事实有力地表明：凡是符合历史潮流发展的新事物，尽管最初力量很小，尽管在成长进程中难以避免种种困难和挫折，会经历一些迂回曲折的道路，但它终究是任何陈腐力量阻挡不住的。

这个队伍在前进过程中，也经历了分化和重新组合。拿一大的

---

[1]《中共中央文件选集》第1册，第6、7页。

十二个代表来说,有的始终坚持下来,成为党的领导人,如毛泽东、董必武;有的英勇地牺牲了;有的中途脱离党;有的成为党的叛徒,如张国焘、陈公博、周佛海。有如大浪淘沙,党正是在这个进程中,变得坚强有力。

也许从今天看来,中国共产党在一大时迈出的只是漫长旅途上的第一步,而且显得那样稚嫩。但这却是决定性的一步,有如一声春雷,震醒了原来冰封的大地。中国共产党从一开始就有着几个鲜明的特点:一是它旗帜鲜明地用科学的理论——马克思主义来观察和分析中国的问题;二是下决心深入下层,到占中国人口最大多数的劳苦大众中去做群众工作;三是要求建立严格的纪律以达到行动的一致。这些是中国以往任何政党不曾有过的。它给中国的社会生活带来全新的东西。它日后发展的迅猛,也许是创始者自己都难以料到的。

制定民主革命纲领

中国共产党成立后,最重要的任务是要学习运用刚学到的科学理论来观察和分析中国面对的实际问题。一九二二年一月创刊的《先驱》在《发刊词》中写道:"本刊的第一任务是努力研究中国的客观的实际情形,而求得一最合宜的实际的解决中国问题的方案。"它还写道:"我们要知道那不就客观的实际情形研究,而徒凭个人主观的思想想改造社会的人,他们的罪恶在实际上与反动派保守派没有什么分别。(虽然我们可以原谅他的心迹。)"[1]这最后一句话自

---

[1]《发刊词》,《先驱》半月刊创刊号,1922年1月15日。

然说得太过分了，但它批评那种现象是说得很中肯的，说出如此过分的话在某种程度上也反映出他们力求研究中国的客观实际情形、避免凭"个人主观的思想"去改造社会的那种决心。这在认识上无论如何是又跨前了一步。

当时"中国的客观的实际情形"中，最突出的现象是：军阀割据和军阀混战日益剧烈，给民众带来极大痛苦。这种状况比五四时期更为严重。

在一九二〇年至一九二二年之间，发生了两次全国性的牵动全局的大战。它们都发生在北洋军阀内部，目的是争夺对中央政府的控制权。这反映出袁世凯死后北洋军阀已越来越陷于分崩离析中。这种混乱局面在当时使人们感到极大的痛苦，其实正说明旧有的统治秩序已越来越无法维持下去了。这两次大战，一次是一九二〇年的直皖战争，一次是一九二二年的第一次直奉战争。

为什么这些军阀不惜用战争手段来争夺对中央政府的控制？至少有两个原因：第一，从中国传统观念来看，中央政府居于合法的正统地位，它的号令能得到比较多人的认可。人们常说："名不正则言不顺，言不顺则事不成。"一些权臣如果不是自己"黄袍加身"，也总要"挟天子以号令诸侯"。同样是封官许爵，由中央政府授予的似乎就比地方势力授予的或自封的要值钱得多。第二，中央政府受到外国承认，有对外签订条约的权力，可以向列强借款。关税和盐税是财政收入的两大来源，当时都已由外国控制作为支付赔款的保证，外国取走后的余额称为"关余"和"盐余"，拨给中央政府。谁控制了中央政府，既可用名位来笼络地方势力，又可有饷源来扩充自己的兵力，自然引起具有较大实力的军阀的垂涎和争夺。

五四运动时，北洋政府的总统是徐世昌，实际权力掌握在皖系军阀首领段祺瑞手中。他不但操纵督军团等不断兴风作浪，而且利用日本借款组训由他直接控制的参战军（欧战结束后改称边防军），一时权倾中外，威势仿佛如日中天。但民众对他的不满也与日俱增。这种不满集中在两个问题上：一是他对外勾结日本军国主义势力。他练成的参战军，共三万多人，钱主要靠西原借款，装备的是日本武器，教练、军需官、顾问有日本人。更使人们愤慨的是，在他主持下同日方秘密签订军事协定，直接导致巴黎和会上的失败。二是段祺瑞对内力主"武力统一"，向南方作战，造成兵连祸结，民不聊生。连英国驻华公使朱尔典也说："中央政府屡借外债，举凡国家所有可以抵押者均已抵押殆尽。此款尽充军费，而未收丝毫实效，万非长久之计。"[1]而段最亲信的徐树铮飞扬跋扈，目无他人，总要独吞一切权益，也引起军阀内部直系和奉系越来越强烈的不满。正当皖系势力仿佛达到权力巅峰的时候，其实已日益自我孤立，伏下了大失败的种子。

直系军阀在冯国璋病死后，由直隶督军曹锟代为首领。他最倚仗的是第三师师长吴佩孚。吴是秀才出身，严于治军，能征善战，又擅用政治手腕。南北战争开始时，他奉北京政府之命，率部直下长沙、衡阳，直逼广东，造成很大震动。但段祺瑞却把湖南督军的职位授予并无战功的皖系将领张敬尧。张敬尧在湖南的残暴统治引起天怒人怨。毛泽东等发动"驱张运动"，得到湖南社会各界支持。吴佩孚到衡阳后，便顿兵不进，同南方势力相联络，在一九二〇年五月自动撤防北上。七月十三日，吴佩孚通电指名痛斥段祺瑞：

---

[1] 叶恭绰：《一九一九年南北议和之经过及其内幕》，《北洋军阀史料选辑》（下），中国社会科学出版社1981年6月版，第22页。

自古中国严中外之防，罪莫大于卖国，丑莫重于媚外。穷凶极恶，汉奸为极。段祺瑞再秉国钧，认贼作父，始则盗卖国权，大借日款以残同胞，继则假托参战，广练军队以资敌国，终则导异国之人，用异国之钱，运异国之械，膏吾民之血，绝神黄之裔，实敌国之忠臣、民国之汉奸也。[1]

对段祺瑞的这些痛快淋漓的斥责，是很得人心的，使吴佩孚顿时名噪一时，被许多人看作"爱国军人"。七月十四日，直皖战争在北京以南的铁路沿线展开。皖系主力是边防军三个师和第五、九、十五师约三万七千人，直系主力是第三师和四个混成旅约二万七千人。[2]皖系军队人数多，装备精良，但成军不久，缺少实战经验。直系军队战斗力强。战争进行了五天，直军取胜，奉军两个师也大举入关协助直军作战。皖系在战争中失败，政治上的势力也随之失去。

直皖战后，北洋政府的总统仍是徐世昌，但实际权力转移到直、奉两系军阀手中，大体说来，在地方上的势力以直系为强，吴佩孚自己在洛阳主持练兵，有"八方风雨会中州"之称，而对中央政府的控制力以奉系为强。不久，两者在权力争夺上的矛盾迅速上升。日本政府在段祺瑞失败后便着重支持奉系军阀。九月，张作霖会见日本贵志少将时明白表示："今后必须实行真正之亲善主义。外国人宣传：亲日之段祺瑞已没落，余将取而代之。既然如此，莫如承认之，索性将一贯依靠日本之态度彻底公布。"[3]奉系军阀支持

---

[1] 陶菊隐：《北洋军阀统治时期史话》第5册，生活·读书·新知书店1958年5月版，第164页。
[2] 陈志让：《军绅政权》，第53页。
[3] 《日本外交文件选译》，见章伯锋、李宗一主编《北洋军阀》(4)，第27页。

下出任国务总理的梁士诒一向同日本关系密切。"恰好华盛顿会议关于山东问题的争执正在吃紧的当中,梁士诒想取得日本的金钱,电令中国代表退让,为国人所愤怒,于是吴氏捉住这个大题目,于(一九二二年)一月五日通电反对梁氏。"[1]他的矛头实际上指向梁士诒的后台张作霖。双方已成剑拔弩张之势。经过三个多月的电报战和军事准备,从四月二十九日起,第一次直奉战争开始。双方投入兵力二十多万人,直系约十万人,奉系约十二万人,规模大大超过直皖战争,作战地区在直隶北部。战争进行到五月四日,奉军大败,退出山海关外,张作霖自行改称东三省保安总司令。中央政府支配权完全落入直系军阀手中,但东北仍由奉系军阀控制。徐世昌当年是在段祺瑞支持下由皖系控制的"安福国会"选为总统的,后来又更接近奉系,为直系所不满。六月,徐世昌被迫辞去总统,直系请黎元洪再度出任总统,并恢复张勋复辟时解散的旧国会。"其实,直系拥戴黎元洪复职,纯系吴佩孚的个人主张。吴之所以拥黎,不过是利用黎与西南各省的旧关系,利用恢复法统之名,完成其以直系为主宰的大一统的天下。"[2]

但这时的中央政府对各省的控制力已江河日下。名记者邵飘萍在一九二二年一篇谈铁路问题的短评中写道:"自国内时局不宁,兵额骤增其数,中央无力以供给无限制之军费,政令又不出于都门,于是军阀每以截留款项为理由,割据其军队所驻附近的铁路。驯致交通部无任免局长之自由,铁路上之用人行政皆为无交通知识之军人所左右。"[3]铁路如此,其他方方面面又何尝不是如此。

---

[1] 李剑农:《中国近百年政治史》,第559页。
[2] 陶菊隐:《记者生活三十年》,中华书局2005年9月版,第72页。
[3] 《邵飘萍选集》下册,第372页。

在直皖和第一次直奉这两次大战同时，许多省又出现许多地区性的小军阀，自行划定防区，征收捐税，相互不断发生军事冲突，百姓生命财产全无保障。其中，尤以处在南北之间的湖南、四川、陕西、福建等省为甚。一些省的地方军阀为了割据自保，避免为更大的军阀势力吞并，又提出"联省自治"的主张，大造舆论，一时显得相当热闹。社会各界民众中不少人由于痛恨北洋军阀"武力统一"造成的连年战乱，也有赞成这种主张的，但那只是一种无法实现的幻想。

还需要谈到，这段时间内在广东也出现两次重大反复。一九二〇年八月，原来由孙中山一手扶植起来、此时正移驻闽南的陈炯明部粤军，在得知桂系军阀首领陆荣廷准备进攻闽南的消息后，决定回师广东。陆荣廷在西南五省中拥有最大的兵力。"他做梦也不曾想到他的部下健儿几年来在广东搜刮民脂民膏，都已经变成了腰缠累累的富家翁，而前方炮声一响，他们忙于把自己的财富转移到后方安全之区，那里还有心情作战；特别是桂军士兵一贯骚扰地方，广东人民恨之刺骨，因此当粤军发动攻势并且提出'粤人自救'的口号后，广东各县民军纷纷揭竿而起，使桂军陷于四面受敌的地位。"[1]十月下旬，陈炯明部粤军重新控制广州。孙中山从上海回到广州。那时，旧国会议员在广州的还有二百二十多人。一九二一年四月，由非常国会选举孙中山为非常大总统。七月，粤军又攻占广西，陆荣廷等逃走，旧桂系军阀基本被消灭。

这时孙中山仍打着"护法"的旗号，积极准备反对北洋军阀的北伐。但羽翼逐渐丰满的陈炯明已有异志，赞同"联省自治"，反

---

[1] 陶菊隐：《北洋军阀统治时期史话》第5册，第196页。

对孙中山北伐。一九二二年六月十六日，陈炯明公开叛变，围攻总统府。孙中山避居军舰上，在广州白鹅潭同陈部相持五十多天后，终于被迫离开广东，再次回到上海。这次事件给孙中山的打击太大了，也是促成他晚年下决心走一条新路的重要契机。他到上海后，在告国民党海外同志书中痛心地写道：

> 文率同志为民国而奋斗垂三十年，中间出死入生，失败之数不可偻指，顾失败之惨酷未有甚于此役者。盖历次失败虽原因不一，而其究竟则为失败于敌人。此役则敌人已为我屈，所代敌人而兴者，乃为十余年卵翼之陈炯明，且其阴毒凶狠，凡敌人所不忍为者，皆为之而无恤，此不但国之不幸，抑亦人心世道之忧也。[1]

在这样的乌烟瘴气的恶浊时局下，如果不先推倒祸国殃民的大小军阀，一切美好理想的实现都无从谈起。

一九二二年六月十五日，中共中央发表《中国共产党对于时局的主张》。这是中国共产党成立近一年来首次发表对中国时局的主张。它着重指出，今天的中国，内忧外患的根源是军阀统治：

> 因为连年军阀互争地盘的缘故，无辜丧了无数的生命；军阀政治是中国内忧外患的源泉，也是人民受痛苦的源泉。

它进一步指出，这种军阀政治的背后有着国际帝国主义的

---

[1]《孙中山全集》第6卷，第555页。

支持：

> 这种半独立的封建国家，执政的军阀每每与国际帝国主义互相勾结，因为军阀无不欢迎外资以供其军资与浪费，国际帝国主义在相当的限制以内，也都乐以金力借给军阀，一是可以造成他们在中国的特殊势力，一是可以延长中国内乱使中国永远不能发展实业，永远为消费国家，永远为他们的市场。

对民族资产阶级，它有了新的认识，看到在这种状况下的中国实业家在外资竞争和官场诛求等压力下简直没有发展的希望。对国内的民主势力，它也作出新的判断，对孙中山领导的国民党寄以希望，这样写道：

> 真的民主派，必须有两种证据表现于人民面前：（一）他的党纲和政策必须不违背民主主义的原则。（二）他的行动必须始终拥护民主主义与军阀奋斗。在这一点看起来，中国现存的各政党，只有国民党比较是革命的民主派，比较是真的民主派。[1]

《主张》中强烈地指出：军阀不打倒，解决中国今天面对的种种问题是不可能的，唯一的办法"只有加入民主战争打倒军阀"。它着重用事实来批评社会上对时局三种错误想法：一是主张总统复位、恢复国会以维法统为解决时局的中心问题；二是主张联省自治

---

[1]《中国共产党对于时局的主张》，《先驱》第9号，1922年6月20日。

为解决时局之唯一办法;三是以为吴佩孚不是反对民主主义的人,和别的卖国军阀不同,而且有力量可解决时局。这三种错误看法,在当时国内有相当的普遍性。

这份《对于时局的主张》的发表是一件大事。它显然受到这年年初共产国际召开的远东各国共产党及民族革命团体第一次代表大会的影响,同时也反映出中国共产党确实正在"努力研究中国的客观的实际情形",对许多问题的认识比中共一大时大大前进了。

一九二二年七月,中国共产党在上海举行第二次全国代表大会。出席会议的代表有陈独秀等十二人,代表全国一百九十五名党员。这次大会最重要的成果是通过大会宣言,制定了中国民主革命的纲领。它写道:

> 各种事实证明,加给中国人民(无论是资产阶级、工人或农人)最大的痛苦的是资本帝国主义和军阀官僚的封建势力,因此反对那两种势力的民主主义的革命运动是极有意义的:即因民主主义革命成功,便可得到独立和比较的自由。因此我们无产阶级审察今日中国的政治经济状况,我们无产阶级和贫苦的农民都应该援助民主主义革命运动。
>
> 无产阶级去帮助民主主义革命,不是无产阶级降服资产阶级的意义,这是不使封建制度延长生命和养成无产阶级真实力量的必要步骤。
>
> 中国共产党是中国无产阶级政党。他的目的是要组织无产阶级,用阶级斗争的手段,建立劳农专政的政治,铲除私有财产制度,渐次达到一个共产主义的社会。

《宣言》还提出自己的奋斗目标。最前面的两项是："消除内乱，打倒军阀，建设国内和平"；"推翻国际帝国主义的压迫，达到中华民族完全独立"[1]。

中国成为半殖民地半封建社会已经八十多年了，中共二大破天荒第一次明确地提出反帝反封建的民主革命纲领（虽然它还没有提到反对封建主义的土地制度）。《宣言》还明白地说明革命要分两步奋斗，实际上阐明了党的最低纲领和最高纲领的关系。"从党的一大确定直接搞社会主义革命，到二大确定首先进行民主革命然后再进行社会主义革命，这是党的战略方针的一次重大转变。"[2]

这次代表大会还通过了《中国共产党章程》和加入第三国际、关于"民主的联合战线"、关于"工会运动与共产党"等九个决议案。在《关于"民主的联合战线"的决议案》中，还提出要先行邀请国民党等在适宜地点开一代表会议。这和一大时也不同。可以说，没有这些，就不会有第一次国共合作，也不会有"打倒列强，除军阀"的大革命高潮的出现。

中国共产党成立后，在实际工作方面，从中央到地方各级组织都以主要力量从事工人运动（在浙江萧山县衙前村、广东海丰县，也开始从事农民运动，但只是开始，规模还很有限）。为了加强对工人运动的统一领导，一大后不久便在八月十一日成立了中国劳动组合书记部，并在各地成立分部。

过去，中国产业工人很少，主要是手工业工人和苦力。工人中只有行会、同乡式帮口、青红帮等秘密结社和同孙中山有联系的少数南方工会。工人有过一些自发的罢工斗争，大多是经济性的，规

---

[1]《中共中央文件选集》第1册，第114、115页。
[2]《中国共产党历史》第1卷上册，中共党史出版社2002年9月版，第101页。

模不大，时间也不长。第一次世界大战期间，随着民族工业的发展，中国产业工人的队伍迅速扩大。五四后不久的六三运动中，上海工人声援被捕的北京学生，罢工的大约有六七万人，使人们开始认识到工人的力量。一九二〇年和一九二一年，在俄国十月社会主义革命影响下，欧洲一些国家的工人革命达到高潮。"世界革命潮流的消息当时在中国报纸上真是'日不绝书'的，中国工人的文化程度虽然落后，虽然百分之九十是不识字不能直接看报，然而街谈巷议，工人们是听着的。中国工人经济生活那样极人世间少有的痛苦，迎受世界革命潮流，不用说是很自然的；特别是俄国十月无产阶级大革命的胜利，更使得中国工人受到深刻的影响和强烈的鼓励。就在这种情形之下，中国职工运动开始它的黎明期了。"[1]

中国劳动组合书记部成立后，在有计划有组织的推动下，中国的工人运动进入一个新的阶段。它的工作重点，最早从京汉铁路（特别是北京附近的长辛店）、安源路矿、开滦煤矿和上海小沙渡一带的纱厂集中区开始。

那时的共产党人大多是知识分子。如何深入到工人中去，在他们中开展宣传和组织工作，并不是一件容易的事情。我在五十多年前曾听陈望道说过：他和沈雁冰（茅盾）常在工厂放工、大批工人从厂门里出来时站在稍高处对工人演讲，却没有多少人听这样的讲话。他们在实践中逐步摸索出一些行之有效的做法：以"提倡平民教育"为名，举办工人学校，帮助他们补习文化。从这里着手，一面同工人们熟悉起来，和他们交朋友，从中发现和培养一些积极分子，不断扩大团结面；另一面，在讲文化课时加上一些内容，帮助

---

[1]《邓中夏文集》，第434页。

工人了解自己受剥削受压迫的真相和需要团结起来进行斗争的道理。到条件成熟时，就组织工会或工人俱乐部，团结更多工人，为他们谋福利，组织他们进行斗争。这样，就把工作局面一步步打开了。

一九二二年一月起开始了中国第一次罢工高潮。这个高潮持续到一九二三年二月，前后共十三个月，大小罢工在一百次以上，参加罢工的人数大约在三十万人以上。

这次高潮是从香港海员大罢工开始的，它并不全是由共产党领导的。工人要求增加工资，最初参加罢工的海员有一千五百人，一星期内就增加到六千五百人，随后又得到运输工人的响应，罢工人数增加到三万人以上。香港的港口和运输事业全部陷入瘫痪。港英当局力图镇压，结果罢工扩大到邮局、银行、酒店、茶居、菜场以至家庭仆役等。全市关门闭户，秩序大乱。罢工持续达五十六天。最后，港英当局不得不同意增加工资，恢复被封闭的工会，释放被捕工人，罢工取得胜利。这件事震动了全国。

在北方，唐山开滦五矿工人大罢工的影响也很大。唐山有矿工五万人。工人工资低微，一般要连做两班（十六小时）才能维持生活。连年物价猛涨，工资却十几年没有增加。矿难频发，"每年绞车轧死者在四百名以上"[1]。死难者抚恤金只有二十元。中共北方区委和北方劳动组合书记都先后派去十几人开展工作。一九二二年十月二十三日起，工人要求增加工资和抚恤，宣布罢工，参加的有五万多人（其中正式工四万多人），罢工坚持了一个月。最后在矿方部分提高工资后结束。

---

[1]《北方地区工人运动资料选编（1921—1923）》，北京出版社1981年9月版，第136页。

工人运动中，成绩最显著、坚持时间最长的是安源路矿（包括萍乡煤矿和株萍铁路两部分）。中共湘区书记毛泽东派李隆郅（立三）、刘少奇等到安源从事工人工作。他们从创办工人子弟学校和工人夜校着手，逐步建立党团组织。一九二二年五月，建立安源路矿工人俱乐部。九月，爆发了工人大罢工，路矿两局工人两万人完全停工。工人们喊出"从前是牛马，现在要做人"的口号。据当时《申报》报道："罢工之后，两局恐工人或有暴动，特调北兵一旅，驻山弹压。而工人举动则极为文明，特推出监察二十人，手执白旗，到处巡视，工人对此监察者，亦如军士之对于官长，异常服从。弹压兵为所感动，亦与之表示同情。路矿两局不得已，乃请当地商会出而调停。"[1]罢工最后取得了胜利。安源路矿工人俱乐部还促成了粤汉铁路总工会、湖南全省工团联合会、汉冶萍总工会的成立。一九二三年春以后，全国工人运动进入低潮，而安源路矿工人俱乐部仍坚持下来。

"京汉铁路大罢工是中国第一次罢工高潮的最后一个怒涛。这个罢工显然为中国职工运动开了一个新的阶段——从改良生活的经济斗争转变到争取自由的政治斗争的阶段。"[2]

这次罢工是因成立京汉铁路总工会而起的。那时候，吴佩孚正标榜"保护劳工"，作为他的四大政治主张之一。一九二二年五月前后，李大钊通过同吴佩孚几个亲信的私交关系，介绍了一些共产党员到交通部担任密查员，利用公职人员身份在各条主要铁路上开展工作。到这年年底，京汉铁路各站已陆续建立十六个工人俱乐

---

[1]《萍乡路矿工潮之经过》,《安源路矿工人运动史料》，湖南人民出版社1980年4月版，第522页。

[2]《邓中夏文集》，第493—494页。

部，并商定一九二三年二月一日成立京汉铁路总工会。"全路的规模宏大，员工约三万余人，江岸（即刘家庙）、郑州、长辛店是三个总段，为全路的枢纽。"[1]总工会的地点就选在全路的中心站郑州。那时，京汉铁路的收入是吴佩孚军饷的主要来源，工人的罢工使他的收入遭受损失，因此他便抛开"保护劳工"的假面具，坚持镇压。总工会成立那天，各分会代表和来宾约二百人整队向会场出发，遭到荷枪实弹的军警阻止前进，相持两个小时，最后代表们冲入会场宣布总工会成立。下午，代表和来宾住所被军警包围，总工会会所也被军队占领捣毁。当晚，总工会秘密会议，决定全路在二月四日起罢工，总工会移至汉口的江岸办公。四日那一天，全路客车货车一律停驶。

吴佩孚早有准备，下令在二月七日南北一齐下手，进行大屠杀。在长辛店，军队先从工人宿舍捕去工会负责人等十一人，然后向齐集军营门口要求释放被捕者的工人三千多人开枪，死者四人，重伤三十余人。在郑州，郑州铁路工会委员长高斌被杀害。在江岸，由湖北督军署参谋长张厚庵指挥包围总工会，乱枪环击，赤手空拳的工人被打死者三十二人，伤者二百余人。"同时军队包围工人宿舍，搜捕工人，江岸分会委员长林祥谦同志亦被捕。被捕工人数十皆缚于车站电杆上，张厚生（庵）亲自提灯找出林同志，回顾段长说：'此人是否工会长？'段长答：'是！'张乃令刽子手割去绳索，迫令林同志下上工命令，林同志不允，张乃令刽子手先砍一刀，然后再问道：'上不上工？'林同志抗声说：'不上！'张又令再砍一刀，怒声喝道：'到底下不下上工命令？'林同志忍痛大

---

[1]《包惠僧回忆录》，人民出版社1983年6月版，第80页。

呼：'上工要总工会下命令，我的头可断，工是不上的！'张复令再砍一刀。此时林同志鲜血溅地，遂晕，移时醒来。张狞笑道：'现在怎样？'林同志切齿大骂：'现在还有什么话可说！可怜一个好好的中国，就断送在你们这般混账王八蛋的军阀手里！'……张听了大怒，不待林同志说完，立令枭首。林祥谦同志就此慷慨成仁了。"[1]担任武汉工团联合会法律顾问的共产党员施洋也被杀害。

由于遭到军阀残酷镇压，二七惨案后，各地工会组织除广东、湖南、安源外都遭到封闭，工人情绪一时趋于消沉，全国工人运动暂时转入低潮。

这一系列斗争充分显示了工人阶级的坚强战斗力，也提供了重要教训：第一，中国革命的敌人是强大的。为了战胜它，仅仅依靠工人阶级孤军奋斗是不够的，必须利用一切可能的机会，争取一切可能的同盟者。第二，在半殖民地半封建的中国，工人没有起码的民主权利，到处受到反动军警的镇压。为了争取革命的胜利，没有革命的武装斗争，仅仅依靠罢工这个武器，主要进行合法斗争，是不行的。统一战线和武装斗争，是中国革命中的两个根本问题。年轻的中国共产党正是带着这些从实际生活中初步得出的经验教训，进入以国共合作为基础的大革命时期。

---

[1]《邓中夏文集》，第507、508页。

第六章 "打倒列强，除军阀"的国民革命

二十年代中期，中国大地上掀起了一场轰轰烈烈、席卷全国、高唱"打倒列强，除军阀"的国民革命的巨大风暴，人们通常把它称作中国的"大革命"。

"打倒列强，除军阀"，集中反映了当时大多数中国人最强烈的愿望，也是最能打动人心的行动口号。这场革命的宗旨是推翻帝国主义和北洋军阀对中国的统治，谋求国家的独立和统一。在这段时间内，帝国主义列强没有像中日甲午战争和八国联军进攻时那样直接发动大规模的对华战争，而是着重采取间接的方式，扶植北洋军阀来控制中国，因而显出内部矛盾的特别尖锐性。所以，大革命的最高表现是反对北洋军阀的北伐战争。

这是二十世纪内继辛亥革命后第二次全国规模的革命高潮。两者相比，时间只差十多年，却有很大不同：辛亥革命是孙中山为首的同盟会领导的，那时中国还没有共产党；到二十年代中期，中国有了共产党，大革命是国共两党合作发动起来的。这种不同，深刻地表现在它的方方面面。

大革命的时间范围，有两种说法：一种说法出现得比较早，是指一九二五年至一九二七年；另一种说法以后逐渐被更多人认可，是指一九二四年至一九二七年。这两种说法，有一点相同，都以一九二七年第一次国共合作破裂作为结束；不同的是起点从何时算

起。以一九二五年为起点，指的是那年的五卅运动。以一九二四年为起点，指的是以国民党一大为标志的第一次国共合作正式形成。比较起来，五卅运动应该说是大革命进入高潮的起点，考察一个历史过程不能只从高潮的到来说起；而从第一次国共合作正式形成到它的最后破裂，才成为一个完整的发展过程，看来后一种划分比较恰当。

大革命兴起的社会原因

为什么在二十世纪二十年代中期会出现这样一场大革命？回答似乎很容易：这是帝国主义、封建势力同中国人民大众之间矛盾发展的结果，人民革命的要求是不可遏止的。这样说当然是对的，但还不够。人们可以反过来问：这个矛盾在中国近代一直存在，民众的不满和抗争从来没有停止过，为什么并不是任何时候都能出现像这个时期那样全国规模的群众性革命运动高潮？回答这个问题，需要对当时中国的社会状况和历史特点作些分析。

那时候，两个突出的问题摆在中国人的面前。

第一，欧美列强在第一次世界大战结束后逐步渡过战争造成的严重政治经济危机，进入相对稳定时期。他们在远东卷土重来。一九二一年十一月至一九二二年二月召开的备受世人注目的华盛顿会议，便是欧美列强企图遏制日本独占中国、在远东重建新的势力格局的努力。会议通过的《九国公约》，使中国回复到几个帝国主义国家共同支配的局面。会后，欧美列强又加紧对中国的经济和政治压迫。拿列强对中国的商品输入来说，如果以第一次世界大战前夕的一九一三年的指数为一〇〇，战争结束时的一九一八年已下跌至六十六点一,而到一九二四年已恢复至一百一十九点六,一九二六年更增加到一百三十点五。[1]在外国商品重新大量涌入中国的同时,他们对中国的直接投资也迅速增加。以外国在华纱厂拥有的纱锭数来说,一九一八年为四十八万六千八百五十八,一九二四年猛增至一百一十八万三千二百四十四,一九二五年又增至一百四十七万三千四百九十六。[2]那时候,中国的国家主权大多控制在外国人手里,中国民族经济的力量十分脆弱。在这种情况下,外国商品大量涌入,投资迅猛增加,对中国民族经济自然是极大的打击。

有的学者提出过一个问题:中国的民族工业在二十年代仍在一步步增长,并不是只在第一次世界大战期间才得到发展、而在战后就跌下去了。这确是事实。怎样看待这种现象呢?细细观察一下,不难发现民族工矿企业在战后(特别是一九二四年以后)虽仍有所增长,但发展的速度明显放慢了:在一九二一年新设企业一百八十四家,资本七千六百一十七万元;一九二四年降为一百四十二家,资本两千八百六十万元;以后逐年下降,到一九二七年只有九十二家,资本九百二十六万元。而且,"欧战时期的所谓黄金时代主要指利润优厚,非指投资"[3]。这时在外商激烈竞争下,民族工业利润额比设厂数和投资额下降得更多。从这些枯燥的统计数字背后,可以想象到当年那种活生生的社会情景:中国民族工业在大战期间和战后初期有了很大发展,开始具有一定实力;但到一九二四年以后就处处感到西方列强的压力,步子变得十

---

[1] 汪敬虞主编:《中国近代经济史(1895—1927)》上册,第177页。
[2] 严中平等编:《中国近代经济史统计资料选辑》,科学出版社1955年8月版,第134、135页。
[3] 许涤新、吴承明主编:《中国资本主义发展史》第3卷,人民出版社1993年8月版,第117、118页。

分艰难。因为有过前一段那样顺利的发展，有一个对比，他们对这时的发展艰难就格外敏感。民族工商业者自然强烈不满。而压力的最大承受者，最后仍落在众多劳动者身上，使他们感到日子越来越不好过。总之，到一九二四年以后，国内社会各阶层普遍存在强烈反对外国列强的情绪。

在欧美列强战后卷土重来中，英国是特别值得注意的。自从中国进入近代后，英国在华势力长期处于优势，实际控制着中国最富庶的长江流域等地区。美国学者雷麦在一九三三年出版的《外人在华投资》中写道："大家知道英国在初年占第一位；但大家不十分知道一九一四年时英国仍居他国之上，而现在的投资依然较日本为大。"只是日本投资的增长速度大大高于英国罢了。第一次世界大战后，德、俄在远东的帝国主义势力消失了。大英帝国由于本身地位大幅下降，在华势力相对地也明显削弱，但它对这种状况并不甘心，力图恢复旧状，在二十年代继续做了许多努力。"一九一四的英国（在华）投资，较一九〇二年增加一倍以上，一九三〇年较一九一四年亦几乎增加一倍。"[1]政治上，它也力图通过支持一段时间内掌握着中央政府的直系军阀，代替日本支持的皖系和奉系军阀，来加强对中国的控制。比较一下就会看到：这以前几年内中国民众的爱国运动，从反对"二十一条"、西原借款、中日军事协定到巴黎和会的山东问题，主要目标都是反对日本帝国主义；而一九二四年以后，反对的主要矛头逐渐转向英国。五卅运动最初是从抗议日本纱厂打死工人顾正红开始的，但五月三十日英国巡捕在上海南京路枪杀示威群众后，运动的矛头主要就转向英国。省港大

---

[1] ［美］雷麦：《外人在华投资》，商务印书馆1959年1月版，第171、302页。

罢工也是如此。北伐开始后，中国人在汉口、九江收回的租界都是英国的，万县惨案、南京惨案等也由英国当局挑起。这自然同上述社会背景直接有关。

第二，在国内政治生活中，突出的现象是军阀割据和军阀混战愈演愈烈。国家实际上已分崩离析，各省分别由那些专横跋扈、胡作非为的军阀统治着。全国的陆军人数，据美国学者齐锡生估计："一九一六年，略超过五十万人；一九一八年，一百多万人；一九二四年一百五十多万人；一九二八年二百多万人。"[1]北京政府的军费开支，一九一六年为一亿五千多万元，一九二五年达到六亿元。翻开当年的报纸，连篇累牍地刊载着的是军阀之间争夺地盘的混战和破坏。人民的生命财产得不到起码的保障，更谈不上其他了。

第一次直奉战争后，直系军阀在吴佩孚策划下，在北京恢复旧国会，迎回黎元洪重当大总统。他们这样做，只是为了打起"恢复法统"的旗号，一面逼迫由安福国会选出的总统徐世昌下台，一面也使南方的"护法运动"失去法理依据而瓦解。当这些目的达到后，他们便不再需要黎元洪了。黎元洪这次复出，只是充当傀儡，进退失据，自称"孤寄白宫，如聋如瞶"，[2]处境比上次"府院之争"时还不如。曹锟又急于自己当总统。第二年六月，他们再度用军警和"公民团"聚众逼走黎元洪，甚至连黎的总统官邸的水电也被切断。黎元洪乘火车离京避往天津，直隶省长王承斌在杨村车站率军警拦截专车，强迫黎元洪交出总统大印，并在向国会辞职书上签名。黎

---

[1]［美］齐锡生：《中国的军阀政治（1916—1928）》，中国人民大学出版社1991年10月版，第71页。

[2]《张国淦文集》，第292页。

元洪到天津后发出通电说："王承斌以行政长官，监禁元首，强索印玺，古今中外，皆所罕闻。"[1]这真是民国宪政史上的大笑话。

黎元洪一下台，直系军阀首领曹锟就进行贿选，在国会众议院议长吴景濂主持下，由国会把他选为总统。替曹锟经手办这件事的王坦回忆道："拿钱的地方是前门外二条胡同大有银行，银行的负责人是汪小舫。""吴景濂一个人就给了四十万，其他每人送给五千元。有一个湖北众议员在我们送给他五千元之后，他曾把这件事上了报，还把支票拍了照片印在报上。"[2]前去亲领或托人代领支票的议员达五百七十六人，有的还要求再另给特别报酬。[3]"国会开选，出席议员五百五十人中有四百八十人将选票投向了曹大帅。"[4]这一下，举国哗然，那个在民国第二年选出的国会的名声便完全臭了，被称为"猪仔国会"。民众对这种丑剧已经厌恶透了，议会政治在中国人心目中完全失去原来曾有过的那种诱人力量，信用完全破产。

一九二三年十月，曹锟到北京就任总统，并且匆匆忙忙搞出一部"宪法"。北洋政府搞到如此乌烟瘴气的程度，说明它离末日的到来已经不远。次年九月，直系的江苏督办齐燮元和皖系遗留的浙江督办卢永祥之间的江浙战争发生。紧接着，第二次直奉战争爆发。这场战争的规模比第一次直奉战争要大得多，直军二十五万人，奉军十七万人，战斗主要发生在山海关、热河一带，共进行了

---

[1] 刘楚湘编：《癸亥政变纪略》，来新夏主编《中国近代史资料丛刊·北洋军阀》第4册，上海人民出版社1993年4月版，第100页。

[2] 王坦：《曹锟贿选总统前后》，《中华文史资料文库》第1卷，中国文史出版社1996年4月版，第770页。

[3] 来新夏等：《北洋军阀史》下册，第773、774页。

[4] 《颜惠庆自传》，商务印书馆2005年1月版，第180页。

近两个月，最初相持不下，最后以直系失败告终，直军投降人数估计在八万人左右。直系兵力虽众，导致失败的原因却很多：相对来说，奉系军阀在上次战争失败后，退守东北，在日本支持下，大力整军经武，编练新军，扩建奉天兵工厂，实力有很大增强；而直系军阀在权力达到巅峰后内部矛盾和纠纷迅速激化，当战争处于相持阶段时，担任第三路军总司令的冯玉祥等部突然倒戈相向，从热河前线秘密回师，接管北京，囚禁曹锟，使直军军心大乱，全线崩溃；而根本的一条还是由于曹锟贿选总统和吴佩孚刚愎自用、一味迷信武力，这些倒行逆施被民众唾弃，而处于孤立境地。

第二次直奉战争结束后，北洋军阀已陷入分崩离析、无法收拾的局面：张作霖率奉军入关，支持蛰居天津的北洋元老段祺瑞担任临时执政，作为暂时平衡协调他和冯玉祥关系的力量，并便于号召其他军阀势力，不久又将冯玉祥部驱往西北，控制了京、津、直隶、山东等地区；但他派往江苏、安徽担任督军的杨宇霆、姜登选却被已盘踞闽浙的后起直系军人孙传芳逐走，孙在南京自称苏、浙、皖、赣、闽五省联军总司令；吴佩孚在战败后主力尽失，特别是他多年来亲自统率的精锐主力第三师等在山海关附近覆没，只得仓皇地从天津由水路退至武汉，逐渐集结残部，控制湖北、河南以至直隶南部，实力已远非昔日可比。北洋军阀的大分裂，使它们的力量受到极大削弱，彼此还继续交战不休，为国民革命军北伐的成功造成十分有利的条件。这种战乱连年的局面，也使国人更加强烈地期望能扫除军阀，实现国内的和平与统一。

中国共产党的机关刊物《向导》周报创刊号的《本报宣言》中写道：

现在最大多数中国人民所要的是什么？我们敢说是要统一与和平。为什么要和平？因为和平的反面就是战乱，全国因连年战乱的缘故，学生不能求学，工业家渐渐减少了制造品的销路，商人不能安心做买卖，工人农民感受物价昂贵及失业的痛苦，兵士无故丧失了无数的性命，所以大家都要和平。为什么要统一？因为在军阀割据互争地盘互争雄长互相猜忌的现状之下，战乱是必不能免的，只有将军权统一政权统一，构成一个力量能够统一全国的中央政府，然后国内和平才能够实现，所以大家都要统一。我们敢说：为了要和平要统一而推倒为和平统一障碍的军阀，乃是中国最大多数的真正民意。[1]

推倒军阀，变革现状，已成为社会各阶层的共同强烈愿望。

但只有这些客观条件还不够。一场席卷全国的大革命，不能仅是人们痛苦和绝望的产物，还需要有足以鼓舞人们前进的希望和信念。中国共产党在全国人民面前破天荒第一次提出反帝反封建的政治主张，并且同国民党实行合作，吸引住了千百万人的心。国共合作下的广东根据地、建立起来的革命军队和广泛发展起来的工农运动，又使人们看到了希望和力量。于是，这场革命大风暴便不可避免地到来了。

国共两党走向合作

"打倒列强，除军阀"，是绝大多数中国人的共同愿望。但是，

---

[1]《本报宣言》，《向导》第1期，1922年9月。

帝国主义和封建军阀是相当强大的力量，如果只靠少数人孤军奋斗，或是几种力量分散地各自为战，都难以把它打倒，因此自然地产生联合和合作的需要。这是共同的要求，国民党方面有，共产党方面也有。

共产党方面，在二七大罢工失败后越来越清楚地看到一个事实：工人阶级如果没有强大的同盟军，如果没有革命的武装力量，在一个毫无民主权利的国家，凭着赤手空拳，要推翻那些武装到牙齿的反动势力是办不到的。所以，它要寻找朋友，首先就看到了国民党。

那时的国民党也不很景气，他们在屡经挫折后并没有多大力量，内部成分相当复杂，还严重地脱离群众。但它有三个不可忽视的优点：第一，这个党在当时中国社会有一定威信。推翻清朝政府、建立共和国政体，是在它的领袖孙中山领导下实现的。当辛亥革命的果实落到北洋军阀手里后，在极端困难的情况下，孙中山始终高举革命的旗帜，不屈不挠地坚持反对外国侵略者和本国军阀势力的斗争，在人们心目中是革命的象征。鲁迅在一九二六年三月评论道：

> 无论如何，中山先生的一生历史具在，站出世间来就是革命，失败了还是革命；中华民国成立之后，也没有满足过，没有安逸过，仍然继续着进向近于完全的革命工作。直到临终之际，他说：革命尚未成功，同志仍须努力！
>
> 他是一个全体，永远的革命者。无论所做的那一件，全都是革命。无论后人如何吹求他，冷落他，他终于全都是革命。[1]

---

[1]《鲁迅全集》第7卷，人民文学出版社1958年9月版，第393、394页。

第二，这个党在南方已经有了一块根据地。孙中山在广东曾三次建立根据地。陈炯明在一九二二年六月叛变后，支持孙中山的一些军队在一九二三年一月又逐走陈炯明，收复广州。孙中山在二月回到广东，设立陆海军大元帅府，控制了从珠江三角洲到粤北韶关这块比较富庶的地区，还有几万军队。有这样一块根据地和没有这样一块根据地，大不一样。那时在全国，只有在这里可以堂而皇之地高举革命的大旗，可以合法地发展工农运动，共产党也只有在这里可以公开地进行活动。这在全国范围内是绝无仅有的。

第三，在国民党内有一些忠实于民族民主革命的分子，如孙中山、宋庆龄、廖仲恺、邓演达、柳亚子等。他们的世界观和对革命的认识，跟共产党有区别，但他们对革命是坚决的，并且愿意跟共产党合作。通过他们还可以团结相当大一批国民党内的中间分子。

这就是为什么共产党跟国民党合作的原因。当然共产国际也起了重要作用。特别是它的代表马林，在印度尼西亚工作时曾有过跟民族主义政党合作，甚至让共产党员以个人身份参加民族主义政党的经验。这也是不能忽视的。

前面说过，中国共产党在第一次对于时局的主张中已经表明"中国现存的各政党，只有国民党比较是革命的民主派，比较是真的民主派"；中共二大又通过了关于"民主的联合战线"的决议。几乎和中共二大同时，马林从中国回到莫斯科，向共产国际提出"在国民党内部开展工作"的建议，得到共产国际的同意。中共二大结束后的下一个月，也就是一九二二年八月下旬，中共中央执行委员会在杭州西湖开会。这是中国共产党在国共合作问题上有转折意义的一次决策性会议。会议根据共产国际的指示，决定在孙中山改组国民党的条件下，共产党员以个人身份加入国民党来实行合作。陈独秀第二年六月在中共三大的报告中讲到西湖会议前后的情况：

> 在上届代表会议上，我们同意远东人民代表会议通过的关于共产党与民主革命派合作问题的决议。情况的发展表明，只有联合战线还不够，我们又接到了共产国际关于加入国民党的指示。在上届党代表会议以后，我们不能很快地再召开代表会议来讨论这个问题。起初，大多数人都反对加入国民党，可是共产国际执行委员会的代表说服了与会的人，我们决定劝说全体党员加入国民党。从这时起，我们党的政治主张有了重大的改变。以前，我们党的主张是唯心主义的，不切实际的，以后我们便更多地注意了中国社会的现状，并开始参加现实的运动。[1]

这次国共合作是在"国民革命"的旗号下进行的。西湖会议后二十多天，陈独秀在《向导》第二期上发表了一篇《造国论》。他写道：由于中国的产业还不够发达，资产阶级和无产阶级都没有足够壮大的力量。"只有两阶级联合的国民革命（National Revolution）的时期是已经成熟了，这个时期的成熟是可以拿十余年来的政治史及眼前要求打倒军阀、建设民主政治的呼声可以证明的。""总括起来说，我们造国的程序是：第一步组织国民军；第二步以国民革命解除国内国外的一切压迫；第三步建设民主的全国统一政府；第四步采用国家社会主义开发实业。"

---

[1]《陈独秀在中国共产党第三次全国代表大会的报告》，《"二大"和"三大"》，中国社会科学出版社1985年8月版，第169、170页。

"国民革命"这个响亮的口号，就是这样提出来的。以前，"国民革命"这个名词在一九〇六年孙中山等起草的《中国同盟会革命方略》中也出现过。它写道："前代为英雄革命，今日为国民革命。所谓国民革命者，一国之人皆有自由、平等、博爱之精神，即皆有革命之责任，军政府特为其枢机而已。"[1]可见，那次提到"国民革命"主要是同"英雄革命"相对来说的，是讲"一国之人"都要"负革命之责任"，着重点是讲革命的动力、革命的主体，不是讲革命的内容、革命的任务，而且这个名词在以后十六年间没有再提。陈独秀在《造国论》中提出"以国民革命解除国内国外的一切压迫"，把它同"打倒列强，除军阀"的革命任务直接联系起来，赋予它以新的明确的政治内容。从此，这个口号便风靡一时，深入人心。

一九二三年一月十二日，共产国际执行委员会作出《关于中国共产党与国民党的关系问题的决议》。[2]这是共产国际第一次专门就中国问题作出的决议，也可以看到国共关系被它看作中国问题中有着头等重要意义的课题。

对国共关系的推进产生重大影响的两件事都是在共产国际作出这个决议的下一个月发生的：一件是令人震惊的二七惨案。历来比较激进的蔡和森讲道："这次失败给了我们很大的教训，教训就是孤军奋斗。此时在政治上是曹吴及英帝国主义统治之时，故政治上的压迫很严重，因此第三次大会无论客观上与主观上都有加入国民

---

[1]《孙中山全集》第1卷，第296页。
[2]《共产国际有关中国革命的文献资料》第1辑，中国社会科学出版社1981年3月版，第76、77页。

党找得政治上的同盟者的条件。"[1]马林在三大前给共产国际等的工作报告中讲道："我们听不到如果我们共产党把国民革命看作主要任务并让党员参加国民党,我们党就会消失的说法。"[2]可见中共党内经过长期争议后对这个问题的看法已趋一致。另一件事是孙中山在二月二十一日回到广州,就任大元帅,重建广东革命根据地。这不仅使实行国共合作的重要性变得更加明显,而且也使中共三大有可能在广州公开举行。这两件事表明,召开中共三大、正式确立国共合作政策的时机已经成熟。

一九二三年六月,中国共产党第三次全国代表大会在广州召开。出席大会的代表有三十多人,代表全国党员四百二十人。这次大会的主题是国共合作问题。大会通过了《关于国民运动及国民党问题的议决案》等十多个重要文件。《议决案》中强调:"半殖民地的中国,应该以国民革命运动为中心工作,以解除内外压迫。"接着,作出几项重要规定:

> 依中国社会的现状,宜有一个势力集中的党为国民革命运动之大本营,中国现有的党,只有国民党比较是一个国民革命的党。
>
> 工人阶级尚未强大起来,自然不能发生一个强大的共产党——一个大群众的党,以应目前革命之需要,因此共产国际执行委员会议决中国共产党须与中国国民党合作,共产党党员应加入国民党,中国共产党中央执行委员会曾感此必要,遵行

---

[1] 蔡和森:《中国共产党的发展(提纲)》,《蔡和森的十二篇文章》,人民出版社1980年3月版,第44页。

[2] 李玉贞主编:《马林与第一次国共合作》,光明日报出版社1989年9月版,第192页。

此议决，此次全国大会亦通过此议决。[1]

这样，"中国共产党须与中国国民党合作，共产党员应加入国民党"这个重大决策，就以党的全国代表大会决议的方式确定下来。这是当时孙中山和国民党所能接受的唯一合作方式。它既有利于国民党的改组和发展，又有利于中国共产党从原来比较狭小的圈子里走出来，在更加波澜壮阔的大革命洪流中得到锻炼和壮大，对双方都是有利的。但中共三大对国民党内的复杂情况和日后可能发生的变化估计不足，反映出中国共产党此时还处在缺乏实际政治经验的幼年时期。

国共合作是国共两党双方的事情。如果只有一方有这种要求，而另一方没有要求，只对一方有利，而另一方不能得到什么利益，这种合作仍难以实现。因此，我们还需要考察一下孙中山领导下的国民党为什么要同共产党合作。

民国成立后的很长时间里，孙中山一直在为维护共和制度而奋斗，以顽强的毅力，先后投入护国运动和护法运动。但他遭遇一次又一次的严重挫折。这些挫折的重要原因，一是没有认清革命的对象，不能团结真正的朋友以攻击真正的敌人；二是没有广泛地发动群众，特别是没有下层的工农群众中的工作，未能形成有组织的持久的群众运动；三是没有一个坚强有力的党。这些挫折，使孙中山在痛苦中深思。

他很早就关心西方的社会主义运动。十月革命发生后，他立刻对它表示同情。当他第二次建立广东根据地时，也就是一九二〇年

---

[1]《中共中央文件选集》第1册，第146、147页。

秋，共产国际代表维经斯基到上海时，接受陈独秀的建议，会见了正要动身去广东的孙中山，谈得很融洽。孙中山在到达广州当天发表的演讲中说："此次俄国革命后，实行社会主义。俄国遂酿成一种良好风气，而此种风气传及欧洲，欧洲各国，竟莫能抵抗。"[1]一九二一年十二月下旬，马林在参加中共一大后应国民党的邀请到桂林同孙中山进行了三次长谈，详细介绍了俄国从战时共产主义到新经济政策的转变。给他充当翻译的是中共党员张太雷。孙中山在会谈后告诉廖仲恺和汪精卫说："今闻马林言，始悉苏俄行共产主义后，以深感困难，乃改行新经济政策。此种新经济政策，其精神与余所主张之民生主义不谋而合。"同马林会谈后十来天，他在桂林一次讲演中说："法、美共和国皆旧式的，今日惟俄国为新式的。吾人今日当造成一最新式的共和国。"[2]一九二二年四月，少共国际代表达林到达广州，又在中共党员瞿秋白、张太雷陪同下，同孙中山有过五六次的接触。孙中山向他表示：打算同苏俄建立联系。陈炯明叛变事件发生后，孙中山在白鹅潭的永丰舰上坚持了五十多天。他请陈友仁转告留在广州的达林："在这些日子里，我对中国革命的命运想了很多，我对从前所信仰的一切几乎都失望了。而现在我深信，中国革命的惟一实际的真诚朋友是苏俄。""我决定赴上海继续斗争。倘若失败，我则去苏俄。"[3]态度的冷静，说明他的决心已经下定。而中共二大和西湖会议也正好是在孙中山困守白鹅潭这些日子里举行的。

孙中山从广州到上海只有十天，李大钊便陪同马林再次会见孙

---

[1]《孙中山全集》第5卷，第430页。
[2]《孙中山全集》第6卷，第56页。
[3][苏]达林：《中国回忆录（1921—1927）》，中国社会科学出版社1981年3月版，第126页。

中山。以后，李大钊同孙中山多次会见，"讨论振兴国民党以振兴中国之问题"，两人"畅谈不倦，几乎忘食"。[1]孙中山十分兴奋，亲自主盟，介绍李大钊加入中国国民党。李大钊告诉孙中山，自己是共产党员。孙中山回答："这不打紧，你尽管一面做第三国际党员，尽管一面加入本党帮助我。"[2]宋庆龄回忆："孙中山特别钦佩和尊敬李大钊，我们总是欢迎他到我们家来。""孙中山在见到这样的客人后常常说，他认为这些人是他的真正的革命同志。他知道，在斗争中他们能依靠他的明确的思想和无畏的勇气。"[3]这以后，陈独秀、张太雷、蔡和森等共产党员便相继以个人身份加入了国民党。

因为对各种问题已作过反复的思考，孙中山这次到上海，很快就下定改组国民党的决心。台湾的国民党史家也这样写道：孙中山到上海后，"审察当时国际之局势，本党革命失败之症结，国内青年思想之变动，与民众对于政治改革之要求，八月间苏俄代表越飞亦派员（引者注：指马林）来沪晋谒，商讨中俄新关系，遂下改组本党决心"[4]。

局势的发展几乎是急转直下。九月四日，孙中山召集在上海的胡汉民、汪精卫、廖仲恺、张继、于右任、谭延闿、程潜、陈独秀等五十三人讨论国民党改组问题。参加讨论的人成分相当复杂，但由于孙中山在党内有着巨大的威望，他的决心既已下定，会上似乎没有发生什么争执。国民党总务部部长居正也这样叙述：大家"交换意见，一致赞同"。[5]六日，孙中山指定包括陈独秀在内

---

[1]《李大钊文集》（下），人民出版社 1984 年 12 月版，第 890 页。
[2]《汪精卫先生在第二次全国代表大会之政治报告》，《政治周报》第 5 期，1926 年 3 月 7 日。
[3] 宋庆龄：《孙中山和他同中国共产党的合作》，《人民日报》1962 年 11 月 12 日。
[4]《中国国民党十三年改组史料》，（台北）《革命文献》第 8 辑，第 31 页。
[5] 居正：《本党改进大凡》，（台北）《革命文献》第 8 辑，第 32 页。

的九人为国民党改进方略起草委员。委员会经过一个半月的努力，起草出中国国民党党纲和总章。经过反复而郑重的研究，孙中山在一九二三年一月一日发表《中国国民党宣言》。第二天，召开中国国民党改进大会，公布党纲和总章，揭开中国国民党历史上的新的一页。

一九二三年二月十五日，由于拥护孙中山的军队讨伐陈炯明，收复广州，孙中山重返广东，自任陆海军大元帅，第三次建立广东革命根据地。尽管他的主要精力先得放在亲自到东江前线指挥作战上，以打退陈炯明残部的反扑，但国民党的改组工作仍继续进行。十月六日，苏联代表鲍罗廷到达广州，被孙中山聘为中国国民党组织训练员。鲍罗廷十分尊重孙中山，也得到孙中山的信任。"鲍罗廷在孙中山的国民党内在决定最重大问题时是有发言权的。他出席所有最重要的会议，准备那些主要的政治文件。孙中山在一些群众性的集会上把鲍罗廷介绍给自己的拥护者时，总是尽力使鲍罗廷在听众心目中享有最大的威望。"[1]他到后，国民党改组的步伐大大加快。十月十九日，孙中山委任廖仲恺、汪精卫、李大钊等五人为国民党改组委员。二十四日，又委任廖仲恺、谭平山（共产党员）等九人为国民党临时中央执行委员，负责筹备改组工作。十二月九日，孙中山在广州大本营向国民党员发表演说，指出："吾党此次改组，乃以苏俄为模范，企图根本的革命成功，改用党员协同军队来奋斗。""此次本党改组，想以后用党义战胜，用党员奋斗。"[2]

国民党改组的时机和条件已经成熟了。

---

[1]［苏］切列潘诺夫：《中国国民革命军的北伐》，中国社会科学出版社1981年5月版，第32、33页。

[2]《孙中山全集》第8卷，中华书局1986年5月版，第500、501页。

国民党一大带来的新局面

第一次国共合作正式形成的标志,是中国国民党第一次全国代表大会的召开。

这次大会于一九二四年一月二十日至三十日,在孙中山主持下举行。它是中国国民党(包括它的前身兴中会、中国同盟会、国民党、中华革命党)三十年历史上第一次举行的全国代表大会。孙中山指定胡汉民、汪精卫、林森、谢持、李大钊五人组成大会主席团。

大会开幕的当天下午,在孙中山讲述中国的现状和国民党改组问题后,宣读了大会的《宣言》稿,提交会议审查。二十三日,孙中山对大会宣言作了说明,强调以后的革命和以前不同。他说:

> 此次我们通过宣言,就是从新担负革命的责任,就是计划彻底的革命。终要把军阀来推倒,把受压的人民完全来解放,这是关于对内的责任。至对外的责任,有要反抗帝国侵略主义,将世界受帝国主义所压迫的人民来联络一致,共同动作,互相扶助,将全世界受压迫的人民都来解放。我们有此宣言,决不能又蹈从前之覆辙,做到中间又来妥协。以后应当把妥协调和的手段一概打消,并且要知道,妥协是我们做彻底革命的大错。[1]

这个大会《宣言》,是由鲍罗廷起草,经瞿秋白译成中文,汪精卫润色,最后由孙中山审定的。《宣言》对孙中山历来提倡的民

---

[1]《孙中山全集》第9卷,中华书局1986年4月版,第126页。

族主义、民权主义、民生主义重新作了解释。对民族主义,《宣言》指出它有两方面的内容:"一则中国民族自求解放,二则中国境内各民族一律平等。"对民权主义,《宣言》强调:"近世各国所谓民权制度,往往为资产阶级所专有,适成为压迫平民之工具。若国民党之民权主义,则为一般平民所共有,非少数者所得而私也。"并且指出:这种民权,只有民国的国民才能享受,而必不能把这种权利授于反对民国的人,也就是"效忠于帝国主义及军阀者"。对民生主义,《宣言》指出两个最重要的原则,一是"平均地权",二是"节制资本"。并且强调:"凡本国人及外国人之企业,或有独占的性质,或规模过大为私人之力所不能办者,如银行、铁道、航路之属,由国家经营管理之,使私有资本制度不能操纵国民之生计。"《宣言》作了这些论述后,说了一句总结性的话:"国民党之三民主义,其真释具如此。"也就是说,除此之外,都不是三民主义的"真释"。[1]

在《宣言》中,孙中山把反对帝国主义放在异常鲜明突出的地位,并且提出三项关键性的措施,这是十分值得重视的。讨论过程中,宣言审查委员会曾将宣言"对外政策"项下的收回租界、收回海关、废除不平等条约这些具体内容删去。孙中山得知后十分生气,坚持要恢复这些条文。他临时在大会上作了一篇情绪激动的发言:

> 本总理主张应当把这三件大事大书特书,然后本党此次的改组才有意义。本党革命的目的,第一步在求中国的自由独立以实现民族主义。我们笼统的说,革命的目的在求中国自由独

---

[1]《孙中山全集》第9卷,第118—122页。

立,大家尚不感觉有什么顾虑。一说到要收回租界、收回海关、废除不平等条约,大家深恐得罪了帝国主义,便战栗恐慌起来了。大家想想,中国民族不能自由,是由于什么原因?不能独立又是什么原因?难道说,帝国主义所加于中国民族的束缚不解除,中国还有什么希望可以自由?可以独立?

现在因应帝国主义来谋革命的成功的时代已经成为过去了,现在是拿出鲜明反帝国主义的革命纲领,来唤起民众为中国的自由独立而奋斗的时代了!不如此是一个无目的无意义的革命,将永久不会成功![1]

孙中山作了这番讲话后,要求将是否将这些内容加入政纲中付诸表决。结果,全体举手一致通过,连原来反对的人也举了手。

国民党一大的召开标志着国共合作的正式实现。但国民党内部情况相当复杂,尽管孙中山是坚决的,但仍有相当一部分人抱着怀疑以致反对的态度。会议快要结束时讨论章程审查报告,果然又发生一场风波。广州代表方瑞麟发言说:"本党党员不得加入他党应有明文规定,主张在第一章第二条之后增加一条,文为'本党党员不得加入他党'。"[2]他的意思,就是不容许共产党员在保留原有党籍的条件下以个人身份加入国民党。接着,有十人以上附议。李大钊立刻登坛发言,作了回答。他说:

我们相信在今日列强的半殖民地的中国,也就是本党总理

---

[1]《黄季陆先生怀往文集》,(台北)传记文学出版社1986年5月版,第33、34页。
[2]《中国国民党第一次全国代表大会会议案》,《中国国民党第一、二次代表大会会议史料》(上),江苏古籍出版社1986年9月版,第51页。

所说的次殖民地的中国，想脱除列强帝国主义及那媚事列强的军阀的二重压迫，非依全国国民即全民族的力量去做国民革命运动不可。我们认定这种国民革命运动中，不宜使国民革命的势力分歧而不统一，以减弱其势力，而迟阻其进行，非以全民族之心力，集中于一党不可。

我们加入本党的时候，自己先从理论上、事实上作过详密的研究。本党总理孙先生亦曾允许我们仍跨第三国际在中国的组织，所以我们来参加本党而兼跨固有的党籍，是光明正大的行为，不是阴谋鬼祟的举动。[1]

李大钊发言后，不少代表也发言反对方瑞麟的主张。廖仲恺说："对于方君之提案表示反对。""只要问加入的人是否诚意来革命的？此外即不必多问。此次彼等之加入，是本党一个新生命。"汪精卫发言说："曩者吴稚晖、李石曾、张溥泉诸君都是无政府党，我们已承认他们为国民党员。如何对于共产党员，又不允许他。这是什么道理？"大会执行主席胡汉民也不赞成方瑞麟的意见。毛泽东提议："请付表决。"举手结果，方的提案被否决。[2]

大会最后一天，通过中央执行委员、中央候补执行委员、中央监察委员、中央候补监察委员名单。这个名单是由孙中山亲手写下的。共产党员李大钊、谭平山、毛泽东、林祖涵（伯渠）、瞿秋白等十人当选为中国国民党第一届中央执行委员会委员或候补委员，约占总数的四分之一。

第一次国共合作实现后，孙中山的态度一直十分坚决。他在这

---

[1]《李大钊文集》(4)，第369、371页。
[2]《中国国民党第一、二次代表大会会议史料》(上)，第53、54页。

年十月给蒋介石的一封信中写道:"我党今后之革命,非以俄为师,断无成就。"他甚至说:"盖今日革命,非学俄国不可。而(胡)汉民已失此信仰,当然不应加入(革命委员会),于事乃为有济;若必加入,反多妨碍,而两失其用,此固不容客气也。(汪)精卫本亦非俄派之革命,不加入亦可。"[1]廖仲恺等也做了许多推动工作。而中国共产党确实一心一意地为实现国共合作、推进国民革命运动而努力。马林提出"一切工作归国民党"的口号,得到陈独秀的赞同。鲍罗廷甚至主张,中国共产党应当在国民革命运动中充当"苦力"。这些说法尽管失之过于天真,但说明中国共产党的诚意,国共两党的合作确实为国民党注入前所未有的新的生命力。

第一,在共产党帮助下,国民党有了一个比较明确的民族民主革命纲领,集中体现在国民党一大宣言中。辛亥革命在建立巨大历史功勋的同时,最大弱点是没有能提出一个明确而完整的反对帝国主义和封建势力的政治纲领。国民党一大在这方面大大前进了一步。蔡和森评论道:

> 国民党以前的态度是犹疑的,尤其是反对帝国主义。当(中共)第三次大会时,我们党中央移广东,公开发表宣言,国民党尚恐怖,简直不愿意我们的党公开发表政治主张,另方面广东离香港太近。但改组后就确定了正确的反帝国主义之纲领,这在中国革命历史上从来所未有的。[2]

国民革命军消灭陈炯明残部的两次东征和反对北洋军阀的北伐

---

[1]《孙中山全集》第11卷,中华书局1986年7月版,第145页。
[2]《蔡和森的十二篇文章》,第45页。

战争，都是在"打倒列强，除军阀"的雄壮歌声中行进的。它所以能受到各地民众的热烈欢迎并取得以往不曾有过的巨大胜利，原因首先在于它有了这样一个符合中国近代国情和民众愿望的政治纲领。

第二，促进了广东工农运动的高涨。国民党改组后，成立了工人部和农民部。工人部部长是廖仲恺，他的职务很多，这项工作实际上由工人部秘书、共产党员冯菊坡负责。农民部部长林祖涵、秘书彭湃都是共产党员。国民党中央创办的农民运动讲习所，第一期主任是彭湃，第六期主任是毛泽东。孙中山就是在农民运动讲习所第一期毕业典礼讲话中公开提出"耕者有其田"这个主张的。广州革命政府采取了不少保护和支持工农的政策，广东的工农运动出现蓬勃高涨的新局面。一九二四年七月，在外国人集中居住的广州沙面租界，数千名中国工人罢工，抗议英法当局限制中国居民自由出入沙面租界的"新警律"，斗争持续一个多月，终于取得胜利。彭湃的家庭是海丰的大地主，"每年收入约千余石租，共计被统辖的农民男女老幼不下千五百余人"[1]，他却从一九二二年起就开始在家乡发动农民，组织农会，实行减租，得到当地农民的信任和爱戴。到这时，广东各县农民已纷纷建立农民协会，组织农民自卫军，向土豪劣绅和贪官污吏开展斗争。广东的工农运动，直接影响到邻近的湖南、江西等省工农运动的高涨。没有这个条件，北伐战争是很难顺利发展的。粤军重要将领张发奎这样回忆他当时的感受："国民党人并不关心工农运动，当共产党人下基层工作时，国民党人忙于向上攀爬。我同情共产党，相信他们所作的工作会刺激与鼓舞国

---

[1]《彭湃文集》，人民出版社 1981 年 10 月版，第 111、112 页。

民党。对中共党员,我印象甚好,因为我看不到他们有任何伤害我们国民党的证据。"[1]

第三,训练了一支党军。孙中山历来重视军事工作,但长期以来他总想利用原有的现成军队,而这些军队常常不能遵照他的革命主张去做,所以遭到一次又一次的失败。共产国际代表马林同孙中山会见时向他建议:"创立军官学校,建立革命军的基础。"国民党一大决定在广州附近的黄埔岛上创办一所陆军军官学校,孙中山亲自任总理,最初准备由程潜任校长,后来改派曾往苏联考察的粤军参谋长蒋中正(介石)为校长,廖仲恺任党代表,何应钦任总教官,苏联派来的红军将领加伦等为军事顾问。这年十一月,刚从欧洲归国不久的中共广东区委委员长周恩来任黄埔军校政治部主任。这个军校的重要特点,是把政治教育提到和军事训练同等重要的地位,注重培养学生的爱国思想和革命精神,这是它同一切旧式军校根本不同的地方,周恩来在这方面作出了重要贡献。这种军队中的政治工作制度,以后逐步推广到广州革命政府其他军队中去。毛泽东在抗日战争开始不久说过:"国民党的军队本来是有大体上相同于今日的八路军的精神的,那就是在一九二四年到一九二七年的时代。""那时军队有一种新气象,官兵之间和军民之间大体上是团结的,奋勇向前的革命精神充满了军队。那时军队设立了党代表和政治部,这种制度是中国历史上没有的,靠了这种制度使军队一新其面目。"[2]军校的学生来源从全国选拔,不少人是共产党组织来的。徐向前、陈赓、左权、许继慎、蒋先云、王尔琢、周士第、宣侠父等都是黄埔军校第一期的学员。这期学生中的共产党员和共青团员

---

[1] 张发奎:《蒋介石与我》,(香港)香港文化艺术出版社2008年5月版,第72页。
[2]《毛泽东选集》第2卷,第380页。

有五十六人，占学生总数的十分之一。国民党以后的高级将领胡宗南、杜聿明、宋希濂、关麟征、郑洞国、侯镜如、黄维、王敬久、孙元良、李默庵、黄杰等也是这期的学员。苏联派来军事教官，给了一百万卢布作为黄埔军校开办费，四百万卢布供新编国民党党军之需，[1]还运来八千支步枪、五百万发子弹。应该说，黄埔军校是国共两党合作的产物。

第四，发展了国民党的组织。这以前，国民党在国内的活动范围限于少数地方。它的组织只在广东、上海、四川、山东存在，连东北、北京、天津、南京、湖北、湖南、福建这些地方都没有，更不用说边远地区了。许多地方的国民党组织是在共产党帮助下建立起来的。不少省市党部的负责人是共产党员，如北京执行部的李大钊，汉口执行部的林祖涵（伯渠），湖北省党部的董用威（必武）、陈潭秋，湖南省党部的何叔衡、夏曦，浙江省党部的宣中华，江苏省党部的侯绍裘，河北省党部的于方舟、李永声等。这些地方的国民党组织，主要是在他们的努力下，从无到有地建立起来的。到一九二六年五月国民党二大时，除新疆、云南、贵州等少数省区外都已有了国民党的组织。国民党不仅在思想和政治上，而且在组织发展上也得到共产党的很大帮助。

如果没有这些条件，国民党要在很短几年内取得全国的统治地位是不可能的。

对共产党来说，在实行国共合作后也跨上一个新的台阶：它使党提出的反帝反封建的政治纲领，随着国民革命高潮的兴起，更广泛地深入人心；使党从原来比较狭小的圈子里走出来，登上更广阔

---

[1] 郭廷以：《近代中国史纲》下册，第542页。

的社会政治舞台,在更大的群众斗争风浪中受到锻炼;使工农运动在南方各省蓬勃发展,各地的农民协会和工会纷纷成立,为以后土地革命风暴的掀起准备了重要的群众条件;党的组织也有很大发展,在一九二三年六月中共三大时只有党员四百二十人,一九二五年一月中共四大时发展到九百九十四人,到大革命高潮时在两年多时间内发展到近六万人,并且培养出大批骨干人才。这一切,并不是以削弱国民党为代价取得的,而是在国民革命运动中两党得到了共同发展。

总之,对国共两党来说,"合则两利"是再清楚不过的事实。如果一定要说谁在这中间得到的更多,发展得更快,大约只能是国民党而不是年轻的共产党。

大革命高潮的到来

孙中山一九二四年十一月在直系军阀统治被推倒后,为了争取召开国民会议和废除不平等条约,为了谋求和平统一中国,扶病北上。第二年三月,在北京逝世。他在遗嘱中说:"余致力国民革命凡四十年,其目的在求中国之自由平等。积四十年之经验,深知欲达到此目的,必须唤起民众及联合世界上以平等待我之民族,共同奋斗。"[1]这是孙中山一生经验的总结。要"唤起民众",就要联共和扶助农工。要"联合世界上以平等待我之民族",就要联俄。孙中山自己没有说过联俄、联共、扶助农工三大政策的话,但他晚年实行的正是这三大政策。

---

[1]《孙中山全集》第11卷,第639页。

孙中山逝世时只有五十八岁零四个月。他的过早去世，在全国民众中引起巨大的悲痛。第二年，刘少奇在第三次全国劳动大会的报告中说："固然，中山先生死了，中国革命要受很大的损失，然在各地纪念会之举行，全国民众对于国民革命的意义，益更明了；革命运动的空气，反因是而更加高涨。"[1]

全国范围的大革命高潮，是从一九二五年五月在上海爆发的五卅运动开始的。

中国最大的工业城市上海，那时有工人八十万人，是一个巨大的力量。这里有公共租界和法租界。公共租界主要由英国控制，它的行政权力机关工部局下设警务处等机构，各区都设巡捕房，来实行统治。日、英等国在这里（特别是沪西的小沙渡和沪东的杨树浦）开设了许多工厂，残酷地榨取中国工人的血汗。工人每天工作十二小时以上，还常遭毒打、扣发工资、罚款，以致被任意开除，无处说理。民族矛盾十分尖锐。

那时，中共中央设在上海。它以上海大学为培养干部的重要基地。该校的校长是国民党元老于右任，李大钊向他介绍邓中夏来校工作，被委为校务长，主持全校行政工作。它的社会学系主任是瞿秋白，中国文学系主任是陈望道，教员中有大批共产党员，也有一些国民党员。"党以上海大学为基础，在上海各区开办了好些工人夜校。这些工人夜校大部分设在有党的支部或国民党左派活动分子的大学、中学内，课室是现成的，教员是义务的。"[2]夜校中最注重的课程是识字和算术。他们先后在七个地区办起工人夜校。单以上

---

[1] 刘少奇：《一年来中国职工运动的发展》，《五卅运动史料》第1辑，上海人民出版社1981年11月版，第67页。

[2] 杨之华：《忆秋白》，见《忆秋白》，人民文学出版社1981年8月版，第201页。

海大学附设的平民学校来说，就有学生三百六十多人。经过这些工人夜校的推动，一九二四年九月，在小沙渡成立沪西工友俱乐部，由项英担任委员会主任，宣布它的宗旨是"互相帮助，共谋幸福"，到年底就在同兴纱厂和内外棉三、四、九厂等十九个纱厂建立了俱乐部的秘密组织，会员将近两千人。在沪东的杨树浦，也成立了工人进德会。工人有了组织，他们的行动便更有力，他们的共同愿望才有可能实现。这些工人团体的建立，使工人运动得以出现一个新局面。

成为五卅运动前奏的是一九二五年二月的日本纱厂大罢工。罢工的起因是：日商内外棉八厂的日本工头毒打女工致伤，工人们愤不可遏，群起责问，被开除五十多人，后又捕去工人六人，引起全厂工人罢工。随后，导致二十一家日本纱厂的三万五千名工人总罢工。日方被迫签订四项条约，承诺以后再不打骂工人，不无故开除工人，并发还储蓄金等。斗争取得了胜利。

但复工以后，日人并不遵守诺言，对工人的虐待变本加厉，日本监工入厂时携带铁棍、手枪。五月中旬，日本纱厂无故开除工人数十人。十五日，内外棉七厂日人在厂内持铁棍乱殴工人，日本大班元木、川村竟向人群开枪，工人顾正红（二月大罢工期间入党的共产党员）身中四枪死难，受伤者数十人。在中国的土地上，外国老板竟可以公然枪杀中国工人而不受惩处，这是任何一个有爱国心的中国人都无法忍受的。王若飞在《向导》上愤怒地写道："在外国政府统治下的上海人民，已经与亡国奴无异。"[1]第二天，沪西内外棉五、七、八、十二等厂七千多工人罢工。为了扩大社会影响，

---

[1] 若飞：《在枪杀中国工人中日本帝国主义者对于上海市民之威吓》，《向导》第116期，1925年5月24日。

二十四日，上海工人和各界代表一万多人在潭子湾广场隆重举行公祭顾正红大会。大会由共产党员刘华任总指挥。会场上停放顾正红灵柩，上面覆盖白绸，写着"东洋人打死中国人"八个大字。群众情绪极为激昂。《民国日报》记者报道说："这样伟大的无产阶级集会，在上海我敢说是空前的。"[1]租界当局竭力镇压，不仅严禁工人在租界里活动，并且逮捕声援工人的学生多人。二十六日，全国学生总会开会，决定扩大宣传，唤起全国一致反抗。

五月二十八日，中共中央在上海召开紧急会议，研究当前形势和对策。李立三回忆道："罢工支持十余日以后，日本资本家表现了明显溃散失败的形势。（蔡）和森同志提出，现在的战略，应当把工人的经济斗争转变到民族斗争。在五月二十八日的中央会议上，他解释这一口号说：现在要把工人的经济斗争与目前正在蓬勃发展的反帝斗争汇合起来，要使工人斗争表现明显的反帝性质，以争取一切反帝力量的援助，同时就使工人加入总的反帝战线而成为这一战线的中坚。在目前形势，这一策略的实现，将要发展出空前未有的全国反帝的巨大运动。因此他提出策略主张，在五月三十日在租界上组织反帝示威运动。一方面反对当时公共租界所提出压迫华人的四个法案（码头捐、交易所注册、童工保护等）；另一方面援助沪西工人罢工，反对日本资本家屠杀工人。"[2]会议经过辩论，通过了这一主张，决定立刻组织工人和学生到各校宣传发动。二十九日晚，上海学联召开会议，宣布各校在三十日停课一天，到租界指定地区进行大规模的反帝示威。各校连夜组织队伍，准备好

---

[1] 味辛：《追悼会上》，《民国日报》1925年6月26日，转引自傅道慧《五卅运动》，复旦大学出版社1985年3月版，第71页。

[2] 李立三：《纪念蔡和森同志》，《回忆蔡和森》，人民出版社1980年3月版，第10页。

演讲大纲、传单等，上海大学、同济大学等各有四百人左右参加。大示威就是这样发动起来的。

五月三十日，上海学生、工人三千多人到租界分队演讲，散发"打倒帝国主义""上海是中国人的上海"等传单。下午，公共租界老闸捕房捕头、英国人爱活生开始率巡捕拘捕学生。上海大学被捕的学生最多，有一百三十多人。愤怒抗议的民众越聚越多，南京路从浙江路到西藏路一段已是人山人海。这种场面是以前没有看见过的。下午三时多，英人捕头竟下令向密集的手无寸铁的人群开放排枪，打死何秉彝（上海大学学生、共产党员）等十三人，其中学生三人，职工九人，商人一人。参加当天宣传抗议活动、正在交涉署前示威的复旦大学学生陈复给他姐姐的一封信中悲愤地写道：

> 是日下午，各校学生源源而来，沉痛的演讲醒了不少垂死的人们之迷梦。于是"中华民国万岁！"市民们高喊出来了。英捕始而拘捕，但别一队接着讲了，如此，再接再厉，新世界、西藏路、南京路、浙江路附近，都被捕去不少（一百以上）爱自由的中国人。群众旋集南京路捕房前示威，请他放人。不料以残杀当勇敢的英国人竟行凶起来了，五十多响枪向人群射击，当场打杀四人，重伤至明日毙命者七人，轻伤者不可计数。"打倒帝国主义！中国民族解放万岁！"从浴着血垂死的学生口中发出来，使没死的人们的心房不住的震动。我在交涉署前听到这不幸的消息，热泪几不禁夺眶而出。呜呼！最平常之演讲，今已变作送死之路，我们的愤恨，谁能形容呢？在这信，我对你报告平安无恙，然而，我羞耻得很，我也不多说，更不愿太自寻烦恼，以为牺牲不到便无面见人。我们后死之责

还大呵，努力前进呵！[1]

这就是震惊中外的五卅惨案。

五卅惨案激起了人们极大的愤怒。外国人竟能在中国的土地上这样任意地大量屠杀中国人，这还是什么世界？于是，工人罢工，学生罢课，商人罢市。六月一日，上海总工会成立，共产党员李立三任委员长。四日，上海工商学联合会成立。到十三日，全市参加罢工的人数达到二十五万人。运动迅速地扩展到全国，多少年来深埋在中国人心里的对帝国主义的怒火一下子喷发出来。从通商都市到偏僻乡镇，民众成千上万地涌上街头，举行抗议集会和示威游行。仅广州、北京、长沙、南昌、武汉、南京、杭州、济南、天津、开封、西安这些重要城市，参加的就有三百万人。据不完全统计，全国参加这个运动的约有一千七百万人。

发生在广州和香港的省港大罢工，是五卅运动的重要组成部分。六月三日，广州各界民众举行声势浩大的示威游行。十九日起，香港由海员、电车、印务工人首先发难，宣布罢工。十五天内罢工工人达到二十五万人。工人纷纷乘火车、轮船回到广州。广州沙面洋务工人也同时罢工。香港工人在罢工宣言中写道：

> 我们为民族的生存与尊严计，明知帝国主义的快枪巨炮可以制我们的死命，然而我们亦知中华民族奋斗亦死，不奋斗亦死；与其不奋斗而死，何如奋斗而死，可以鲜血铸成民族历史之光荣。所以我们毫不畏惧，愿与强权决一死战。[2]

---

[1] 陈复:《关于五卅惨案的一封信》,《五卅运动史料》第1卷，第650—651页。
[2]《邓中夏文集》，第613页。

六月二十三日，香港罢工工人和广州各界民众十万人在广州举行大会和示威游行。周恩来等率黄埔军校师生和校军两千人，徒手参加游行。当游行队伍经过沙面租界对岸时，伏在租界内的英国军警突然用步枪和机关枪排枪射击。游行队伍密集在狭窄的街道上，无法散开躲避，当场被击毙五十二人，重伤一百七十多人。其中，黄埔军校的学生和士兵死难的有二十三人，受伤的有五十三人，一团三营营长曹石泉（共产党员）也中弹牺牲。[1]周恩来身旁的两个人都中弹身亡。[2]这就是沙基惨案。

沙基惨案发生后，广州革命政府立刻宣布同英国经济绝交，并封锁出海口。回广州的香港工人和沙面罢工工人，成立省港罢工委员会，由共产党员苏兆征任委员长。委员会下设纠察队、罢工工人医院、工人饭堂、工人宿舍等。广州政府每月资助罢工委员会经费一万元。省港大罢工给港英当局带来巨大损失。它坚持了十六个月，集中在广州的十多万罢工工人成为广州革命政府的重要支柱。

五卅运动在中国近代历史上所起的作用是重大的。它冲破了二七大罢工失败后长期笼罩着的沉闷空气，开始形成热气腾腾的革命景象。恽代英在一九二六年总结这次运动带来的两个重大结果：

（一）使反帝国主义的潮流高涨。五卅以前，中国还有好多人不知道为什么要反对帝国主义，就是一般有智识的学生，也不十分明白反帝国主义的意义。……自国民党改组后，才提出反帝国主义的口号来，经过一番宣传，少数人才知道应该反对帝国主义。但经过五卅运动以后，反帝国主义的空气，就普

---

[1]《鹰犬将军——宋希濂自述》，中国文史出版社1986年7月版，第42页。
[2] 邓颖超同作者的谈话记录，1989年4月25日。

及于全国,大多数人都知道了。

(二)使民众的力量增大。五卅以前的工人、学生、商人等,大部分都没有组织起来;五卅运动后,各地工人、学生很多都组织起来了,商人亦渐知引他们的组织来参加反抗帝国主义,且有工学联合组织,这种民众的力量影响政治方面的运动,使军阀内部分化。那时,(冯玉祥部)国民军通电对英宣战,便想站在民众方面得着民众的赞助。[1]

在这个过程中,民众的觉悟大大提高了,中国共产党的组织也在群众性斗争的风暴中得到很大发展。这年年初全国共产党员只有九百九十四人,十月份增加到三千人,年底达到一万人,一年中增加十倍。陈云原来是商务印书馆的学徒、店员。他在自传中说:"以前我很赞成吴佩孚,后又很相信国家主义派之'外抗强权,内除国贼'。看了三民主义,觉得孙中山的道理蛮多。"[2]商务印书馆内,中国共产党的力量很强。五卅运动起来后,陈云担任过商务印书馆发行所罢工委员会主席,在这年八九月间加入了中国共产党。很多过去没有共产党组织的地方建立了党组织,如云南、广西、安徽、福建等。共产党员在群众斗争中得到了锻炼,为北伐到来做了重要准备。

在五卅运动蓬勃发展的有利形势下,在国共合作下,经过两次东征,消灭了盘踞东江一带的陈炯明部和广东南路的邓本殷部,又平息了原驻广州的滇军杨希闵部、桂军刘震寰部的叛乱,统一了广东革命根据地。第二次东征时,蒋介石任东征军总指挥,周恩来为

---

[1] 《恽代英文集》下卷,人民出版社1985年5月版,第968、969页。
[2] 陈云:《我的自传》,1940年7月10日。

总政治部总主任。

七月一日,国民政府在广州成立,汪精卫当选为主席。孙中山北上后代理大元帅职务的胡汉民改任国民政府外交部长。军事部长为粤军总司令许崇智,财政部长为廖仲恺。聘请鲍罗廷为高等顾问。在广东的军队改编为国民革命军,共六个军,八万五千人。这就为发动讨伐北洋军阀的北伐战争准备了比较可靠的基地。

蒋介石反共活动的抬头

国民党是一个复杂的混合体,它的成员从左到右都有:有的人忠诚地拥护孙中山的革命的三民主义;有的人在政治上缺乏定见,往往随风而倒;有的人只是想靠孙中山来谋求自己的发展,包括一些原来的军阀、政客在内。后一种人对联俄、联共、扶助农工本来就不赞成。孙中山在世时,已经多次有人提出反对。由于孙中山态度坚决,这些人不能形成大的气候。孙中山去世后,一批中央执监委员包括邹鲁、谢持、林森、居正等在西山碧云寺开会自称"中央执行委员会第四次全体会议",非法地"决定,凡共产党之加入本党分子,尽数取消其在本党之职籍",[1] 被称为"西山会议派"。但当时这还只是局部性的问题,并没有牵动大局。对局势逆转起关键性作用的人物,是蒋介石。

蒋介石那时任黄埔军官学校校长兼粤军参谋长。他在国民党内的地位本来并不高,根基有限。国民党一大时,他还没有当代表,没有被选入中央执行委员会。他地位的提高,是由于国共合作兴办

---

[1] 邹鲁:《回顾录》,岳麓书社2000年9月版,第153页。

的黄埔军校训练出一支以革命精神武装的新式军队,在第一次东征时奋勇作战,发挥了人们原来没有估计到的主力作用,特别是在棉湖战役中以教导一团顶住了来袭的陈炯明精锐林虎部一万人,在不利地形下坚持了半天,后来教导二团和粤军第七旅赶到,把林虎部队打垮,使黄埔军校威名大震。接着,他们又作为主力,把盘踞广州的杨希闵、刘震寰部解决。到第二次东征时,蒋介石当了东征军总指挥,兼广州卫戍司令,那时他还没有满三十八岁。靠这些战绩,使他的地位迅速提高。一九二五年八月,廖仲恺在广州被暗杀,这是国民革命的巨大损失。胡汉民因涉嫌同廖案有牵连,被迫出走。蒋介石乘此把国民政府军事部长、粤军总司令许崇智逼走,还把许崇智一部分部队改编为他所统率的国民革命军第一军的第三师。这时,他的兵力成为广东国民政府各路军队中战斗力最强的一支。

蒋介石这时一直以国民党左派的姿态出现,内心却存在着反苏反共的思想。他在一九二四年三月十四日给廖仲恺的信里写道:"俄党对中国之惟一方针,乃在造成中国共产党为其正统。决不信吾党可与之始终合作,以互策成功者也。""以弟观察俄党,殊无诚意可言。即弟对兄言,俄人之言只有三分可信者,亦以兄过信俄人,而不能尽扫兄之兴趣也。"[1]但他那时羽翼未丰,还需要苏俄和中共的帮助,他的反共思想不但从不在公开场合流露出来,还作了许多相反的表示。这年六月二十九日,他在黄埔军校国民党员大会演讲中说:

---

[1] 蒋中正:《自反录》第1集,1931年5月编印,第222页。

> 我们所要仿效的，是俄国的革命党。
>
> 俄国共产党的党员，无论什么艰苦的事，他们都愿去做。旁人做不到的，他们便做得到，他们只顾为国家为群众谋幸福。他们却不单为自己谋幸福。他们权利便让给人家，义务却拿归自己。这种事实，不管怎样的艰苦困难，冻痛饥热，耐劳耐怨，忍辱含羞，一样一样的，统统实实在在的做出来，把人家看。所以他们一日一日便得了人民的信仰。所以都市的工人，乡间的农民，统统能做他们党的基础。从前不是党员的，后来也加入他的党里，帮助他们革命。
>
> 革命党党员任务，不仅是要自己好了就罢了，并且还要感化人家。俄国共产党人，就是能够这样，他们无论到一个什么社团，都能够使那个社团的人受他们的感化；因为他们党员最有团结力。
>
> 如此看来，俄国革命之所以成功如此之速，完全是其党员一心一德的来为党奋斗，来为人类牺牲，换一句话说，就是一个诚字来感动民心，来感化敌军的。如果我们中国的党员，中国革命军人，也能照他们这个方法做去，不消说一个人可以感化一千个，就是一万个也是做得到的。[1]

一九二五年九月三十日，他在黄埔军校特别党部一次讲演中又说：

> 国民党员也不可反对共产党，反对共产党就是背反了总理

---

[1]《蒋介石言论集》第1集，中华书局1965年3月清样本，第311—313页。

定下来的方针和主张。……总理容纳共产党的同志加入国民党,是有他的眼光和一定的方针的,决不是随随便便定了的。总理认为现在的中国,除了共产党主张彻底革命,还可以同国民党合作之外,再没有第二个党派能够和我们合作的了。而且共产党真正革命的同志们,实在不比我们国民党少,加入了国民党,实在能替国民党求进步求发展,促进本党的革命精神。所以总理就下这个大决心,不为众论所摇动。并且总理曾说:"如果国民党的党员反对共产党,我便要自己去加入共产党。"这是什么理由?是因为共产党和国民党的革命的目的,都是一样的,并且我们革命党的性质,就是"打不平"。[1]

虽然抄得长了一点,这些话还是很值得读一读。既然蒋介石在政治上一再表示这样鲜明的态度,仿佛真有极大的合作诚意,而且他在黄埔军校和东征中办事果断认真,表现出相当的能力,做出了成绩,苏联代表鲍罗廷和中共中央一些人便把他看作可靠的革命左派,努力帮助他。但他一到羽毛丰满便突然变脸了。读读蒋介石一九二六年三月上半月的日记,可以发现不少值得玩味的话:"革命心理,皆由神秘势力与感情作用以成者,而理智实极微弱条件也。""中国国民革命未成以前,一切实权皆不宜旁落。""而今觉事非精明审虑,皆成为傀儡矣。""昨夜终夕不寐,今早起床会客,忧患思虑不可言状。"[2]接着,便发生三月二十日的中山舰事件。为什么他在这时候敢于动手?在它的上一个月发生了两件大事:一件

---

[1]《蒋介石言论集》第2集,第233页。
[2] 蒋介石日记,1926年3月3、8、10、12日,美国斯坦福大学胡佛研究所藏,承中国社会科学院近代史研究所提供抄件。

是第二次东征和南征在二月份结束，广东革命根据地统一了；另一件事是广西派了白崇禧来，表示服从广州国民政府，二月二十四日国民政府两广统一委员会成立，桂军首领李宗仁接着就任国民革命军第七军军长，两广的局势稳定下来了。蒋介石兵权在握，后方稳定，要动手便不再有多少后顾之忧。

中山舰事件的发生，对共产党来说，是毫无思想准备的。这件事很有些扑朔迷离。杨天石在《中山舰事件之谜》一文中考察，它的经过是这样的：三月十八日傍晚，黄埔军校接到消息说有一条船在外洋被海盗抢劫，校长办公厅主任要管理科打电话给军校驻广州办事处要求派巡逻艇前往保护。办事处主任欧阳钟便用蒋介石的名义找海军局代局长李之龙（共产党员），称："奉教育长谕，转奉校长命，着即通知海军局迅速派兵舰两艘开赴黄埔，听候差遣。"李之龙就派中山舰开去黄埔。军校教育长邓演达说不知道这件事，刚好广州又有别的需要，船就开回去了。[1]事情本来很简单，也不难查清楚。但极端多疑的蒋介石，因为他没有下令调船，而怀疑是汪精卫和共产党有阴谋，要用军舰来胁迫，把他强行送到苏联海参崴去；他立刻乘此采取大动作：实行戒严，逮捕李之龙，监视第一军各师党代表，包围苏联顾问寓所，解除省港罢工工人纠察队的武装，还把周恩来软禁了一天。随后提出两个条件：一是共产党员退出第一军，二是不退出的要交出名单。这件事的经过当然有偶然的因素，但蒋介石立刻由此采取这样大的动作，以突然袭击的手段排除异己，把大权掌握到了自己手里，显然有着更深的背景和用心，不能简单地只用偶然因素来解释。蒋介石在当天日记中写道："组

---

[1] 杨天石：《蒋氏秘档与蒋介石真相》，社会科学文献出版社2002年2月版，第113—115页。

安军长（引者注：即谭延闿）不以此举为然，书生态度，不知革命之举动也。"[1]从他得意地嘲笑谭延闿是书生之见，反衬出他此举的用心是很深的。

面对这场突然事变的发生，应该怎么办？共产党内有不同的主张。毛泽东、周恩来、陈延年都主张反击。所谓反击，并不是要打倒蒋介石，而是指不能一味容忍和退让。用毛泽东的话来说："对蒋介石要强硬"，"蒋介石此番也是投机，我们示弱，他就得步进步；我们强硬，他就缩回去"。[2]周恩来还这样解释："国民革命军六个军中，只有第一军是直属蒋介石指挥的，其他五个军都不会听他的，有的还想乘机搞掉蒋介石。""第一军又是黄埔军校教导团的底子，党的传统影响很大，我们是完全有能力反击蒋介石的。"[3]

但是，正率联共（布）中央政治局使团来广州的苏联红军总政治部主任布勃洛夫和以陈独秀为首的中共中央不同意反击。他们为什么不同意，也有复杂的考虑。第一，当时共产国际和中共中央认为中国国民革命主要靠两支力量：一支在南方，就是广东革命根据地；一支在北方，是冯玉祥的国民军，也已同苏联和中国共产党建立起联系。但就在这年三月份，奉军打败反戈相向的郭松龄部后进关占领天津，接着又占领北京，冯玉祥部退往南口。这使他们感到，既然北方已处在非常不利的情况下，唯一可以依靠的就是南方，因此希望让步，怕跟蒋介石闹翻了，南方的局势也会恶化。第二，在这以前，蒋介石表面上没有多少反共言行。中山舰事件对蒋

---

[1] 蒋介石日记，1926年3月20日。

[2] 茅盾：《我走过的道路》（上），人民文学出版社1981年10月版，第306、307页。

[3] 聂荣臻：《学习恩来的优秀品德，继承他的遗愿》，《不尽的思念》，中央文献出版社1987年12月版，第13页。

介石来说起着两个作用：一个是要把汪精卫赶走，因为那时在国民党内居第一把手地位的是汪精卫。他不仅是国民政府主席，而且是军事委员会主席。蒋介石采取宣布戒严等这些重大行动，完全把汪置之不顾，使汪感到自己已待不下去，被迫跑到法国去。从此，国民党的大权就集中到蒋介石的手里。另一个作用是他进行反共活动的试探，并且把共产党的力量排除出第一军。这两点得手了，他马上表示这次事件是误会，把包围苏联顾问寓所的军队撤退，所缴工人纠察队的枪支发还，把参与中山舰事件行动的王柏龄、陈肇英等撤职，还向国民政府写了一个自请处分的报告。他在四月九日给汪精卫的信中说："本校出身之军官，对于共产党员幼稚者之行动，固多不满意，而谓其有杀共产党之心，则弟保其绝无之事。盖一般军官皆知现在革命战线之不能撤散，与其杀共产党，不如谓其自取败亡也。"[1]苏俄代表和中共中央认为蒋介石过去表现不错，对这次事件已声明是误会，又自请处分，不能对他过分了。第三，当时共产党从事的主要是工农运动和军队政治工作，除叶挺独立团外并没有直接掌握军队。认为如果同蒋介石决裂，在高级将领中由另一个人来代替他，也未必比蒋介石好。这样想来想去，最后还是以让步了结。

情况尽管很复杂，事实证明这个决策是完全错误的。对方采取那样强硬的措施，你却忍气吞声，一味退让，以为满足了对方的要求，事情就可以了结。结果充分暴露了自己的弱点，使蒋介石的胆子越来越大，更加得寸进尺，步步进逼。你的阵地一块又一块地丢掉，他的力量越来越大，到整个力量对比完全失去平衡的时候，他

---

[1] 蒋中正：《自反录》第1集，第253页。

突然猛扑过来，你连还手的余地都没有。这是很沉重的教训。

果然，只过了一个多月，当国民党在五月十五日至二十二日召开二届二中全会时，蒋介石又进了一步。他借口改善两党关系，扬言为避免共产党员在国民党内担任重要职务容易引起"党内纠纷"，需要有"消除误会的具体办法"，提出一个《整理党务案》。它的主要内容有两条：一是其他党的党员加入国民党后，在省市以上党部中担任执行委员的不得超过三分之一；二是国民党的中央部长，不能由共产党员担任。在会上，柳亚子、何香凝等投票反对。但联共（布）中央政治局在半个月前决定："认为国共破裂问题具有头等重要的政治意义。认为这种破裂是绝对不能允许的。认为必须实行让共产党留在国民党内的方针。""要在内部组织上向国民党左派作出让步，重新安排人员，以便基本上保持目前的组织关系。"[1] 鲍罗廷和中共中央都认为共产党员担任国民党内这些重要职务容易同国民党员发生摩擦，甚至可能引起破裂，而在这个问题上作出重大退让后就摩擦不起来了。所以，鲍罗廷在会前就同意了蒋介石的要求。陈独秀也有句名言，叫"办而不包，退而不出"。[2] 结果，谭平山不再担任国民党中央组织部长，由蒋介石亲自兼，国民党中央宣传部代部长毛泽东、农民部长林祖涵和中央秘书处书记长刘芬（伯垂）也不再担任这些职务。随后，蒋介石又当上国民革命军总司令、国民党中央常务委员会主席。北伐期间，国民政府所属民政、财政各机关都受总司令指挥。整个南方的党政军大权都落到蒋介石手里。

---

[1]《联共（布）、共产国际与中国国民革命运动（1926—1927）》（上），北京图书馆出版社1998年11月版，第236、237页。

[2] 李立三：《一九二五年至一九二七年中国大革命的教训》，《中共党史报告选编》，中共中央党校出版社1982年9月版，第291页。

蒋介石十分懂得军权和政权的重要性。他平时不动声色,一到紧要关头就跨出一步,一步一步地把大权全都集中到他手里。"蒋介石三月二十日的行动以及随后的五月十五日国民党中央全会的决议,把共产党人排除在国民党和国民政府的整个领导工作之外。"[1]而政治上十分幼稚的共产党却一味害怕发生摩擦,步步退让,最后,手里既没有政权,也没有多少军权,吃了大亏。"以斗争求团结则团结存,以退让求团结则团结亡"这个道理,是要在经过多少次付出血的代价后方才懂得的。

蒋介石对全会如此顺利地通过《整理党务案》十分得意。他在《苏俄在中国》中写道:"当鲍罗廷与我会商这个办法时,对我的态度极为缓和。凡我所提主张,都作合理的解决。"蒋介石高度评价这次全会的意义,写道:"这是我们中国国民革命成败的关键,也就是本党与共党消长的分水岭。"[2]鲍罗廷却似乎还在做梦。他在会后几天给加拉罕的信中竟这样写道:"这些决议从右派手里夺走了他们用来反对我们的武器。他们反对我们,似乎是为了挽救党使之免遭国民党内的共产党人的控制。这是一个使他们得以把一些诚实的国民党人集合在他们周围的口号,因为这些诚实的国民党人确实害怕国民党最终被共产党人吃掉。上述决议通过后,这种害怕心理大为减少,右派被置于极其不利的地位。我再说一遍,他们被剥夺了用来反对我们的主要的和很方便的武器。现在他们受到打击,也无法透过于共产党人。"[3]

当然,蒋介石是算计得很精的:那时北伐马上就要开始,广东

---

[1]《联共(布)、共产国际与中国国民革命运动(1926—1927)》(上),第453页。
[2] 蒋中正:《苏俄在中国》,(台北)中央文物供应社1992年2月版,第36、37页。
[3]《联共(布)、共产国际与中国国民革命运动(1926—1927)》(上),第273页。

政府的力量有限，北伐能不能成功还是一个没有把握的问题，他暂时仍需要苏联和共产党的帮助。因此，在接连两步得手后，他马上又缓和一下，甚至表示欢迎共产党员回到第一军和黄埔军校来。反对北洋军阀的北伐战争就是在这种复杂情况下开始的。

北伐战争和工农运动的迅速高涨

北伐战争开始于一九二六年夏间。

孙中山生前曾经多次要以广东为根据地举行北伐，都没有成功。为什么这次北伐战争能够顺利地发展、迅速打开局面？这不是哪一个人所能左右的，而有着历史发展到这个阶段时的深刻社会原因。从前面的叙述中可以看到几个重要因素。

第一，北洋军阀已经统治中国十四年多，除了种种倒行逆施和彼此间拼死争夺权力外，从来没有提出过一个可以凝聚人心、使中国走向繁荣富强的目标和纲领。如果说民国初年曾有人把袁世凯看作"强有力的人物"而寄以希望，后来还有些人把吴佩孚看作"爱国将军"，那么，经过袁世凯恢复帝制到曹锟贿选，民众对他们已从怀疑、失望发展到深恶痛绝。连年的军阀割据和军阀混战，更给百姓带来极大的苦难。打倒祸国殃民的军阀，实现和平和统一，已成为社会各阶层的共同呼声。北伐战争所以能顺利发展以致国民党最初能得到不少人的支持，最根本的原因在于当时这种普遍的社会心理。

第二，北洋军阀已陷于严重分裂的极端脆弱局面。当手无实力的段祺瑞在一九二六年四月被迫辞去临时执政后，北京政府连个名义上的首脑也没有了。天津《国闻周报》上的《民国十五年之回顾》

中写道："段祺瑞倒而北洋派笼罩全局之人物,直无第二人,不可谓非政治上一大变局也。""自中枢无主,各省分裂之势益著。""矧复收入机关,概在军人之手,中央政府欲求点缀门面之资而不可得,斯又十五年未见之奇观,不可谓非政界之一大变化也。"[1]在军阀割据的地区内,几经反复争夺,主要分裂成张作霖、吴佩孚、孙传芳三个集团,各据一方,各有盘算,相互疑忌很深,谁也指挥不了谁,谁也顾不上谁,甚至等着看别人笑话,准备从中取利。

北伐军正面的对手吴佩孚本是北洋正统人物,但他的主力已在第二次直奉战争中解体,留下的只是重新凑合的残部二十多万人,是这三个集团中最弱的一个。他本人当北伐战争开始时又正在北方同张作霖合作进攻已从京津退据南口的冯玉祥部国民军,不把北伐军放在眼里,并没有用全力对付。这使北伐军一开始就进展顺利,造成先声夺人的局面。

孙传芳雄踞富饶的东南五省,总兵力在二十万人以上,有较强的战斗力,野心勃勃,但这个集团刚刚形成,包括很多不同的地方势力,人各一心,都在准备窥伺风向而动,内部很不巩固。孙传芳却没有自知之明,以为此时正是他进一步扩大势力范围的机会。他的兵力处在吴佩孚集团的东侧,即与同广东、湖南相接壤的地区,但北伐军同吴部作战时,他却坐山观虎斗,并不出手援吴。吴佩孚在两湖危急时,每天用急电催促孙传芳出兵相助。"可是在此关键时刻,那位坐镇东南的孙联帅,时(与)遗老名流为文酒之会,大有轻裘缓带之风。有人问道:'北伐军已经打到湖南,吴玉帅深感燃眉之急,我帅何以自处?'孙淡然一笑说:'党军负嵎两广,正

---

[1]《民国十五年之回顾》,《国闻周报》第3卷第50期,1926年12月26日。

如麻绳子扭做一团,刀砍不入,火烧不断,如今他们由珠江流域伸展到长江流域来,就成了一根长绳子,用剪刀一剪就可以剪断,我们岂不省力得多。'接下来,北伐军又已进入鄂南,他的部下不免窃窃私议:'直系两帅唇齿相依,我们如坐视不救,恐将同归于尽。'孙又嗤之以鼻说:'傻瓜,吴玉帅驻节两湖,咱们不能开军队把它赶走,如今他要同党军硬拼,正如两虎相斗,不久两湖地盘也是咱们的了。'"[1]

张作霖的奉系军阀,是三个集团中兵力最强大的一个,在一九二五年九月兵员已增至三十六万多人。[2]武器也比较精良。但它地处东北和华北的京、津、直隶、山东,同北伐军中间隔着吴、孙两大集团,而吴、孙都不愿奉军南下,怕它乘此夺去自己的地盘。至于盘踞山西已十五年的地方军阀阎锡山更是一向抱着冷眼旁观、伺机而动的态度。

这种四分五裂的状况,同以往袁世凯、段祺瑞和曹、吴当政时大为不同,北伐军最初兵锋所指只是吴佩孚集团一路,正便于实行各个击破。

第三,在南方,实现第一次国共合作和国民党改组后,高举"打倒列强,除军阀"的大旗,群众运动蓬蓬勃勃地开展起来,被全国进步人士特别是进步青年视为中国革命的希望所在。许多人从四面八方南下广东投军。经过两次东征和广西来归,已经形成相对巩固的两广革命根据地。他们又得到苏联在军械和经费上的很大支援,一九二四年到一九二六年从苏联运来的武器就有步枪一万五千支,子弹两千万发,还有机枪、大炮、手榴弹等,总值

---

[1]陶菊隐:《记者生活三十年》,第97页。
[2]来新夏等:《北洋军阀史》,第25页。

三十九万八千八百二十四卢布，[1]这些都大大增强了广州政府的力量。

一方面，北洋军阀的统治已到了日暮途穷的地步；另一方面，南方的广州国民政府又已具有兴师北伐的实力，并得到国内大多数民众的支持。这样，北伐的条件已经成熟，出师北伐已是不可避免的了。

北伐战争的开始，以湖南政局的剧变为契机。

湖南原在标榜"联省自治"的地方军阀赵恒惕控制下。他部下实力最雄厚的是驻防湘南、拥兵五万的第四师师长唐生智部。[2]唐同南方已有联系，一九二六年三月挤走赵恒惕，到长沙就任代理省长。一向支持赵恒惕的吴佩孚在四月间派兵从湖北南下，唐生智被迫在五月一日退出长沙，正式投入广州革命政府，不久就任国民革命军第八军军长，兼北伐军中路前敌总指挥。国民革命军第四军（陈铭枢、张发奎两师和叶挺独立团）、第七军（李宗仁部）先后进入湖南，同唐部会合。北伐军发起攻击，势如破竹，七月九日已达到湘乡，十一日占领长沙。

广州国民政府在六月五日任命蒋介石为国民革命军总司令。同一天，作为北伐军先锋队的叶挺独立团已克复湖南攸县。[3]七月一日，蒋介石下北伐部队动员令。九日，也就是北伐军克复长沙前两天，蒋介石就任国民革命军总司令，誓师北伐。北伐军占领长沙后，休整了一个月。八月十二日，蒋介石到长沙。十四日，下总攻

---

[1]《联共（布）、共产国际与中国国民革命运动（1920—1925）》，北京图书馆出版社1997年1月版，第700页。

[2] 唐生智：《关于北伐前后几件事的回忆》，《湖南文史资料》（修订合编本）第3集，湖南人民出版社1982年1月版，第102页。

[3] 郭廷以：《中华民国史事日志》第2册，（台北）"中研院"近代史研究所1984年4月版，第54页。

击令,向湖北推进。

北洋军阀本来以为这次仍同以前广东政府几次北伐那样,只是粤湘边境规模不大的拉锯战。这时,吴佩孚才发觉情况不妙,匆忙率刘玉春等两个师从北方赶回湖北,会合从湖南北撤的部队,在粤汉铁路线上的要隘汀泗桥布防。二十六日,双方展开激战。"此地素有天险之称,南西北三面环水,东面高山耸立,仅西南有一线铁路可以通行,实在是'一夫当关,万夫莫开'的要塞。打不下汀泗桥,即无法进攻武汉。"[1]北伐军以第四军为进攻主力,有万余人。吴佩孚部有董政国、宋大霈等师约两万人。第二天上午,北伐军攻克了天险汀泗桥,叶挺独立团乘胜进占咸宁。这是关键性的一仗。具体指挥这场战役的张发奎回忆道:"汀泗桥对任何由南向北攻击的军队来说都是难以攻陷的。在一九二一年湘鄂军阀内讧时,(赵恒惕率领的)湘军终以天堑不能飞渡,损兵折将退回湖南。毫无疑问,汀泗桥战斗是北伐战争中决定性的一仗(吴佩孚守汀泗桥的精锐部队中,三个团长战死,卅九个连长死剩五个,士兵死伤过半)。设若我们拿不下汀泗桥,吴佩孚就会避免失败的命运。这场战役理应名垂青史。"[2]

北伐军第四军同第七军会合后,继续北上,进攻贺胜桥。吴佩孚虽曾威名赫赫,此时却已今非昔比。著名记者陶菊隐写道:"这次吴手下都是些杂牌队伍,能打不能打是一问题,愿打不愿打又是一问题,后方乌烟瘴气尤非往日可比。"汀泗桥失守的同一天,"吴一面电调京汉线各军星夜驰援,一面亲率刘玉春的卫队旅于二十七日赴前线督战,又令营务执法总司令赵荣华组织大刀队把守各要

---

[1]《陈诚先生回忆录——北伐平乱》,第46页。
[2] 张发奎:《蒋介石与我》,第103页。

口，遇有退缩官兵，一刀一个，人头滚滚，一日之间砍杀团营长九人，逃兵正法者更无其数。"但是，"援军迟迟其行，海军不及调度，革命军再来一次比前更猛烈的扩大攻势"。吴佩孚的阵脚已无法稳住。"起初有大刀督战队，继而又有机关枪督战队出现。无如溃兵越到越多，越退越勇，正应着'自家人打自家人'的一句老话。其时汀泗桥已不守，所谓前线距吴的司令部仅有三五十里之遥，溃兵竟向吴的火车开起枪来，击死副官一人，伤卫队二人。"[1]吴佩孚见大势已去，不得不在三十日决定退守武汉。他任命刘玉春为武昌城防司令，刘佐龙为湖北省长兼汉阳防守司令，自己不久后退往河南郑州。两湖战役的胜负实际上已成定局。北伐军出师不久，便已先声夺人。

这时，蒋介石赶到前线，亲自指挥第一军第二师和第四、七军进攻武昌，迟迟没有进展；唐生智部第八军渡过长江，进攻汉阳、汉口。九月六日，第八军在刘佐龙投降北伐军的情况下占领汉阳，控制极为重要的汉阳兵工厂。第二天，又占领汉口。武昌在刘玉春死守下，到十月十日才被北伐军攻克。

孙传芳当北伐军向湖北进攻时，认为他摘取果实的时机已到，陆续调五个师八个旅约十多万人进入江西，对外仍称只是防御性质。蒋介石在两湖战役中没有大的作为，还受到唐生智轻视，十分懊丧，就放下武昌，自己转向江西。九月五日，北伐军开始对江西发动进攻，一度突袭南昌成功，但在孙军优势兵力反击下又被迫退出，第一军第一师和第六军受到严重损失。蒋介石只得将战斗力强的第四军和第七军调入江西，在九月三十日全歼孙部精锐谢鸿勋

---

[1] 陶菊隐：《吴佩孚传》，上海书店出版社1998年1月版，第147—150页。

师。十一月九日,北伐军再克南昌,打开了进军长江下游的大门。

北伐军留守广东、福建边界的部队,由东路军总指挥何应钦指挥,也得到孙部福建地方军阀投诚,在十二月三日克复福州。

当高唱"打倒列强,除军阀"的北伐军北上时,湖南、湖北、江西等省的工农运动给了北伐军极大支援。拿湖南来说,据一九二七年一月出版的《中国农民问题》记载:

> 北伐军入湘而后,平江、浏阳诸役,皆得农民为向导与协助,使我军不至陷于逆敌伏军及地雷之险。平江之役,农民引导我军,从间道抄平江北门,敌军几疑我军从天而降,敌将陆沄因势穷自杀,农民因此而牺牲者亦数十人。凡我军所到,农民必担茶担水,以相慰劳,跋涉险阻,以为向导。常有手持木棍,截击敌兵,夺其枪械,以为我军效力。黄陂县有农民千余,从吴佩孚溃军处获大帮枪械,送交革命军。故此次我军长驱而北,不两月已克复武汉,进兵豫赣,扑灭吴佩孚军阀,得助于农民群众者,实为至多。[1]

北伐军前敌总指挥唐生智不久也说:"我们这次革命的成功,完全是工农群众的力量,并不是兵士的力量。我们在北伐的时候,在衡阳,在醴陵,在粤汉路,都得着农工运动的帮助,才得很顺利的杀却敌人。"[2]

为什么农民如此踊跃地支持北伐战争?《向导》刊载的一篇长沙通信分析了四个原因:"A.党人宣传的效果,农民都知道北伐

---

[1]《第一次国内革命战争时期的农民运动》,人民出版社1953年10月版,第15、16页。
[2]《唐总指挥在长沙对农工之重要讲话》,(汉口)《民国日报》1927年2月19日。

军是拥护工农利益的,要援助北伐军胜利,农民然后才能得到利益。B.对北兵叶军(引者注:指赵恒惕旧部叶开鑫的军队)之仇视。两方军纪比较,使农民仇视更深。C.受农民协会的指挥(有最少数是自动的)。D.在九、十月中农民之愿意参加战争,则为欲得到枪支,因此时农民武装的要求已经起来了。"[1]这四条原因分析得都是对的。还有一点也应该提到,就是北伐军对军阀部队迅速地取得摧枯拉朽式的胜利,并对农民的活动采取热情鼓励和支持的态度,也为农民壮了胆,减除了许多顾虑。

随着北伐战争的胜利发展,各地农民协会纷纷成立,原来十分散漫的农民被组织起来。还是以湖南为例,这年九月,各县农民协会已纷纷成立或筹备成立;到十一月,全省七十五个县中已成立县农民协会的有三十六个,已有农民协会筹备处的有十八个。农民组织起来以后,局势发展之快远远超出人们的预料。毛泽东在一九二七年二月十八日所写的长沙通信中描述道:

> 十月至今年一月为第二时期,即革命时期。农会会员激增到二百万,能直接指挥的群众增加到一千万(农民入农会大多数每家只上一个人的名字,故会员二百万,群众有一千万)在湖南农民全数中,差不多组织了一半。
>
> 农民既已有广大的组织,便开始行动起来,于是在去年十月至今年一月四个月中造成一个空前的农村大革命。
>
> 他们主要攻击目标为土豪劣绅不法地主;旁及农村各种宗法制度;城里的贪官污吏;乡村的恶劣习惯。这个攻击形势,

---

[1] 湘农:《湖南的农民》,《向导》第181期,1927年1月7日。

简直是急风暴雨,顺之者存,违之者灭,结果把几千年封建地主特权,打得个落花流水。他们的体面威风扫地以尽。绅士权力既倒,农会便成了唯一的权力机关,真正办到了"一切权力归农会"。[1]

这是一场广泛而深刻的社会变动。在以往中国农村中,还不曾见过规模如此之大、行动如此激烈的大变动。它大抵是农民在国民革命运动强有力推动下主动起来争取自身权益时发生的。

在运动发展中也出现过一些过激的行为。当时担任中共湘区执行委员会委员长的李维汉回忆道:"在这场农村革命的大风暴中,不可避免地出现一些'左'的偏差,诸如擅自捕人游乡,随意罚款打人,以至就地处决,驱逐出境,强迫剪发,砸佛像和祖宗牌位……等等。这些做法容易失去社会同情。""此外,还冲击了少数北伐军官家属,引起同湖南农村有联系的湘籍军官的不满。这些虽是运动的支流,但不利于巩固和扩大农村联合战线,最大限度地孤立打击敌人。"[2]

为什么湖南农民运动会这样迅猛地发展起来?为什么会出现过激的行动?这有深刻的社会原因。

可以说,这场农村革命的大风暴是湖南农民长期以来受尽地主豪绅欺凌压迫而无处诉说心中郁积起来的全部仇恨和愤怒,在特定历史条件下的一次大爆发。如果没有这种深层背景,任何人或任何政党都不可能在农村中制造出这样一场大风暴。运动中的某些偏差自然无须讳言,那是这场革命风暴猛然展开中出现的,而且相当程

---

[1] 毛泽东:《湖南农民运动考察报告》,《向导》第191期,1927年3月12日。
[2] 李维汉:《回忆与研究》(上),中共党史资料出版社1986年4月版,第97页。

度上是农民处于极端兴奋状态中的自发行动。

当时《湖南民报》有篇论说写道:"农民已经取得自由,若要不发生纠纷,除非剥夺其自由,任他永远压在地狱。"论说批判有些人对农民运动的指责说:"土豪劣绅屠杀农民,一次至数十百人,他们熟视无睹。一闻农民逮捕个把绅士,拿起短棍梭标游行,就伸着舌头:'危险咧'。农民反抗事件与所受压迫事件,虽不过几分之几,而已震惊殊俗了。"[1]

一些国民党要人当时也有类似分析。孙科就说:"现在一般的民众,以至党内的同志,却都有不少是怀疑农民运动的人。他们撷拾一两件农民运动初期的病态的幼稚举动,便想(把)本党的农民运动根本抹煞。""革命以(之)所以发生,并不是因溎(为)任何个人的意思,乃是因为当时的民生实在受着重大的压迫。中国现在的农民,一方面既受土豪劣绅残酷的剥削,一方面又受军阀和帝国主义双重的压迫。他们终岁勤苦,不特不能得着丰衣足食,简直是要过一种非人的劣陋的生活。他们一遇饥荒还常常要卖儿鬻女。所谓新文化、新教育,他们都完全没有享受的机会。爽快说句,中国的农民实在都有革命的要求,这是我们万万不能抹煞的事实。那末我们在今日唤起农民去参加革命,还有什么可疑惑之点呢?"[2]

中国共产党湖南党组织在发动农民运动的实际工作中确实起着主导作用。但党员人数太少。一九二六年十月中共湘区第六次代表大会时,"农运有工作者六十五县,其中四十五(县)是我们有把握的,会员约三十万至四十万;同志不甚多,大概不出七百人"[3]。

---

[1] 觉斋:《农民运动与国民革命》,《湖南民报》1927年3月15日。
[2] 孙科:《国民革命中之农民运动》(续),《湖南民报》1927年3月15日。
[3] 《中共湖南区委书记报告》,《中央政治通讯》第10期,1926年11月3日。

中共湖南区委在一九二七年二月的一个内部通告中写道:"我们的农民同志(引者注:指农民党员)据一月份统计,仅一千七百余人,湖南现在有组织的农民群众已二百万,在农协旗帜下起来了的已千县(余)人,这样比较,一千人中还只有同志一人,又怎样去领导呢?"[1]这点力量,难以完全左右运动如何发展。何况,那样少的党员大多还是刚入党不久、政治上比较幼稚的新党员。党员的活动大多停留在县一级,一般还不曾深入到乡和村。农民的行动有着很大的自发性。

除湖南以外,湖北全省的农民协会会员到十一月间已有二十万人,江西的农民协会会员到十月间也达到五万多人,农民运动都已蓬勃发展起来。

在城市中,特别是克复武汉后,工人运动也很快兴起。一九二六年十月,湖北全省总工会成立,代表八十多个工会组织和十多万工会会员。一九二七年一月,英国军舰上的水兵用刺刀向庆祝北伐胜利的人群乱刺,杀死一人,伤三十多人。正在召开的湖北省第一次工会代表大会通电全国,要求收回汉口英租界,还协同各界人民在汉口举行三十多万市民的反英示威大会和游行。在武汉政府支持下,收回了汉口英租界,不久又收回九江英租界。二月间,武汉的工会会员已达到三十万人,组织起武装的工人纠察队。武汉、长沙、九江等城市的工人还相继开展要求增加工资、减少工时、改善劳动条件、反对封建把头等斗争。这些斗争大多取得了胜利,但在这方面也提出了一些过高的要求,出现过一些过火的行动。

工农运动的蓬勃发展,迅速扩大了革命在群众中的影响,涌现

---

[1]《中共湖南区委通告——发展党在农民中的组织计划》(1927年2月16日),《湖南革命历史文件汇集》(甲5),第55—57页。

出大批积极分子,为日后的土地革命准备了重要条件。如果只有五卅运动,而没有北伐战争和伴随而来的工农运动高涨,还不足以把它称作中国的大革命。它的影响十分深远。毛泽东在一九二八年的《中国的红色政权为什么能够存在》中写道:

> 中国红色政权首先发生和能够长期地存在的地方,不是那种并未经过民主革命影响的地方,例如四川、贵州、云南及北方各省,而是在一九二六和一九二七两年资产阶级民主革命过程中工农兵士群众曾经大大地起来过的地方,例如湖南、广东、湖北、江西等省。这些省份的许多地方,曾经有过很广大的工会和农民协会的组织,有过工农阶级对地主豪绅阶级和资产阶级的许多经济的政治的斗争。所以广州产生过三天的城市民众政权,而海陆丰、湘东、湘南、湘赣边界、湖北的黄安等地都有过农民的割据。至于此刻的红军,也是由经过民主的政治训练和接受过工农群众影响的国民革命军中分化出来的。那些毫未经过民主的政治训练、毫未接受过工农影响的军队,倒如阎锡山、张作霖的军队,此时便决然不能分化出可以造成红军的成分来。[1]

蒋介石发动政变的准备

蒋介石是个要把一切大权独揽在自己手里、容不得任何异己力量而又富有权谋的人。当自己实力不足的时候,他可以隐忍不发,

---

[1]《毛泽东选集》第1卷,第49—50页。

以便一步一步地达到目的。在他从广州出发北上的前一天,对留守后方的将领谈话中甚至说:"在政治问题上他们应该向两个人请教:一个是张静江……另一个是鲍罗廷,是总理推荐给我们的,自总理去世以来我们还没有这样一位伟大的政治活动家。"[1]可是,一旦认为时机成熟,他立刻会翻过脸来,采取令人吃惊的断然行动。

中山舰事件、通过"整理党务案"、就任国民革命总司令以后,他已把南方的党政军大权集中到自己手里。"蒋就是国民党,蒋就是国民政府,威福之甚,过于中山为大元帅时。"[2]蒋介石独断专行的种种表现,使他同各方面的矛盾很快激化,包括中国共产党,也包括国民党内的其他政治势力。

中国共产党在经历了中山舰事件和"整理党务案"以后,接连两次没有料想到的打击使它不再把蒋介石看作可靠的左派,但仍把他称为"中派",力争同他继续合作,只是把西山会议派等看作国民党内的右派,认为:"我们要联合左派并中派,向反动的右派进攻","只能联合左派控制中派使之左倾,而不能希图消灭中派"。[3]随着北伐战争的胜利进展,作为国民革命军总司令的蒋介石的声誉和影响日益扩大。苏联和共产国际更加把他看作能够打击帝国主义、军阀势力和国民党右派的重要力量,竭力要把他拉住。九月十六日,共产国际执行委员会远东局委员和中共中央执行委员会在上海举行联席会议。远东局主席维经斯基在报告中说:"从主观上

---

[1]《鲍罗廷同蒋介石的谈话记录》,《联共(布)、共产国际与中国国民革命运动(1926—1927)》(上),第365页。
[2]《中央局报告(九月份)》,《中共中央文件选集》第2册,中共中央党校出版社1989年8月版,第341页。
[3]《中央政治报告》(1926年7月),《中共中央政治报告选辑(1922—1926)》,中共中央党校出版社1981年3月版,第57页。

看,蒋介石还不是革命的敌人,他打击过右派,他需要我们,是可以同他一起工作的。""蒋介石也不可能激烈反对左派,因为他在前线的处境迫使他寻求支持。我们不应挑头来反对蒋介石,他也不会来进攻。"会议的决议写道:"我们对蒋介石的政策现在应当是,在国民党十月全会上要向左派和蒋介石表明,我们确实真的希望他们进行合作。"[1]同一天,中共中央根据这次会议的决议发出《中央通告第十七号》,谈到当时正在广东出现的欢迎被看作国民党左派的汪精卫从欧洲归国的活动时说:"迎汪绝不是就要倒蒋,在现时内外情势之下采此政策是很危险的:一动摇了北伐的局面,二继蒋之军事首领不见比蒋好。我们向蒋诚恳的表示,汪回后我们决无报复行为,决不推翻整理党务案。""如果蒋能执行左派政纲成为左派,我们亦可不坚持要汪回来。"[2]

当时,国民党内不少政治势力对蒋介石的不满也在明显发展,甚至表现得比共产党更为激烈。国民党内的真正左派宋庆龄、邓演达等的不满不用说了。就是其他不少人的眼中,蒋介石在国民党领导集团内本属后进,北伐开始时还只有三十九岁,一旦大权在握,便独断专行,不把别人放在眼下,也不把国民党中央放在眼里,自然引起他们中很多人的不满和愤慨,从而提出"提高党权和集中党权"的问题。他们强调:"一切权力属于党,是目前党的第一个标语,表现党的意志与执行党的意志的最高机关是中央执行委员会。除去了中央执行委员会之外,决不可有第二个最高指导机关。如果中央执行委员会之外,再有第二个与中央执行委员会权力相等以至

---

[1]《联共(布)、共产国际与中国国民革命运动(1926—1927)》(上),第500、503页。
[2]《中共中央文件选集》第2册,第311、312页。

于权力冲突的机关,那便是党的莫大之危险。"[1]孙科的几次讲演说得更明白:

> 现在党的问题,就是革命工作的领导问题。这个领导问题,我们要问的,就是革命是否以党去领导呢?抑或以个人去领导呢?革命的权力是否要集中于党,抑或要集中于一两个首领身上呢?如果革命势力是统一集中于党的,那末这个党才是民众的党,才是代表民众势力的党。如果是集中于个人的,那末,这个党便马上变成了军阀的党、个人独裁的党、封建势力的党了![2]

> 自从去年三月二十以后,军事委员会已是无形取消,军事的最高机关已移到总司令部。实在总司令部乃是作战时的组织,其唯一职责只在指挥作战,集中武装的力量去打倒敌人。至于军长之委任、军饷之支配、军事机关之组织,应该由军事委员会负责。但因军事委员会既经无形取消,所有一切军事都由总司令个人负责。总司令的权力便变成其大无限,甚至党也要服从总司令,总司令说要怎么样就怎么样。总司令所委的军长,也没有报告过中央党部、国民政府和军事委员会。在这回(中央)全体会议以前,究竟委了多少军长,委了何人做军长,每个月所用的一千几百万的军费是怎样支配的,中央党部和国民政府都不知道,只有总司令知道了。这种错误是从什么地方来的呢?就是从错误的思想上来的。从什么地方可以见得呢?比方蒋介石同志说我是革命的,反对我革命就是反革命,就

---

[1]《胡政之文集》(下),天津人民出版社2007年4月版,第917页。
[2] 孙科:《我们为甚么要有党?》,汉口《民国日报》1927年3月10日。

无异是说我是党，我是国，反对我的就是叛党叛国，大逆不道了，这就是思想上的莫大错误。[1]

还有一个情况：北伐开始时，前敌总指挥是唐生智。他的部队是湘军，在湖南北上时迅速扩军，进入湖北后又先渡过长江占领汉阳，拿下汉阳兵工厂，有人又有枪，第八军一下扩充成三个军，两湖地区主要控制在他的手里。他同蒋介石素无渊源，又认为"蒋私心很重"，"对蒋不满"。[2] 蒋介石亲自指挥进攻武昌迟迟不下，更遭轻视。蒋在九月初转向江西作战，既为了替进军江浙打开通道，也因为在两湖地区难以立足。他在九月四日的日记中写道："吾今竟处于四面楚歌、前后夹攻之境，耻辱悲怜、痛苦抑郁之情未有甚于此者也。最恨以下凌上、使人难堪也。如此奇辱，岂能忘乎。"八日写道："接孟潇总指挥（引者注：即唐生智）函，其意不愿意余在武昌，甚明也。"十四日又写道："余决离鄂向赣，不再为冯妇矣，否则人格扫地殆尽。"[3]

这些错综复杂的矛盾，对以后的宁汉分裂都起着作用。一度反蒋的武汉政府成员中，不少便是这些对蒋怀有种种不满的国民党人士。

蒋介石公开反共和进行分裂活动是必然趋势，但他需要选择时机。这个时机，在一九二六年十一月开始到来。那以前，他进入江西之初，进展并不顺利，南昌得而复失。"孙传芳虎踞长江下游有

---

[1] 孙科：《中央执行委员会第三次全体会议经过》（续昨），汉口《民国日报》1927年3月26日。
[2] 刘兴：《回忆国民革命军第八军》，《湖南文史资料选辑》（修订合编本）第6辑，第83页。
[3] 蒋介石日记，1926年9月4、8、14日。

年，饷裕财丰，弹械充足，其实力较之吴佩孚有过之无不及。"[1]北伐军能不能打败孙传芳最初并无把握。蒋介石在这种情况下，自然不敢轻易地发动公开的分裂活动。经过北伐军两个月的苦战，特别是调第七军和第四军增援后，孙传芳部死伤及被俘六万多人，主力损折殆尽，失去斗志。十一月八日，北伐军攻克南昌。这下，蒋介石在江西站住了脚跟，东南半壁胜败的大局已定。他的态度便一天天强硬起来。本来，他主张国民政府和国民党中央党部从广州迁至武汉。第一批成员、国民政府部长陈友仁、孙科、徐谦、宋子文和苏联顾问鲍罗廷等已到武汉。这时蒋觉得武汉并不在他控制之下，迁都武汉对他不利，又改变态度，反对迁鄂。当第二批北迁人员张静江、谭延闿等十二月间从广州经南昌、准备前往武汉时，蒋突然在一九二七年一月三日召开中央政治会议，发表通告称中央党部和国民政府暂驻南昌，以后到三月初方才放行。这就使武汉和南昌之间的关系紧张起来，俨然形成两个中心。

日本这时加紧了对蒋介石的拉拢。他们的态度同英美有所不同。英美在长江流域有着巨大权益，对南方的国民革命军十分恐惧，倾向用武力手段对付。当北伐军进入湖北后不久，英国军舰借故用大炮猛轰长江上游的四川万县县城，造成中国军民伤亡一千多人。驻泊长江的外国军舰陆续增加到六十三艘。在上海租界内集结的英国等军队增加到两万多人，公然进行武力威胁。日本却倾向从内部分化。"币原外相根据派至武汉的（外务省）条约局长佐分利贞男的报告，得知革命军内部蒋派和共产派之间存在着尖锐对立。他考虑的方策是，拉拢反共主义者蒋介石，使蒋压制共产派，统一

---

[1]《李宗仁回忆录》，(香港)南粤出版社1987年2月版，第255页。

国民革命。因此,币原制止了英国的强硬态度,反对发出限期通牒,以免把蒋介石逼入绝境。"[1]

蒋介石这时正在"觅寻外力支持,日本为其主要目标。一九二七年一月,由通晓日本情形、与蒋私谊至笃的黄郛、戴传贤分别进行。黄郛代蒋向汉口日本总领事致意,盼彼此避免冲突,戴传贤在东京盘桓月余,屡晤外务省官员,使命似尤重要"[2]。一月末,日方派驻九江领事江户千太郎到牯岭去见蒋介石。蒋向他明白表示:他本人非但不打算废除不平等条约,而且要尽可能地尊重现有条约。他保证承认外国借款,并如期偿还;外国人投资的企业将受到充分保护。二月初,日本军部派来的铃木贞一,到九江会晤蒋介石。蒋介石对他说:"我到南京就表明态度,你等着瞧吧!"[3]这使日本当局作出判断:蒋介石是"口头上的过激派,行动上的稳健派"。帝国主义列强开始把蒋介石看作"唯一可以使长江以南的区域免于沦入共产党之手的保护力量",使蒋介石感到有把握取得外国列强的支持。没有这种支持,他是难以很快下决心同中共和武汉方面实行破裂的。

这时,一批同蒋介石有关系的北方官僚政客联袂南下。其中最重要的就是蒋的盟兄、曾任北洋政府国务总理的黄郛(膺白)。蒋介石在一九二六年十一月二十二日、十二月二十八日两次去信邀他南下。黄郛到江西后,据他的妻子沈亦云说:"膺白差不多一天到晚在蒋先生处。"[4]各方面许多关系,都是黄郛帮助蒋介石建立起

---

[1] 〔日〕信夫清三郎:《日本外交史》下册,第516页。
[2] 郭廷以:《近代中国史纲》下册,第553页。
[3] 〔日〕铃木贞一自述,见《土肥原贤二秘录》第196页,转引自沈予《日本大陆政策史(1868—1945)》,第292页。
[4] 沈亦云:《亦云回忆》上册,(台北)传记文学出版社1980年5月版,第255页。

来的：外交上，由他同熟识的佐分利贞男多次深谈，铃木贞一也是经他介绍同蒋介石相见的；军事上，他建议蒋介石在北方要同冯玉祥、阎锡山合作，形成中心力量，而他同冯、阎两人都有一定的历史关系；财政上，他南下时在上海商得中国银行副总裁张公权答应给蒋透支一百万元。这件事很重要，表明了上海金融界支持蒋介石的态度。本来，蒋在军事上虽取得发展，但他自陈："办事困苦莫甚至于经济相逼也。"[1]张公权以后给沈亦云的信中也写道：

> 国民革命军由粤北进军中，膺白先生居上海，中行总处亦迁上海，先生时与我商讨如何帮助北伐军饷糈。及国民政府（引者注：指南京政府）成立后，又不断与我讨论如何由中国银行联合金融界帮助国府财政。所幸当时金融界久已同情国民革命，吾以膺白先生之意达于同业，均表示竭诚拥护。故国民政府成立初期之财政得免于匮乏，膺白先生从旁诱掖之功，不可没焉。[2]

蒋介石原来的嫡系军队只有以黄埔军校教导团为基础发展起来的国民革命军第一军，其中左派还有相当力量。这时，北洋军阀部队，特别是一批地方军阀纷纷投到蒋的旗下，使蒋的实力迅速膨胀。如湖南赵恒惕的第一师贺耀组、第三师叶开鑫部投蒋，贺部后组成第四十军，成为驻守南京的主要兵力，叶部后改编为第四十四军；浙军第二师周凤岐部投蒋后，改编为第二十六军，后来成为在上海发动四一二大屠杀的主要执行者；福建曹万顺旅改编为第十七

---

[1] 蒋介石日记，1927年1月4日。
[2] 姚崧龄编著：《张公权先生年谱初稿》下册，（台北）传记文学出版社1982年1月版，第1091页。

军，后来演变成陈诚的起家部队第十八军；苏军第六师陈调元部改编为第三十七军；皖军第三混成旅王普部改编为第二十七军；赣军第四师赖世璜部改编为第十四军；浙军第一师陈仪部改编为第十九军等。北伐军的组织成分已发生重大变化，蒋介石指挥下的部队大部分已是投向他旗下的原军阀部队。

连陈诚在回忆录中也写道："正当宁沪底定之际，社会上即盛传'军事北伐，政治南伐'的一种流言，能说这完全是不值一顾的诽谤吗？"[1]

联合战线已面对随时可能破裂的严重威胁。中共中央在一九二六年十二月召开中央特别会议。这次会议主要讨论国民党问题，特别是江西战争胜利后同国民党关系发生的许多新变化。会议根据陈独秀所作政治报告通过决议，认为：

> 各种危险倾向中最主要的严重的倾向是一方面民众运动勃起之日渐向左，一方面军事政权对于民众运动之勃起而恐怖而日渐向右。这种左右倾倒继续发展下去而距离日远，会至破裂联合战线，而危及整个的国民革命运动。[2]

事实上，它对防止"军事政权"的"日渐向右"完全无能为力，也没有什么实在的应对措施，剩下的就只有竭力阻止"民众运动"的"日渐向左"，一味压制工农运动，以免引起"军事政权"的"恐怖"。陈独秀还找中共湘区委员长谈话，指令他一定要制止农民运

---

[1]《陈诚先生回忆录——北伐平乱》，第88页。
[2]《中共中央第一次国内革命战争时期统一战线文件选编》，档案出版社1991年5月版，第346页。

动的"过火"行动。但这些丝毫也没有能阻止"军事政权"的"日渐向右"。蒋介石已经下定决心实行反共和分裂，掌握着军队和政权，一切都在紧锣密鼓地进行着，而中国共产党所能依靠的力量主要只有工农群众。尽管在工农运动中确有一些过激的行动，但从中央特别会议和陈独秀谈话来看，那不是中共中央的主要指导思想，倒是它要力图阻止的。事实上，在当时那种危急的生死关头，如果离开把工农群众有力地发动并组织起来，形成一股使别人不能轻视的力量，不但无法有力地反对蒋介石的反共政变，连中间派的动摇也难以克服，无异在严重危险面前自行解除武装，以后为此付出了沉重的血的代价。

四一二反共政变和宁汉分裂

蒋介石倒是胸有成竹，并且有决心的。其实，他当时的力量还不够强大和巩固。北伐开始时国民革命军八个军中，第二、三、六、八和第四军的一半都听命于武汉政府，第四军的另一半和第五军在广东，直接听蒋指挥的原北伐军只有第一、七两军，而这两军间还有不少矛盾。蒋介石对政变的成功并没有完全的把握，但他敢于像赌徒那样孤注一掷地冒险，一到关键时刻便毫不留情地下手，从而取得了主动权和优势。

江西底定后，蒋介石的目光就集中注视着江浙地区。这是中国经济最发达的富庶地区。蒋介石同这个地区的资本家和帮会势力一向有着联系。在他看来，一旦掌握了这个地区，就可以无所顾忌地采取断然行动。他指挥的军队从江西、福建分两路进入浙江后，得到浙军陈仪、周凤岐两师的响应，在一九二七年二月十八日占领浙江省会杭州。控制了浙江,使蒋介石认定时机已到。二十一日,他在南昌总部的演讲中先说:"中正并不会反对共产党,中正是向来扶助共产党的!"接着话锋一转,就说:"现在共产党员,事实上有许多对国民党员加一种压迫,表示一种强横的态度,并且有排挤国民党员的趋向,使得国民党员难堪。这样,我便不能够照从前一样的优待共产党员了。""我是中国革命的领袖,并不仅是国民党一党的领袖。共产党是中国革命势力之一部分,所以共产党员有不对的地方,有强横的行动,我有干涉和制裁的责任及其权力!"[1]这已发出了明白的行动信号!

三月四日,孙传芳部的安徽省长陈调元和芜湖镇守使王普公开宣布倒向北伐军,安徽落入北伐军手中,通向南京的大门已经打开。蒋介石的胆更壮了。六日,他便动手公开镇压工农革命力量,指使当地驻军诱杀江西省总工会副委员长、赣州总工会委员长、共产党员陈赞贤。十日至十七日,国民党二届三中全会由谭延闿主持在武汉举行。由于不少国民党要人对蒋介石的个人独裁也十分不满,全会将原由蒋介石担任主席的国民党常务委员会和军事委员会改为主席团制,不设主席。全会通过的《对全国人民宣言》中说:"我们要把一切行政立法权集中在国民政府的手里。国民政府一定可以实行民主主义,防止个人专政或一部分人专政的倾向。""我们同时要反对那些缓和民众运动的主张,我们要使民众运动充量的、普遍的发展。"全会通过的《对全体党员训令》中强调:"决定将一切政治、军事、外交、财政等大权均集中于党。"[2]但这些空话丝

---

[1]《蒋介石言论集》第4卷,第136、137页。
[2]《中国国民党历次代表大会及中央全会资料》上册,光明日报出版社1985年10月版,第306、314页。

毫不能约束蒋介石的行动。三月十六日，蒋介石从南昌到九江，指使暴徒捣毁左派占优势的国民党九江市党部和九江总工会，打死四人，打伤六人。接着，他乘军舰沿长江东下安庆。二十三日，暴徒又捣毁国民党安徽省党部和总工会、农民协会。蒋介石的公开政变已只是时间问题了。

中国的工业、贸易和金融中心上海，是蒋介石最重要的目标，也是一个发展得极快的城市。法国学者白吉尔写道："在上海，若将各个区的人口加在一起计算，那么它在一九一〇年有一百三十万人口，至一九二七年就翻了一番，达到二百六十万。其中移民占了百分之七十二到八十三。上海行政区内的商业区和工业区也在扩大，它北向闸北发展，东越过黄浦江，向浦东扩充，南穿过古城，向南市发展。"[1]这里最繁荣的公共租界和法租界号称"国中之国"，由租界当局管辖着，还有外国列强的驻军。中国人管辖的只是它周围的闸北、南市等地区。

孙传芳在江西失败后，自知已没有力量同北伐军对抗，便亲自秘密北上，向张作霖乞援。张作霖这时已成北洋军阀中唯一雄厚力量，随即在一九二六年十二月一日自任安国军总司令，以孙传芳、张宗昌为副司令。他派遣张学良、韩麟春率部南下河南，逐走吴佩孚；派遣张宗昌部直鲁联军到南京、上海一带代替孙传芳接防。在上海，"学生和罢工工人在街头散发传单，一被捕就当场砍头和枪决"。"罢工领袖被外国巡捕逮捕便移交中国地界处决。在租界和中国地界一样，警察队伍搜查行人和店铺，竟在街道上产生这样一种恐怖的空气，以致多数店铺，尤其是闸北和南市的店铺都停

---

[1]［法］白吉尔：《中国资产阶级的黄金时代》，上海人民出版社1994年1月版，第121、122页。

市了。""大刀队将牺牲者的头斩断之后,他们便把这些死人头挂在电杆柱上示众,或者放在大盘上游街。这种惨象穿过热闹的通衢大道,结果产生一种真实的恐怖景象。因为牺牲者连审判的外表程序也不准经受的。处决发生于人烟最稠密之区。"[1]

上海工人曾发动两次武装起义,都因条件不成熟和准备不充分而失败了。一九二七年三月二十一日,当北伐军从浙江推进到上海南郊的龙华时,上海工人在陈独秀、罗亦农、周恩来、赵世炎等组成的特别委员会领导下,发动总罢工(罢工工人达到八十万人),随即转入武装起义。参加行动的工人纠察队有五千多人,由周恩来担任总指挥。战斗最激烈的是火车站附近的闸北地区。直鲁联军军心不稳,准备北撤。工人纠察队经过三十多小时的战斗,击溃了北洋军阀在上海的驻军,缴获的步枪达三千多支,占领了上海除租界以外的地区。

当工人起义时,已到上海南郊龙华的北伐军却故意顿兵不进,坐山观虎斗。等战斗结束后,才在东路军前敌总指挥白崇禧率领下进驻上海,并把具有重要军事价值的江南兵工厂迅速抢占到手,总指挥部就设在兵工厂内。三天后,也就是二十四日,程潜指挥的江右军(第二军和第六军)从安徽东进,占领南京。"鲁军阵线冲破,全军溃退,由南门入城,沿途鸣枪,大肆焚劫。""鲁军抢劫后纷纷渡江。党军于当天下午始到达。"[2]蒋介石也对记者说:"彼有丰富之证据,证明抢劫及射击外人者,并非国民军士兵,实为着国民军制服制帽之北兵所为。"[3]当晚,游弋长江江面的英美军舰,借口侨

---

[1] [美]伊罗生:《中国革命史》,向导书局1947年3月版,第151、152页。
[2] 《要闻》,上海《民国日报》1927年3月29日。
[3] 《公论报载蒋总司令谈话》,上海《民国日报》1927年3月29日。

民和领事馆受到"暴民侵害",突然向南京市区开炮数十发,死伤中国官兵平民三十多人。南京事件加速了蒋介石同帝国主义势力勾结的步伐。

但蒋介石更关心的仍是上海。他在三月二十六日从安徽乘军舰经南京,"没上岸,只和程潜讲了一些话就到上海来"[1]。赶到上海。当天上午,陈独秀在上海区委会议上说:"现在帝国主义与新军阀已经进攻了。""中央与区委已决定准备防御战争。"同天傍晚,上海区委召开活动分子会议,提出:"蒋来别有用心,我们应当有明确观念"。"重要的为工人与纠察队问题,这次工人大流血大牺牲夺取许多枪械为自己解放的保障。上海工人有力武装,上海工人的政治地位与一切行动都有保障,同时 CP(引者注:即共产党)也跟随有力。如果工人武装被解除,则工人又将入于过去黑暗之域。因此,维持工人武装为目前最重要的问题。"他们已经多少看到问题所在,但缺乏经验的共产党人仍不清楚怎样才能做到"维持工人武装"。二十八日,上海区委书记罗亦农又接到陈独秀的信,大意是:"目前我们表面上要缓和反蒋反张,实际准备武装组织,上总除力争保持纠察队外,要少说政治。对蒋要求我们的问题,差不多都可答应,但要他积极反英。"[2]这分明是来自共产国际的意见。在关键时刻的这种摇摆和退缩,导致的后果是严重的。

蒋介石一到上海,最看重的果然是工人纠察队的武装问题。工人纠察队总数共两千七百人,分驻闸北、南市、吴淞、浦东四处。上海总工会在四月十五日所写的一份材料中说:"当蒋介石初抵上海时,帝国主义者即问蒋能否镇压上海工人之行动,蒋不惟无一言

---

[1]《白崇禧先生访问纪录》下册,(台北)"中研院"近代史研究所1984年5月版,第939页。
[2]《上海工人三次武装起义》,上海人民出版社1983年2月版,第392、406、428页。

反对，反以外人说话为口实，要上海总工会解除纠察队武装，以除去外人之误会。后又要求纠察队归其指挥调度，均经总工会说明纠察队不同于军队，性质完全是工人自卫组织。蒋虽然无词，但仍表示对工人武装持怀疑态度。"[1]三月三十日，上海总工会在闸北、南市、浦东分别举行兵工联欢会。

蒋介石是很重权谋的。他在政变部署完成之前，并不轻易暴露自己的真实意图，仍对上海工人作出似乎可以令人宽心的友好姿态。那时，北伐军在上海的，先是刘峙率领的第一军第二师，后调来周凤岐的第二十六军。第二十六军政治部发表通告。这份在他们动手大屠杀前十来天所发布的通告一开始就说：

> 亲爱的工友们，我们革命军人所以能和你们在这里举行革命兵工联欢大会的，完全因为你们能以实力帮助我们，使我们共同杀退了直鲁军阀。我们应该诚恳地感激你们，同时更加相信你们的确是革命中的生力军。……同时更希望工友们武装起来，以武力继续帮助我们，使我们共同肃清一切反革命派，打倒国内的封建军阀和国际资本帝国主义。[2]

蒋介石嫡系将领刘峙也在讲演中表示："我常说我们是为民众利益来打仗，民众自然是农工占大多数。虽没有提出很好听的口号，但实际上我们到处帮助农民协会，保护工会，已为农工阶级工

---

[1] 上海总工会：《四一二大屠杀纪实》，《四一二反革命政变资料选编》，人民出版社1987年3月版，第209页。

[2] 《闸北之联欢会》，上海《民国日报》1927年3月31日。

作不少。反动派造谣，实在可笑。"[1]

这些姿态，对中国共产党和上海工人多少起了麻痹作用，没有意识到凶残的大屠杀转眼间便会到来。

四月一日，被看作国民党内"左派"领袖的汪精卫从海外归国，到达上海。六日，离上海去武汉。离沪前一天，同陈独秀发表联合宣言，提到传闻"国民党领袖将驱逐共产党，将压迫工会与工人纠察队"时说："这类谣言，不审自何而起。国民党最高党部最近全体会议之议决，已昭示全世界，决无有驱逐友党摧残工会之事。上海军事当局，表示服从中央，即或有些意见或误会，亦未必终不可解释。在共产党方面，爱护地方安宁秩序，未必敢后于他人"，"两党同志果能开诚合作，如弟兄般亲密，反间之言，自不获乘机而入也。"[2]

但在幕后，蒋介石的政变部署正加紧地进行。他在四月二日日记中写道："讨论共产党事，为本党计，非与之分裂不可也。晚开中央监察委员会，弹劾武汉党部与政府。"[3]他在上海布置就绪后，就限令不完全听命于他的第二、六两军在四月六日前全部撤出南京，渡江北上。九日，吴稚晖、张静江、蔡元培等八人以国民党中央监察委员名义发表反共的"救党护国"通电。同一天，蒋介石赶往南京，颁布战争戒严条件十二条，严禁集会、罢工、游行，任命白崇禧、周凤岐为淞沪戒严司令部正副司令。白崇禧回忆道："我派员与上海帮会首领杜月笙、黄金镛（荣）等密商，借得工会之符号、衣服，分给采取行动之人员化装成工人混入工厂，以便策应外面包

---

[1]《刘师长最近表示》，上海《民国日报》1927年4月1日。
[2]《中共中央文件选集》第3册，中共中央党校出版社1989年8月版，第594页。
[3] 蒋介石日记，1927年4月2日。

围之部队。"[1]十日,江苏的中共领导人侯绍裘等十余人被捕杀害。十一日,上海总工会委员长汪寿华被帮会首领杜月笙、张啸林等诱捕处死。周围已是一片"山雨欲来风满楼"的肃杀景象。

四月十一日深夜到十二日凌晨,蒋介石终于向上海工人纠察队下手了。他们采取的手法十分卑劣。先由黄金荣、杜月笙、张啸林的大批流氓党徒,臂缠白布黑"工"字标志,手持盒子炮等,从租界冲出,向上海总工会会所、工人纠察队总指挥处等冲锋放枪,工人纠察队立刻奋起还击。这时,大批第二十六军的部队开到,先将前来攻打的流氓完全缴械,有的并用绳索捆绑。工人纠察队看到这种情形,不再怀疑,开门将第二十六军迎入。谁知军队一进门,领队军官就变了脸,说那些人的枪械已缴,你们的枪械也应该缴下。这时机关枪已经架起,猝不及防的工人纠察队被迫缴械。其他几处的情况大同小异。

十二日清晨起,各厂工人听到纠察队被缴械的消息后,纷纷集会抗议。十三日上午十时,在闸北青云路广场召开有十万人参加的群众大会。会后,整队赴宝山路第二十六军二师师部请愿,要求立即释放被拘工友,交还纠察队枪械。游行队伍长达二里。周恩来、赵世炎等参加了这次大会,并同群众一起游行。当游行队伍行进到宝山路三德里附近时,埋伏在里弄内的第二十六军士兵突然奔出向徒手群众开枪,接着又用机关枪向密集在宝山路上的游行队伍扫射,前后达十五六分钟。群众因大队拥挤,无法避让,当场被打死一百多人,伤者无数。第二天,上海知识界著名人士郑振铎、胡愈之、周予同等七人写信给上海临时政治分会委员蔡元培、李石曾、

---

[1]《白崇禧先生访问纪录》上册,第75页。

吴稚晖，愤怒地叙述了惨案经过，说："此为昨日午后宝山路所目睹之实况，弟等愿以人格保证，无一字之虚妄。"要求严惩凶手，军队不得干涉集会游行。[1]这就是惨绝人寰的宝山路血案。

这一切，都是按蒋介石的预订计划和部署进行的。紧接着，他们便宣布"清党"，并在上海、南京、杭州、广州等地大规模地搜捕并屠杀共产党人和革命群众，单广东一地被捕杀的就达两千多人。捕杀的手段极为残酷，并且到了不分青红皂白、滥捕滥杀的地步，到处沉浸在一片腥风血雨之中。在上海主持捕杀的杨虎、陈群被称为"狼虎成群"。四月十八日，蒋介石在南京自行另立国民政府，他自知资历和声望还不足以在党内服众，请出原来蛰居上海的国民党元老胡汉民任主席，同那时还保持着国共合作的武汉国民政府相对峙。二十八日，李大钊等二十人也在北京被奉系军阀张作霖杀害。

轰轰烈烈的大革命浪潮，至此陡然逆转。国内政治局势发生了根本变化。

大革命的失败

四一二政变的消息传到武汉，群情激愤。中共中央在四月二十日发表宣言，指出："蒋介石业已变为国民革命公开的敌人，业已变为帝国主义的工具，业已变为屠杀工农和革命群众的白色恐怖的罪魁。"[2]

正在武汉的国民党中央党部和国民政府事前全被撇开，闻讯后

---

[1]《四一二反革命政变资料选编》，第187、188页。
[2]《中共中央文件选集》第3册，第39页。

也大为震惊。四月十三日晚,在湖北省、市党部欢迎汪精卫到来的宴会上,孙科说:"今天上海消息,蒋已缴工人纠察队械,他的行径比孙传芳、张宗昌还要凶。""我们今日若对蒋再不予以处分,则他仍要利用国民革命军的招牌来违法作恶。现在已经不是讲情面的时候。我们一定要求中央对蒋严厉处分,否则不但东南难保,即武汉革命势力,也有颠覆的危险。到今天,我们还是随蒋介石呢,还是随中央呢? 换句话说,还是革命呢,还是反革命呢? 总之,我们要以革命的奋斗精神,反抗帝国主义,镇压反动派,如此革命势力才能巩固,才能完成国民革命。"何香凝说:"廖(仲恺)先生在时常说,反农工即反革命。现在蒋介石居然反农工了,居然反革命了。""我们怎样对付呢? 就只有照廖先生说的话,打倒这些反革命派。"[1]十五日,国民党中央常务委员会召开扩大会议,决议开除蒋介石党籍,免去本兼各职。谭延闿在当天日记中写道:"中央党部开会,讨蒋问题大喧腾,吾无以名之,决议免职查办而散。"[2]十八日,由武汉国民政府明令公布惩治蒋介石的决定。

汪精卫四月十日到达武汉,立刻成为武汉政府和国民党中央党部的中心人物。他在第二天就为《中央日报》写下三句当时很有名的话:"中国国民革命到了一个严重的时期了,革命的往左边来,不革命的快走开去!"登载在报纸的首页。还对记者说:"兄弟如果一天反革命了,希望诸君毫不容情的把兄弟打倒。"[3]在十三日的欢迎宴会上,他更发表了长篇讲话,痛斥蒋介石:

---

[1]《省市两党部昨晚欢宴汪精卫同志志盛》,汉口《民国日报》1927年4月14日。

[2] 谭延闿日记,复印件,1927年4月15日。

[3] 记者:《汪精卫先生与革命的民众》,《中央副刊》第20号,1927年4月12日。

现在狐狸尾巴都显露出来了。反共产派所做的事，就是破坏党的统一，用大炮机关枪杀工人。

反共产派已经与帝国主义、军阀妥协，已经把真正革命同志的血供献给军阀、帝国主义者了。国民革命的总司令现在已经变做讨赤联军副司令了。讨赤联军总司令是谁呢？就是张作霖。所以现在真正的革命分子，除了将反革命分子完全肃清，也再也没有第二条出路了。

革命运动到了这样一个严重的时期，我相信革命势力一定会联合起来，打倒这些工贼。即使到了最后一个同志，我们的革命运动也必得到最后的胜利。[1]

汪精卫和武汉政府的这些表现，确实很容易使人产生错觉。斯大林和共产国际也好，陈独秀为首的中共中央也好，都对它寄以很大希望。在他们看来，国民党原来是工人、小资产阶级（城市和乡村的）和民族资产阶级的联盟，蒋介石的政变表示民族资产阶级退出革命，此后的国民党应是无产阶级和小资产阶级的联盟，而小资产阶级的代表自然是汪精卫。以前不惜对蒋介石作出种种让步来拉住民族资产阶级，现在就要不惜对江精卫作出种种让步来拉住小资产阶级，避免无产阶级的孤立和国民革命的失败。这种分析显然不符合实际情况。武汉政府的成分十分复杂，许多人嘴里说的和心里想的不是一回事，实际上是很不可靠的。

在四一二政变后，武汉政府管辖的范围大体上是湖北、湖南、江西三省。放在武汉方面面前的行动可以作三种选择：一是东征，

---

[1] 汉口《民国日报》1927年4月14日。

讨伐蒋介石；二是继续北伐，进入河南，同已经南下控制河南的奉军精锐作战；三是就地深入进行土地革命。采取哪一种方案？这在中共中央内部和共产国际派驻中国人员中也引起激烈的争论，最后采择的是继续北伐、全力同奉军作战这个其实最不利的方案。四月十八日，汪精卫、谭延闿、徐谦、唐生智、邓演达等开会，苏联军事顾问加伦也参加，"反复研究，仍大举入豫"。[1]为什么作出这样的选择？对汪精卫主持下的武汉政府来说是很自然的，而对共产党来说，同斯大林的态度直接有关。斯大林在五月十三日同中山大学学生谈话中说道：

> 武汉政府对奉军进攻，至少有两个原因：第一，因为奉军向武汉进发，要肃清武汉，所以进攻奉军是刻不容缓的防御措施。第二，因为武汉派想和冯玉祥军队会师并向前推进以扩大革命根据地，这在目前对于武汉来说又是极其重要的军事政治事件。
>
> 夺取上海还要经过战斗，这场战斗不会像现在夺取郑州等地的战斗一样。不，在上海要进行更激烈的战斗。上海是世界各个帝国主义集团重要利益的交叉点，帝国主义是不会轻易让出的。[2]

对深入进行土地革命，斯大林倒不曾反对，还强调它的重要性。但共产国际提出一个前提，必须巩固工人、农民、小资产阶级的联盟，也就是说要经过小资产阶级政治代表的同意后才能进行，

---

[1] 谭延闿日记，复印件，1927年4月18日。
[2] 斯大林：《论反对派》，人民出版社1963年4月版，第434页。

这个代表就是指汪精卫这些人，而汪精卫等是不会同意这样做的。结果，武汉国民党中央成立的土地委员会尽管讨论了许多次，毛泽东和邓演达（国民党左派）等虽然在委员会中提出了不少积极意见，还起草出《解决土地问题决议》等文件，但国民党中央政治委员会在五月九日讨论时，汪精卫、谭延闿、孙科等都不举手，事情便这样不了了之地搁置起来。

继续北伐，是在四月十九日誓师出发的，唐生智部主力和张发奎率领的原第四军扩编的两个军都北上了。中国共产党在四月二十七日到五月七日举行由陈独秀主持的第五次全国代表大会。大会开幕的日子是四一二政变发生后半个月，各地代表到武汉来，心里最焦虑、最急于解决的问题是四一二政变后党怎么办？共产党面对的是自身生死存亡的问题。可是，五大却在那里海阔天空地大谈什么"非资本主义前途"等等。这些话不一定不对，在理论上还有些意义，但在生死关头，这些就成了空话。大会对当前形势应该怎样分析，究竟采取什么对策，都没有作出具体有力的回答，也就不能担负起挽救革命的任务，只能坐视整个局势越来越恶化。

蒋介石对武汉从经济上进行了全面的封锁和破坏。这是很厉害的一着。武汉政府失掉了江浙、广东这两个最大的财政来源，长江和粤汉铁路又都被切断，使武汉的对外交通和贸易几乎断绝。财政极端困难。湖北每月税收只有过去的四分之一，湖南为五分之一，江西为二分之一，武汉政府每月的收入不到二百万元，支出却达一千七百万元，被迫大量发行纸币。加上长江下游被南京政府封锁，货运阻塞，物资极端缺乏。四月底，汉口米店的存米只有七千担，只够维持十天。于是，物价飞涨，工商凋敝，资金外流，工厂、商店大批倒闭。武汉失业工人达十四万一千多人，其中码头工人失业的近四万人。[1]人心严重动荡。

在军事方面,蒋介石策动原驻鄂西的夏斗寅师叛变,乘武汉部队主力在河南作战的机会,从五月十六日起进攻武汉,被武汉卫戍司令叶挺率部打败。接着,驻在长沙的第三十五军三十三团团长许克祥等在五月二十一日深夜在长沙突然发动政变。他们用军队捣毁国民党湖南省党部、省农民协会、省总工会等,杀死二十人左右,并将农工纠察队全部缴械。因为二十一日的电报代码是"马",人们通常把它称为马日事变。本来,共产党在湖南有相当的力量,总工会和省农民协会都有武装队伍,而前来进攻的许部军队力量有限,但他们对原来的"盟友"竟会发动突然袭击并没有应对准备。许克祥对他们这样描写:"事前对我准备铲除他们的情形,竟毫无所知,迄至我军向他们进攻,他们才由睡梦中惊醒,措手不及。"[2]李立三在两年多后评论说:"这是因为许克祥是坚决的进攻,而党是很动摇,反革命势力坚决,革命力量动摇,自然是反革命胜利。"[3]事变后,许克祥等接着成立"湖南救党委员会",拒绝武汉政府派去查办的特别委员会前往长沙,并在湖南各地同地方团防局的势力联合起来,对农民协会进行反攻倒算,制造一起又一起血案。这样,武汉已处在风声鹤唳的情况下。

从武汉出发的北伐军进入河南后,同南下的奉军精锐苦战,作出了巨大牺牲。北伐军不过六万人,步枪四万五千支。奉军在郑州以南就有七八万人,还有大炮、坦克。共产党员最多的张发奎部第四军和第十一军,在临颍战役中伤亡达三千人,包括优秀共产党员

---

[1]《武汉失业工友统计》,汉口《民国日报》1927年6月6日。

[2] 许克祥:《马日铲共真相》,《马日事变资料》,人民出版社1983年11月版,第200页。

[3] 李立三:《党史报告》(1930年2月1日),《中共党史报告选编》,第254页。

蒋先云等，但仍取得胜利。

张发奎回忆道："在第二次北伐中，农民协会对北伐军帮助很大，农民群众为我们担任侦察、运输、通讯等工作。也有过几次，有人拒绝同北伐军合作，河南的红枪会对我们不友好。可是，加入农民协会的红枪会群众向我们提供援助，这必须归功于我们的政工人员。我军每占领一地，有时在占领前，共产党就派人去整顿红枪会。那些未经整顿的红枪会，对我们有所阻挠。有时骚扰我们的后方，掠夺我们的武器。他们装备很差。总之，红枪会的成员，协助我军的多于妨碍我军的。"[1]

六月一日，北伐军同从潼关东出的冯玉祥部在郑州会师。武汉政府原来很大程度上把希望寄托在同冯玉祥合作来打开局面，以为这样在力量上便可能超过蒋介石。十日，汪精卫、谭延闿、孙科、唐生智等在郑州同冯玉祥会谈。冯部刚从西北的甘肃、陕西一带贫穷地区出来，在这过程中又大大扩编，军费严重不足。一到郑州，冯玉祥立刻看出武汉方面处境窘困，而控制江浙的蒋介石的经济实力要大得多。他向武汉政府要求每月发给军饷三百万元，汪精卫口头答应给一百五十万元，实际上只能给六十万元。会后，唐生智、张发奎部从河南撤回，武汉政府将河南一切大权交给冯玉祥。（十八日，张作霖在北京改称"中华民国陆海军大元帅"。随后"通电自认为孙中山老友，继其素志，讨伐赤化"。[2]）十九至二十一日，冯玉祥又到徐州同蒋介石、胡汉民、李宗仁、白崇禧、张静江等举行会议。冯提出经济问题，蒋介石立刻答应对冯部"每月发

---

[1] 张发奎:《蒋介石与我》，第130页。
[2] 郭廷以:《中华民国史事日志》第2册，第221、222页。

二百万元"，[1]并当即付银元五十万元。会议结束当天，冯致电武汉，要求把鲍罗廷调回苏联，并请汪精卫、谭延闿速决大计。他对蒋介石说："我这个电报一定有个结果，否则我对他们便当实行相当手段。"[2]这对武汉政府无疑是晴天霹雳。

这里需要谈一下中间派的问题。中国的政治状况，历来是两头小、中间大，中间派人数最多。但反过来讲，两头强、中间弱，两头通常是坚决的，而中间派往往摇摆不定。常常可以看到这种情形：革命运动高涨时左派就多，其实是很多中间派变成了"左派"；而革命形势低落时，右派就多，其实不少是中间派跟着右派走了。冯玉祥那时是中间派：他在一九二六年三月至八月在苏联访问，并得到苏联很多支援，他的部队中也有不少共产党员如刘伯坚、邓小平等。他对反对帝国主义和军阀的国民革命是支持的，在一九二七年五月七日的日记中写道："中国民穷财尽，外受列强压迫，内受军阀蹂躏，此次本军出征，对外要取消不平等条约，还我自由，对内要扫除卖国军阀，重整山河。"但对共产党仍存有疑虑，在五月三十一日的日记中写道："现在提倡共产者，要知共产学说，虽持之有故，言之成理，然决不适于我国国情，我国行之，徒招致破产之惨剧耳，有何可共之有耶？盖吾国贫苦极矣，除少数军阀官僚及买办阶级外，国内并无大资本家存在，抑将共谁之产耶。"在郑州会议和徐州会议后，他看到武汉方面软弱，没有力量，又存在一些缺点；而蒋介石的实力大，出手阔绰，就往那边靠过去了。六月二十六日，他在日记中写道："集合政治人员讲话，告以当认清主

---

[1] 蒋介石日记，1927年6月21日。
[2] 《蒋介石言论集》第4集，第437页。

义,勿受共党所诱惑,勿为第三国际所利用。"[1]不久,他把军中的共产党员遣散。这是共产党和武汉方面原来没有料到的。

冯玉祥的转向,加速了汪精卫等武汉政府要人政治态度的变化。六月二十二日,汪精卫在第四次全国劳动大会上还在说什么:"我们要生死在一起。我们的利害甘苦都是一个样。打倒东南,不是党派或是人与人的关系,而是要向帝国主义进攻,实现非资本主义之国民革命。"[2]但武汉政府内部的反共空气实际上已日益高涨。二十八日,湖北全省总工会再作重大让步,自动解散纠察队,交出武器,并且布告:"现在武汉反动派企图挑拨工兵之感情,制造种种谣言,中伤本会纠察队,以致飞短流长,淆乱外间闻听,影响工兵联合战线。本会为避免反动派借口武装纠察造谣起见,业于本月二十八日将纠察队全体解散,所有前领枪弹,并经交存政府,一面仍请政府派兵保护工会。"[3]但这样重大的让步并没有换来武汉政府反共活动的缓解。第二天,唐生智密电汪精卫、谭延闿称:"以党治国,国民政府且隶属于党,各省农工团体独不受各省党部之指挥监督而独树一帜","迨至焦头烂额,然后救弊补偏,固事倍而功半","惩前毖后,故宜改弦更张"[4]。七月十二日,汪精卫作了《主义与政策》的讲演,公开扬言:"如果要将共产党的理论与方法,适用于国民党里,甚至要将国民党共产化,那么,只能说是将国民党变成共产党,不能说是容共,必为总理所不许。"[5]武汉局势的逆转已经明朗化了。

---

[1]《冯玉祥日记》第2册,江苏古籍出版社1992年1月版,第329、335、339页。
[2]《汪精卫同志军事政治报告——在第四次全国劳动大会》,汉口《民国日报》1927年6月24日。
[3]《全省总工会自动解散纠察队》,汉口《民国日报》1927年6月29日。
[4]《唐总指挥电陈整理农工运动》,汉口《民国日报》1927年7月5日。
[5]《汪精卫先生最近演说集》,第32页,日本京都大学图书馆藏。

七月十五日,武汉国民党中央执行委员会常务会召开扩大会议,由谭延闿主持,汪精卫作报告。他拿出共产国际代表罗易在四十多天前给他看的电报,危言耸听地宣称:"现在不是容共的问题,乃是将国民党变成共产党的问题",并且提出"中央党部应制裁一切违反本党主义、政策之言论行动"。表决时,在出席会议的十二个中央执行委员中有十人同意,获得通过。[1]这就是武汉的"分共"会议。

当天,"第三十五军何键部在汉口作反共示威,占据汉口汉阳各工会,并搜捕吴玉章等"[2]。第二日,武汉中国国民党中央执行委员会发出布告:"近因农工运动,发生错误,有少数不良分子羼入其间,反蒋打倒土豪劣绅口号,屡发现危害良善及滥行逮捕情事,实与政府保护私有财产命令大相违反,殊失本党提倡农工运动之主旨,自不能不亟于纠正,从严制止。"[3]二十六日,"武汉政治会议议决:一、凡列名国民党之共产党员,在党政各机关任职者,应即日起声明脱离共产党,否则一律停职;二、共产党员在国民革命期间,不得有妨害国民革命之行动;三、国民党员不得加入他党,违者以反党论"[4]。谁都清楚,下一步将要到来的是什么。

至此,第一次国共合作全面破裂,由国共合作发动的大革命令人痛心地宣告失败。

在七月十五日"分共会议"的前一天,孙中山夫人宋庆龄写出

---

[1]《中国国民党中央委员会第二届常务委员会第二十次扩大会议速记录》,1927年7月15日,油印件。

[2] 郭廷以:《中华民国史事日志》第2册,第231页。

[3]《一周间国内外大事述评》,《国闻周报》第4卷第28期,1927年7月24日。

[4] 郭廷以:《中华民国史事日志》第2册,第236页。

《为抗议违反孙中山的革命原则和政策的声明》。这位伟大女性以大无畏的气概,在《声明》中用毫不含糊的语言写道:

> 我认为现在我必须以国民党中央执行委员的身份来说明我们目前有必要作明确的解释。本党若干执行委员对孙中山的原则和政策所作的解释,在我看来,是违背了孙中山的意思和理想的。因此,对于本党政策的执行,我将不再参加。
> 归根结底,一切革命都必须是社会的革命,以社会的基本变革为基础;否则便不成其为革命,只是改换政府而已。

她断然得出结论:

> 孙中山的政策是明明白白的。如果党内领袖不能贯彻他的政策,他们便不再是孙中山的真实信徒;党也就不再是革命的党,而不过是这个或那个军阀的工具而已。党就不成为一种为中国人民谋未来幸福的生气勃勃的力量,而会变为一部机器、一种压迫人民的工具、一条利用现在的奴隶制度以自肥的寄生虫。[1]

此时此刻毅然发表这样一篇旗帜鲜明的《宣言》,特别出自宋庆龄那样同国民党有特殊关系、享有巨大威望的人,实在使人肃然起敬。以后越来越多的事实,证明宋庆龄当年得出的这个结论是何等深刻!

---

[1]《宋庆龄选集》上册,人民出版社1992年10月版,第43、47页。

中国共产党从成立到第一次国共合作正式实现还不到两年半，到五卅运动时还不满四年，就是到大革命失败也只有六年。在大革命失败时，毛泽东不到三十四岁，瞿秋白、周恩来、罗亦农、张太雷、李立三、刘少奇、赵世炎等都只有二十多岁。这样一个年轻的党，在成立后短时期内就能够推动起那么大的一场革命高潮，创造出这样一个局面，而且站在它的前列。这是十分不容易的，说明这个党内确实集中了一大批中华民族的优秀儿女。他们提出了反帝反封建的明确政治纲领，进行了规模空前的发动群众，特别是广大下层群众的工作。这两点，在中国历史上没有其他任何政党能够做到。

大革命为什么失败？决定的因素是客观的力量对比。应该说，它的失败很难完全避免。第一，从世界范围来看，国际资本主义正处在相对稳定时期，可以用不少力量来干预中国革命，而社会主义苏联的力量还很有限。第二，从国内看，中国的旧社会势力盘根错节，根深蒂固，政治经验丰富，不可能通过一两次冲击就把它推倒。对它的斗争，需要经历一个长期的过程，慢慢地发展力量，积累经验，使自身成熟起来。第三，中国共产党那时还处在幼年时期，以前只搞过学生运动和工人运动，对农民运动只是初步搞了一些，而对那些善用政治手段的官僚、政客、军阀作斗争几乎没有经验，在理论上和对中国国情的了解上也都准备不够，客观形势却迫使它立刻投入这样大的一场革命浪潮中去，火点起来了，却没有足够能力去驾驭这种局面，从而存在这样那样的缺点错误。当时还有共产国际的指挥，中国共产党是它的一个支部，组织上要服从它，而共产国际离中国那么远，对中国的情况并没有准确的了解，派来的代表又未必是第一流人才。他们在中国建党时和大革命初期有些意见是正确的，但后来有不少意见，特别是主张对蒋介石、汪精卫一再退让这个关键问题上的意见，是错误的。从这些因素来看，大革命失败是很难避免的。

所以，问题并不在于怎样才能使这场革命不失败，而在于怎样在这场革命里使人民的力量最大限度地发展起来，在反动势力发动突然袭击时尽可能有所准备，恰当应对，以便多保存下一点力量，为下一回合的斗争创造较好的态势，这是有可能做到的。当时工农运动在做法上并不是不存在"左"的幼稚的地方，但从以陈独秀为首的中共中央的指导思想来看，在共产国际指挥下，主要的错误倾向是右：把自己的工作范围主要放在民众运动和一部分军队政治工作方面，没有掌握政权，也没有取得多少军队指挥权；不相信自己的力量，而过于依赖国民党，先是相信蒋介石，后来又相信汪精卫，尽管也看到他们的一些问题，但总怕得罪他们，对他们一让再让，使对方看准了你的弱点，胆子越来越大，而自己的阵地一块块地丢失，又缺乏应变准备，等别人一翻脸、挥动屠刀镇压时，几乎全军覆没。这确是惨痛的教训。

从世界历史来看，曾有不少革命政党曾造成相当大的声势，但在敌人突然袭击和血腥镇压下，一下就垮了，甚至被消灭了，多少年都翻不过身来。俄国一九〇五年革命失败后，也经历了十几年的低沉时期。中国共产党不是这样。经过这场大革命的洗礼，它提出的反帝反封建的政治主张已经深入人心，它联系的工农群众已从沉睡中开始觉醒和行动起来，已有了一部分党所掌握的军队，更重要的是，党积累起一批经过大风大浪锻炼、有了正反两方面经验教训的骨干力量。所有这一切，使中国共产党虽受到很大打击，但没有从此停步，能继续把斗争坚持下去，而且还为把斗争推向新的更高阶段准备了重要条件。尽管这场大革命失败了，它所留下的火种任何人也无法扑灭，不久又从星星之火变成燎原烈焰。中华民族的历史随着跨入一个新的阶段！

第七章 南京政府的最初几年

七一五事变后，南京政府和武汉政府在如何对待共产党的问题上的分歧已不存在，下一步的发展自然是宁汉合流。

但这个合流的过程并不顺利。国民党内部各派系之间矛盾重重。武汉政府内许多人对蒋介石倚仗军事势力独断专行的不满依然相当强烈，把蒋介石下台作为双方合流的条件。唐生智指挥所属部队继续东进安徽，逼近南京。作为南京政府重要支柱的桂系李宗仁、白崇禧等，在宁汉分裂时主要是出于反共而支持蒋介石，但对蒋的独断专行也很不满，当武汉政府宣布分共后，转而逼蒋下台以换取宁汉合流。八月十二日，蒋介石在日记中记道："参加执监委员会，与何白李预商主张。会中李何亟欲与武汉遣使议和，似有不可终日之势，词迫甚逼，甚为难堪。余惟有以中央监察委员会之主张为依归，即进退亦如之。李白闻之大不为然，且借此以为倒蒋之机会。毕，属张群来，责问并劝余自决出处，避免目标。何似同意。""余何人斯，为人逼迫竟至于此。"当晚，蒋辞职离开南京。他在十七日日记中又写道："成功原则在于削除异派。"[1]胡汉民等也相继随之而去。十九日，武汉政府宣布迁往南京。接着，国民党内南京、武汉两方和早先因反共而分裂的西山会议派（西山会议派没有军队

---

[1] 蒋介石日记，1927年8月12、17日。

和地盘，但在国民党内仍有相当势力）商定，将三个中央党部合并，组成国民党中央特别委员会，代行中央执行委员会职权。反复无常的汪精卫因为众人所不满而被排除。十月，宁汉合流后的南京政府命令李宗仁、程潜讨伐东进的唐生智。十一月十四日，西征军占领武汉，唐生智逃亡。

蒋介石去职后，南京政府内部陷入群龙无首的混乱中，征讨盘踞北方的奉系军阀的第二期北伐正待进行。孙传芳残部曾一度渡过长江，攻占南京以东沪宁铁路线上的龙潭一带。已在六月五日就任国民革命军北方总司令的阎锡山和冯玉祥以及蒋介石嫡系黄埔将领纷纷支持蒋介石复出。一九二八年一月，蒋介石重新担任国民革命军总司令，又把权力集中到他手中。二月，国民党召开二届四中全会。蒋介石在开会词中说：我们要得到成功，"全凭全体中央委员领导一班同志去做，而惟一的方法，就是共同一致反对共产党"[1]。全会通过《中华民国国民政府组织法》《整饬中央党部案》《集中革命势力限期完成北伐案》等，推谭延闿为国民政府主席，蒋介石为军事委员会主席。

会后，北伐军改编为四个集团军，分别由蒋介石（兼）、冯玉祥、阎锡山、李宗仁任总司令，发动第二期北伐：蒋部沿津浦铁路北上，冯部在津浦和京汉铁路之间进攻，阎部沿正太铁路东出娘子关，李部作为总预备队，沿京汉铁路北进。北伐军在五月一日占领济南，九日占领石家庄。占领济南后，日本军队忽以保护日侨为借口悍然出兵，惨杀北伐军交涉员蔡公时等外交人员，中国军民死伤四千七百多人，造成举国悲愤的"济南惨案"。蒋介石没有抵抗而

---

[1]《中国国民党历次代表大会及中央全会资料》（上），第507页。

绕道北上。张作霖在五月九日电令北洋军全线退却。二十八日，各路北伐军发起总攻，先后占领保定、沧州等地。

北洋军阀势力此时已到了日暮途穷的地步。六月三日，张作霖离北京回奉天。这时，日本当局不满张作霖没有答应他们对东北提出的全部要求。当张的专车抵达京奉铁路和南满铁路交接处的皇姑屯时，被日本关东军预埋的炸药炸毁，张作霖伤重去世。北伐军随即进入北京和天津（南京政府随即将北京改名北平）。日本当局仍力图保持东北的特殊地位，以便置于他们的严密控制下，这却激起东北民众的强烈反日情绪。正在东北采访的《大公报》负责人胡政之在一篇通信中写道："东三省为整个的中华民国之一部，自上至下，渴慕统一，决无二致。""只以外交阻挠，易帜愆期，精神早合，形式犹非。""记者是日所遇知识阶级中人，莫不以日本干涉易帜为谈资，而不胜其愤懑"[1]十二月二十九日，张作霖的长子张学良怀着国仇家恨，不顾日本人的阻挠，从东北发出通电，宣布："遵守三民主义，服从国民政府，改易旗帜。"[2]南京政府的统治扩展到全国。这是当时国内政治生活中的一件大事。

最初的相对稳定局面

南京政府成立初期，国内有不少人曾对它抱着很大期望。经济学家、南开大学教授何廉在回忆录中说到他当时的看法："一九二八年北伐成功之后，中国进入到国家重建的新阶段。"[3]银行家、上海

---

[1]《胡政之文集》（上），第380、381页。
[2]《张学良文集》（1），新华出版社1992年2月版，第150页。
[3]《何廉回忆录》，中国文史出版社1988年2月版，第43页。

商业储蓄银行总经理陈光甫曾同美国哥伦比亚大学学者说道:"我当时主要的想法是要推翻军阀的统治","我相信国民党能够带来和平和国家的繁荣","我的观点反映了当时上海实业界的看法。"[1]当时不太过问政治的中国古典文学家顾随在一九二七年八月二十九日的日记中也写道:"党的专政,我十分赞成。不如此,中国将万年不会统一,除非隶属于外国政府之下。"[2]

为什么会出现这种现象?它有几个原因。

第一,中国国民党是孙中山创立的,它以往的革命历史在民众中有着不可忽视的影响。孙中山提出的三民主义,主张民族独立、民主和民生幸福,并且要以革命的手段来实现它,得到许多人的认同。国民革命军的北伐曾受到民众的热烈欢迎,反映了人们痛恨帝国主义和北洋军阀的统治、要求和平与统一的强烈愿望。很多人把北伐的成功看作国民革命军总司令蒋介石的业绩,使他享有很高的声望。南京政府在成立后,继续打着孙中山的三民主义的旗号,继续作出反对帝国主义和军阀残余的承诺,表示要实行关税自主、裁兵、取消厘金等(关税自主问题,段祺瑞的临时执政府从一九二五年起为了解决政府的财政困境已开始同列强谈判,《国闻周报》写道:"此固食北京关税会议之赐,非尽'革命外交'之力也。"[3]),一九二八年下半年同美、英、法等十一国签订承认中国关税自主的新约,第二年五月同日本也签订有关新约(但海关行政权仍操在外国人手中)。一九三〇年同英国签订交还威海卫租借地的临时协定,浙江还称要实行"二五减租"。这些,都会引起人们的关注,对它

---

[1]《陈光甫回忆录》,未刊稿,转引自〔法〕白吉尔《中国资产阶级的黄金时代》,第259页。
[2]《顾随全集》第4卷,安徽教育出版社2000年12月版,第551页。
[3]《胡政之文集》(上),第418页。

抱以期望。

宁汉分裂时，南京政府的成立宣言，写得很堂皇：

> 本政府受中央党部与民众付托之重，惟有秉承总理全部遗教继续努力，一方面集中全国革命分子于三民主义之下共同奋斗，务使一切帝国主义、残余军阀及一切反革命派断绝根株，尤须于最短期间开国民会议，废除不平等条约，实现三民主义，使中华民国成独立自由之国家，中华民族成为自由平等之民族，同享民有民治民享之幸福。[1]

南京政府成立当天，被蒋介石请出来充当国民政府主席的国民党元老胡汉民，在阅兵式讲话时甚至以很理直气壮的口气说道：

> 武装同志们，你们自己亲眼看得见你们的领袖，背后有帝国主义做声援没有呢？没有的！你们的领袖，前面拿了官僚政客、土豪劣绅做虎狼没有呢？也没有的！你们的领袖，既然前无官僚政客、土豪劣绅做虎狼，后无帝国主义做声援，那你们的领袖就断然是革命的领袖，这是不容怀疑的！[2]

对不少善良的人说来，舞台背后进行的种种交易，他们并不知道。南京政府信誓旦旦地说的那些话，对他们多少仍有吸引力，觉

---

[1]《国民政府定都南京宣言》，《中华民国史档案资料汇编》第5辑第1编政治（1），江苏古籍出版社1994年5月版，第1页。

[2] 胡汉民：《在庆祝建都南京阅兵式上的演说词》，《国民党政府政治制度档案资料选编》下册，安徽教育出版社1994年12月版，第562页。

得它大概真的和北洋政府完全不同了。

第二，当南京政府名义上取得全国统一后，延续了十多年的各派军阀之间的内战在将近一年时间内暂时停息下来。这是国内大多数人长期以来渴望的事情。

由于军阀混战的暂时停息，经常中断的国内交通重新恢复，一些重要铁路线相继通车，国内市场明显活跃起来。同十二国又签订了承认中国关税自主的新约。在这种情况下，民族工商业出现一些生机。

以全国新设工厂的注册家数和资本额来说，从一九一四年至一九三四年这二十来年内，一九二八年这一年居于首位，比它以前和以后都高，注册厂家有二百五十户，资本额一亿一千七百八十四万元，从第二年起就大幅度下降了。再从当时民族工业中最重要的纱厂来看，据一九二二年至一九三六年十六家主要纱厂的资本纯益的统计，一九二八年从上一年的百分之六点八猛增到十七点五，一九二九年是最高的一年，达百分之二十二点三，下一年起也大幅度下降了。[1]

一九二八、一九二九年间民族工业的短暂繁荣，带动商业、交通运输业、服务业以至文化教育事业等在这段时间内有所发展。这也给不少人一时带来希望。

第三，南京政府对共产党人和革命者进行了极端残酷的镇压和屠杀。许多地方的共产党组织接连遭受严重破坏，甚至陷入混乱涣散状态。社会上不容易听到他们的声音。不少革命群众团体被解散或改组。原来对革命抱同情而对蒋介石不满的人，在血淋淋的大屠

---

[1] 许涤新、吴承明主编：《中国资本主义发展史》第3卷，第118、138、139页。

杀面前，有些人感到恐惧，同革命拉开了距离。还有些人一时看不到出路，陷入苦闷和消沉之中。

这样，在将近一年时间内，特别是一九二九年三月蒋桂战争爆发以前，南京政府的统治确实有过一段相对稳定的时期。对国民党来说，这段时间也许给了他们一次机会，但它并没有也不可能抓住这次机遇。这种相对稳定的局面，基础十分脆弱，终究是难以持久的。

国民党的蜕变

南京政府是国民党一党专政的政府，这有明文的规定。北伐战争结束后，国民党宣布由军政时期进入训政时期。一九二八年十月三日，国民党中央常务委员会议通过一个明白地以党代政的《训政纲领》，交由国民政府施行。其中规定：

> 一、训政开始，由党代表大会代理国民大会，领导国民行使政权。二、党代表大会闭幕时，由中央执行委员会执行之。三、依照建设大纲四种政策，训练人民，逐渐施行，以立宪政之基。四、行政、立法、司法、考试、监察之五种治权，付与国民政府总揽之，以立宪政时期民选政府之基。五、指导国民政府，重大国务由中央执行委员会政治会议议决行之。[1]

十月八日，国民党中央常务委员会议推举蒋介石为国民政府主

---

[1]《蒋中正总统档案·事略稿本》第4卷，（台北）"国史馆"2003年12月版，第199、200页。

席，兼陆海空军总司令。《训政纲领》又规定由国民党中央执行委员会政治会议"指导国民政府"，并对"重大国务""议决行之"，而政治会议主席也是蒋介石（《中央政治会议暂行条例》规定："国民政府在发动政治根本方案上，对政治会议负责"）。南京政府的三大权力支柱——党、政、军，集中在蒋介石一人之手。

更重要的是，国民党在实行"清党"以后，它的性质发生了根本性的蜕变，不仅和孙中山改组国民党时不同，就是和北伐初期到"清党"前的状况也不同了。王奇生在《党员、党权与党争》一书中，对这种蜕变从党的组织成分变化和"不要民众"两方面作了详细的分析。对前一方面，他指出：在这场清党运动中，国民党内被淘汰、受打击的，主要是一批最有理想和对革命真正抱有热情的人。多数县以下基层组织成员为土豪劣绅的天下。"一九二八年江苏省党部举办国民党员总登记时，'党员对党灰心，不来登记者占十之三四；存观望登记者十之四五；因受反宣传不登记者十之二三'。"在农工党员和左派青年被清除出党的同时，又有成千上万的投机分子、腐化分子和土豪劣绅涌入国民党内。两湖地区一大批曾被国民革命洪流迎头痛击的土豪劣绅借清党之机，沉渣泛起，乘机侵夺国民党基层党权。国民党在大城市主要依靠军队清党，而在省城以下的广大地方社会，土豪劣绅自发成为推行清党的主力。对后一方面，王奇生指出：一九二七年国民党开始执掌全国政权以后，政纲政策改弦更张。其中一个最明显的蜕变就是党与工农民众割裂出来。民众运动被禁止，民众团体受控制。国民党由一个曾具有相当广泛群众基础的革命党，转变为一个以官僚政客为主体的执政党。特别是在农村，国民党不敢触动地主阶级的既得利益，连温和的减租也不敢执行，甚至在共产党曾实施土地改革的地区，又将土地从农民手中夺回,归还给原来的地主,以维护旧的土地私有制度。王奇生征引大量档案和当时报刊资料,得出这样的结论:"在裂变与蜕变交相作用下,执政未久的国民党即成为一个被国民厌弃的党。"[1]

当大批富有革命朝气和献身精神的进步分子遭受镇压或清洗后,原来在北洋军阀政府中任职的官僚和地方的土豪劣绅纷纷麇集到国民党的各级组织和政府中来。曾经支持南京政府的银行家陈光甫,在一九二八年八月三日会见蒋介石的同一天日记中写道:"今南京政府人物仍抱作官主义。"[2]在南京政府内部到处充斥并蔓延着种种官场的黑暗腐败、衙门工作的低下效率和达官贵人纸醉金迷的生活,农村依然在土豪劣绅的支配下,工农民众仍遭受着敲骨吸髓的压迫和榨取。陈诚在回忆录中说:"一些形式的点缀外,真是国犹是也,官犹是也,民犹是也,想找一点真正的三民主义气象,实在是'戛戛乎其难哉'的。"[3]蒋介石自己到一九四九年初也写道:"昨游鉴城乡,可说乡村一切与四十余年之前毫无改革,甚感当政廿年党政守旧与腐化自私,对于社会与民众福利毫未着手,此乃党政军事教育只重作官,而未注意三民主义实行也。"[4]说"而未注意"自然是回避了问题的实质,但他承认的"对于社会与民众福利毫未着手"则是事实。这就使很多人痛感原来的期待落了空,打着"三民主义"旗号的南京政府同过去没有什么根本的不同。

---

[1] 王奇生:《党员、党权与党争——1924—1949年中国国民党的组织形态》,上海书店出版社2003年10月版,第92—122页。

[2] 《陈光甫日记》,上海书店出版社2002年11月版,第50页。

[3] 《陈诚先生回忆录——北伐平乱》,第89页。

[4] 蒋介石日记,1949年2月3日。

地方政制在南京政府统治下有一个很大变化。清代和民国初年，"县以上设官治理，县以下则不设官，交由士绅负责"；南京政府成立后，在一九二八年九月颁布县组织法，规定县下设区，成立公所，区以下的乡间设村，市镇设里，分别设村、里长，以后，将村、里改称乡、镇，在基层原有的保甲制度之上增设联保主任。其中最重要的是区公所的建立，"实施后使我国县以下地方行政区域多一阶层，增强其政令推行力量；再加以我国县区每多辽阔，有此一行政单位，确使行政组织趋于严密"[1]。这就在很大程度上加强了南京政府对社会基层的行政控制力量。

为了加强政治镇压以巩固独裁统治，蒋介石除政权、军队和警察外，还建立起前所未有的庞大特务组织。最早的是一九二八年设立的国民党中央组织部调查科和军事委员会密查组，它们以后发展成中统和军统这两大特务系统。他们完全不受任何法律的约束，任意逮捕、绑架或暗杀政治上的反对者，闯入并搜查私人住宅，设立各种暗无天日的囚禁和行刑场所，毫无根据地诬陷他们想要勒索的对象，控制报纸和杂志的言论，收买叛徒，窃取情报等。这样严密而狠毒的特务网，在北洋军阀政府时期还不曾有过，在中国以往历史上也不曾见过。特务横行的事实令人发指，激起人们的极大痛恨。

张发奎总括地评论说："自北伐成功后，国民党就变质了。""老百姓马上就不满意国民党。"[2]

---

[1] 李国祁：《地方政制之改革》，《中华民国建国史》第3编（2），（台北）"国立编译馆"1989年1月版，第836、857—861页。

[2] 张发奎：《蒋介石与我》，第222页。

各派军事势力间的大规模混战

打破南京政府统治初期那种一度相对稳定的政治局面的，是以一九二九年三月蒋桂战争为起点的国民党内各派军事势力的大规模混战。

在台北创立"中研院"近代史研究所的历史学家郭廷以，在他的名著《近代中国史纲》中写道：

> 辛亥革命后的中国为军阀的天下。北伐完成后，旧的既未尽去，新的继之而来，意识如故，行为如故，不及一年，内战再起，历史有如重演，此伏彼起，为数之频，规模之大，更是后来居上。居中央者说是求统一，在地方者说是反独裁。不论是何种名义，要皆为国民党的内部之战，其由来并非一朝一夕。[1]

前面说到，南京政府的三大权力支柱——党、政、军已集中在蒋介石一人之手，但这只是相对来说的，在国民党旗号下实际控制地方实权的，还有好几个军事集团。在南京政府二百多万军队中，蒋介石那时能直接控制的只有五十万人。他可以牢牢控制的地区主要限于江苏、浙江和安徽的一部分。当国民党中央政治会议推举蒋介石为主席时，以冯玉祥、阎锡山、李宗仁、李济深分别担任开封、太原、武汉、广州政治分会主席（东北易帜后，又成立张学良主持的沈阳政治分会）。这些政治分会，都是按照各派军事势

---

[1] 郭廷以：《近代中国史纲》下册，第571页。

力控制的地盘来划分的。它实际上是承认现状，允许这些政治分会享有在它们管辖地区内的支配权力。这种状况，对醉心独揽权力的蒋介石来说是难以忍受的，但因一时力不能及而无可奈何。他急于改变这种状况。南京政府初期那种权宜之计，自然不可能维持长久。

国民党内各派军事势力混战爆发的导火线，是东北易帜后第二个月，也就是一九二九年一月召开的全国编遣会议，要在半年内完成军队编遣工作。本来，北伐前全国兵额约一百四十万人，北伐后多达二百三十万人，军饷超过国家的全部财政收入。在大规模军事行动结束后，编遣军队以节省军事开支从事经济建设，看起来无可非议。但蒋介石的实际目的，却是借此削弱其他异己的军事集团，扩张自身势力。当时，北伐军的四个集团军中，蒋介石的第一集团军约五十万人，冯玉祥的第二集团军约四十万人，阎锡山的第三集团军和李宗仁的第四集团军各近二十万人。蒋介石的缩编议案是，第一集团军编为十三个师，第二、第三集团军各为十二个师，第四集团军编为八个师，此外还有中央直辖部队十二个师和两个步兵旅（主要是北伐时孙传芳、张宗昌及地方上的投诚部队）。这样一来，蒋介石直接控制的军队在比重上大幅度增加，兵额等于冯、阎、李的总和；阎锡山部有增无减，也满意；冯玉祥、李宗仁却大为不平。冯玉祥最初在一月五日的日记中还说："赴第一次编遣会议开会。宣言中有一不偏私，二不欺饰，三不中辍数语。观与会人之精神，我国前途，洵有无限之希望也。"但按会议提出的方案，冯部至少裁减一半。所以，到二月十二日的日记中，他就写道："蒋专弄权术，不尚诚意，既联甲以倒乙，复拉丙以图甲，似此办法，决非国家长治久安之象。"[1]他在会上发言说:"第一,中央直属部队保留太多,其他集团裁得多。"李宗仁在会上主张:"要慢慢的裁,一面裁一面安置,安置不好对不起出生入死的将士。"[2]李一开始就已看出蒋介石的用心:"其实,他这里已另有腹案,他的第一集团军断难裁减,至于其他各军,他意对第二集团军首先开刀,然后再及其他,庶几可各个击破。"[3]这一步来得如此之快,是很多人包括各军事集团的首领们没有想到的。会议不欢而散。各军事集团之间的矛盾顿时尖锐起来,很快达到剑拔弩张的地步。许多人原来殷切盼望的和平与统一,转眼间又化为泡影。

张发奎评论道:"蒋先生在编遣过程中假公济私,善自为谋,这就是为什么他一次又一次遭到反对,直至抗战爆发。"[4]

李宗仁虽然看清了蒋介石的用心,但他没有料到蒋介石"首先开刀"的并不是实力仅次于蒋的第二集团军,而是他所统率的第四集团军。蒋所以作出这样的选择有几个原因:第一,蒋是个很记仇的人,对宁汉合流时桂系李、白逼他下野一事是耿耿于怀的。第二,当时李宗仁担任武汉政治分会主席,坐镇华中;白崇禧率领刚收编的唐生智旧部,驻军平津附近;广西是桂系的根据地,由黄绍竑留守;广东的李济深也同他们接近。这些都是战略地位重要的富庶地区,被蒋看作必争之地。第三,在几个集团军中,第四集团军兵力最少,又从北至南拉成一字长蛇阵,力量分散,比较容易击破。冯玉祥在二月二十三日的日记中写道:"昔在京时,蒋介石云,

---

[1]《冯玉祥日记》第2册,第561、571页。
[2]《白崇禧先生访问纪录》下册,第925、926页。
[3]《李宗仁回忆录》,第386页。
[4] 张发奎:《蒋介石与我》,第168页。

沪、广、汉、平，皆为桂系占据，如何办理。余曰，同是一家，何分彼此，目下政府当务之急，只求得民心可耳，徒亟亟以消灭异己是务。吾恐方灭一秦，又生一仇也。而蒋以恐军阀再现为由，坚决主张以师为单位，以为削除桂系兵权之谋。"三月二十二日日记中又写道："蒋、桂之争，远因实种于蒋上次下野时，彼时桂派言论，过于露骨，及蒋复职后，遂蓄意铲除之。后白崇禧驻兵北平，桂派势力直已纵贯中国本部，蒋遂拉拢湘之鲁涤平，以切断其两广与两湖之联络。近因桂派逐鲁，蒋遂不能再事容忍，两方均已盘马弯刀，摩拳擦掌，大有山雨未来风满楼之概。势逼处此，战事决难幸免也。"[1]可见蒋介石向桂系下手，早有成算，是不可避免的，需要的只是寻找一个适当的借口罢了。

　　蒋介石讨伐桂系的公开理由是武汉分会免去湖南省政府主席鲁涤平的职务；办法是政治分化重于军事行动。他先要唐生智携带饷银一百五十万元赴北方，收回已由白崇禧统率的唐旧部，逼使白崇禧弃部出走。他又将接近桂系的广州政治分会主席李济深诱骗到南京软禁起来，使广东实权落到已同蒋秘密联系的李的部将陈济棠手中。三月二十五日，讨桂战争开始。蒋介石指挥"讨逆军"进攻湖北时，以金钱和官职策动桂军重要将领倒戈，迅速占领武汉。白崇禧后来说："中央这次的胜利，其得胜方式大有研究必要，以金钱、官职去买动人，以后成为风气。"[2]接着，南京政府又命令粤军和湘军分路进攻广西，李、白和黄绍竑被迫出亡。

　　桂系失败，蒋介石并没有就此罢手，立刻把矛头转向下一个目标——冯玉祥，双方关系日益紧张。四月十三日，冯玉祥公开发

[1]《冯玉祥日记》第2册，第578、598页。
[2]《白崇禧先生访问纪录》下册，第930页。

表通电称:"好事者流,造作种种谣言,不曰蒋阎联合倒冯,则曰冯李联合倒蒋,不曰冯阎联合倒蒋,即曰蒋李联合倒冯,言人人殊,闻者不察,传之既广,讹更传讹,无形之中,遂造成一恐怖现象。"[1]事实上,这不全是空穴来风,空气中早已充满火药味。蒋介石对冯玉祥已经利用过,这时到了对他下手的时候了。十七日,冯在日记中写道:"党内统一固佳,我方与人无忤,与世无争,但有谋我者,则势逼处此,亦不可不图生存之道。"为了集中兵力,避免陷入蒋阎的夹击,他命令已任山东省政府主席的孙良诚将军队从山东撤回河南,并准备将陇海铁路沿线部队继续西移陕甘。五月七日,他在日记中又写道:"蒋氏视我为心头之患,眼中之钉,处心积虑,必消灭之而后快。""蒋氏屡向余言,军队须一律待遇,其实不然。彼之基本军队,甚至新收杂军,固皆按月关饷。而我军则仍衣食无着。""我军始终力主和平,绝不轻启战端,万一相煎太急,只有全军撤至关内,扼险固守,强中更有强中手,看他横行到几时也。"[2]十五日,冯玉祥致电蒋介石,指责他的行动违背编遣会决议案,"如愿去国,即追随同去"。二十日,蒋介石"在国府纪念周报告冯玉祥部之种种叛逆行动:扣留赈粮,移作军粮,而以军饷购买枪械,仍存封建思想、地盘主义"[3]。同天,冯玉祥宣布就任西北护党救国军总司令。

蒋介石对付冯部西北军时,同样采用政治分化手段,特别是"银弹政策"。西北素来贫瘠。一九二八年至一九三〇年间又发生大面积的旱荒,土地龟裂,饿殍遍野。冯玉祥自以为西北军一向

---

[1]《一周内国内外大事述评》,《国闻周报》第6卷第15期,1929年4月21日。
[2]《冯玉祥日记》第2册,第615、629页。
[3] 郭廷以:《中华民国史事日志》第2册,第457、458页。

能够吃苦，会随他退往陕甘，但西北军一部分高级将领随着自身地位的改变，不愿放弃已得的河南等经济较陕甘富庶的地盘，再随他西退吃苦。蒋介石又以重金厚礼拉拢。五月二十二日，冯的重要将领、河南省政府主席韩复榘和石友三、马鸿逵等突然从洛阳通电，率部十万人倒戈。这对冯玉祥是极大的打击。局势急转直下，冯玉祥被迫宣布下野，余部二十多万人在宋哲元等统率下退回西北。

这以后不久，蒋介石又先后击败李宗仁、张发奎联军和唐生智、石友三联军的反蒋活动。这两次战争的规模都不小。从一九二九年三月起，国民党内各派军事势力间的混战一幕紧接着一幕上演，在这一年内没有停息过。

进入一九三〇年，一场更大规模的国民党内各派军事势力之间的大战又越来越迫在眉睫，那就是阎锡山、冯玉祥、李宗仁联合反蒋的中原大战。在这些反蒋力量中，居于主导地位的是阎锡山。

阎锡山从辛亥革命以来，长期控制山西，经历次军阀混战而不倒，在当时可说独一无二。北伐军兴后，他审时度势，宣布就任国民革命军第三集团军总司令。北伐军事结束后，由于蒋介石需要用他来牵制冯玉祥，使他获得山西、河北、察哈尔、绥远四省和北平、天津两市地盘，并兼平津卫戍总司令，成为华北最大的军事政治势力。在这种状况下，他的政治野心迅速膨胀起来。

阎锡山为人精于计算，在山西苦心经营多年，已形成盘根错节、别人难以替代的统治网络，还拥有颇具规模、能生产重武器的太原兵工厂。但他有两大弱点，用中原大战时担任反蒋联军总参谋长的刘骥的话来说：一是"阎活像一个钱铺老板，只会算小账，不能成大事";二是"晋军力量不大,而且是长于守而短于攻"。[1]且在不少人看来,"嫌其作伪弄人,不够诚实"[2],因此,他很难得到晋系以外各方面人的信任。

当蒋介石出兵讨伐李宗仁、冯玉祥、张发奎、唐生智等时,阎锡山都采取坐山观虎斗的暧昧态度,甚至支持蒋介石,使自己处于举足轻重的地位。为什么到这些反蒋集团相继失败后,他反而在这时出面反蒋呢?原因在于蒋介石如此断然清除国民党内各派非蒋系军事势力,使阎锡山也有兔死狐悲之感,岌岌自危。阎是个心计极重的人,凡事多疑。他亲信的高级将领周玳回忆道:阎锡山同蒋介石在北平会见后,蒋又密召张学良到北平商谈。阎锡山对左右说:"蒋介石与张学良见面,不知干了些什么?他们行动的诡秘,不叫我知道,其中必无好意。看样子,蒋是要来对付我们了。"阎在兼任平津卫戍总司令后,将平、津两市的税款留用。南京政府财政部长宋子文到北平,提出要划分国家税和地方税,并答应平津卫戍部队的饷项由财政部拨付,但实行了一个月就停止拨付了。阎锡山气得拍了桌子,说:"现在蒋要用经济手段把咱们困死。咱们没有错,他不敢用兵来打我们,只有在经济上来困死我们。"他还说:"以前,我以为蒋介石还可以相处,不料他这样排除异己,现在居然逼到我的头上来了。"[3]这就促使阎下了反蒋的决心。本来,在阎锡山看来,冯玉祥、李宗仁等都是他的角逐对手,现在这些人由于处境困难,都愿推阎为盟主,使阎感到极大满足,这也是阎锡山此时出面

---

[1] 刘骥:《蒋冯阎关系和中原大战》,《文史资料选辑》第16辑,中华书局1961年6月版,第7、27页。

[2] 《徐永昌将军求己斋回忆录》,(台北)传记文学出版社1989年8月版,第196页。

[3] 周玳:《阎锡山发动中原大战概述》,《文史资料选辑》第16辑,第35、36页。

反蒋的原因。

那时许多人把国民党看作正统。阎、冯、李等都是在北伐前夜或期间才参加国民党的,为了避免人们把他们看作旧军阀的武装割据,需要找一些在国民党内有历史地位的人作招牌。这又导致他们同已被蒋排斥在野的以汪精卫为首的改组派和邹鲁、谢持等的西山会议派结成同盟。各种反蒋势力联合起来,形成浩大的声势。

经过一番电报战,一九三〇年四月初阎锡山在太原就任中华民国海陆空军总司令,通电指斥蒋介石专横独裁,冯、李分别就任副司令。五月一日,蒋介石誓师讨伐。中原大战爆发了。反蒋方面,阎、冯各有兵力二十多万人,李宗仁、张发奎约七万人,加上附从的石友三等杂牌军数十万人,总计不下八十万人。蒋介石也出动自己的全部精锐主力约六十万人。战争主要在陇海铁路和津浦铁路沿线展开,以河南为主战场、山东为辅战场。战线绵延数千里,历时半年。双方进行激烈的拉锯战,互有胜负,伤亡超过二十四万人,并给战地民众带来深重灾难。七八月间,汪精卫等在北平举行中国国民党中央党部扩大会议。九月一日,又在北平成立以阎锡山为主席的国民政府。在国内,再度出现两个国民党中央党部和两个国民政府对峙的局面。

这时,居于举足轻重地位的张学良在九月十八日发表"和平通电",支持南京政府,要求各路军队"均宜静候中央措置",[1]并率领十多万大军从东北入关。双方力量对比立刻失去平衡,局势急转直下。北方的阎、冯势力顿时土崩瓦解,阎军退入山西,冯部西北军从此解体,扩大会议悄然收场。蒋介石把黄河以北地区划归张学

---

[1]《张学良文集》(1),第317页。

良管理。

中原大战一结束，蒋介石踌躇满志，以为国内已没有任何足以同他相抗衡的力量，充满自信地宣称："此次讨逆战后，深信本党统一中国之局势已经形成，叛党乱国之徒今后决无能再起。"[1]他提出立刻召开国民会议，制定约法，准备出任总统。这件事没有经过中央党部讨论就由他公布了。蒋介石的野心太大又太急，排他性太强，结果就给自己处处树敌。这件事受到国民党元老胡汉民的坚决反对，"认为军事胜利，政治屈降，有以去就争之态度"[2]，并且在国民党三届四中全会上发生激烈争辩。

胡汉民主张由国民党中央党部集体来实行"党治"，反对蒋介石实行个人独裁。一九三一年一月五日，他在立法院纪念周上讲话："近来有很多人故意把国民会议与国民大会混为一谈，想借以遂其捣乱的诡谋，破坏本党党治的基础。"[3]在他看来，依照孙中山的"遗教"，只有国民大会才有制定约法的权力。他不是反对制定约法，而是强调在训政时期要坚持"以党治国"，反对蒋借制定约法而在五院之上增设一个大权独揽的总统。这自然深深触怒了蒋介石。蒋在二月十三日的日记中写道："彼借委员制之名，而把持一切，逼人强从。""曲解遗教欺惑民众"，"不知其为人恶劣卑陋至此，是诚小人之尤者。贪天之功，侵人之权，总理对胡汪之所以痛恨者以此也。今又欲阻碍革命，谋倾党国，其罪诚不可恕矣"[4]。

蒋介石只要认为有需要和可能，从来可以顿时翻脸不认人。二

---

[1]《蒋中正总统档案·事略稿本》第9册，（台北）"国史馆"2004年12月版，第118页。
[2] 黄郛日记，复印件，1930年10月15日。
[3] 胡汉民：《遵依总理遗教开国民会议》，《民国日报》1931年1月12、13日。
[4]《蒋中正总统档案·事略稿本》第10册，（台北）"国史馆"2004年7月版，第84、85页。

月二十八日夜,他以宴客为名,邀请胡汉民到他寓所晚餐。胡一到,就被引到别室,由首都警察厅长吴思豫交给他一封蒋介石历数他"罪状"的信件,第二天便押送到南京附近的汤山软禁起来。胡汉民长期担任孙中山的助手,在孙中山逝世后代理孙的大元帅职务,还是南京国民政府的第一任主席,在国民党内有着很高的地位。从南京政府成立起,他一直支持蒋介石。中原大战时,蒋在前线指挥作战,胡汉民作为立法院长,和行政院长谭延闿一起主持南京政府的日常工作(谭在一九三〇年九月二十二日即张学良宣布入关后第四天因脑溢血去世)。这样的一个人一旦触怒蒋介石,便会落到如此下场,自然使许多人感到寒心,在国民党内部掀起轩然大波。国民党中央监察委员邓泽如、林森等四人联名发表弹劾蒋介石的通电。两广军事首领陈济棠、李宗仁等发电响应。孙科也通电反蒋。国民党内受过蒋介石打击的各派势力云集广州,在五月二十七日举行国民党中央执监委员非常会议。第二天,在广州另组国民政府,推汪精卫为主席。南京和广州之间又形成对峙的局面。(蒋介石日记中写道:"晚宴党国重心,勉以不应以一二人之离异而致消极,为其无粤人汪、胡即不成党之奇言所惑。"[1]可见蒋虽在军事上取得一系列胜利,但在号称"以党治国"的国民党内的地位还不巩固,此事是他没有料到的,给他的打击不小。)这时,离日本帝国主义发动九一八事变只有三个多月了。

鲁迅在一篇杂文中辛辣地写道:"军阀们只管自己斗争着,人民不与闻,只是看。然而军阀也不是自己亲身在斗争,是使士兵们相互斗争,所以频年恶战,而头儿个个终于是好好的,忽而误会

---

[1] 蒋介石日记,1931年6月19日。

消释了，忽而杯酒言欢了，忽而共同御侮了，忽而立誓报国了，忽而……不消说，忽而自然不免又打起来了。"[1]

这种新军阀间的大规模内战代替了北洋军阀统治时期的军阀割据和军阀混战，便是从一九二九年初到九一八事变前夜中国政治生活中左右全局的突出内容。

经济和社会状况

北伐战争结束后，许多人曾强烈地期望能在和平统一的环境中开展经济建设，一步一步改变中国贫穷落后、备受外人欺凌的面貌。中国人期待这个日子的到来已经太久了。谁能够带领民众做到这一点，谁就能得到人们的欢迎和支持。这种善良愿望很快却痛苦地化为泡影。

由于南京政府建立后连年内战烽火不断，军费开支不但没有减省，反而不断激增。政府的财力，主要用在蒋介石最最关心的军事行动方面（包括被称为"银弹"的用来收买其他军事集团将领倒戈的大笔费用），自然日益捉襟见肘。财政部长宋子文在一九二八年六月和七月召开的全国经济会议和全国财政会议上，打算把年度军费限制在一亿九千二百万元以内，但这是根本办不到的，那个年度的军费开支就超过两亿二千万元，以后更有增无已。还有一件事也很重要：蒋介石在四一二政变后，为了寻求帝国主义列强的支持，宣布承担北洋军阀政府以至清政府欠下的巨额外债，加上国内发行的巨额公债本息的偿还，又使南京政府陷入深重的债务负担中。

---

[1]《鲁迅全集》第5卷，人民文学出版社1957年11月版，第6页。

台北出版的《中华民国建国史》有一项关于政府岁出的统计数字很值得注意。这些似乎很枯燥的数字，比多少议论更容易看出问题所在：一九二八年，岁出四亿九千七百万元，主要项目所占百分比，军务是四十九点七，债务三十三点三，建设零点六；一九二九年，岁出六亿一千八百七十五万元，军务所占百分比为四十二点九，债务为三十三点四，建设为零点四；一九三〇年，岁出七亿一千二百万元，军务占百分之四十三点八，债务占三十九，建设只占零点二。[1]

由于军费和偿还内外债务一直占财政岁出百分之八十左右，在这种沉重负担下，南京政府能用在经济建设上的费用自然微不足道，而且大多只是维持性的费用。当然，不能说南京政府在经济建设上任何事也没有做；但这方面的开支只占财政总支出的百分之零点几，只有军费的百分之一左右，它在经济建设方面究竟能做多少事，不需要作很多分析，就已一望而知。还要看到，国民党各军事集团之间的内战，主要是在重要城市和铁路线一带进行的，对国民经济造成极大破坏，国家经济生活弄到这样地步，不能不使许多人感到痛心。

为了弥补财政上的连年赤字，除了加紧搜括外，南京政府的重要办法是发行公债，它的对象首先是上海的银行家和企业家。最初，由于购买公债的折扣大，利息高，他们（特别是银行家）能从中得到不少好处。然而，不依靠发展生产而凭发行公债毕竟无法真正解决财政上的问题。时间一长，他们也难以承受了。于是，南京政府便强制摊派，甚至借助黑社会的力量，采取绑架勒索资本家等

---

[1] 蒋永敬：《第三编导言》，《中华民国建国史》第3编（1），第44页。

手段来达到自己的目的。这种状况，在早期就有了。美国历史学家小科布尔在《江浙财阀与国民政府》一书中写道：

> 一九二八年一月，绑架事件发展到了高潮。蒋的特务企图劝说万国体育场和远东公共体育场这两个跑马场各承担五十万贷款。这个企图落空后，宋突然要这两个跑马场缴纳入场券和赛马彩票的印花税。随后，一九二八年一月十九日，远东体育场董事会主席的兄弟在法租界被绑架，勒索赎金。当时上海的一些富有市民纷纷逃离这个城市，以避免被绑。正如美国领事所说："蒋在这一地区的部下似乎正在又一次求助于类似一九二七年夏天在上海盛行过的官方的敲诈勒索的阴谋诡计。"

这种情景是现在的年轻人根本难以想象的。小科布尔感叹地得出这样的结论：

> 对上海资本家来说，国民党统治的第一年是一个灾难。诚然，资本家通过和蒋的结合在上海挫败了共产党控制的工会，但是作为中国最强大的经济财团上海资本家却未能把它的经济势力转变为政治力量。他们在一九二七年以前十年中在上海享有不受政治控制的局面，因近似"恐怖的统治"而突然结束了。[1]

从经济状况来看，也使资本家感到沮丧。民族工业在经过短

---

[1]［美］帕克斯·M.小科布尔:《江浙财阀与国民政府》，南开大学出版社1987年7月版，第25、26页。

期的发展后,很快便开始萎缩。一九二八年,全国新注册的工厂数是二百五十家,资本额一亿一千七百八十四万元。以后几年的记录分别是:一九二九年,一百八十家,六千四百零二万元;一九三〇年,一百十九家,四千四百九十五万元;一九三一年,一百十七家,两千七百六十九万元;一九三二年,八十七家,一千四百五十九万元。[1]拿一九三二年同一九二八年相比,新注册的工厂家数只有后者的三分之一稍多一点,资本额还不到八分之一。五年内,几乎呈现直线下降的趋势。

甚至连恢复关税自主也没有给民族工商业带来多少实际好处,这更是许多人没有想到的。小科布尔这样分析:

> 南京恢复关税自主,其结果对中国人自办的工业的利益很有限。南京对关税收入的需求和日本的压力,一直阻挠着保护关税的真正作用。从一九二八年到一九三四年经常改变的关税税率事实上是一种足使中国工业不能稳定的破坏性因素。南京政府改变税率如此频繁,致使实业家随着行情调整投资后,往往在获得利益以前情况就发生变化。

还有一点十分重要:南京政府变动关税税率的着眼点,根本不在如何保护民族工商业的发展,而只在于如何增加它的财政收入。结果往往是:民族工业自己能够生产的产品,同类进口货的关税很低;而它们迫切需要的某些设备和原料,关税却很高。这就很难对保护和发展民族工商业带来多少好处。

---

[1] 许涤新、吴承明主编:《中国资本主义发展史》第3卷,第118页。

厘金制度是民族资本发展的沉重负担。南京政府废除了厘金（各国在承认中国关税自主权的同时，规定中国必须裁撤厘金），这听起来似乎令人鼓舞，但它并不意味着税收的减轻，因为新的税种不断增加，在一九二八年一月南京政府创设了新的统税，还有一九二八年的烟草和面粉税，一九三一年的棉纱、火柴和酒精税，一九三三年的矿业税等。

由于南京政府主要着眼于如何增加财政收入，它对待资产阶级中的银行家和工业家的态度很不一样。法国历史学家白吉尔在《中国资产阶级的黄金时代》一书中写道：

> 从这个政权中获益最多的企业家（包括政治和经济利益）是银行家。……从一九二七年开始，一直渴望获得独立地位的上海银行家，也成了国家的主要投资者，他们同样将自己的命运与蒋介石政权系在一起。在一九二七年至一九三一年期间，他们认购了国内借款（当时总额已达到十亿元）的百分之五十至七十五。由于政府是以低于面值的价格出售，所以债券将给银行家带来百分之二十的实利，这在当时要比百分之八点六的官方利率高出许多。在此种意义上说，蒋氏政权的最初几年，是中国银行家获得繁荣发展的时期。但到一九三一年至一九三二年，情况就发生逆转。……在这种情况下，有些银行家就选择了进入政府部门当大官的道路。结果是他们获得了特权，却完全丧失了以往的首创精神。……很显然，大工业家和大商人不可能像银行家一样，为财政短缺的中央政府提供大量的经济援助，因而也就不可能获得后者那样的优厚待遇。……大量事实证明：国民党政府对于发展私人企业的态度是相当冷漠的。这

里可以举一个最能说明问题的例子:在工商业萧条的最初几年里(一九三二年至一九三六年),南京政府竟然不愿为濒临绝境的资产阶级提供任何支持,以帮助有关企业克服和渡过危机。[1]

在农村中,国民党政府依靠地主豪绅来实行统治。土地分配极不平均。经济学家陈翰笙一九三〇年至一九三一年在河北定县调查,"经过调查的一四六一七农家之中,有百分之七十的农家占有耕地不到全数的百分之三十,其余不到百分之三的农家,占有耕地几当全数五分之一"[2]。贫苦农民向地主缴纳的地租通常要占全年收成的一半,赋税繁重。四川地方军阀的预征田赋更是全国最重的:"二十一年(引者注:即一九三二年)二十四军已征至四十六、七年,二十八军至六十一年,二十九军至四十九年,但预征次无定限,时无定期,无钱即又预征一年,全年毫无预计。"[3]在连年内战中,兵差及其他摊派、征发无法计算。加上严重的天灾,"因为水灾,华中一带农田都被淹没了;庐舍都被漂去了!一九三三年又来一次旱灾,迫得江、浙、安徽、四川、陕西等处的农民在吃树根和观音土,饿死和自杀的不可胜计"[4]。农业危机日趋深重,无数难民挣扎在生死线上。在广大农村中,到处可以看到一幅幅惨绝人寰的图景。

需要讲到,在这段时间里中国的教育事业,特别是高等教育事业倒得到比较明显的发展。在前面所引南京政府财政岁出的统计表

---

[1] [法]白吉尔:《中国资产阶级的黄金时代》,第318、320、321、325页。
[2] 陈翰笙:《现代中国的土地问题》,《解放前的中国农村》第2辑,中国展望出版社1987年11月版,第80页。
[3] 章有义编:《中国近代农业史资料》第3辑,生活·读书·新知三联书店1957年10月版,第40页。
[4] 许涤新:《现代中国经济教程》,第25页。

中，教育的岁出所占的百分比，在一九二八年为一点五，一九二九年为二点六，一九三〇年为二，一九三一年为二点一，虽远远不能同军事和债务相比，但都比经济建设的费用高不少。在大学院（它的英文译名是教育与研究部）院长蔡元培等主持下，不少重要的高等学校如中央大学、武汉大学、浙江大学、中山大学等都在这时粗具规模。教授的薪金比较优厚，可以安心从事学术和教育工作。中等学校也有发展，一九二八年为一千三百三十九所，学生二十三万四千八百一十一人；一九三一年增加到三千零二十六所，学生五十三万六千八百四十八人。

大学院成立后，还建立起中央研究院，设物理、化学、工程、地质、气象、天文、心理、社会科学、历史语言研究所，后来增设动植物研究所。学术研究有了发展，河南安阳的殷墟发掘工作便是在一九二八年十月开始的。教育部成立后，又筹设北平研究院，先后成立九个研究所，并通令全国国立大学酌设研究所，还出版了多种学术刊物。顾颉刚等"古史辨"派学者提出"疑古"主张，破除中国远古"黄金时代"的神话。这些，都是有积极意义的。

这段时间前后，为数不少留学欧美的高级知识分子回国，在大学任教或在研究机构工作。他们大多有爱国心，不少人抱着教育救国、科学救国的思想，默默地在本职岗位上耕耘，对中国的教育和科学事业作出了贡献。他们中有相当数量的人倾心于西方式民主和自由主义思潮，对国民党政府的独裁政治不满，但又倾向于维护现有的社会秩序。以他们为主体，先后创办了《新月》等刊物，出版《人权论集》，提出人权主张，批评南京政府的专制统治。胡适、罗隆基等在这些活动中表现得十分活跃。由于他们的社会地位和声望，在思想界产生了不小影响。

对当时的民族资产阶级应该怎么看？胡绳作过这样一段分析："对于那时民族资本家做的一些有益的事业，也应当予以肯定。他们虽然不赞成革命，但至少他们对国民党是不满意的，对帝国主义侵略是不满意的，他们也是在反动统治下挣扎求生。例如，吴蕴初看到日本的味之素独霸中国市场，便发奋制造天厨味精，可能他没有发表什么政治见解，但他这件事至少是在具体行动上维护了民族利益，表现出民族独立的意识，应当说是进步的，不能因为他没有参加革命就予以否定。"同时，他在谈到中间势力中一些主张工业救国、教育救国的人时也指出："他们搞工业这件事本身是进步的，应予肯定。但他们反对革命，主张大家都走工业救国或教育救国的路，就是搞改良主义，却是错误的，不能不给予批评。因为如果大家都接受这种主张，革命就搞不成功，反帝、反封建问题就无法解决，靠办工业、办教育是解决不了反帝、反封建的问题的；而反帝、反封建问题不解决，中国的工业、教育也不可能真正发展起来。"[1]

日本侵华政策的重大转折

正当南京政府把它的主要精力投入连年不断的内战中，激起社会各界越来越增强的不满时，对中华民族生存构成更严重威胁的阴影正在一步步逼近。它的集中表现是日本田中义一内阁的上台和它召开的东方会议。

田中义一大将出身日本的长州军阀，是山县有朋的后继人。他

---

[1]《胡绳论"从五四运动到人民共和国成立"》，社会科学文献出版社2001年5月版，第35页。

在一九二七年四月出任首相兼外相（外务省政务次官由森恪担任，实际主持外交工作），标志着军部直接控制了日本外交。田中外交的突出特点，是把注意力首先集中在中国的满蒙地区，特别是东北，要把它从中国领土中分割出去，作为日本对外扩张、夺取世界霸权的第一步。这是日本加紧对华侵略进程中的一项重大决策，也就是所谓"欲征服中国，必先征服满蒙；如欲征服世界，必先征服中国"。

当时正在外务省任职的重光葵，在《日本之动乱》一书中写道："田中首相对东北问题的方针，是将东北作为中国的特殊地区和中国本土分开，并打算将所有问题和当时东北实权者张作霖之间解决一切。所以田中首相对张作霖之野心勃勃向北京进展一节，不表赞同。但希望张作霖得日本的援助，在东三省独立，脱离中央，建立日本与张之间的特殊关系，而照日本的意见解决东北问题。"[1]

由田中主持的东方会议，在六月二十七日至七月七日在东京召开。田中在会上致开幕词，又在结束时以"训示"的形式提出《对华政策纲领》。这个"纲领"赤裸裸地提出：

  有关满蒙、特别有关东三省地方，因在国际上以及在国民之生存上保有重大之利害关系，站在我国立场上不但必须加以特殊之考虑，且以领土接壤之邻邦之立场，对"藉该地方和平之维持与经济之发展以使之成为国内外人士安居之地"一事，不能不特别感到自身之责任与任务。

  帝国在中国之权利、利益以及日本侨民之生命、财产有受

---

[1]［日］重光葵：《日本之动乱》，（香港）南风出版社1954年3月版，第21页。

到不法侵害之虞时，则惟有顺应其必要，断然出之以自卫之措置而拥护之，别无其他办法。

万一动乱波及满蒙，治安紊乱，对我在该地方之特殊地位权益有发生侵害压迫之虞时，不问其来自任何方面，帝国为加以防护并保持其为国内外人士安居发展之地，必须有不失机宜而出之以适当措置之决心。[1]

日本关东军司令官武藤信义同田中义一有一段对话，很可以说明日本军国主义者在这个问题上已经下了何等的决心：

武藤：……如此重大的方针，一旦付诸实施，必须估计到将会引起世界战争。至少，美国不会沉默，英国和其它列强会跟在美国后面大吵大闹。在引起世界战争的情况下，怎么办？阁下有这样的决心和准备吗？田中：我有这样的决心！武藤：以后不致发生动摇吧？田中：没问题，我已经下了决心。武藤：政府既然有足够的决心和准备，我没有什么可说的。什么时候命令一下，我推行政策就是。[2]

以东方会议为起点，日本军国主义者大大加紧侵略中国，特别是夺取整个中国东北的步伐。他们两次出兵山东，制造济南惨案，炸死他们认为还不够听话的张作霖。张作霖死后又竭力阻挠张学良

---

[1] 秦孝仪主编：《中华民国重要史料初编——对日抗战时期》绪编（1），（台北）中国国民党中央党史委员会1981年9月版，第54、55页。

[2] [日] 山浦贯一编：《森恪》，第636、637页，转引自中国社会科学院近代史研究所《日本侵华七十年史》，中国社会科学出版社1992年10月版，第266页。

在东北易帜。

这一系列紧锣密鼓的行动,清楚地显示出日本侵华的极大野心。震惊世界的九一八事变的发生,可以说已在日本军国主义者预订计划之内,或迟或早总要发生。时机越来越紧迫,中华民族的生存正遭受着空前的威胁。对中国人来说,没有比这个更敏感的问题了。

在如此严重的民族危机面前,民众的抗日救亡呼声日益强烈,期望政府能带领他们外御强敌。蒋介石对日本的侵略野心和蛮横行为也感到愤怒。济南惨案发生后,他在一九二八年五月七日的日记中对五三惨案写道:"日本军阀,心毒狠而口狡诈。"九日写道:"如有一毫人心,其能忘此耻辱乎?"[1]六年后他在日记中又写道:"身受之耻,以五三为第一,倭寇与中华民族结不解之仇,亦由此而始也。"[2]但他对日本侵略者依然一味采取退让和妥协的态度(他在五月十日日记中写道:"决取不抵抗主义,宣告中外,而各军渡河北伐完成革命为惟一方针。"[3]),从而引起人们理所当然的愤怒和不满。

美国著名历史学家费正清主编的《剑桥中华民国史》在《南京时期的国民党中国》一章中写道:

> 中国人对于其民族的悲惨境况,对于军阀混乱的蹂躏,以及对于帝国主义侵略的屈辱是创巨痛深的。因此,当国民革命军从南方的广州(一九二六年七月开始)向北方的北京

---

[1] 《蒋中正总统档案·事略稿本》第3册,(台北)"国史馆"2003年12月版,第288、298页。
[2] 蒋介石日记,1928年5月3日。
[3] 蒋介石日记,1928年5月10日。

（一九二八年六月占领）进行北伐时，到处受到人民的热烈欢迎。对于许多中国人来说，国民党的统治标志着新时代的开始，中国将再度统一和强大，将为所有的人带来生活上的丰裕，将使他们不再为自己是一个中国人而感到羞愧。但是，仅仅到了一九二九年，这些奢望就都变得苍白无力了。

政治压迫成了南京政府统治的基本手段。早在一九二九年到一九三〇年，腐败、宗派纷争以及管理不善，就已经无法加以掩饰，南京政权于是不再依赖于群众支持。一九三〇年五月的《北华捷报》这样写道："仅仅在一年半之前，人们还满怀热情，而今天，在所有中国人中间都存在绝望感，这是最糟糕的现象。"三年以后，深孚众望的《国闻周报》评论说："民众不再掩饰对国民党的厌恶。"

这个政权首先是依靠军事力量的支持，从这一基本事实产生出其他特性……这就是为什么这个政权的现代化和发展的动力如此微弱的基本原因；就是为什么尽管有腐败和行政机关的懈怠，民国政府的官僚机构还能支撑这么久的原因；以及为什么这个政权能够在既鲜有其成员的更换，又无新思想的情况下存在了二十年以上的原因。当然，这个政权还是有一些成员是开明的和有献身精神的和有能力的。但是，想利用这个政权制度上的特点来尽可能地扩大自己的权力、威望和财富，而不是去为民族的利益而奋斗的人实在是太多了。[1]

难怪美国历史学家易劳逸要把他一部论述一九二七年至

---

[1] 费正清主编：《剑桥中华民国史》第二部，上海人民出版社1992年9月版，第130—131、153、156—157页。

一九三七年国民党统治下的中国的专著,取名为《流产的革命》。

不难看到,南京政府建立后的最初几年,实际上已为它日后的失败埋下了种子。

第八章 工农红军的苦斗

中国共产党对国共合作这样快破裂以及随之而来的严酷的白色恐怖，并没有足够的精神准备，更没有在事先做好应对的准备。

国共合作破裂后，国内政治局势陡然逆转。昔日的盟友转眼间变成凶残的刽子手，到处在搜捕，到处在屠杀。据中共六大的不完全统计，从一九二七年三月到一九二八年上半年，共产党员和进步群众被杀害的达三十一万多人，其中共产党员两万六千多人。党的组织只能秘密转入地下，在这过程中遭受严重破坏。许多地方的党组织被打散了。一些不坚定的分子纷纷脱离党、团，报纸上经常可以看到他们的"悔过"启事，有的甚至带领敌人搜捕自己原来的同志。党员人数从大革命高潮时的近六万人急剧减少到一万多人。各地的工会和农民协会遭到查禁或解散。相当多的中间派人士在白色恐怖下同共产党拉开了距离。党内思想一时异常混乱，不知道该怎么办。

革命显然已进入低潮。许多人认为共产党在这样沉重的打击下，面对着比自己力量大多少倍的敌人，大概已无法生存下去，再也翻不过身来。

在这样的生死关头，要一如既往地坚持自己的信念，是极不容易的。刚成立了六年的中国共产党经受住了这种考验。正如毛泽东在十多年后所说："中国共产党和中国人民并没有被吓倒，被征服，被杀绝。他们从地下爬起来,揩干净身上的血迹,掩埋好同伴的尸首,他们又继续战斗了。"[1]一些坚定的、有骨气的革命者恰恰在这种极端危难的时刻义无反顾地参加到共产党的行列中来,如彭德怀、贺龙、徐特立等。许多工农群众重新集合在镰刀斧头的红旗下,凝聚成一股打不散的力量。

拿起武器,进行武装反抗

当时放在中国共产党面前的路只有两条:或者是拿起武器,进行武装反抗;或者是迟疑犹豫,坐以待毙。除此以外,没有别的路可走。

在逆转到来前夕刚刚经过改组的由张国焘、周恩来、李立三、张太雷、李维汉五人组成的中共中央临时政治局常委,断然决定三件大事:将党能够掌握或影响的部队向南昌集中,准备起义;在秋收时节,组织湘鄂粤赣四省农民暴动;召集中央会议,讨论新时期的新政策。

南昌起义是中国共产党领导下对国民党的第一次反击,是在极端危急的情况下挽救中国革命的壮举。

那时候,中国共产党所能掌握或影响的军队主要集中在张发奎统率的国民革命军第二方面军中。第二方面军有第四、十一、二十军和其他一些部队。叶挺担任着第十一军第二十四师师长。第四军第二十五师由原叶挺独立团扩编而成。贺龙担任着第二十军军长。七月间,他们在"东征讨蒋"的口号下,已分驻江西九江至南昌一

---

[1]《毛泽东选集》第3卷,第1036页。

带。朱德曾担任国民革命军第三军军官教育团团长兼南昌市公安局长。云集在这个地区的倾向革命的武装有两万人以上。武汉政府宣布"分共"后，已准备对这支部队下手。如果不当机立断，仅有的这一点革命武装必将被完全断送。

中共中央在决定举行南昌起义时，指定周恩来为前敌委员会书记。贺龙虽还没有参加共产党，但已向周恩来表示过："我听共产党的话，决心和蒋介石、汪精卫这帮王八蛋拼到底。"[1]八月一日凌晨，起义发动了，到天亮时已控制南昌。起义军由贺龙任总指挥，叶挺任前敌总指挥，刘伯承为参谋长。下一步怎样行动？中共中央早有决定：部队立即南下，占领广东，取得海口，以求得到国际援助，再举行第二次北伐。起义军在酷暑中行军。途中，有在作战中损失的，有被亲国民党的军官拉走的，还有散失的。当进入广东并占领潮州、汕头时还有一万零七百人。南下过程中曾提出要没收地主土地，实行耕者有其田，但由于军事倥偬，并没有来得及实施。这时，国民党调集重兵合围。起义军在众寡悬殊的条件下经过苦战，最终失败了。但留下两支部队：一支到达广东陆丰，同当地农军会合，创建海陆丰根据地；另一支在朱德、陈毅率领下，转战赣粤边界，在第二年初发动湘南起义，随后上井冈山同毛泽东领导的秋收起义队伍会合。

南昌起义，在中国共产党历史上开辟了一个新的时期。周恩来以后说：八一起义在共产党领导下，向国民党反动派打响了第一枪，这在大方向上是对的。李立三在起义两年后也说："南昌暴动在革命历史上有它的伟大意义。在广大群众没有出路的时候，全国

---

[1] 廖汉生：《沧海横流，方显出英雄本色》，《怀念贺龙同志》，湖南人民出版社1979年11月版，第32页。

树出新的革命中心,南昌暴动是很重要的时期。"[1]中国共产党领导的人民军队,就是在这次起义中诞生的。

这次起义也有深刻的教训。周恩来把它归结到一点,就是没有"就地闹革命"。那时候,江西、湖南、湖北一带工农运动的基础比较好。起义军撤出南昌后,如果同湘鄂赣的工农运动结合起来,建立革命根据地,对以后的发展会更有利得多。

当时没有这样的思想也不奇怪。中国共产党还很年轻,在武装斗争方面原先参加过的只有广州东征和北伐那种以占领重要城市为目标的正规军作战,建立农村革命根据地这样的事情先前还不曾有过。人们总是容易根据自己原有的经验来处理新遇到的问题。通常总需要在实践中经过多少次胜利和失败的反复比较,才能把原来不清楚的事情逐渐认识清楚。

在遭受大革命失败的严重挫折后,中国共产党内普遍要求清算并纠正过去的严重错误,决定新的路线和政策。南昌起义后六天,中共中央在湖北汉口秘密召开紧急会议,这便是八七会议。

这是中国共产党在处于生死存亡关头召开的一次紧急会议。会议旗帜鲜明地清算了中共中央在大革命后期的右倾错误。会议通过的《告全党党员书》在"绪言"中写道:

> 我们党如果不能纠正指导机关的错误,那就一步也不能向革命的道路前进。工人阶级的革命党,要纠正自己的错误,只有公开的批评这些错误,而且要使全党党员都参加这种批评。无产阶级的政党不怕公开的承认自己错误。如果共产主义者不

---

[1] 李立三:《党史报告》,《中共党史报告选编》,第267页。

能无所畏惧无所忌讳的批评党的错误、疏忽和缺点,那么,共产主义者也就完了。我们党公开承认并纠正错误,不含混不隐瞒,这并不是示弱,而正是证明中国共产主义运动的力量。

由党自己无所忌讳、毫不含糊地批评并纠正所犯的错误,认真总结教训,更好前进,是中国共产党的一个很好的传统。

会议着重批评了以陈独秀为首的中共中央在同国民党关系上一味妥协退让,"没有想着武装工农的必要,没有想着造成真正革命的工农军队"。这是右倾机会主义的错误。会议强调:"党应当在过去指导的错误中学习。党应当明了,他的力量与他的将来,建筑在工农群众的身上,在他们的力量与他们的组织上面。"[1]会上所作的批判有不尽恰当的地方,没有(当时也不可能)指出共产国际应负的主要责任,但如果没有这样一个对过去右倾错误鲜明有力的批判,要使党在紧急关头从指导思想上实行根本的转变是不可能的。

八七会议确定了土地革命和武装反抗国民党反动派的总方针。它使原来正处在思想混乱和组织涣散中的中国共产党看到了新的出路,燃起新的希望,重新增加了凝聚力,踏上新的征途,为挽救党和革命作出了巨大贡献。

参加这次会议的毛泽东在会上发言,从大革命失败的惨痛教训中,提出"枪杆子里出政权"的重要论断。他说:

> 对军事方面,从前我们骂中山专做军事运动,我们则恰恰相反,不做军事运动专做民众运动。蒋、唐都是拿枪杆子起的,

---

[1]《中国共产党中央执行委员会告全党党员书》,《八七会议》,中共党史资料出版社1986年10月版,第7、34、28页。

我们独不管。现在虽已注意，但仍无坚决的概念。比如秋收暴动非军事不可，此次会议应重视此问题，新政治局的常委要更加坚强起来注意此问题。湖南这次失败，可说完全由于书生主观的错误，以后要非常注意军事。须知政权是由枪杆子中取得的。[1]

八七会议一结束，毛泽东便以中央特派员身份到湖南领导秋收起义。他参加了在长沙市郊召开的湖南省委会议。会上，他就两个重要问题发表了意见。一个是暴动问题，他说："要发动暴动，单靠农民的力量是不行的，必须有一个军事的帮助。""我们党从前的错误，就是忽略了军事，现在应以百分之六十的精力注意军事运动。实行在枪杆上夺取政权，建设政权。"另一个是土地问题，他说："单只没收大地主的土地，不能满足农民的要求和需要。要能全部抓着农民，必须没收地主的土地交给农民。"[2]

当时，在湘赣边界存在几支革命的武装力量：一支是共产党员卢德铭任团长的国民革命军第二方面军总指挥部警卫团，因为没有赶上南昌起义而停留在那一带，以后成为秋收起义部队的骨干力量；一支是平江、浏阳等地在大革命时期组织起来的工农义勇队或农民自卫军；还有一支是准备起义的安源路矿工人武装。这几支武装的处境十分危险。在国民党当局加强镇压的紧急情况下，必须迅速决定行止，不能再延搁了，否则就会被全部消灭。

中共湖南省委讨论确定秋收暴动计划，并成立以毛泽东为书记

---

[1]《毛泽东文集》第1卷，人民出版社1993年12月版，第47页。
[2]《彭公达同志关于湖南秋暴经过的报告》，《井冈山革命根据地》（上），中共党史资料出版社1987年9月版，第29、28页。

的前敌委员会。他们在起义初期的指导思想仍没有跳出旧的路子：虽然提出这次起义是"发展土地革命"，"主要战斗者是工农"，但具体目标并不是建立农村革命根据地，仍是要进攻并夺取湖南省会长沙这样的中心城市。九月八日，省委下达关于夺取长沙的命令。第二天，湘赣边界的秋收起义爆发。

但这时全国革命形势已走向低潮，国民党当局的军事力量在各地都大大超过革命力量，并且实行着残酷的白色恐怖。从湘赣边界来说，群众没有充分发动起来，本来很薄弱的力量又被分散使用，行动并不统一，内部的成分也很复杂，攻占长沙的计划是无法实现的。起义部队最初分路向长沙进攻，还期待得到长沙暴动的响应，但进攻中在平江、醴陵、浏阳等地先后遭到挫败，起义队伍组成的工农革命军第一师从原来的五千人锐减到一千五百多人。中共中央派任弼时去湖南调查时，夏明翰告诉他："这次我军所到之地农民并未起来，远不及北伐军到时，农民的踊跃。大多数农民甚恐慌不敢行动，恐怕军队失败大祸临来的心理充满了农民的脑筋。"[1]

毛泽东十分注重实际，善于从实际工作中总结经验。他最初想的也是进攻长沙。当他发现原定计划无法实现时，立刻在浏阳县文家市举行的前敌委员会会议上果断地改变原有部署，转入江西，沿罗霄山脉南行，到国民党当局控制力薄弱的乡村山区寻求立足点，保存力量，再图发展。

陆定一曾经指出："革命从以城市为中心转到以乡村为中心，这在以往是没有前例的。法国的巴黎公社和俄国的十月革命，都是首都的暴动。只要在首都夺取了政权，就是全国革命的胜利，否

---

[1]《任弼时报告》，《湘赣边界秋收起义》，湖南人民出版社1987年8月版，第84页。

则，就是失败。而中国革命却不是这样，城市革命处于低潮时，可以到乡村去，继续革命，以'乡村包围城市'的方法夺取全国政权。"[1]这是一条前人从来没有走过的道路。

作出转向乡村进军这样的决断需要很大勇气，因为这同中共中央原来的部署并不一致，起义队伍内部有争议，自己也没有经验。但它是正确的。对初创时期的弱小革命军队来说，为了避免在力量不足时同优势的敌人决战，为了求得自身的生存和发展，唯一办法就是把进军方向转向农村，特别是转向两省或数省交界的山区。从进攻大城市转到向农村进军，这是中国人民革命历史中具有决定意义的新起点，也是在遭受严重挫折的实践中才能懂得的。当然，要自觉地认识"乡村包围城市"这条道路，还需要在此后的继续实践中才能真正懂得。

起义军沿湘赣边界南下。因为国民党方面的湘军战斗力强，赣军战斗力弱，工农革命军便沿江西一侧前进。九月二十九日，部队翻过山口，来到江西永新县三湾村宿营。这里群山环抱，追敌已被摆脱，又没有地方反动武装，比较安全。部队在村里住了五天，进行了著名的三湾改编。

三湾改编的主要内容是：第一，把已经不足一千人的部队，缩编为一个团，称工农革命军第一军第一师第一团。部队中愿留则留，愿走的发给路费，将来愿回来的还欢迎。第二，在部队内部实行民主制度，官兵平等，待遇一样，官长不准打骂士兵，士兵有开会说话的自由。连以上建立士兵委员会，有很大的权力。第三，全军由党的前敌委员会统一领导。党支部建立在连队上。部队的一切

---

[1]《陆定一文集》，人民出版社1992年2月版，自序，第3页。

重大问题,都必须经过党组织集体讨论决定。这三项措施开始改变旧式军队的习气和农民的自由散漫作风,是建设新型人民军队的重要开端。

在三湾,毛泽东还提出一个重要问题:军队要和地方结合起来,一方面可以把伤病员交给他们安置,另一方面又可以发枪给他们,帮助他们发展起来。[1]这里多少已有建立农村革命根据地的初步思想。他按照中共江西省委的介绍,派人同宁冈县党组织和驻在井冈山北麓宁冈茅坪的袁文才部联系。

毛泽东率领部队从三湾来到宁冈后,认为井冈山是落脚的理想场所,并同井冈山的地方农民武装袁文才、王佐两部取得了联系,开始了准备建立井冈山革命根据地的工作。

在南昌起义和秋收起义后,中国共产党在十二月中旬又领导了广州起义。

那时,张发奎在南昌起义后率余部南下,控制了广州。他的部队中有着隐蔽下来的共产党员叶剑英率领的教导团。这个团的前身是武汉中央军事政治学校,学员大多是共产党员、共青团员和倾向革命的青年。广州和它周围地区的工农运动在大革命高潮时有较好的基础。十一月间,张发奎同桂系的黄绍竑和驻在粤东的陈济棠之间,为了争夺对广东的控制权发生战争。张部主力第四军调往西江同桂军作战。留在广州的部队中战斗力最强的只有教导团。但张对教导团已有怀疑。他自己说:"我们本有计划将教导团解散,这是叶剑英所知道的。"[2]局势紧急,中共广东省委根据中共中央的指

---

[1]《熊寿祺关于秋收起义的几次回忆》,《湘赣边界秋收起义》,第153页。

[2] 张发奎:《卅年前广州暴动之回忆》,《广州起义》,中共党史资料出版社1988年5月版,第663页。

示，便在十二月十一日发动了起义。

起义的第一天，由于出敌不意，发展比较顺利，当天就控制了广州市珠江以北的地区。当天深夜，起义军总指挥叶挺认为国民党军队的反扑在第二天将达到高潮。他在会议上"分析了形势，说明广州周围敌人兵力太多，而且近在咫尺，一旦组织起来，向我反扑，形势对我们很不利，提出最好不要再在广州坚持，把起义部队拉到海陆丰去"。这本来是避开优势敌人打击、到有利地区再图发展的正确主张。但共产国际派来的代表诺伊曼，"却教条主义地认为，搞起义只能进攻，不能退却。他甚至声色俱厉地批评叶挺撤出广州的主张是想去当土匪"[1]。叶挺的意见没有被采纳。结果，第二天在国民党军队全力反扑下，情况严重恶化。中共广东省委书记张太雷不幸牺牲，使整个起义失去了核心。发动群众的工作也做得差。罗登贤在一个多月后举行的广东省委常委扩大会议上说："当时大家都存一个心理，以为暴动发动后，群众自然可以自动起来，因此有意无意中遂忽略了发动群众的工作。"[2]结果，终因寡不敌众，起义在第三天失败了。

广州起义是英勇的，最初也取得了成功。但实践又一次证明，在国民党当局拥有强大武力的情况下，企图通过城市武装暴动或攻占大城市来夺取革命胜利是不可能的。在敌我力量悬殊的情况下，企图坚守大城市，只能导致惨重的失败。

除了南昌起义、秋收起义、广州起义这些规模较大的起义外，到一九二八年初，中国共产党还先后领导发动了海陆丰、琼崖、赣西南、赣东北、湘南、湘鄂西、鄂豫边、闽西等起义。这些起义，

---

[1]《聂荣臻回忆录》(上)，战士出版社1983年8月版，第87、88页。
[2]《中共广东省委常委扩大会议记录》，《广州起义》，第325页。

一部分很快就失败了，一部分坚持了下来。这些能坚持下来的地区，大多处在数省边界、国民党统治力量薄弱的偏僻山区，为后来各地工农红军和农村革命根据地的大规模发展奠定了初步基础。

为什么中国共产党要拿起武器，开展武装斗争？它本来并没有选择这条路，而是在国民党大规模镇压和屠杀的情况下，才不得不拿起武器进行反抗的。毛泽东后来多次同外国朋友谈起自己的亲身体会。他说：

> 有了共产党以后，就进行了革命战争。那也不是我们要打，是帝国主义、国民党要打。一九二一年，中国成立了共产党，我就变成了共产党员了。那时候，我们也没有准备打仗。我是一个知识分子，当一个小学教员，也没学过军事，怎么知道打仗呢？就是由于国民党搞白色恐怖，把工会、农会都打掉了，把五万共产党员杀了一大批，抓了一大批，我们才拿起枪来，上山打游击。[1]

他又说：

> 他要打，我就打。这个方法就是从反动派那里学来的。蒋介石打我，我就打他。他可以打我，难道我就不能打他呀？[2]
>
> 敌人教会了我们两个办法，一个是做秘密工作，他不杀人我们是学不会的；第二是学会了打仗，一打就打了十年。[3]

---

[1] 毛泽东同智利新闻工作者代表团的谈话记录，1964年6月23日。
[2] 毛泽东同出席第二次亚洲经济讨论会的一些国家与地区代表的谈话记录，1964年7月9日。
[3] 毛泽东同摩洛哥共产党中央委员会第一书记亚塔的谈话记录，1959年2月17日。

这就把事情说得很清楚了。

中共六大对革命形势的判断

在走上武装反抗的道路后，面对着和大革命时期很不相同的新局面，周围的环境变化得那样快，许多陌生的带根本性的问题需要作出回答。首先遇到的问题是：在新情况下，中国革命的性质有没有改变？当前中国革命的形势是继续高涨，还是已进入低潮？党的总策略应该是什么？

情况错综复杂，许多问题在刚出现时还不那样清晰，留给人思考的时间又不多，要作出正确的回答实在很不容易。八七会议着重清算了党内的右倾错误，这是必要的，但没有同时注意防止"左"的错误。会后，"左"倾盲动主义和命令主义的错误很快发展起来，到这年十一月的中共中央临时政治局扩大会议上在党内取得支配地位。

这种错误主张的主要代表是共产国际代表罗米那兹，并得到中共中央主要负责人瞿秋白等的支持。对革命性质问题，他们把蒋介石的四一二政变看作资产阶级退出革命，把汪精卫反共看作上层小资产阶级也退出革命，认为现时的中国革命只能是"工农革命"。罗米那兹把中国革命的性质和速度都用一句话来概括，称作"无间断的革命"。瞿秋白这时写道："中国革命要推翻豪绅地主阶级，便不能不同时推翻资产阶级。""所以中国当前的革命，显然是由解决民权主义任务急转直下到社会主义的革命。"对中国革命的形势，瞿秋白先提出问题："革命是低落吗？"然后回答道："革命潮流的低落或消沉，在现时的中国必须有三个条件：一、反革命的统治能相当解决中国社会关系中的严重问题(如土地问题、劳资问题等);二、反革命的统治能够逐渐稳定;三、革命的群众溃散而消沉。如今事实上中国绝对没有这些条件。"[1]可以看出,瞿秋白在回答这些问题时是经过深思熟虑的,并且充满着自信。

中共中央在同月内接连发出第十五号和第十六号通告。这两个通告督责各地工农民众尽可能实行武装暴动;并且声言,如果认为不可"轻举妄动",想多"保存着"党的组织,"那就又是机会主义毒发作,势必至于阻碍群众暴动的发展"[2]。

在这种思想指导下,许多地方不顾当地的实际条件,强行发动工人罢工、农民暴动,有的地方还盲目烧杀而严重脱离群众,使大革命失败后千辛万苦保存下来的那点革命力量遭受更多损失。这种错误在党内占支配地位的时间,前后共有半年。

失误究竟发生在什么地方呢? 这同当时问题的复杂性有关。

不错,在大革命失败后,中国民族资产阶级确曾一度因动摇而脱离革命,分化到反革命方面。"中国是资产阶级民主革命,可是又要反对资产阶级,这在当时就成为很难理解的问题。"不少人以为现时的中国革命已是"工农革命",并把它同社会主义革命混为一谈。可是,革命性质只能由革命任务来决定。反帝反封建这个中国资产阶级民主革命的任务并没有完成,共产党仍要继续为完成这个任务而奋斗,中国革命不可能超越阶段而急转直下地立刻发展成社会主义革命。

同样不错,中国社会内部的根本矛盾确实一个也没有解决,反动势力不可能建立起长期而稳定的统治,人民也不可能放弃斗争。

---

[1] 瞿秋白:《中国革命是什么样的革命》,《布尔塞维克》第1卷第5期,1927年11月16日。
[2]《中共中央文件选集》第3册,第441页。

但事情还有另外一面：在大革命失败后，反动势力和它们间的结合暂时得到了加强，而革命势力却遭到严重削弱。从全国范围来看，革命潮流现时并不处在"一直高涨"之中。

中国共产党毕竟是一个年轻的党。他们在极端困难的环境中把斗争坚持了下来，这是极不容易的事情。但他们缺乏处理如此复杂问题的足够经验。对国民党屠杀的愤怒和复仇的渴望，对一部分人动摇背叛行为的强烈憎恨，使他们很难保持冷静的心态，而产生一种近乎拼命的急躁的冲动，容易只看到（甚至夸大）事情有利的方面，而忽略（乃至无视）事情不利的方面，对情况作出错误的判断。此外，对相隔不久的大革命高潮中那些轰轰烈烈场面的回忆和怀念，也使他们中许多人不容易承认已经大大改变了的冷酷现实，以为只要凭着满腔热情，不难很快打开一个新的局面，总觉得"现在这种局面持续的时间不会太长"[1]。李立三不久后说过："革命遭受了失败，很多的工人遭受屠杀或失业，大多数的群众因疲倦而要休息，但一部分急进分子是不能忍耐的，而走上群众前面去了，这就是盲动主义与强迫罢工的来源。"[2]李维汉也这样概括："当时，这种'左倾情绪'，在革命者内部乃是普遍现象。"[3]这种盲动主义错误不能只用某一个人的失误来解释，在某种意义上可以说是一种历史现象。

这种错误做法，由于严重脱离实际，在实践中不断给人以惨痛的教训，到一九二八年四月下旬在实际工作中已不能不停止下来，但认识上的问题（特别是对中国革命形势的估计）仍存在着，需要

---

[1]《管文蔚回忆录》，人民出版社1985年3月版，第61页。
[2] 李立三在中共六大政治报告讨论时的发言记录，1928年6月23日。
[3] 李维汉：《回忆与研究》（上），第231页。

到即将召开的中共六大中去解决。

中国共产党第六次全国代表大会从六月十八日到七月十一日连续开了二十四天。由于国内环境险恶,这次大会是在苏联莫斯科开的。大会对中国革命的一系列根本问题取得比较一致的认识,主要是:第一,现时中国革命的性质依然是反帝反封建的资产阶级民主革命。这个问题在大会上没有发生严重的争论。第二,对中国革命形势的估计,这是会上争论得最激烈的问题。布哈林代表共产国际在会上作总结时说:"不要忘记我们现在是被人打败了,现在还没有什么新的革命高涨。""现在对于中国党最危险的地方,就是中国党不看见许多失败以后的低落。"[1]六大通过的《政治议决案》写道:"现时的形势,一般说来是没有广泛的群众的革命高潮,中国革命运动发展的速度是不平衡的,亦就是现时形势的特征。"第三,对中国革命现时的任务和策略,《政治议决案》写道:"现在,第一个革命浪潮已经因为历次失败而过去了,而新的浪潮还没有来到,反革命的势力还超过工农,党的总路线是争取群众。"[2]

这样,不仅使党内存在过严重争论的这些根本性问题得到了明确的解决,而且根据实际情况,把党的工作中心从千方百计地到处组织暴动,转变到从事长期的艰苦的群众工作、以争取群众作为首要任务。这也可以说是一次战略重点的转移。由于这些决定是党的全国代表大会的决议,不只是哪一个人的主张,它所产生的影响特别巨大,对统一全党思想、推进中国革命起了重要作用。

六大也有它的缺点,主要是:第一,还把城市工作放在中心地位,没有认识到中国革命的特点是走农村包围城市的道路;第

---

[1] 布哈林在六大政治报告讨论后的结论,记录稿,1928年6月29日。
[2] 《中共中央文件选集》第4册,中共中央党校出版社1989年8月版,第310、314页。

二，继续把民族资产阶级看作革命的敌人，对中间阶级的作用、反动势力内部的矛盾也缺乏正确的估计。当然，这也有历史条件的限制。周恩来后来说过："依据当时的实际情况与理论水平，要求'六大'产生一个以无产阶级为领导、以乡村作中心的思想是不可能的。当然虽然有了农民游击战争，但我们这种经验还不够，还在摸索。""在历史上无论中外都找不到农村包围城市的经验。从我国当时的实际情况来看，正是处在整个农村革命的游击运动非常困难的时期，蒋桂战争还未爆发，想在这种情况下肯定以乡村作中心是不可能的。"[1]

从井冈山斗争到古田会议

怎样根据中国国情走出一条切合中国实际的新路子来，没有现成的方案和经验可以照搬，只有在实践中经过艰苦的甚至反复的探索，才能逐步取得解决。其中，做得最成功的是毛泽东领导的井冈山斗争。

井冈山，地处湘赣边界罗霄山脉中段，位于江西宁冈、遂川、永新和湖南酃县四县之交，总面积约四千平方公里。大革命时期，这几个县都建立了党的组织和农民自卫军，群众基础比较好；山上的茨坪、大小五井等都有水田和村庄，周围各县的农业经济可供部队筹措给养；这里离中心城市较远，交通不便，国民党统治力量薄弱；崇山峻岭，地势险恶，森林茂密，只有几条狭窄的小路通向山内，进可攻，退可守。陈伯钧回忆道："敌人在山的周围转一圈要

---

[1]《周恩来选集》上卷，人民出版社1980年12月版，第177、178页。

一个星期,我们只要一天时间,就能由东到西,由南到北的打击敌军。"[1]在敌我力量悬殊的情况下,这里确实是一个理想的落脚点。

井冈山原有袁文才、王佐两支绿林式的农民武装。两人都参加过大革命,袁文才还是共产党员。毛泽东率领的秋收起义军取得他们的信任和支持后,就上了山,落了脚。

在国共双方力量悬殊的情况下,井冈山那样的工农武装割据所以能站住脚跟,一个原因就是国民党各派军事势力有如前面所说,正在不断进行着彼此间你死我活的争夺战,使他们无力顾及当时还被他们轻视的工农武装割据。毛泽东在《井冈山的斗争》中一开始就说:"一国之内,在四围白色政权的包围中间,产生一小块或若干小块的红色政权区域,在目前的世界上只有中国有这种事。我们分析它发生的原因之一,在于中国有买办豪绅阶级间的不断的分裂和战争。只要买办豪绅阶级间的分裂和战争是继续的,则工农武装割据的存在和发展也将是能够继续的。"在毛泽东写了这篇文字以后,国民党各派军事势力之间的分裂和战争不但继续着,而且一步步发展到一九三〇年中原大战那样规模空前的内战。这对工农武装割据的存在和发展无疑十分有利。当然,只有这个外部条件是远远不够的。毛泽东接着写道:"此外,工农武装割据的存在和发展,还需要具备下列的条件:(1)有很好的群众;(2)有很好的党;(3)有相当力量的红军;(4)有便利于作战的地势;(5)有足够给养的经济力。"[2]因此,毛泽东上井冈山后,着重抓了三件事。

第一,建党工作。他认定,如果没有一个坚强有力、齐心一致

---

[1] 陈伯钧:《井冈烽火岁月》,《井冈山革命根据地》(下),中共党史资料出版社1987年9月版,第52页。

[2] 《毛泽东选集》第1卷,第57页。

的共产党组织在当地民众中生根,成为团结群众的核心,无论军队也好、地方工作也好,都会松散无力,难以持久,甚至会迷失方向。所以,毛泽东把它看作一切工作的根本。三湾改编的一个重要内容便是规定军队要在党的领导下,并把支部建立在连上。接着,在井冈山周围各县相继恢复大革命失败后被打散了的党组织。

第二,建立一支新型的人民军队。以往的革命武装大多来自旧军队或旧式农民武装这两种力量。这支新型人民军队的性质和需要跟它们都不同。这就有一个对原有队伍逐步改造的问题。能不能做到这一点,是革命成败的关键。

这年十一月,由于国民党李宗仁和唐生智两集团之间的战争爆发,国民党军队主力从赣南北调,井冈山周围各县只留下一些地主武装靖卫团和挨户团,实力不强,井冈山的工农革命军攻克了茶陵县城,这是他们攻克的第一个县城。但是,军队在茶陵一个多月并没有做群众工作,每天的活动还只是三操两讲和两点名。[1]它没有在当地民众中生根,当国民党军队重新进攻时不能不退出茶陵。毛泽东总结了这次教训。明确提出革命军队应该担负起三大任务:一是打仗消灭敌人;二是打土豪筹款子;三是做群众工作。自古以来,人们总认为军队的任务就是打仗。提出军队的任务不只是打仗,而且要做群众工作,这是毛泽东提出的全新观念,它所产生的影响十分深远。

在军队内部,抓住了加强了政治教育和实行民主制度这两大环节。红军的成分,一部分是工人农民,一部分是游民无产者,而且国民党俘虏兵占了很大比重。毛泽东在《井冈山的斗争》中写道:

---

[1] 赖毅:《给茶陵县纪建委员会的信》,《回忆井冈山斗争时期》,江西人民出版社1983年6月版,第331页。

"红军士兵大部分是由雇佣军队来的,但一到红军即变了性质。首先是红军废除了雇佣制,使士兵感觉不是为他人打仗,而是为自己为人民打仗。红军至今没有什么正规的薪饷制,只发粮食、油盐菜钱和少数的零用钱。""经过政治教育,红军士兵都有了阶级觉悟,都有了分配土地、建立政权和武装工农等项常识,都知道是为了自己和工农阶级而作战。因此,他们能在艰苦的斗争中不出怨言。""红军的物质生活如此菲薄,战斗如此频繁,仍能维持不敝,除党的作用外,就是靠实行军队内的民主主义。官长不打士兵,官兵待遇平等,士兵有开会说话的自由,废除烦琐的礼节,经济公开。""这些办法,士兵很满意。尤其是新来的俘虏兵,他们感觉国民党军队和我们军队是两个世界。他们虽然感觉红军的物质生活不如白军,但是精神得到了解放。同样一个兵,昨天在敌军不勇敢,今天在红军很勇敢,就是民主主义的影响。"[1]这样的军队,和旧军队根本不同,和旧式的农民武装也根本不同,是中国历史上前所未有的新型军队。

第三,重视军民关系。老百姓是最看重实际的。过去,他们对旧军队的欺压民众和有些地方的土匪骚扰,历来是既害怕,又痛恨。他们刚接触工农革命军时,往往用同样的眼光来对待。这个问题不解决,工农革命军便无法接近群众。做不好群众工作,自身也无法存在。而要解决这个问题,只靠口头宣传是没有用的,根本的要靠让民众能实际看到工农革命军的行动表现。毛泽东归纳实际生活中遇到的问题,最初提出"三大纪律,六项注意",后来发展为"三大纪律,八项注意"。工农革命军纪律严明,爱护百姓,不做损

---

[1]《毛泽东选集》第1卷,第63、64、65页。

害群众利益的事，还在居住的地方尽可能帮助老百姓干活。从此，改变了工农革命军同群众的关系。这是工农革命军能够从小到大地发展起来并战胜敌人的重要力量源泉。

毛泽东上井冈山后将近半年，朱德、陈毅率领的南昌起义军余部，在发动湘南起义后，带领一万多人向井冈山转移。一九二八年四月下旬，朱德和毛泽东两军会师，合编为中国工农革命军第四军（不久改名为工农红军第四军），毛泽东任军委书记和党代表，朱德任军长。

这次会师有重大的意义。会师后，井冈山革命根据地的武装力量从原来的两千人增加到一万多人（其中不少是湘南农民）。朱德、陈毅率领的南昌起义军余部以大革命时期战功卓著的叶挺独立团为骨干，装备和训练都比较好，有一千几百支枪，还有机关枪，有较强的战斗力。参加这次会师的谭震林回忆说：

> 朱德、毛泽东井冈山会师，部队大了，我们才有力量打下永新。当然，在这之前打了茶陵、遂川，也占领了宁冈县城。那时不敢走远，因为国民党来上两个团我们就打不赢。可是朱毛会师后力量就大了。[1]

朱毛会师后，红军接连打退了国民党方面赣军对井冈山的两次"进剿"，三下永新城，打垮了赣军朱培德部的主力。毛泽东、朱德在总结经验的基础上概括出"敌进我退，敌驻我扰，敌疲我打，敌退我追"的游击战十六字诀。中国共产党领导的军事斗争，长时期

---

[1]《谭震林同志的谈话》，《党史会议报告集》，中共中央党校出版社1982年3月版，第24页。

内是在敌强我弱的条件下进行的。这就要求重在斗智,而不能单靠斗力。十六字诀正是从敌强我弱这一特点出发,趋利避害,避实击虚,灵活机动,达到保存自己、消灭敌人的目的,从而逐步改变敌我双方的力量对比。人民军队后来的战略战术,就是由它发展起来的。

到六月下旬,红四军取得龙源口大捷后,井冈山根据地扩大到宁冈、永新、莲花三个县全县,吉安、安福县各一小部分,遂川县北部,酃县东南部,面积达七千二百多平方公里,居民共五十多万人。用毛泽东在《井冈山的斗争》里的话来说:"是为边界全盛时期。"

在这块根据地上,建立了湘赣边界特委,成立了湘赣边界工农兵苏维埃政府,它们的重要任务是领导土地革命。中国人口的绝大多数是农民。湘赣边界是交通阻塞的农业区域,居民几乎都是农民。这里的土地,大半在地主手里。向地主租种土地的农民,每年要把收获量的一半以上缴给地主,还要受其他种种压迫和剥削。获得土地,是贫苦农民最强烈的渴望。土地革命,本来是八七会议后各地武装暴动的目标。没有土地革命,军事斗争不可能得到广大农民的真心实意的支持,难以坚持下去。

当湘赣边界割据进入全盛时期时,五月至七月在边界各县掀起了轰轰烈烈的分田高潮。六月十五日,湖南省委派来的代表给省委的报告中写道:

> 现在宁冈的土地已快分清楚,永新也分了一部分。分配的方法,多以乡苏维埃为单位,由区苏维埃派人协同乡苏维埃,将全乡每处土地人口调查清楚(如少报土地的,查出后,即取

消其分田的权利），再由苏维埃将人口土地统计，看每家分多少，乃由根据他原有的田数定其应出多少，分定后出一榜，又依榜到各田去插一牌子，即归某正式营业。……照他们这种分法，每人可分谷八担，大小人口一样的多。[1]

革命根据地所以能在极端困难的条件下坚持和扩大，它的力量源泉就在于取得人数众多的农民的由衷支持。

这年十二月，在湖南平江起义中建立了红五军的彭德怀、滕代远率部来到井冈山，同红四军会师。

大革命失败后，全国革命形势处于低潮。井冈山革命根据地的旗子不倒，并且在建立革命武装、深入土地革命、加强政权建设等方面创造出大量新鲜经验，在处境困难的革命者心中燃起新的希望，有着重大的政治意义。

可是，从进一步发展的要求来看，井冈山革命根据地在地域上又有它的弱点：第一，井冈山虽然地势险要，但人口稀少，物产并不丰富。随着红军人数激增，加上国民党军队的反复"清剿"和严密封锁，军民生活极端困难，有时连最低限度的衣食用品也难以保证。第二，井冈山位于湘江和赣江之间的狭长地区，这两条大江都无法徒涉，向南和向北也不易发展，因此军事上缺乏足够的回旋余地。这两个弱点，在初期并不明显，而在红军力量逐渐扩大时便暴露出来。当时在红四军担任连长的粟裕评论道："这个地区作为一个后方是可以的，从战略发展观点来看，作为大发展的基地不够

---

[1]《杜修经向中共湖南省委的报告》，《井冈山革命根据地史料选编》，江西人民出版社1986年3月版，第19页。

理想。"[1]

一九二九年一月十四日,当湘赣两省的国民党军队以三万人分五路向井冈山发动"会剿"时,毛泽东、朱德便率红四军主力下井冈山,向赣南出击。

赣南地区的条件更便于红四军的发展。这里山峦起伏,林木繁茂,物产比较丰富,并同闽西、粤北山区连接,回旋余地宽广,适宜于发展游击战争。这里党和群众的基础较好,大革命失败后已有李文林等在吉安的东固建立起小块的秘密根据地;国民党驻军力量薄弱,战斗力不强,而且主要是云南军队,同本地地主豪绅关系不那么密切。这里距离大城市远,交通不便,国民党军队往来聚集困难。这些,都是红军发展游击战争的有利条件。

陈诚也有这样的分析:"赣南位于赣江上游,地势高峻,山岭重叠,交通极为不便,这是打出没无定的游击战最理想的地带。共党最擅长的就是打游击战,所以他们选定了赣南作主要根据地。而且赣南的经济条件也很优越。赣南虽然山多,但因侵蚀年久,山间溪谷,多冲积成局部平原,颇适宜于耕种。前章提到的瑞金,就是'种一年吃三年'的好地方。其他各县虽不都和瑞金一样,可是出产的种类数量,都很丰富,维持一个经济生活自足自给的局面,是可能的,所以他们就看中了赣南。"[2]

红四军主力下井冈山后,最初的经历是很艰难的:由于脱离了原有的根据地,又受着国民党军队重兵尾追和袭击,屡次陷入险境。二月十一日,他们在赣南瑞金的大柏地伏击,一举歼灭紧紧追来的赣军刘士毅旅大部,扭转了被动局面。接着,又北上东固,同

---

[1]《粟裕战争回忆录》,解放军出版社1988年11月版,第79页。
[2]《陈诚先生回忆录——国共战争》,(台北)"国史馆"2005年8月版,第19页。

李文林部会师,开始在赣南站住脚跟。

随后,他们又利用闽西国民党兵力空虚的机会,三次进军闽西。在闽西工农武装邓子恢、张鼎丞等部配合下,先后消灭闽西地方军阀郭凤鸣、陈国辉、卢新铭三个旅。赣西南和闽西的苏维埃政府相继成立,两处地方工农武装也有很大发展,为后来的中央革命根据地奠定了基础。

在这个时期内,有两件重要的事情。

一件是同年十二月在福建上杭古田召开的中共红四军第九次代表大会。这次大会是红四军内部一场严重争论的结果。这场争论最初是由红四军要不要设立军委的问题引起的。当时担任红四军政治部秘书长的江华回忆道:"军委要不要的争论虽然解决了,但是在这个问题背后的关于党和军队关系的争论,仍未得到完全解决。所谓党和军队的关系问题,主要是由于当时红军还建立不久,其大部分是从旧式军队脱胎出来的,而且是从失败环境中拖出来的,旧军队的旧思想、旧习惯、旧制度都带到了红军队伍中来,因而一部分人习惯于旧军队的领导方式,对保证军队接受党的绝对领导不赞成,有怀疑。""在这场争论中,军内存在的单纯军事观点、流寇思想、极端民主化和军阀主义残余等非无产阶级思想有所抬头。"[1]这些问题上的分歧,在建军后已长时间存在,到福建后环境比较安定,争论就比较集中地突出出来了。

中共中央对红四军内这场争论十分重视。在八月十三日、二十七日、二十九日三次召开政治局会议讨论这个问题。这年八月和九月,中共中央两次给红四军前委来信,对争论的问题明确表示

---

[1] 江华:《追忆与思考》,浙江人民出版社1991年7月版,第92页。

了态度。九月指示信中有一句十分重要的话:"先有农村红军,后有城市政权,这是中国革命的特征,这是中国经济基础的产物。"信中还说:"党的一切权力集中于前委指导机关,这是正确的,绝不能动摇。不能机械地引用'家长制'这个名词来削弱指导机关的权力,来作极端民主化的掩护。"[1]这两封来信,是周恩来主持起草的,给了毛泽东很大的支持。

古田会议作出的决议近三万字,总结了红四军成立以来部队建设的基本经验。它指出红军是一个执行革命的政治任务的武装集团;确立了共产党对红军实行绝对领导的原则;规定了红军中政治机关和政治工作的地位;强调在红军内部加强思想政治教育;坚持实行官兵平等的民主主义制度,同时要和人民群众打成一片。

古田会议决议是红军建设的纲领性文献。它系统地解决了以农民为主要成分的军队如何建设成无产阶级领导的新型人民军队这个根本性问题,这样的军队是中国过去历史上不曾有过的。决议不但在红四军实行了,其他各路红军也先后照此来做,加速了人民军队建设的进程。

在这个时期发生的另一件重要事情,是在赣南和闽西广大区域内开展了轰轰烈烈的分田运动。

比起井冈山时期来,这次的分田办法有两点原则性修改:一是把"没收一切土地"改为"没收一切公共土地及地主阶级的土地",从而避免严重侵犯中农的利益;二是把土地所有权属于政府、农民只有使用权,改为得田的人"这田由他私人,别人不得侵犯",满足广大贫苦农民对土地的要求。这两点修改都十分重要。中国共产

---

[1]《周恩来选集》上卷,第32、40、41页。

党需要在实践中反复摸索，才能形成一套比较完备而符合中国实际情况的土地制度改革方案。分田运动后，在赣南和闽西革命根据地内真正出现了一场规模空前的农村的社会大变动，社会结构和阶级关系都发生了根本的变化。

旧中国是一个半殖民地半封建社会。在绝大部分国土上，占着支配地位的仍然是千百年留下的野蛮的封建剥削制度。相对说来，城市只是大海中的若干小岛。这个封建剥削制度统治下潜藏着尖锐矛盾的广大农村，就像一座随时可能爆炸的大炸药库。这是理解中国近代社会政治种种现象的奥秘所在。美国记者西奥多·怀特和安娜·雅各布目光犀利地写道：

> 由于农村的贫困和日益加剧的压力，中国内部出现了一种紧张的气氛，只有变才能使这种气氛平静下来——如果可能的话，就采用和平手段；如果没有别的路可走，就只有借助于暴力了。[1]

中国共产党正是以最坚决的态度领导了这场顺应民心的农村革命大风暴。

土地革命是中国民主革命的基本内容之一。人们常常谈论反对封建主义的问题。如果不铲除统治中国几千年的地主土地所有制，就根本没有彻底的反封建可言。有了这个前提，才谈得上如何继续清除封建主义的遗毒。当年中国许多政党或论者谈中国现代化的问题，或者把占中国人口最大多数的贫苦农民摒弃在他们视线之外，

---

[1] [美] 西奥多·怀特和安娜·雅各布：《风暴遍中国》，解放军出版社1985年12月版，第33页。

或者虽然谈到以致在乡村建设中采取了一些改良措施，却不敢触及改变地主土地所有制这个根本问题，结果都不能解决中国的农村问题；只有中国共产党领导广大贫苦农民，坚决反对封建剥削制度，根本改变这种状况，铲除了封建主义的根基。大革命失败后，尽管民族资产阶级一度退出革命，城市小资产阶级表现出很大动摇，中国革命在极端困难的环境中仍能坚持下来，并不可遏制地向前发展，原因就在中国共产党能紧紧依靠人数如此众多的贫苦农民，全身心地投入到他们中间去，深入开展土地革命，得到他们真心实意的拥护。这是任何力量无法把它摧毁的，终于为中国革命闯出农村包围城市、武装夺取政权这样一条前人从来没有走过的独特的胜利之路。

这个时期内，在中共中央领导下，并不是只有一个井冈山和赣南、闽西革命根据地，其他地区的红军和革命根据地也有很大发展。先后建立起来的重要革命根据地有湘鄂西、鄂豫皖、湘鄂赣、湘赣、广西的左右江、广东的东江和琼崖等十五个。到一九三〇年三月，全国红军已有十三个军、六万二千七百三十人、两万八千九百八十二支枪（其中最强大的是朱德、毛泽东领导的红四军，有一万人，七千支枪；其次是彭德怀、滕代远领导的红五军，有九千四百多人，六千五百多支枪）。[1] 以后中国工农红军的三大主力——一方面军、二方面军、四方面军，此时已粗具雏形。

国民党统治区的党组织在把工作重心放在"争取群众"上后，也正在走向复兴。中共中央着力整顿几乎被打散了的党组织，恢复党在国民党统治区的秘密工作。他们帮助各省一个一个地恢复党的

---

[1] 周恩来：《红军的数目与区域》，1930年3月。

组织，把"深入群众"当作当前组织工作上的中心口号。全党的作风有明显改变，注意深入到群众中去，了解并维护他们的切身利益和要求，努力团结更广泛的群众。党在群众中的政治影响正在扩大。这些虽还是初步的，却是得来不易的。

大革命失败后仿佛已陷入绝境的中国共产党，经过四年来艰苦卓绝的斗争，又作为一个重要力量出现在中国政治舞台上。就是和六大闭幕时相比，经过两年的努力，情况也明显不同了，处处呈现出向前发展的态势。

"立三路线"和中共六届四中全会

革命前进的道路实在艰难曲折。当革命形势刚刚出现一些好转的时候，"左"倾冒险主义错误又再度上升，在中共中央取得支配地位。它以李立三为主要代表，所以常被称为"立三路线"，时间共三个月。

这次"左"倾错误同上一次相比，时间相隔两年，两者有明显的不同：上一次是在大革命遭受严重挫败时带着浓厚拼命色彩的盲目蛮干；这一次却是在国民党各派军事势力间陷入不断混战、革命运动明显走上复兴时，由于对革命发展有利形势作出过分夸大的估计而发生的迫不及待的冒险主义。

六大对形势的估计，本来遗留下一个问题。它虽然指出"现在第一个革命浪潮已经因为历次失败而过去了，而新的浪潮还没有到来"，但对新的革命浪潮究竟在什么时候可以到来，并没有作出回答，而在当时确实也难以回答。因此，新的革命浪潮何时可以到来，就一直萦绕在中共中央许多人头脑中。在主观上，他们是急切希望这种高潮能早日到来的。革命形势处处呈现向前发展的态势，更增强了他们的这种情绪。这是中国共产党内"左"的急性病容易重新抬头的重要原因。

在六大后的最初一年多时间内，中共中央的态度仍比较冷静。当时，工人出身的向忠发是名义上的中央政治局主席，而周恩来是中共中央的实际主持人，各项工作仍在有条不紊地进行着。

到一九二九年底和一九三〇年初，有两个因素促成了中共党内"左"的急性病的抬头和发展：一个是共产国际那时正猛烈批判布哈林的"右倾"，要求各国党都要同步地开展反右倾斗争。共产国际给中国党写来四封指示信，内容都着重在反右倾。其中，一九二九年十月二十六日的来信更这样说："中国已进入深刻的全民族危机的时期。""现在就可以而且应该开始让群众做好准备，以便用革命的手段推翻资产阶级和地主联盟的政权，建立苏维埃形式的工人阶级和农民的专政。"[1]另一个因素是国民党内各派军事势力之间规模空前的中原大战的爆发已迫在眉睫。国民党统治区内的状况越来越混乱。党内许多人又过分兴奋起来，对革命形势的发展作出过高的脱离实际的估计。

"左"倾急性病一旦重新抬头，很快就不断升温。一九三〇年五月初，中原大战正式爆发。这时，周恩来已去莫斯科向共产国际报告工作，实际主持中共中央工作的政治局常委兼宣传部长李立三认为革命危机已在全国范围内成熟。他在五月十五日出版的《布尔塞维克》上发表题为《新的革命高潮前面的诸问题》的长篇文章，写道：

---

[1]《共产国际有关中国革命的文献资料》第2辑，中国社会科学出版社1982年6月版，第81、82页。

在革命高潮到来的形势之下，群众组织可以飞速的从极小的组织发展到几十万人甚至几百万人的伟大的组织。同样，党的组织也可以在几星期甚至几日以内变成广泛的群众的党。[1]

他认为，尽管如此，革命政权或许不能同时在全国范围内取得胜利，所以要先夺取一省与几省的首先胜利。怎样夺取这种胜利？他仍从城市中心论的观点出发，认为主要得依靠城市产业工人从政治罢工到总同盟罢工再到武装暴动，同时，要求各路红军进攻中心城市作为辅助力量。

六月十一日，中共中央根据李立三的报告，通过《目前政治任务的决议——新的革命高潮与一省或几省的首先胜利》。这个决议改变了六大规定的"争取群众"这个党的总路线，写道：

在革命急剧的发展、伟大的革命巨潮已经接近的现在，党不只是要注意到夺取广大群众，组织广大群众的争斗，以促进这一革命巨潮更快的爆发；尤其要注意到革命巨潮爆发时，组织全国武装暴动夺取政权的任务。因此，加紧组织群众的政治斗争，加紧宣传武装暴动夺取政权的必要，注意促进全国革命高潮，注意武装暴动的组织上和技术上的准备，注意布置以武汉为中心的附近省区首先胜利，是目前党的策略总路线。

中国是帝国主义统治世界的锁链中最薄弱的一环，就是世界革命的火山最易爆发的地方。所以在现在全世界革命危机都已严重化的时候，中国革命有首先爆发、掀起世界的大革命、

---

[1] 李立三：《新的革命高潮前面的诸问题》，《布尔塞维克》第3卷第4、5期合刊，1930年5月15日。

全世界最后的阶级决战到来的可能。[1]

由于这个决议的通过，第二次"左"倾错误在中共中央取得了统治地位。接着，中共中央便着手布置武汉暴动、南京暴动和上海总同盟罢工，把这几个主要城市的行动作为全盘计划的重点，并要求各路红军"会师武汉""饮马长江"。这个计划听起来轰轰烈烈，其实根本不具备付诸实施的力量和条件，只是主观臆想的产物。七月二十七日，红军第三军团乘湖南军阀何键将湘军主力南调、应付李宗仁及张发奎部进攻的机会，一度乘虚攻占湖南省会长沙，李立三更加兴高采烈，以为他的主张是正确的，以为出现他所期待的那种惊人剧变的时机到了。八月三日，李立三在中共中央政治局会议上声言："我们的战略也必须推动国际无产阶级对帝国主义的决战。""国际在目前形势，我想必须采取积极进攻路线才有办法，首先是苏联，苏联必须积极准备战争。""否则，不能在中国革命中掀动全世界的大革命，作最后的阶段决战。"[2]他还要求蒙古出兵配合。六日，中共中央成立全国总行动委员会，作为领导武装暴动和总同盟罢工的最高指挥机关，停止了党、团、工会的正常活动，使一切经常性工作陷于停顿。

这次"左"倾错误在党内统治的时间虽然只有三个多月，但党为此付出了惨重的代价。国民党统治区内，许多地方的党组织因为急于组织暴动而把原来就很有限的力量暴露出来，先后有十一个省委机关遭到破坏，武汉、南京等城市的党组织几乎全部瓦解。红军在进攻大城市时也遭到损失。

---

[1]《中共中央文件选集》第6册，中共中央党校出版社1989年8月版，第128、116、117页。
[2] 李立三在中共中央政治局会议上的发言记录，1930年8月3日。

李立三的"左"倾冒险主义，包括要苏联准备战争和蒙古出兵配合等，也超出共产国际所能允许的范围。八月下半月，周恩来、瞿秋白先后回国，纠正这种错误。周恩来先回国。八月二十二日，他在中共中央政治局会议上批评李立三的错误，特别指出中共中央对农村根据地"确实注意得比较少"。他说："赣西南、闽粤边等处，不仅有广大的苏维埃区域，而且有党的基础，有广大的群众。巩固这许多地方以向着工业城市发展。在策略上为什么要这样做？这是因为在这许多区域不仅是敌人力量最弱的地方，而且有党所领导的广大基础，党将这力量巩固起来。""根据地决不是割据、保守，而是站住脚跟，一步一步的有力的发展。"[1]二十四日，李立三在政治局会议讨论时说："听了伍豪同志（引者注：即周恩来）的报告以后，将过去所怀疑的主要问题完全了解。""我们如仅注意弱点（引者注：指只强调要加强力量薄弱的城市工作），而不利用优点（引者注：指不重视发展条件最有利的农村革命根据地），确是不妥当的，至少我个人过去是没有注意到这一点。""这一不同从哪里发生？这还是在发展不平衡这点上发生。"[2]这时，李立三"左"倾错误使革命造成的重大损失也已暴露出来，受到党内许多干部的反对。九月二十四日至二十八日，中共中央召开六届三中全会扩大会议。会后，李立三离开了领导岗位，武汉暴动、南京暴动和上海总同盟罢工的计划已经取消，中央和地方的行动委员会不再保持，党、团、工会的组织重新恢复。尽管三中全会还有不足之处，但总的说来，作为"立三路线"主要特征的那些错误已在实际工作中得到纠正，问题基本上得到解决，整个工作正逐步转到正常轨道

---

[1] 周恩来在中共中央政治局会议上的发言记录，1930年8月22日。

[2] 李立三在中共中央政治局会议上的发言记录，1930年8月24日。

上来。

可是，就在这以后不久，以王明为代表的"左"倾教条主义，又在一九三一年一月召开的中共六届四中全会上取得党内的统治地位。四中全会在共产国际代表米夫的直接指挥下，严厉指责瞿秋白、周恩来主持的三中全会对"立三路线"犯了"调和主义"的错误，决定要"改造充实各级领导机关"。王明在会前散发的纲领性小册子《两条路线》（增订后改名《为中共更加布尔塞维克化而斗争》）中，认为国民党统治的崩溃正在加速进行着，已有可能在湘、鄂、赣等省真正实现一省或几省首先胜利，进而推进与争取全国范围内的胜利；把中间派看作最危险的敌人；一味鼓吹所谓"进攻路线"，而把不同意这些看法的人当作"右倾机会主义"来打击，认为这是党内的主要危险。这样，又开始了控制中共中央四年之久的"左"倾教条主义错误。

王明等是一批只有点马克思主义书本知识而没有实际工作经验的归国不久的留苏学生。为什么他们能够上台而且控制中共中央那样久时间？亲身经历过这段历史的陆定一作了这样的分析："反对王明路线，比起反对其他错误路线来更为困难。因为（一）他们有共产国际的米夫作靠山，而在当时，中国党对共产国际有迷信，以为共产国际的任何决定都是正确的。共产国际相信王明宗派，那么王明宗派也一定是正确的。（二）他们言必称马列，在马列主义词句的掩护下干错误的事情。当时，中国党还没有这种理论水平，不能分别马列主义的词句中哪些是适合中国情况的，哪些是不适合中国情况的，所以就受到他们的欺蒙。（三）他们亦是反对帝国主义，反对地主资产阶级，主张土地革命的。所以就很难看出有什么路线的分歧。"[1]

红军三次反"围剿"的胜利

我们再把目光转到各革命根据地工农红军的斗争上来,特别是看一看三次反"围剿"的胜利。

当中原大战结束前,蒋介石的主要精力一直放在国民党内各派军事势力之间连续不断的战争上。因为他在国民党内的统治地位还不巩固,这些战争的胜负对他说来是生死攸关的,而对处在一些省边界山区的红军游击战争比较轻视,没有那么放在心上。同红军作战的对手,大多是地方军阀的部队,而不是蒋介石嫡系精锐部队。但是,红军和根据地的迅速发展,特别是"立三路线"时期红军攻打中心城市的冒险活动,使他感到吃惊。因此,当中原大战一结束,他几乎没有停顿,立刻亲自部署,到南方对各革命根据地的红军发动"围剿"。

这场较量开始前,中共中央还在推行"立三路线"。朱毛红军四个军本来正集中在闽西的长汀一带开展游击战争,中央派涂振农赶去,要求他们把部队改编为第一军团,进攻江西的中心城市南昌和九江。朱德几年后讲道:"毛泽东和我对于整个方案都表示怀疑,但是我们久居山区多年,能够得到的有关国内和国际局势的情报很不全面。在这种情况下,我们不得不接受我们中央委员会的分析。"而且,"除了毛泽东和我之外,很少有人反对李立三路线。我们别无选择,只有接受"。"话虽如此,就我们所知,我们的部队以及其

---

[1]《陆定一文集》,自序,第5页。

他红军部队力量既弱，装备又不好，即或我们能攻占几座工业城市，即或有些产业工人参加战斗，但能否坚守城市的确是大可怀疑的。"[1]

一九三〇年六月二十三日，朱德、毛泽东率第一军团出师北上。七月三十日，红军推进到距南昌城三十里处。他们分析了敌情和地势，没有按照中共中央指示硬攻南昌，只派了一支部队在八月一日攻击赣江西岸的牛行车站，隔江向南昌城开枪示威，以纪念南昌起义三周年，随后就撤离南昌。这时，彭德怀率第三军团在乘虚攻占长沙后又已退出长沙。第一军团西进同第三军团会师，组成第一方面军，共三万余人。中共中央要求第一方面军第二次攻占长沙，由于国民党湘军主力已回师长沙，红军猛攻不克，没有请示中共中央，就断然撤围长沙，折回江西，在十月初攻下吉安。其他革命根据地内，一些领导人也在不同程度上对李立三的错误有所抵制。因此，"立三路线"在实际工作中，特别是在红军和各根据地中并没有得到全面贯彻。

中原大战在十月间大体结束。蒋介石一腾出手来，立刻准备对中国共产党领导的各根据地发动大规模"围剿"。十一月四日，他在回家乡休养时就发表文告说："洎乎战事既起，湘鄂赣则共党益肆其披猖。"同天，又命令："江西部队应迅即限期收复吉安，不可延缓，坐失时机。"二十二日，致电何键并各师旅长称："自讨逆军兴，湘省即沦为匪域。尔时本总司令督师前方，无暇兼顾。""乃近日湘省匪祸，仍有增无已"，要求各师旅长"切实剿办，克期肃清"。十二月二日，又令江西省政府主席鲁涤平："现在江西兵力甚多，

---

[1] [美] 艾格尼丝·史沫特莱：《伟大的道路——朱德的生平和时代》，生活·读书·新知三联书店1979年4月版，第316、317页。

不必待友军之到齐，始行围剿，请兄严令各部猛进，务于此一个半月内将江西所失各县收复，不得延误。"七日，蒋介石亲赴南昌部署作战事宜。但他这时对红军仍很轻视，二十九日在国民政府纪念周上说道："我想三个月内肃清共匪，一定没有什么问题。"[1]负责指挥这次"围剿"的鲁涤平对红军的估计也十分不足，因而采取"长驱直入，分进合击"的战术，以为可以一举消灭红一方面军主力。

红一方面早在罗坊召开的总前委会议上，通过毛泽东提出的战略方针："诱敌深入赤色区域，待其疲惫而歼灭之。"[2]这次由鲁涤平统一指挥的军队共十几万人，但都不是蒋介石的嫡系，各部之间行进的距离很大，易于各个击破。这些军队中，张辉瓒和谭道源两个师是鲁涤平的嫡系部队，张又是前线总指挥。把他们打败了，这次"围剿"就可以打破。这两个师各约一万四千人，红军有四万人，一次打一个师占绝对优势。他们先向根据地中部退却，避免同对方过早决战。十二月三十日，张辉瓒部孤军深入，进入龙冈地区的狭窄山路，突然遭到预先设伏的红军猛烈袭击，并且切断了它突围的退路。经过一天激战，歼灭张部近一万人，活捉了张辉瓒；接着，乘胜东进，又在东韶歼灭谭道源部半个师。第一次大规模"围剿"不能不结束。

这个结局完全出乎蒋介石意料之外。一九三一年二月，他派军政部长何应钦兼任陆海空军总司令南昌行营主任，依照"稳扎稳打，步步为营"的原则组织第二次"围剿"，兵力也增加到二十万人，其中包括蔡廷锴、孙连仲等战斗力较强的部队，但仍都不是蒋

---

[1]《蒋中正总统档案·事略稿本》第9册，（台北）"国史馆"2004年12月版，第109、110、164、177、230页。

[2]《毛泽东军事文选》第1卷，军事科学出版社、中央文献出版社1993年12月版，第181页。

的嫡系部队。四月,国民党军队开始分四路进攻。那时,中共六届四中全会虽已召开,但王明为代表的"左"倾教条主义错误还来不及深入控制各革命根据地。中央红军仍坚持"诱敌深入"的方针,主力集中隐蔽在东固附近地区二十多天,伺机出击。出击时,先打对方的哪一路?苏区中央局秘书欧阳钦不久后给中共中央的报告中写道:

> 当时多数同志的意见是打蒋(光鼐)蔡(廷锴),理由是蒋蔡打垮之后我们有出路,便于发展,可以伸开两手到湘南到赣南。这时泽东同志意见认为在进攻我们的人中,蒋蔡比较是强有力的,在历史上未曾打过败仗,曾经在湘南把张发奎打得落花流水,我们现在主要是择敌人弱点打破,打蒋蔡没有绝对胜利的把握,我们应打王金钰这路,因为这路敌人既弱且地势群众都好。[1]

五月十六日,王金钰部(那是北伐结束时收编的孙传芳残部)公秉藩师脱离富田阵地向东固推进。原来隐蔽着的红一方面军突然集中主力对它发起攻击,歼灭它的大部。然后由西向东横扫,各个歼敌。半个月间,连打五个胜仗,横扫七百里,从赣江之滨直达福建建宁,先后歼敌三万多人,打破了国民党军队的第二次"围剿"。

这次失败给了蒋介石更大的震动。他在六月五日的讲话中,称红军已是"唯一之敌人",把它看作比宁粤对立更大的威胁,"中央

---

[1] 欧阳钦:《中央苏维埃区域报告》,《中央革命根据地史料选编》上册,江西人民出版社1982年5月版,第367、368页。

现在决以全力扑灭"。他亲自担任"围剿"军总司令,六月二十二日到达南昌,在此坐镇,并以何应钦为前敌总司令,增调嫡系陈诚部第十一、十四师及卫立煌部第十师等十万人到江西,并从七月一日起发动进攻。它的来势显然比前两次要猛烈得多。

蒋介石在这次"围剿"中依仗兵力众多,又采取"长驱直入"的战略,企图先击破红军主力,再深入"清剿"。它比红军所预计的来得快得多,规模也大得多。

红军在打破第二次"围剿"时,主力由西向东已离开根据地的中心地带,远在闽西和闽西北,并且正在分散发动群众。第三次"围剿"来得那么快,那么突然。红军在没有得到必要休整的条件下,星夜集中,在酷暑下向南实行千里大迂回,绕开国民党军的进攻锋芒,插入江西南部。这时,各路国民党军纷纷逼近。红军冒雨从它们中间只有二十公里的空隙中向东穿出,五天内在敌军主力背后三战皆捷,歼敌一万多人,蒋介石立刻命令主力掉头东追,准备决战,但他们完全弄不清红军的行踪。红军以一小部分兵力伪装主力吸引国民党军队一直向东北追去,主力又悄悄地迎着国民党军西进,再度穿过他们重兵之间只有十公里的夹缝,翻山越岭,回到兴国境内隐蔽休整。当国民党军发现时,红军已休整半个多月。国民党军饥疲沮丧,多次扑空,宁粤之间的军事冲突又有一触即发之势,加上长江下游(特别是武汉地区)发生了百年罕见的大水灾,灾民达五千三百多万人,死亡四十二万多人,"进剿"军只得全面退却。红军乘势再歼敌两万多人。这样,蒋介石亲自指挥的第三次"围剿"又被粉碎。蒋介石在日记中叹道:"剿匪之难甚于大战。彼利用地形熟识与民众协从,故避实击虚,随其所欲,而我官兵则来往追逐，疲于奔命。故欲剿灭赤匪，决非一朝一夕之故。"[1]

这次战役后，赣南、闽西两个革命根据地完全连成一片，形成拥有十五座县城、面积五万平方公里、居民达二百五十万人的中央革命根据地。

取得这次反"围剿"战争胜利的基本经验是什么？朱德后来概括道：

> 一、二、三次反"围剿"，是中国很好的革命战争经验，主要一点是在于依靠群众。三次反"围剿"，我们都是为了群众，又很好地依靠了群众。当时我们只有五万人，三万支枪，粉碎了几十万敌人的三次"围剿"。蒋介石、外国人，都不知道我们究竟有多少人，连党中央也不相信我们只有那么多人。[2]

在中央革命根据地连续取得三次反"围剿"胜利的同时，其他革命根据地也都粉碎了国民党军队的多次"围剿"，取得重大发展。

以大别山为中心的鄂豫皖革命根据地，是在鄂豫边、豫东南、皖西三块根据地基础上形成的。中原大战结束后，国民党军队从一九三〇年冬到一九三一年夏对它先后发动两次大规模"围剿"，每次调集兵力都在十万人左右。红军主动出击，抓住对方的弱点实行各个突破，粉碎了这两次"围剿"。在双桥镇战斗中，俘获曾任河南省督办的国民党军第三十四师师长岳维峻以下官兵五千多人，引起很大震动。"一九三一年四五月间，（中共）中央派张国

---

[1] 蒋介石日记，1931年8月12日。
[2] 《朱德选集》，人民出版社1983年8月版，第131页。

忞、沈泽民、陈昌浩到鄂豫皖后,即宣布了中央的决定,成立鄂豫皖中央分局与省委、省苏。""十一月七日,分局在七里坪宣布成立红四方面军,徐向前为总指挥,陈昌浩为政治委员"[1],全军近三万人。那时,国民党军队在根据地周围部署的兵力增加到十五个师,准备发动第三次"围剿"。红四方面军在徐向前等指挥下再次主动出击,先后发动黄安、商潢、苏家埠、潢光四次战役。其中苏家埠战役历时四十八天,共歼敌三万多人,俘敌总指挥厉式鼎(第七师代师长)、旅长五人、团长十二人,是鄂豫皖红军创建以来空前的大胜利。四次战役的胜利,促进了根据地武装力量的壮大,主力红军发展到两个军六个师,共四万五千多人。根据地猛烈扩大,"为革命势力所控制的面积已经达到四万余平方公里。根据地人口已达三百五十万"[2]。

湘鄂西根据地最早是大革命失败后中共中央派贺龙、周逸群到当地发动武装起义建立起来的。这里地势险要,千山万壑,又是贺龙的家乡。红军在艰苦环境下从小到大,迅速发展起来,击破国民党军队多次"围剿",建成红二军团。贺龙回忆道:"红二军团的成立,标志着湘鄂西革命斗争进入了一个新的阶段。"[3] 湘赣革命根据地红军,是井冈山红军主力挺进赣南、闽西后,留在当地坚持斗争的游击队、赤卫队和地方武装发展起来的,以后组成由任弼时、萧克、王震率领的红六军团。这两个军团,成为红二方面军的前身。

赣东北革命根据地的红军,在方志敏、邵式平等率领下,在

---

[1] 徐向前、仉志亮:《鄂豫皖苏区红军历史》,《中国工农红军第四方面军战史资料选编·鄂豫皖时期》(上),解放军出版社1993年7月版,第32、37、38页。
[2] 《中国工农红军第四方面军战史》,解放军出版社1991年8月版,第168页。
[3] 贺龙:《湘鄂西初期的革命斗争》,《星火燎原》第1集下册,人民文学出版社1958年9月版,第615页。

一九三〇年十一月至一九三一年三月粉碎了国民党军队的两次"围剿",有力地配合了中央革命根据地的反"围剿"斗争。

此外,谢子长、刘志丹等领导建立了陕甘边和陕北的红军游击队,冯白驹等领导的琼崖红军也得到坚持和壮大。

这时,工农武装割据的革命根据地已取得重大发展。赣南和闽西连成一片的中央革命根据地已经形成,张国焘、徐向前、陈昌浩等领导的红四方面军和鄂豫皖革命根据地,贺龙等领导的红二军团和湘鄂西革命根据地,方志敏领导的赣东北革命根据地等,也都有相当规模。客观形势需要建立起一个对各根据地实行统一领导的机构。一九三一年十一月初,中华苏维埃第一次全国代表大会在江西瑞金举行,成立中华苏维埃共和国,选举毛泽东为中央执行委员会和人民委员会的主席。大会通过的《宪法大纲》写道:"中华苏维埃政权所建设的是工人和农民的民主专政的国家。"[1]它的政治体制实行民主集中制,而不是议会制和三权分立。尽管它还不成熟、不完备,还有一些"左"的错误东西,但它在国体、政体等根本问题上已是日后新中国的雏形,有着重大的历史意义。

大会后不到一个月,国民党第二十六路军(原属冯玉祥西北军的孙连仲部)一万七千多人,在参谋长、地下党员赵博生和重要将领季振同、董振堂、黄中岳率领下,在江西宁都起义,改编为中国工农红军第五军团。像这样有较强战斗力的国民党正规军大部队在战场上起义,投向红军,还是第一次。鄂豫皖、湘鄂西等革命根据地的反"围剿"斗争也先后取得重大胜利,使红军和根据地得到很大发展。

---

[1]《中共中央文件选集》第7册,中共中央党校出版社1991年3月版,第772页。

在此期间，红军实行了由游击战为主向运动战为主的战略转变，并且积累起丰富的经验，基本形成了它的作战原则，成为谁都不能轻视的力量了。